KB040658

2021
수정판

한국해운과 해운정책

박종록 지음

박영사

수정판
머리말
Preface

2009년 이후 10년 이상 선박량 과잉으로 어려움을 겪던 해운시장이 코로나−19를 계기로 새로운 변화의 시기를 맞이하였다. 과거에도 해운시장은 수에즈운하 봉쇄, 오일쇼크, 중국의 원자재 수요 폭증 등 외부적 요인에 의하여 수급이 크게 요동치면서 해운경기가 큰 폭의 변동을 거듭하였다.

우리 해운은 과거 1980년대와 2010년대의 장기불황을 경험하고 많은 우여곡절을 겪어 왔으나 이제는 이를 바탕으로 새로운 항해를 시작할 때가 되었다고 본다. 2010년대 장기불황기에 우리나라는 국적선대의 해외유출을 막는 데 어느 정도 성공한 것으로 보이나 새로운 선박을 확보하기 위한 선박금융은 2018년 한국해양진흥공사가 탄생한 이후에나 본격화되었다고 할 수 있다. 우리는 왜 그리스가 세계 제1의 해운국이 되었을까 살펴볼 필요가 있는데 그들의 선대는 이러한 해운불황기에 크게 증가한다는 것을 알 수 있다. 이는 그들이 해운호황기에 자본을 축적하여 해운불황기가 도래하면 선박금융이 위축되더라도 선박을 매입할 여력이 있기 때문이다.

이제 우리나라 해운은 한국해양진흥공사의 설립을 계기로 해운불황기에 선박량을 확대할 수 있는 기반을 마련하였는데 과거 우리 해운이 겪었던 해운호황기 선박투자−해운불황기 헐값 매각이라는 악순환의 굴레에서 벗어나 경쟁력 있는 선대를 확보할 수 있는 선순환의 패러다임으로 전환하고 있다고 본다.

어느덧 이 책을 발간한 지 2년의 세월이 흘러 초판에서 미진했던 부분을 보완하고 그간의 해운시장과 우리나라 해운정책의 변화를 반영하였으며 통계자료를 최신의 자료로 업데이트하였다.

이 책을 발간한 최대 목적은 해운 관련 종사자와 투자자들이 세계해운의 흐름을 이해하는 데 도움을 주고 한국해운과 해운정책의 공과를 살펴본 후 그 나아갈 방향을 제시하는 데 있다. 아무쪼록 이 책을 읽는 모든 이들이 성공적인 비즈니스를 펼쳐나가길 기원해 본다.

2021년 11월

박종록

머리말
Preface

우리나라 해운은 1960년대 이후 그 규모 면에서 급격한 성장을 이루어왔다. 그럼에도 불구하고 해운경기의 변화에 따라 여러 차례 위기를 겪어왔고 2008년 하반기 이후 해운불황 속에서 우리나라 해운업계와 당국은 위기를 극복하기 위해 각고의 노력을 다해왔다.

필자는 과거 해운정책을 담당했던 사람으로서 그 동안 우리 해운의 성장과정과 정부의 정책, 그리고 우리 해운이 겪어왔던 어려움의 원인은 무엇인지를 분석하고 앞으로 나아갈 방향을 제시하기 위해 이 졸저를 출간하게 되었다. 특히 지난 2017년 2월 한진해운(주)의 파산결정을 계기로 당시의 상황과 원인 및 그 해결책에 대한 아쉬움은 이를 자료로서 남기지 않을 수 없다는 생각을 하게 되었다.

이 책에는 그동안 우리 해운업계와 정부가 수행해 왔던 한국해운 경영과 정책에 대한 많은 비판을 담고 있다. 이는 과거 1980년대와 2000년대 두 차례에 걸친 한국해운의 실패를 바탕으로 앞으로 더 이상 이러한 실패를 반복해서는 안 된다는 염원에서 비롯된 것임을 이해하기 바란다.

끝으로 대학 강단에서 강의할 수 있는 기회를 제공해주신 한국연구재단과 한국해양대학교 관계자들에게 감사의 말씀을 드린다. 이 책은 저자의 공직생활 경험과 한국해양대학교에서의 강의와 연구를 바탕으로 완성될 수 있었다. 아울러 저자가 2009년 2월 해운불황의 초입에서 우리나라 해운정책의 실무 총괄책임자로서 근무할 때 어려운 시기를 같이했던 故 정도안 님을 추모하면서 이 책을 그에게 바친다. 그 당시 건강상 어려움에도 이를 내색함이 없이 몸을 아끼지 않고 일하던 그의 모습이 지금도 생생하다.

2019년 11월
한국해양대학교 연구실에서

차례
Contents

제**4**편　선박확보정책

제**5**편　선적제도와 톤세제도

제6편 정기선 해운정책

제7편　국제해운협력

제8편　구조조정정책

제9편   전문인력 양성정책

제12편   미래 한국해운 정책방향

제1편

한국해운의 성장과 해운행정 조직·법령

제1장 한국해운의 성장과정
제2장 해운행정 조직과 해운관계 법령

제1장
한국해운의 성장과정

제1절 태동기(구한말~1950년대)

　　구한말 이후 일제 강점기의 해운은 수탈의 도구로서 사용되었는데 민족자본에 의한 해운업 참여는 극히 힘들었으며 일본 자본에 의한 해운업자들이 국내 운송은 물론 국외 운송도 독점하다시피 하였다. 특히 국내해운을 장악할 목적으로 1912년 조선우선(朝鮮郵船)주식회사를 설립하여 보조금을 지급하는 조건으로 철저한 통제를 가하였다. 그나마 일부 한국 선원들이 해기사 자격을 취득하여 조선우선주식회사 선박 등에 승선하여 경험을 쌓은 것이 독립 이후 한국해운을 태동시키는 데 큰 역할을 하였다고 할 수 있다.

　　1945년 독립 이후 우리나라의 해운세력은 전무하다시피 하였는데 이는 대부분의 선박이 전시(제2차 세계대전)에 동원되거나 피폭되어 파괴되었으며 전후 잔존 선박도 상당수 일본으로 가져갔기 때문인데 정부는 당시 일본에 있는 한국 치적선의 반환을 요구하였다. 1946년 기준 우리나라 등록 화물선은 784척 67천톤이었으나 이는 20톤 이상의 범선을 포함하는 것으로 매우 열악한 수준이어서 정부는 1947년 미군으로부터 선박을 대여받아 화물수송 등에 사용하기도 하였다. 이러던 차에 정부는 1949년 10월 대한해운공사법을 제정하고 1950년 대한해운공사를 설립하여 해운진흥을 도모하였는바, 총자본 5억원 중 4억원을 정부가 출자하였다. 다만 정부는 1957년 대한해운공사법을 폐지하여 대한해운공사를 특별법인에서 상법에 의한 주식회사 형태로 전환하였다. 1954년 말에 대한해운공사가 운항했던 선대규모는 33척 약 72천G/T에 달하였는데 이는 대한해운공사가 정부보유 선박과 미군으로부터 대여받은 선박을 운항했기 때문이다. 당시 우리나라 외항화물운송에서 대한해운공사가 큰 비중을 차지하였는바 한 · 일, 동남아뿐만 아니라 북미항로의 화물운송에도 참여하였다. 다만 북미항로의 경우 미국의 원조물자에 대해 미국적선박이 50% 이상을 수송하도록 하는 Cargo Preference의 적용으로 동 물자수송에 참여하는 것은 용이하지 않았다.

정부는 1955년에 해무청을 설치하고 그 소속을 교통부에서 상공부 산하로 변경함으로써 해운을 단순한 교통수단의 개념에서 벗어나 대외무역의 지원수단으로 인식하기 시작했다. 해무청은 1957년부터 5년 동안 대폭적인 선박량[1] 확충계획을 세웠으나 자금확보의 어려움과 아울러 운송화물의 확보가 어려워 선박을 건조해도 수지타산을 맞추기가 용이하지 않아 당초 계획보다 크게 미달하는 실적을 거두었다. 우리나라의 등록 화물선은 1960년 687척 약 134천톤으로 1946년에 비해 약 67천톤이 증가하는 데 그쳤으며 수출입화물의 국적선 적취율(積取率)[2]도 26% 수준에 머물렀다. 한편 1960년 말 우리나라의 주요 외항선사는 대한해운공사를 비롯하여 18개사에 이른다.

정부는 1952년에 수출입화물의 국적선 이용을 권장하는 조치를 취하였으나 강제적 성격의 것이 아니어서 큰 성과를 거두지 못하였으며 1959년에는 웨이버(Waiver)[3]제도의 도입을 통하여 자국화자국선(自國貨自國船)주의 정책을 강화하였는데 이러한 정책은 1967년 해운진흥법 제정을 통하여 정식으로 법제화되어

---

1) 이 책에서는 일본식 해운용어를 순화한다는 측면에서 선복량(船腹量)이라는 용어 대신에 선박량이라는 용어를 사용한다.
2) 특정화물의 전체 화물량 중 국적선으로 수송한 화물량의 비중.
3) 국적선 배선이 불가능한 경우 국적선 이용을 면제하기 위한 증명을 발급하는 제도.

1999년 화물유보제도를 폐지할 때까지 유지되었다.

　　한편 동 기간 중 정부는 선원인력 양성을 적극 추진하여 1945년 11월 진해고등상선학교의 설립을 인가하였으며 1947년에는 이를 진해해양대학으로 개편하였다. 동 해양대학은 인천, 군산으로 이전하는 등 우여곡절 끝에 1955년 오늘날 한국해양대학교가 위치한 부산 동삼동에 시설을 준공하고 1956년 문교부 산하 한국해양대학(1991년 한국해양대학교로 개편)으로 명명하게 되었다. 한편 목포에서도 1950년 수산상선고등학교를 설립한 후 1952년 도립 목포상선고등학교로 개칭하였으며 1956년 목포해양고등학교, 1973년에 2년제 목포해양전문학교를 거쳐 1993년 4년제 목포해양대학(1994년 목포해양대학교로 개편)으로 승격되었다.

제 2 절　기반조성기(1960년대)

　　1962년부터 시작된 정부 주도의 5개년 경제개발계획은 수출주도형 경제성장정책으로 수출입 운송화물을 창출하는 데 크게 기여하였다. 1962년 450만 톤 수준에 달하던 외항화물은 1966년 840만 톤으로, 1970년에는 2,230만 톤으로 크게 증가하였다. 정부는 이 기간에도 자국화자국선주의를 지속 추진하여 국적선 수송량이 늘어나기는 하였으나 적취율은 1962년 22.2%에서 1966년 23.8%(210만톤), 1970년에는 22.4%(500만톤)로 답보상태를 보였다. 정부는 1967년 해운진흥법을 제정하여 모든 수출입화물의 운송을 국적선에 유보하고 대한민국선박이 화물을 적재할 수 없거나 그 성질 또는 수량으로 보아 적재할 필요가 없다고 인정될 때와 국제조약 또는 협약에 심히 위배되는 경우에만 예외로 인정하는 강력한 화물유보제도를 시행하였다.

　　이러한 뒷받침에도 불구하고 동 기간 중 국적선 적취율이 정체상태를 보인 것은 선박확보가 그만큼 뒤따라주지 못했던 결과인데 국적선사들의 자본력이 취약하고 선박확보자금의 조달이 어려웠기 때문이다. 정부는 다각적인 방법을 동원하여 제1차 및 제2차 경제개발 5개년계획기간 중에 약 80만G/T의 선박량을 확충하였고 1962년 이후 조선장려책을 마련하여 외항선의 건조를 지원하였으나 공급자 위주의 정책이어서 해운업계의 의견이 제대로 반영되지 못하였으며 1964년에는 정부보유외화를 대한해운공사에 대부하여 4척 약 3만G/T 규모의 선박을 도입하였다. 또한, 대일(對日) 민간상업차관의 배정과 유럽 등으로부터 차관 도입에 성공한 것도 선박을 확충하는 데 기여하였으며 국적취득조건부 나용선(BBC/HP)⁴⁾ 방식에 의한 선박도입이 처음으로 시도되었다. 이와 같은 다각적인 노력의 결과 우리나라 외항선대는 1970년 76만G/T의 선박량을 보유하게 되었다. 그러나 국적취득조건부 나용선 선박에 대해 국적선이 아니라는 이유로 화물유보제도의 적용이 배제되어 1968년 이후 한동안 그 도입이 중단되기도 하였으나 1970년대 초에 이를 번복하여 국적선과 동등한 자격을 부여하였다. 이러한 국적취득조건부 나용선 방식에 의한 선박확보는 약 50년이 흐른 현재까지도 지속직으로 활용되어 오늘날에는 우리나라 선박확보 수단의 핵심을 이루고 있다.

우리나라는 기존의 부정기선 운항 중심에서 탈피하여 대한해운공사가 주축이 되어 1961년 동남아, 1965년 원양(북미) 정기항로를 처음으로 개설하여 정기선해운의 확장을 꾀하였다. 1968년에는 대한해운공사가 완전 민영화되었는바, 1957년 대한해운공사법을 폐지하면서 예견되었던 사안이나 이를 인수하는 데 막대한 자본이 소요되어 보류되던 차에 적격 인수자가 나서면서 정부지분을 전량 매각하게 된 것이다. 또한, 정부는 1963년 해상운송사업법을 제정하여 해상여객운송사업 및 해상화물운송사업의 질서유지를 위한 규제의 틀을 마련하였다.

이 기간에 선원의 낮은 취업률에도 불구하고 우리나라의 해기사 양성체제는 계속 유지되어 양질의 선원인력을 확보하는 데 크게 기여하였다. 한편 보통선원의 양성은 1965년부터 1971년까지 사립 부산해양고등학교에 약 6주의 위탁교육을 실시하여 연간 약 350명의 보통선원을 배출하였다. 국적선 선박량이

---

4) Bare Boat Charter Hire Purchase 일정기간 동안 용선료를 납부한 후 용선자가 속한 국가의 국적을 취득하는 조건의 나용선.

크게 늘지 않는 상태에서 이들이 국적선에 취업하기에는 매우 제한적이었는데 1960년에 한국 해기사(통신사)가 처음으로 외국적선박(그리스 선적)에 승선하게 되었다. 그 이후 우리나라 선원의 해외취업이 서서히 증가하기 시작하여 한국선원의 우수성이 널리 알려지게 되었으며 1970년 말에는 우리나라 해기사 1,008명과 보통선원 2,429명 등 총 3,437명의 선원이 외국적선박에 승선하여 국위선양은 물론 외화획득에도 기여하였다.

　한편 정부는 1961년 정부조직개편을 통하여 해무청을 해체하고 그 조직 중 조선과를 제외한 해운국과 시설국 표지과는 교통부로, 해운국 조선과는 상공부로, 표지과를 제외한 시설국은 건설부로, 수산국은 농림부로, 해양경찰대는 내무부로 각각 이관하였다. 우리나라는 1962년 국제해사기구(IMO)에 가입함으로써 해사안전정책을 강화하고 해사안전에 관한 국제적 표준을 국내에 수용할 수 있는 계기를 마련하였다.

제3절　양적성장기(1970년대)

　1970년대 들어서 우리나라 경제는 제3차(1972~1976) 및 제4차(1977~1981) 경제개발 5개년 계획에 힘입어 크게 성장하였는데 수출입물동량을 보면 1971년 28.4백만 톤에서 1976년 55.9백만 톤으로, 1980년에는 94백만 톤으로 대폭 증가하였다. 이 기간에는 정부의 강력한 화물유보제도와 선박량 확충정책에 힘입어 국적선 적취율이 1976년에는 38.7%로, 1980년에는 49.3%로 크게 향상되었다. 정부는 화물유보제도의 실효성을 높이고자 1978년 12월 해운진흥법을 개정하여 초기의 완전 유보적 형태에서 탈피하여 부정기화물에 대하여는 지정화물에 한하여, 정기선화물에 대하여는 우리나라 정기선 취항지역의 화물을 운송하고자 하는 경우로 국적선 이용의무를 한정하였다. 이에 따라 1979년 수입화물로는 원유, 제철원료, 비료원료, 양곡, 정부구매물자, 석탄류 등 6종을 지정하고 수출화물로는 합판, 양회, 철강제품 등 3종을 지정하였는바, 이후 지정화물 품목은 여러 차례 변경과정을 겪게 되었다.

정부는 1976년부터 해운과 조선의 연계육성을 목적으로 대대적인 계획조선사업을 추진하였는데 그동안 국적선대의 선박량 확충을 위해 주로 해외에서 중고선 도입에 의존해왔던 관행에서 다소나마 벗어나는 계기가 되었다. 이에 앞서 정부는 1974년에 외항해운육성방안을 수립하여 대폭적인 선박량 확충과 대단위 해운선사를 육성하고자 하였으며 1978년 이후에는 외항해운업 면허기준을 대폭 강화함으로써 업체의 대형화를 유도하였다. 이에 따른 선박량 확충 소요를 전량 계획조선을 통하여 공급하기에는 재원조달의 한계로 어려웠으므로 대량의 중고선을 해외에서 도입하는 계기가 되었다. 이에 힘입어 우리나라 외항선 선박량은 1970년 76만G/T에서 1975년 262만G/T, 1980년 514만G/T로 크게 증가하였다.

정기선해운 분야에서는 1975년에 처음으로 대한해운공사가 풀컨테이너(full container)선을 북미항로에 투입하였는데 이로써 선진 해운국 정기선사들이 주도하고 있던 정기선 해운시장에 본격적으로 뛰어들게 되었다. 정부는 이를 지원하기 위하여 계획조선 대상선박을 선정할 때 풀컨테이너선의 건조를 우선적으로 지원하였으며 부산항에 컨테이너 전용부두를 개발하는 등 다각적인 지원노력을 기울였다. 다만 외항정기항로의 개척을 위해 지급하던 외항정기항로 결손보조금제도는 1970년부터 1973년까지 4년간 약 4억원을 지원한 후 폐지되어 아쉬움을 남겼다.

정부는 보통선원의 양성을 위하여 1972년부터 1975년까지 전국 12개소의 선원양성소를 인가하여 상선선원에 대하여 8주간의 위탁교육을 실시하였다. 이후 정부는 선원의 양성을 체계화하기 위하여 1977년 국립 한국선원학교(1979년 부산선원학교로 개명)를, 1979년에는 인천선원학교5)를 설립하여 기존의 고급해기사 중심 양성체제에서 선원양성의 폭을 넓혀 나갔다. 우리나라 선원의 해외취업은 1970년대 들어 더욱 확대되어 1975년에는 총 10,128명(해기사 2,934명, 보통선원 7,194명), 1980년에는 총 20,885명(해기사 6,622명, 보통선원 14,263명)이 취업하여 1980년에는 약

---

5) 1993년에 각각 부산 및 인천해사고등학교로 변경.

167백만 달러의 외화가득 성과를 거두었다.

한편 정부는 1976년 항만청을 창설하고 1977년에는 해운항만청으로 개편하여 해운 및 항만업무를 집중적으로 취급하게 하였으며 1996년 해양수산부로 흡수 통합될 때까지 존속하였다. 주요 조직으로는 해운국, 운영국(항만국), 시설국(개발국) 등을 갖추었으며 추후 개편을 통해 선원선박국이 설치되기도 하였다.

제4절 구조조정기(1980년대)

1980년대는 제2차 오일쇼크로 촉발된 해운불황으로 우리나라 해운업이 어려움을 겪었던 시기로 해운불황에 대한 경험이 없던 국적선사로서는 독자적으로 이겨내기 힘든 상황이었다. 이에 정부는 1983년 12월 산업정책심의회에서 해운산업합리화 계획을 의결하였다. 그 주요 내용은 해운산업합리화 계획에 참여하는 선사들에게 불용자산 및 노후 비경제선의 처분 등 자구(自救)노력을 전제로 원리금 상환유예 등 금융지원을 실시하고 선사 간 통폐합 등을 통해 과당경쟁을 방지하는 것이었다.

동 계획에 따라 국적선사는 193척 220만G/T의 노후 비경제선을 처분하는 대신 계획조선제도를 통하여 1984~1990년까지 85척 321만G/T를 발주하였다. 이와 아울러 해운산업합리화 기간 중 중고선 도입을 금지하는 대신 BBC/HP에 의한 신조선 도입을 허용하여 1984~1990년까지 41척 223만G/T를 확보하였다. 이에 따라 국적선 선박량은 1980년 530척 514만G/T에서 1983년 568척 701만G/T, 1990년 435척 905만G/T로 증가하였다. 또한, 해운산업합리화 기간 중 신조선의 대량 확보에 따라 국적선대의 평균선령이 낮아지고 광탄선(鑛炭船), 자동차운반선(PCTC)[6] 등 수익성이 좋은 전용선대의 비중이 크게 높아지게 되었다.

---

6) Pure Car & Truck Carrier.

1980년대에도 화물유보제도는 그대로 유지되었으며 지정화물 중 제철원료인 철광석과 석탄에 대하여 선주-화주 간에 장기운송계약의 체결을 유도함으로써 불황기에도 안정적인 물량을 확보할 수 있도록 지원하였다. 이러한 노력에도 불구하고 국적선 적취율은 1980년 49.3%에서 1990년 40.0%로 크게 낮아졌으며 용선을 포함한 국적선사의 실질적취율도 1980년 62.9%에서 1990년 57.9%로 낮아졌다. 이는 우리나라 수출입물동량이 1980년 94백만 톤에서 1990년 220백만 톤으로 크게 증가하였으나 국적선 선박량은 노후 비경제선 처분 및 중고선 도입제한 등으로 그 증가 폭이 상대적으로 작았기 때문이다.

해운산업합리화 기간 중 우리나라 원양 컨테이너선사는 한진해운, 현대상선 및 조양상선 등 3사 체제로 재편되었으며 아시아-북미를 연결하는 태평양항로에서는 주로 해운동맹에 가입하지 않은 채 비(非)동맹선사로서 활동하였다. 다만 1984년 미국의 해운법 개정 등에 따른 해운동맹의 기능 약화와 함께 태평양항로에서 컨테이너선 선박량의 과잉으로 운임하락이 지속되자 1989년 이를 안정시키기 위해 해운동맹선사와 비동맹선사들이 공동으로 태평양항로안정화협정(TSA; Transpacific Stabilization Agreement)을 체결하면서 국적선사가 이에 가입하였다. 한편 1989년에 한-중 간 컨테이너 직항로가 개설되어 양국 간 교역 활성화의 기틀이 마련되었다.

동 기간에도 우리나라 선원들의 해외취업이 왕성하게 이루어졌는데 1987년에는 총 47천명(해기사 17,494명) 이상이 송출되어 가장 많았으며 그 이후 줄어들기 시작하여 1990년에는 약 36천명(해기사 13,380명) 수준으로 낮아졌다. 이와 같이 선원 해외송출 규모가 줄어들기 시작한 것은 주로 필리핀, 인도네시아 등 저임금 국가 선원들이 대거 국제 선원노동시장에 진출함으로써 국적선원들의 임금 경쟁력이 저하한 데 기인한 것으로 볼 수 있다.

우리나라는 국제적으로 선원의 자질을 강화하기 위하여 IMO가 채택한 선원의 훈련, 자격증명 및 당직에 관한 협약(STCW협약)을 국내 법령에 수용함과 아울러 동 협약에서 요구하는 선원 교육을 실시하기 위하여 1983년에 한국해기연수원을 설립하였다. 또한 1983년 해운산업합리화 조치의 배경의 하나로 우리나라 선사들이 해운경기 후퇴시작 시점에서 고 선가의 중고선을 대량 매입했음

을 지적하고 보다 정확한 해운정보를 수집하여 제공하기 위하여 1984년에 한
국해운기술원(KMI)을 설립하였으며 1988년에는 해운산업연구원으로 그 명칭을
변경하였고 1997년에 한국해양수산개발원으로 확대 개편되었다.

제5 절   자율·개방기(1990년대)

　1988년 들어 해운경기가 다소 회복되면서 정부는 1989년 2월 산업정책심
의회에서 해운산업합리화 시책을 마무리하기로 결정하고 자율과 책임경영을
단계적으로 확산하며 해운산업의 개방화와 국제화를 추진해 나가기로 의결하
였다. 이를 구체적으로 실행하기 위하여 1990년 9월에는 해운산업 규제완화 추
진계획을 수립·시행하였는바, 그 주요 내용을 보면 첫째는 해운산업합리화 기
간 중 국적선사 간 과당경쟁을 방지하기 위하여 취해진 각종 항로 및 면허상의
규제를 단계적으로 완화하고 둘째는 선사의 자율적 판단에 의한 선박확보가 가
능하도록 중고선 도입규제 등 각종 규제를 완화하며 셋째로 용선의 활성화를
통해 해운경기 변동에 능동적으로 대응한다는 것이었다. 또한, 선진 해운국과
의 마찰 해소 및 경제협력개발기구(OECD)에의 가입을 위한 기반을 조성하기 위
하여 수출입화물 운송시장의 대외적 개방을 추진하기로 하였다. 이에 따라
1996년부터 수출입 정기선화물에 대한 웨이버 발급제도를 폐지하고 부정기 대
량화물 운송에 있어 국적선 이용의무를 점진적으로 완화하기 위하여 지정화물
품목을 단계적으로 축소하였으며 1999년 7월에 해운산업육성법을 폐지함으로
써 화물유보제도가 완전히 사라지게 되었다.
　정부는 규제완화 추진계획의 일환으로 1996년에 외항화물운송사업을 면허
제에서 등록제로 전환하였으며 1999년에는 내항화물운송사업도 등록제로 전환
하였다. 해운업의 대외개방에 따라 국적선사에게 대등한 경쟁여건을 조성하기
위하여 선박확보에 대한 규제를 대폭 완화하고 선박도입 시 관세도 1997년 철

폐하였으며 외환관리 측면에서 시행하던 BBC/HP의 연간 도입한도 규제도 1998년 폐지되었다.

우리나라의 수출입물동량은 1990년 220백만 톤에서 2000년 570백만 톤으로 크게 증가한 반면 우리나라의 선박량은 1990년 435척 905만G/T에서 2000년에는 338척 1,065만G/T로 소폭 증가하는 데 그쳤다. 이에 따라 수출입화물에 대한 국적선 적취율이 크게 떨어질 수밖에 없었는데 이와 같이 국적선 선박량의 확보가 부진했던 데에는 첫째 국적선사의 재무구조가 취약한 상태에서 해운산업합리화 시책이 마무리됨으로써 선대를 확충할 만한 여력이 없었으며 둘째는 1997년 IMF 외환위기로 인한 정부의 부채비율 인하시책에 따라 대형선사를 중심으로 영업용 자산인 컨테이너선 및 자동차운반선 등 선박을 해외에 매각할 수밖에 없었기 때문이다.

한편 우리나라 경제발전으로 1990년대 들어서면서 육상근로자의 임금수준이 크게 향상되어 육상－해상 간 임금격차가 축소되었고 보통선원을 중심으로 선원 구인난이 심화되었다. 이에 따라 1991년부터 중국인 선원을 국적선에 승선시킬 수 있도록 허용하였으며 1998년에는 국제선박등록법을 제정·시행함으로써 노·사 합의를 거쳐 일정 범위 내에서 외국인 선원을 승선시킬 수 있는 제도적 기반을 마련하였다. 외국인 선원의 고용인원 규모도 증가하고 그 국적도 다양화되어 중국인 선원 외에 필리핀, 인도네시아 및 미얀마 등으로 확대되었다. 반면에 우리나라 선원의 해외취업 감소추세는 계속되어 1990년 36천명에서 2000년에는 6천명 수준으로 급감하였는데 이는 우리나라 선원들의 승선 기피현상과 임금경쟁력이 상대적으로 떨어진 데 기인한 것이라고 볼 수 있다.

우리나라 선박량이 증가하면서 국적선사의 P&I보험료 부담을 경감하기 위해 우리나라 독자적인 선주상호보험조합의 창설이 추진되었는데 1999년에 선주상호보험조합법이 제정되었고 2000년 1월에 한국선주상호보험(Korea P&I)의 설립이 인가되었다. 한편 해운관련 조직에 큰 변화가 있었는데 정부는 21세기 해양시대에 대비하여 해양업무를 종합·전담하는 해양수산부를 창설하기로 결정하여 1996년 8월 정식으로 발족하였다. 동 기구에는 교통부 산하 해운항만청과 농림수산부 산하 수산청을 중심으로 10개 부처 3개 청(廳)의 해양업무를 통합하였다.

제 6 절   고도성장기(2000년대)

2000년대에는 정부가 적극적으로 선진 해운제도를 도입함으로써 해운업 육성에 박차를 가하였던 시기이다. 첫째로 2002년에는 국적선사의 선박확보를 용이하게 하기 위하여 선박투자회사제도를 도입하였다. 즉 동 제도는 1997년 외환위기 이후 국적선사에 대한 재무구조 개선요구 등으로 선박건조자금을 조달하는 것이 매우 어려웠기 때문에 탄생한 것이다. 둘째로 1998년 도입한 국제선박등록제도를 보완하여 국적선사에게 지방세 등 조세감면 혜택을 부여하기 위하여 2002년에 제주선박등록특구제도를 도입하였다. 이는 국제선박등록제도를 통하여 외국인 선원 고용 확대 등 국적선사의 경쟁력을 확충하는 데 기여하였으나 조세부담 경감 측면에서는 편의치적선대에 비해 매우 미흡한 수준이었기 때문이다. 셋째, 2005년에는 해운업 영업에 따른 법인세 부담을 경감하기 위하여 톤세제도를 시행하였다. 톤세제도는 유럽의 선진 해운국을 중심으로 국제선박등록제도만으로는 자국선대의 해외이탈(flagging-out) 방지 또는 이탈 선대를 국내로 회귀(re-flagging)시키는 데 역부족이라고 판단하여 자국선사에게 대폭적인 법인세 감면을 목적으로 도입된 제도이다. 이러한 추세에 따라 우리나라도 국적선사의 선박확보 등을 위한 자본확충을 지원할 목적으로 톤세제도를 도입한 것이다. 넷째, 2006년에는 국가필수국제선박 제도를 도입하여 비상시에 대비하여 적정선대를 유지할 수 있는 기반을 마련하였다. 이는 전시 등 비상시에는 수송수단의 확보가 필수적이므로 유사시 사용할 선대를 미리 확보하여 즉시 가동할 수 있는 체제를 유지하기 위한 것이다. 다섯째 2007년에는 산업기능요원제도를 대체하는 승선근무예비역 제도를 도입함으로써 신규 해기사의 확보를 지원하였다. 이는 법정 요건을 갖춘 해기사가 3년 동안 국적선에 승무하면 군복무를 완료한 것으로 인정하는 제도로서 초급 해기사들의 해상근무를 유도하는 데 유용한 제도이다.

한편 동 기간 중 우리나라 수출입화물은 2000년 570백만 톤에서 2008년

895백만 톤으로 증가하였으며 우리나라 선박량은 2000년 338척 1,065만G/T에서 2008년 786척 2,138만G/T로 대폭 증가하였다. 이는 2002년 도입된 선박투자회사제도를 통하여 2004~2008년까지 73척을 건조하였으며 2004년 이후 도래한 해운호황으로 선박금융이 용이해진데다 대규모 영업흑자와 톤세제도에 의한 법인세 감면으로 자기자금 조달이 원활해짐에 따라 BBC/HP 방식으로 대규모 신조선 투자를 했기 때문인 것으로 분석된다.

2000년대에는 해운호황으로 해상운임이 크게 상승하여 우리나라 해운업의 외화가득효과가 매우 컸던 시기로 2008년에는 그 규모가 367억 달러에 달하여 산업별로 보면 조선업, 정유산업에 이어 국내 3대 외화가득산업으로 성장하였으며 해운수지도 56억 달러 흑자를 기록하여 국제수지 개선에도 기여하였다. 우리나라 외항해운의 해운수입(매출액)은 2000년 16조 8,075억원, 2005년 24조 7,661억원, 2008년 51조 7,843억원을 기록하여 큰 폭으로 신상하였다. 이는 해운호황에 따른 운임상승과 아울러 동 기간 중 국적선대의 확충에 따른 효과라고 볼 수 있다. 법인세를 차감한 이후의 세후당기순이익은 2000년 −6,599억원(손실), 2005년 1조 6,349억원, 2006년 1조 8,688억원, 2007년 1조 7,684억원, 2008년 2조 3,090억원을 기록하여 해운호황과 톤세제도 도입에 따른 효과가 매우 컸음을 알 수 있다.

또한 국적 외항선에 승선한 외국인 선원은 지속적으로 증가하여 2000년 1,913명에서 2008년 5,421명으로 급증하였으며 국적별로는 필리핀, 미얀마, 중국 및 인도네시아 선원들이 주를 이루었다. 해운분야 행정조직에 다시 큰 변화가 생겼는데 2008년 해양수산부가 폐지되고 해운, 항만 및 해양에 관한 업무는 건설교통부와 통합하여 국토해양부로 개편되었다.

제 7 절 위기극복기(2009년 이후)

2008년 하반기 미국의 리먼 브라더스 사태로 촉발된 세계적인 금융위기가 발생하면서 국제무역이 크게 위축되었으며 이에 따라 해운경기는 급작스러운 하강세를 보였다. 해운경기를 대표하는 BDI[7])가 2008년 상반기에 11,700이 넘는 최고치를 기록한 후 2008년 말에는 1,000 이하로 곤두박질치는 사태가 벌어졌고 2009년과 2010년에는 다소 회복세를 보였으나 해운호황기에 발주되었던 선박들이 시장에 진입하면서 2011년 이후에는 본격적인 장기 해운불황에 돌입하였다. 이에 따라 계선하거나 해체하는 선박량이 대폭 늘어났으며 운임수준이 크게 하락함에 따라 외항선사들의 자금부족 현상이 심화되었다. 특히 우리나라 선사들의 경우 해운호황이 절정에 달했을 때 발주된 선박들의 금융조달과 함께 BBC/HP 방식으로 취득한 선박 또는 장기용선한 선박의 경우 용선료의 지급에 많은 자금이 소요되어 이를 해결하는 것이 최대현안이었다. 국적선사들은 자금확보를 위해 증자, 사채발행 및 자산매각 등 다양한 방법을 동원하였으며 정부는 유동성 확보를 지원하고 국적선이 헐값으로 해외로 매각되는 것을 최소화하기 위해 2009년 한국자산관리공사(KAMCO) 주도 하에 구조조정 목적의 선박펀드를 설치하여 운용하였다. 정부는 이를 포함하여 2009년 해운산업 경쟁력 강화방안과 그 보완대책을 수립하여 채권단 주도의 해운업 구조조정을 추진하였다.

2011년 이후 해운경기가 다시 악화되기 시작하면서 우리나라 양대 대형 벌크선사인 대한해운과 STX팬오션이 각각 2011년과 2013년 기업회생절차에 돌입하여 감자 및 채무조정 과정을 거쳐 대주주가 바뀌게 되었다. 정부는 계속되는 국적선사들의 자금압박 해소를 위해 회사채 신속인수제도의 적용과 영구채의 발행 등 지원노력을 펼쳤으나 근본적인 해결책이 될 수 없었다. 또한 2014년에는 한국해양보증보험(주)을 설립하고 2015년에는 선박신조지원 프로

---

7) Baltic Dry Index, 1985년을 1,000으로 하는 건화물선시장의 운임지수로서 영국 발틱해운거래소(Baltic Exchange)에서 발표하고 있다.

그램을 마련하여 국적선사의 선박건조자금 조달을 지원하였으며 2017년에는 한국선박해양(주)을 설립하여 국적선의 매입을 통해 유동성 확보를 지원하였다. 이러한 가운데 정기선 해운시장에서는 지속적인 컨테이너선 대형화 경쟁으로 선박공급 과잉이 초래되었고 2016년에는 최악의 상황을 맞이하게 되었다. 우리나라 최대 정기선사인 한진해운(주)은 지속적인 자구노력에도 불구하고 채권단의 자금지원 중단 결정으로 2016년 8월 기업회생절차에 돌입하였으며 동 사의 컨테이너선 운항중단으로 인하여 물류대란이 발생하였고 결국 2017년 2월 파산이 선고되고 말았다. 이러한 가운데 오랫동안 쌓아온 국가기간물류망을 포기한 결정에 대해 많은 비판이 제기되었으며 이에 정부는 2016년 10월에 해운업 경쟁력확보방안을 마련하였다. 그 주요 내용을 보면 선박신조 지원 프로그램 확대 등을 통하여 경쟁력 있는 선박확보를 지원하고 장기운송계약을 통해 안정적인 화물확보를 지원하며 해운산업의 리스크 관리체제를 구축한다는 것이다.

한편 2017년 정부는 그간 꾸준히 논의되어오던 선박금융 전문기관을 설립하기 위하여 한국해양진흥공사 설립방안을 마련하였으며 2018년 1월 한국해양진흥공사법이 제정됨에 따라 2018년 7월 한국해양진흥공사가 출범하였다. 이는 그간 별개로 운영되어오던 한국해양보증보험(주)과 한국선박해양(주) 등을 통합하여 선박금융 등 해운산업을 포괄적으로 지원할 수 있는 기구로서 탄생한 것으로 우리나라의 선박금융 시스템을 개편할 수 있는 전기를 마련하였다. 또한, 정부는 2018년 4월에 해운재건 5개년계획을 수립하여 국적선사의 안정적인 화물확보, 경쟁력 있는 선대확충 및 경영안정 지원 등 대책을 통하여 정부의 해운업 육성의지를 적극 표명하였다.

우리나라 수출입물동량은 2008년 895백만 톤에서 2020년 1,274백만 톤으로 증가한 반면 동 기간 중 국적 외항선 선박량은 786척 2,138만G/T에서 1,033척 4,845만G/T로 크게 증가하였다. 2009년 해운불황기에 진입한 후 시장에 투입된 국적선 선박량이 1,800만G/T를 넘는 것은 그만큼 해운호황이 절정기에 달했을 때 고가로 발주한 선박량이 많았다는 것을 의미하며 선박의 보유기간 동안 그만큼 경쟁력이 떨어진다는 의미이기도 하다. 2020년 말 현재 국적 외항선사 보유선박량 중에서 BBC/HP 방식으로 확보한 선박은 537척 3,786만G/T로서 척수 기준 52.0%, 총톤수 기준 78.1%에 달하여 절대적 비중을 차지함을 알 수 있다. 한편 주요 대량화물의 국적선사 적취율[8])을 보면 원유의 경우 2016년 27.1%에서 2019년 51.4%로 크게 높아진 반면, LNG는 동 기간 중 54.7%에서 52.5%로 다소 낮아졌으며 석탄의 경우 동 기간 중 93% 이상의 높은 수준을 유지하였다.

2013년에 해운관련 정부조직에 또 한 차례 큰 변동이 생겼는데 해양수산부가 2008년 폐지되었을 당시의 수준으로 다시 부활되어 5년 동안의 공백을 빠른 시일 내에 복구하는 것이 큰 과제로 대두되었다. 그러나 해양수산부가 부활된 후 1년여 지난 시점에서 대형 여객선 사고로 인하여 많은 인명이 희생되는 참사가 발생함으로써 전환기에 큰 어려움을 겪어야 했다. 이제 해양수산부가 부활된 지 8년째 접어들면서 각종 해양업무의 통합에 따른 시너지효과가 서서히 나타나고 있다고 본다.

---

8) 당해 화물의 전체 수출입 물량 중 국적선사가 소유선박 또는 용선선박으로 운송한 비중

제2장

해운행정 조직과 해운관계 법령

우리나라의 해운업무를 관장했던 행정조직은 수차례의 변천 끝에 오늘의 해양수산부로 정착되었다. 크게 보면 교통부가 직접 해운업무를 관장했던 시기 (1948. 7월 정부수립 이후~1955. 2월 해무청 창설 시까지, 1961. 10월 해무청 해체 후~1976. 3월 항만청 발족 시까지), 해무청(1955. 2월~1961. 10월), 항만청[1](1976. 3월~1996. 8월 해양수산부 창설 시까지), 해양수산부(1996. 8월~2008. 2월 국토해양부 창설 시까지, 2013.3월 해양수산부 부활 이후 현재까지), 국토해양부(2008. 2월~2013. 3월까지)로 나눌 수 있다.

우리나라의 해운행정 조직은 1945년 8월 독립 이후 1948년 7월 정부조직법이 제정될 때까지 과도정부 산하의 교통국 해사과에서 해사, 선원, 수송 및 선박 등의 업무를 관장하였다.[2] 1948년 7월 17일 정부조직법이 제정·공포되면

---

1) 1977년 12월 해운항만청으로 개편.
2) 한국해운항만사, 1980. 12. 31., 해운항만청, p. 268.

서 교통부 산하에 해운국(海運局)이 설치되었으며 해운국 내에는 서무과, 해정과(海政課), 업무과, 표지과가 설치되었다. 특이한 점은 조선업무를 교통부 해운국 업무과에서 관장하였으며 지방행정조직으로 인천, 부산, 군산, 목포, 여수, 포항, 제주, 마산 및 통영 등 9개소에 해사국을 두었다는 점이다.

1955년 2월 정부조직법이 개정되어 과거 교통부 해운국과 상공부 수산국을 병합하여 해무청(海務廳)을 설치하게 되었다. 해무청은 기능별 정부조직 편제에 어긋난다고 하는 일각의 반대에도 불구하고 해운, 조선, 항만, 수산, 해양경비를 아우르는 바다행정의 통합기관으로 탄생하였다. 이는 한국전쟁을 통하여 바다의 중요성을 재인식하게 되었고 일본의 어선이 번번이 평화선[3]을 침범함에 따라 어로를 하든 물자수송을 하든 해양에 있어서 한국의 법적 위치와 권리를 확보하여 국가 간의 평화를 유지하고 국민의 사기를 자주, 자립의 정신에서 단결하고자 한 까닭이었다.[4] 해무청은 수산국(총무과, 어정과, 제조과, 해양경비과), 해운국(관리과, 해사과, 조선과), 시설국(관리과, 항만과, 표지과) 등 3개 국 10개 과로 구성되었고 중앙수산검사소, 중앙수산시험장이 해무청장 직속으로 설치되었으며 인천, 부산, 군산, 목포, 여수, 포항, 제주, 묵호 등 8개소에 지방해무청을 두었다. 당시 해무청에서는 1957년에서 1961년까지 5년 동안 153천톤의 선박을 신조, 35천톤의 노후선 대체 및 118천톤의 수입을 계획하는 등 선박량 증강을 추진하였으며 특히 외항선은 1956년 현재 보유 외항선 46천G/T에 15만 4천G/T(건조 36천톤, 수입 118천톤)를 추가로 확보하는 의욕적인 계획을 수립하였다. 그러나 이러한 계획은 정치적·사회적 격동기 속에서 자금조달의 어려움 등으로 당초 계획에 크게 미달하는 실적을 거두었다.

1961년 들어 정부는 해무청을 폐지하여 해운국의 업무 중 해운은 교통부, 조선은 상공부로, 시설국의 항만운영업무는 교통부로, 항만건설업무는 국토건설청으로 각각 이관하였으며 수산국의 수산업무는 농림부, 해양경비업무는 내무부로 이관하게 되었다. 이에 따라 해운행정은 다시 교통부의 해운국에서 담당하게 되었고 해운국에는 기획과, 해사과 및 표지과가 설치되었으며 해사과에

---

3) 1952년 1월 우리나라 연안수역을 보호하고자 이승만 대통령이 선언한 해양주권선.
4) 앞의 책, p. 367.

서 내항 및 외항해운, 선원, 선박 및 검사업무 등을 담당하였다. 1960년대 하반기에는 제2차 경제개발 5개년계획에 따른 항만개발재원의 조달을 위하여 세계은행(IBRD)의 차관도입을 추진하였는데 그 과정에서 세계은행은 항만공사(Port Authority)의 설치를 권고하였으며 일각에서는 해사행정의 재통합 논의도 제기되었다. 세계은행이 항만개발 재원을 융자하면서 항만공사의 설치를 권고한 것은 기업회계에 의한 회계관리를 통하여 투자재원의 회수를 용이하게 하기 위한 것이었으나 정부 입장에서는 이를 수용하기 어려웠다. 이에 따른 타협의 산물로서 교통부 산하에 항만청을 설치하되 정부의 회계처리와 함께 기업회계방식의 회계처리를 병행하기로 하였다.

그 결과 1973년 교통부 산하에 부산항만청을 설치하고 1975년 말에는 항만청을 설치하는 정부조직법 개정안이 통과되어 1976년 3월 13일 항만청이 정식으로 발족하였다. 특이한 점은 항만청이 신설되면서 해운업무도 항만청으로 이관되있나는 점인데 이는 해운과 항만업무의 연계성을 고려한 조치로 판단된다. 항만청의 조직으로는 해운국, 운영국, 시설국의 3개 국과 22개 과가 설치되었으며 부산, 인천, 묵호, 군산, 목포, 여수, 마산, 울산, 포항, 제주 등 10개 지역에 지방항만관리청이 설치되었다. 항만청의 업무에서 해운업무가 차지하는 비중이 매우 크고 3면이 바다인 우리나라의 입지여건 상 해운산업 육성의지를 높이기 위하여 1977년 12월에 그 명칭을 해운항만청으로 변경하였다. 한편 해운항만청에는 해운국, 항무국, 시설국 외에 1978년에는 재무국을, 1979년에는 선원선박국을 신설하여 5개 국을 갖춘 조직으로 확대 개편되었다.

1990년대 들어서 유엔해양법 발효와 함께 부가가치를 창출할 수 있는 미래 산업의 하나로 해양산업이 부각되면서 해사행정의 통합화가 추진되었다. 이에 따라 해운항만청과 수산청을 중심으로 건설교통부, 내무부, 통상산업부, 환경부 등 10개 부처와 3개 청에 분산되어 있던 해양행정 업무가 통합되어 1996년 8월에 해양수산부가 창설되었으며 그 산하에 해양경찰청이 설치되었다. 이 과정에서 해운산업과 조선업의 관련성을 고려하여 조선업무도 해양수산부로 이관되어야 한다는 주장이 제기되었으나 관계부처의 반대에 부딪쳐 무산되고 말았다. 해양수산부에는 기획관리실, 해양정책실, 해운선박국, 항무국, 항만건

설국, 수산진흥국, 수산자원국, 수산물유통국 등 2실 6국이 설치되었으며 직속
기관으로 국립수산진흥원, 국립해양조사원, 국립수산물검사소 등이 설치되었
다. 그 이후 해양수산부는 10여년 간 약간의 조직적 변동이 있었을 뿐 기본적
골격이 그대로 유지되었으나 2008년 2월 정부조직개편의 일환으로 폐지되었
다. 이에 따라 수산업무는 농림수산식품부로 이관되었으며 나머지 해양업무는
국토해양부로 통합되었다. 이러한 과정에서 해양환경 업무를 환경부로 이관해
야 한다는 주장이 제기되었으나 해양개발업무와 해양환경업무를 통합하여 관
장하는 것이 바람직하다는 측면에서 국토해양부에서 담당하도록 결정되었다.
해양수산부의 폐지를 결정하는 과정에서도 해운업계 등을 중심으로 한 강한 반
대에 부딪쳤으나 결국 과거 정부조직의 기능별 분류원칙에 집착하여 그 폐지를
결정함으로써 12년간 통합 해양행정을 통하여 집적되었던 시너지 효과가 무산
되고 말았다.

그 이후 해양수산부가 다시 부활되어야 한다는 주장이 부산 등 해양도시
를 중심으로 끊임없이 제기되었으며 이러한 논의는 2013년 신정부가 출범하면
서 더욱 가속화되었다. 결국 과거의 해양수산부로 복원하는 정부조직 개편이
이루어졌는데 해운불황 속에서 해운업과 조선업의 연계육성이 절실한 상황임
에도 조선업무를 해양수산부로 이관하는 것은 성사되지 못하였다. 지난 1996~
2008년까지의 기간 동안 존치되어 통합 해양행정조직으로서 정착되어가던 시
점에서 해양수산부가 폐지됨으로써 5년간의 공백기간을 거친 후 다시 통합된
조직이 제 기능을 발휘하는 데는 다소 시일이 소요될 수밖에 없었으며 해양수
산부가 부활된 지 8년이 흐른 지금 상당한 시너지 효과를 발휘하기 시작하였다
고 본다. 2021년 현재 해양수산부의 직제는 기획조정실, 해양정책실, 수산정책
실, 해운물류국, 해사안전국 및 항만국으로 이루어져 있으며 해양정책실에는
해양산업정책관, 해양환경정책관 및 국제협력정책관을, 수산정책실에는 수산정
책관, 어업자원정책관, 어촌양식정책관을 각각 두고 있다. 해운물류국에는 외
항해운정책을 담당하는 해운정책과, 내항해운을 담당하는 연안해운과, 선원정
책과, 항만물류기획과 및 항만운영과가 설치되어 있다.

제 2 절 해운관계 법령

해운정책을 수립하게 되면 이를 시행하기 위해서는 대부분의 경우 법령에 근거가 필요하고 예산의 확보가 선행되어야 한다. 따라서 정부가 해운정책을 수립했을 때 국민의 권리를 침해하거나 의무를 부과하는 사항이 있을 때 또는 수혜적 행정의 공정한 집행 등을 위하여 법령에 근거가 필요하다고 판단되는 경우 새로운 법령을 제정하거나 기존 법령을 개정하는 작업을 하게 된다. 이와 같은 법률을 제 · 개정하는 방식은 정부에서 법률안을 만들어 국회에 제출하는 정부입법 방식과 국회의원 10인 이상이 공동으로 법률안을 발의(국회법 제79조)하는 의원입법 방식으로 대별된다. 정부입법이든 의인입법이든 국회에 법률안이 제출되면 해당 상임위원회로 법률안이 이송되어 심의절차를 거치게 되고 상임위원회를 통과하게 되면 법제사법위원회에서 법률안의 체계 및 자구심사 등을 거쳐 국회 본회의에 회부된다. 법률안이 국회 본회의에 상정되면 토론과 표결절차를 거쳐 채택여부를 결정하며 국회에서 의결된 법률안은 정부에 이송되어 15일 이내에 대통령이 공포한다. 다만 법률안에 이의가 있을 때에는 대통령은 15일 이내에 이의서를 붙여 국회로 환부하고 그 재의를 요구할 수 있으나 대통령은 법률안의 일부에 대하여 또는 법률안을 수정하여 재의를 요구할 수 없다. 재의의 요구가 있을 때에는 국회는 재의에 부치고, 재적의원 과반수의 출석과 출석의원 3분의 2 이상의 찬성으로 전과 같은 의결을 하면 그 법률안은 법률로서 확정된다. 대통령은 국회의 재의를 통하여 확정된 법률을 지체 없이 공포하여야 하며 확정법률이 정부에 이송된 후 5일 이내에 대통령이 공포하지 아니할 때에는 국회의장이 이를 공포한다. 법률은 특별한 규정이 없는 한 공포한 날로부터 20일을 경과함으로써 효력을 발생한다(헌법 제53조).

해운행정에 관한 법률은 공법(公法)에 속하는데 이와 같이 행정에 관한 국내 공법을 행정법이라고 한다. 행정법은 복잡다기하고 상황에 따라 수시로 변경되므로 법률에서 기본적인 사항과 범위만을 설정하고 구체적인 사항은 하위법령

(대통령령 또는 부령)에서 정하도록 하는 것이 일반적이다. 하위법령 중 대통령령은 ○○법 시행령이라는 명칭으로 정해지며 부령은 ○○법 시행규칙라는 명칭이 붙여진다. 따라서 행정법은 통상 법률－시행령(대통령령)－시행규칙(부령)의 체계를 갖추게 되는데 이 외에도 행정업무를 수행하기 위하여 '행정주체가 제정한 법규의 성질을 가지지 않은 일반적 규정'이 있는데 이를 행정규칙이라고 하며 훈령, 고시, 예규, 지침 등이 이에 속한다. 행정규칙은 법규와 같이 일반 국민과의 관계를 규율하는 것이 아니라 행정조직 내부와 공법상의 특별권력관계에 대해서 규율하는 것이 원칙이지만 상위법령에 근거하여 고시하는 경우 그 고시는 상위법령과 결합하여 대외적 구속력을 가지기도 한다.

　　행정법은 주로 공권력 주체의 권한 및 사인(私人)의 의무사항과 이를 집행하기 위한 행정절차를 규정하고 있는데 다수의 사인에 대한 획일적이고 강행적인 규율을 전제로 하므로 원칙적으로 성문법주의를 취한다. 또한, 행정법은 질서유지와 공공복리의 증진을 목적으로 하므로 사인 간의 관계를 규율하는 사법(私法)과는 구별되며 다수의 사인을 규율대상으로 하므로 기회의 균등을 보장하는 형평성을 중시한다. 한편 행정법은 규율대상이 복잡하고 그 법원(法源)도 법률, 명령, 국제협약 및 조례 등 다양하며 정책의 변화에 따라 수시로 개정되는 가변성(可變性)을 지니기도 한다. 이러한 특성으로 인하여 행정법은 다수의 사인이 준수해야 할 사항을 규정함으로써 법적 안정성과 예측 가능성을 제고하고 모든 사람에게 법 적용의 형평성을 통하여 기회의 균등을 보장한다. 또한, 이해관계자가 준수하여야 할 강행규정과 위반 시 벌칙 등을 규정함으로써 공공의 질서를 유지하는 반면 공권력 주체가 행사할 수 있는 공권력의 근거, 범위 및 절차 등을 규정하여 무분별한 공권력 행사를 제한하는 기능을 한다.

　　우리나라 해운관련 법령은 크게 해운분야 법령, 해사관련 법령, 항만분야 법령 및 물류관련 법령으로 나눌 수 있다. 우선 해운분야 법령을 보면 해운법, 선박투자회사법, 선주상호보험조합법, 선박관리산업발전법, 한국해운조합법, 선원법, 선박직원법, 한국해양진흥공사법, 한국해양수산연수원법, 비상사태등에 대비하기 위한 해운 및 항만 기능 유지에 관한 법률, 크루즈산업의 육성 및 지원에 관한 법률 등이 있다. 그 주요내용을 보면 〈표 1－1〉과 같다.

표 1-1 │ 해운분야 법령 현황

법령명	주요 내용
해운법	• 해상여객운송사업/해상화물운송사업 • 해운중개업, 해운대리점업, 선박대여업, 선박관리업 • 해운산업의 건전한 육성과 이용자의 지원 등
선박투자회사법	• 선박투자회사 설립·인가·주식의 발행 • 기관, 업무, 결산, 감독, 합병·해산·청산
선주상호보험 조합법	• 사업의 내용, 사업기금 등 • 설립, 조합원 및 준조합원, 기관, 계산, 해산, 청산, 감독
선박관리산업 발전법	• 선박관리산업 육성기본계획의 수립 • 선박관리산업 및 선박관리전문가의 육성·지원 • 우수 선박관리사업자에 대한 인증
한국해운조합법	• 업무, 조직과 설립, 조합원의 가입 등 • 기관, 재무, 감독, 해산과 청산, 등기
선원법	• 선장의 직무와 권한, 선내질서유지 • 선원근로계약, 임금, 근로시간 및 승부정원, 유급휴가 • 선내급식과 안전·보건, 재해보상, 복지와 직업안정, 교육훈련, 취업규칙 • 해사노동적합증서와 해사노동적합선언서
선박직원법	• 해기사의 자격과 면허 등 • 선박직원의 승무기준
한국해양진흥 공사법	• 법인격, 사무소, 자본금 • 업무 및 회계(자금의 차입, 사채의 발행, 상환보증, 비용의 보조 등), 감독
한국해양수산 연수원법	• 설립, 사업, 운영재원, 보조금, 국유재산의 대부 등 • 지도·감독, 유사명칭의 사용 금지 등
비상사태등에 대비하기 위한 해운 및 항만 기능 유지에 관한 법률	• 해운·항만 기능 유지에 관한 기본계획의 수립 • 국가필수선대의 지정 및 운영, 항만운영협약의 체결 및 운영 • 손실보상 등

　　이러한 법령 중에서 해운업과 가장 직접적으로 관계되는 것이 해운법으로서 1963년 해상운송사업법으로 처음 시행되었으며 1967년에는 해운진흥법이 제정되어 해상운송사업법은 해운업의 규제에 관한 사항을, 해운진흥법은 해운업의 육성에 관한 사항을 규정하게 되었다. 이후 해상운송사업법은 1984년 해운업법으로, 1993년에는 해운법으로 법명을 변경하였으며 해운진흥법은 1984년에 해운산업육성법으로 그 명칭이 변경되었다. 우리나라가 1996년 OECD 가입을 전제로 화물유보제도를 폐지하면서 1999년 해운산업육성법이 폐지되었으

며 해운업에 대한 지원에 관한 사항의 일부를 해운법에 수용하여 현재까지 해
운업에 관한 단일 법령체계를 유지하고 있다.

한편 해사관련 법령으로는 선박의 등록·등기와 관련된 법령으로 선박법,
국제선박등록법 및 선박등기법이 있으며 해사안전·보안과 관련된 법령으로는
선박안전법, 해사안전법, 국제항해선박 및 항만시설의 보안에 관한 법률, 국제
항해선박 등에 대한 해적행위 피해예방에 관한 법률 및 한국해양교통안전공단
법 등이 있다. 또한 해양환경과 관련된 법령으로는 해양환경관리법, 유류오염
손해배상보장법, 환경친화적 선박의 개발 및 보급촉진에 관한 법률, 선박평형
수관리법 등이 있다. 이 외에도 해양사고의 조사 및 심판에 관한 법률, 선박 및
해상구조물에 대한 위해행위의 처벌 등에 관한 법률 등이 있다. 그 주요 내용
을 보면 〈표 1-2〉와 같다.

표 1-2 ▏ 해사관련 법령 현황

분야	법령명	주요 내용
선박의 등록 및 등기	선박법	• 한국선박의 정의, 선박톤수의 측정 • 외국선박의 불개항장에의 기항과 국내 각 항간의 운송금지 • 등기와 등록, 선박톤수증서 등
	국제선박등록법	• 등록대상 선박 • 외국인 선원의 승무 • 국제선박에 대한 지원, 등록의 말소 등
	선박등기법	• 적용범위, 등기할 사항, 관할등기소, 준용사항
해사 안전 및 보안	선박안전법	• 선박의 검사 및 특별검사, 검사업무의 대행 등 • 선박용 물건 및 컨테이너의 형식승인, 선박시설의 기준 등, 안전항해를 위한 조치 • 항만국통제, 선박검사관 등

	해사안전법	• 국가해사안전기본계획 및 시행계획의 수립
		• 수역 안전관리: 해양시설 보호수역, 교통안전 특정해역,
		  유조선 통항금지해역
		• 해상교통 안전관리: 해상교통 안전진단, 항행 장애물의 처리,
		  항해 안전관리
		• 선박 및 사업장 안전관리: 선박의 안전관리체제, 선박점검 및
		  사업장 안전관리
		• 선박의 항법, 등화와 형상물, 음향신호와 발광신호 등

	국제항해선박 및 항만시설의 보안에 관한 법률	• 적용범위, 국가항만보안계획 등 • 국제항해선박의 보안확보를 위한 조치 • 항만시설의 보안확보를 위한 조치 • 보안심사관, 보안심사업무 등의 대행
	국제항해선박 등에 대한 해적행위 피해예방에 관한 법률	• 정의, 적용범위, 국가의 책무 등 • 해적행위 피해예방 종합대책의 수립 등 • 해적행위 피해예방을 위한 조치 • 해상특수경비업, 해상특수경비업무 수행
	한국해양교통안전공단법	• 법인격, 사무소, 임원 • 사업, 자금의 조달 및 차입, 수수료의 징수 등, 지도·감독
선박 관련 해양 환경	해양환경관리법	• 해양환경의 보전·관리를 위한 조치 • 선박 및 각종 해양시설에 의한 해양오염방지를 위한 규제 • 선박에 의한 해양에서의 대기오염방지를 위한 규제 • 해양오염방지를 위한 선박의 검사 등 • 해양오염방제를 위한 조치 • 해양환경관리업, 해양환경공단 등 • 해양오염영향조사, 해역이용협의
	유류오염손해 배상보장법	• 유류오염 손해배상책임 • 유류오염 손해배상 보장계약 • 국제기금, 추가기금에 대한 청구 및 분담금 • 책임제한절차 등
	환경친화적 선박의 개발 및 보급촉진에 관한 법률	• 환경친화적 선박 및 기자재 인증제도 • 기술개발을 위한 지원시책 및 기술기반조성사업의 추진 • 환경친화적 선박의 구매자에 대한 지원
	선박평형수 관리법	• 선박평형수 배출 금지, 특별수역의 지정 • 선박평형수 관리를 위한 선박의 검사, 형식승인 및 검정 • 선박평형수처리업, 부적합 선박에 대한 조치 등 • 검사의 대행 등, 선박검사관

한편 항만분야의 법령으로는 항만법, 신항만건설촉진법, 항만공사법, 항만운송사업법, 선박의 입항 및 출항 등에 관한 법률, 도선법, 항만인력공급체제의 개편을 위한 지원특별법, 해양산업클러스터의 지정 및 육성 등에 관한 특별법 등이 있으며 2020년 1월부터 시행된 '항만지역 등 대기질 개선에 관한 특별법'이 있다. 또한 물류관련 주요 법령으로는 물류정책기본법, 물류시설의 개발 및 운영에 관한 법률, 지속가능 교통물류 발전법 등을 들 수 있다.

제2편
해운시장과 해운정책 개관

제1장

해운시장 개요

제 1 절 해운시장의 개념

바다를 통하여 선박을 이용하여 사람이나 화물을 운송하는 것을 해운이라고 하고 이러한 해운을 대상으로 거래가 이루어지는 시장을 해운시장이라고 한다. 해운시장에서의 거래는 운임을 매개로 이루어지므로 운임의 지급이 이루어지지 않는 자가운송은 해운시장의 범주에 포함되지 않는다고 본다.

바다가 아닌 수상(水上)에서 이루어지는 운송도 넓은 의미에서 해운에 포함될 수 있으나 이러한 운송은 내륙수운(內陸水運)으로 별도로 구분하기도 한다. 내륙수운은 주로 강이나 호수를 이용하여 사람이나 화물을 운송하지만 경우에 따라서는 운하를 통하여 강의 상류까지도 운송로로 이용하여 해상운송과 상호 보완적 기능을 수행한다고 할 수 있다.

제 2 절 해운시장의 분류

해운시장은 크게 정기선 해운시장(Liner Shipping Market)과 부정기선 해운시장 (Tramper Shipping Market)으로 나눈다.

정기선해운은 특정한 항로를 주기적으로 운항하는 해운방식으로 오늘날 컨테이너선에 의한 운송이 대표적이라 할 수 있다. 따라서 정기선해운은 개품 운송(個品運送)에 적합한 방식이며 정기적인 서비스를 실시하기 위하여 보다 많은 척수의 선박을 필요로 하고 주기적으로 운항하므로 선박에 적재할 화물을 확보 하는 것이 중요하다. 이러한 영업을 위해서는 많은 인력이 소요되며 선박의 적 재공간을 최대한 효율적으로 활용하기 위하여 선사 상호 간 적재공간의 임대차 (slot chartering)가 이루어지기도 한다.

반면에 부정기선해운은 불특정의 항로를 수시로 운항하는 방식으로 유조 선, 광탄선 및 벌크선 등에 의한 운송이 이에 속한다. 부정기선해운은 유류, 가 스, 철광석, 석탄, 양곡 등 대량화물을 운송하는 데 적합한 방식으로 한 번에 많은 양의 화물을 수송함으로써 단위당 운송비용을 절감할 수 있다. 또한 정기 선해운과 달리 영업활동에 많은 인력이 소요되지 않으며 소규모 자본으로도 사

표 2-1 ┃ 정기선해운과 부정기선해운의 비교

	정기선해운	부정기선해운
항로	특정 항로	불특정 항로
정시성	정기적	부정기적
대상화물	개품운송 화물	벌크화물
선박의 종류	컨테이너선, 세미컨테이너선	벌크선, 광탄선, 유조선, 가스운반선
소요선박 척수	다수	1척 이상
소요 인력	많은 인력 소요	소수 인력 소요
소요 자본	대규모	소규모로도 가능

업을 영위할 수 있다.

　이와 같이 정기선해운과 부정기선해운은 그 사업방식이 확연히 다른데 이를 요약정리하면 〈표 2−1〉과 같다.

제 3 절 해상운임의 결정

　해상운임은 기본적으로 해상운송 수요와 공급에 의하여 결정된다. 해상운송 수요는 해상을 통한 물품교역에 의한 파생수요(derivative demand)로서 주로 해상물동량과 운송거리에 의하여 결정된다. 이 두 가지 요소를 감안한 해상운송 수요는 톤·km(또는 톤·마일)로 표기된다. 예를 들어 과거 수에즈운하의 봉쇄로 인하여 선박의 운항거리가 대폭 늘어남으로써 해상운송 수요가 크게 증가한 것이 대표적인 예라고 할 수 있다.

　반면 해상운송의 공급은 주로 선박량과 운항속도에 의해 결정된다. 선박량은 선박의 신조 투입과 선박의 해체에 의하여 수시로 변하고 선박의 운항속도를 높일수록 선박의 공급량은 증가하게 된다. 예를 들어 해운불황기에 선박의 운항속도를 낮춤으로써 선박의 운항 회전율을 낮춤과 아울러 연료비의 절감을 도모하게 된다. 또한, 선박을 일시적으로 계선(lay-up)하는 것도 선박의 공급량을 줄이는 효과를 가져온다고 할 수 있다.

　해상운송 수요는 비교적 단기간에 변하는 반면 해상운송의 공급은 단기적으로는 경직성을 띠게 되는데 이는 선박을 건조하는 데 최소한 1년 이상 소요되고 선박이 건조되어 시장에 투입되면 통상 15년 이상 운항하게 되는 데 따른 것이다. 해상운임이 결정되는 과정을 그래프로 설명하면 〈그림 2−1〉과 같다.

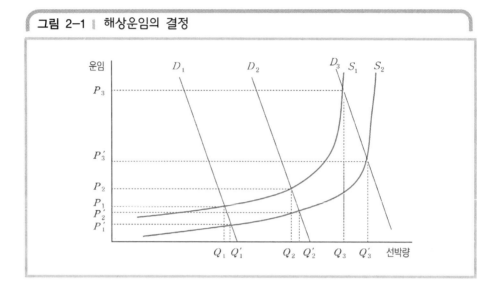

그림 2-1 | 해상운임의 결정

〈그림 2-1〉에서 D_1, D_2, D_3는 해상운송 수요곡선으로 해상운송량 또는 운송거리가 증가하게 되면 $D_1 \rightarrow D_2 \rightarrow D_3$로 이동(shift)하게 됨을 보여준다. 이 경우 수요곡선의 기울기는 운임의 변화에 대해 해상운송 수요량의 변화가 얼마나 탄력적인지에 따라 결정된다. 단위운임의 변화에 대하여 해상운송 수요가 더 크게 변화할 때 운임탄력성이 크다고 하고 단위운임의 변화에도 불구하고 해상운송 수요의 변화가 적을 경우 비탄력적이라고 할 수 있다. 일반적으로 물품의 CIF 가격에서 운임이 차지하는 비중이 작을수록 운임탄력성도 낮을 것으로 추정된다. 한편 〈그림 2-1〉에서 S_1, S_2는 공급곡선으로 단기적으로는 S_1의 모양을 띠게 되나 장기적으로 선박의 공급량이 증가하면 $S_1 \rightarrow S_2$로 이동(shift)하게 된다.

해상운임의 결정은 수요와 공급곡선이 만나는 점에서 결정되는데 해상운송 수요가 D_1에서 D_2로 이동하는 경우 해운경기가 회복되는 초기단계로서 계선되었던 비(非) 경제선들이 다시 운송시장에 투입되거나 선박의 운항속력을 높이게 되어 해상운임은 소폭 상승($P_1 \rightarrow P_2$)하는 데 그친다. 하지만 해상운송 수요가 D_2에서 D_3로 증가하는 경우 선박의 단기적인 공급량이 점점 한계에

도달하게 되어 운임은 가파르게 상승($P_2 \rightarrow P_3$)하기 시작하고 D_3 이상으로 수송수요가 증가하는 경우 더 이상 추가적인 선박공급이 이루어질 수 없는 상태가 되어 운임은 천정부지로 치솟게 된다.

　　장기적으로 해운경기 회복에 따라 발주된 선박들이 시장에 투입되면서 공급곡선은 S_1에서 S_2로 이동하여 해상운임은 하락($P_3 \rightarrow P_3{'}$)하게 된다. 만약 해운시장에 외부적인 충격(예를 들어 오일쇼크 또는 금융시장 경색 등)에 의하여 국제교역이 위축될 경우 해상수송 수요가 D_3에서 D_2 또는 D_1으로 후퇴하면 해상운임은 큰 폭으로 하락($P_3{'} \rightarrow P_2{'}$ 또는는 $P_1{'}$)하게 된다.

제 4 절 해운경기 변동

　　해운시장은 해상운송 수요가 신축적인 반면에 해상운송 공급이 경직성을 띠면서 해상운임의 진폭이 크게 발생한다. 이러한 현상은 앞서 언급한 대로 해상운송 수요가 급격하고도 지속적으로 증가하는 경우 해상운송의 공급량은 선박을 건조하는데 시차(time lag)가 존재하여 즉각적인 반응이 어려운 반면 한 번 투입된 선박은 장기간 시장에서 운항하기 때문에 발생한다. 이러한 운임의 급격한 변화는 〈그림 2-2〉의 BDI 그래프에서도 잘 확인할 수 있다.

　　이 그래프에서 보듯이 부정기선 해운시장의 운임을 대표하는 BDI는 1985년 1월 이후 2002년까지 기간 중 1995년 일시적으로 2,000을 넘긴 것을 제외하고는 줄곧 2,000 이하를 기록하였음을 알 수 있다. 이는 해운경기가 1995년 일시적인 회복기를 제외하고는 약 17년간 침체기를 겪었다고 볼 수 있다. 2003년 시작된 해운호황기는 2005년 약간의 조정기를 거친 후 2006년부터 2008년까지 대 호황기를 누렸다. 그 이후 2009년부터 2010년까지 다소 회복세를 보이는 듯 하였으나 2011년 이후 장기간 불황을 겪어야 했다.

　　위와 같은 추이에서 보듯이 해운산업은 '호황은 짧고 불황은 긴' 산업이며

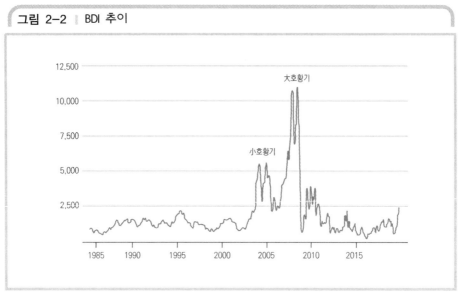

그림 2-2 | BDI 추이

자료: Korea Shipping Gazette(http://www.ksg.co.kr/shippingGraph/bdi_graph.jsp)

해운시장의 운임이 불안정하여 투기적 성격이 강한 산업이라고 볼 수 있다.

2003년 해운호황기 이후 2008년 해운호황이 마무리될 때까지 각 국면에서의 특징을 살펴보면 〈그림 2-3〉과 같다.

1980년대부터 이어져온 장기적인 침체기에서 탈출하기 위한 움직임이 2003년부터 발생하였다. 이러한 움직임은 중국의 건설경기 호황으로 철강재의 수요가 급증하면서 철강 생산에 소요되는 철광석과 석탄의 운송을 위한 해운수요가 급증함에 따라 시작되었다. 〈표 2-2〉는 톤-마일을 기준으로 한 해상교역량을 보여주고 있는데 2003년부터 시작된 철광석과 석탄 운송량의 대폭적인 증가세는 2007년까지 지속되었다. 이러한 해운수요의 급증으로 그 동안 지속적으로 이루어지던 선박 해체가 크게 줄면서 노후 비경제선들이 시장에 대거 투입되었고 해운호황기 진입 초기의 운임상승을 억제하는 효과를 가져왔다. 2003년 6,640천dwt에 달했던 벌크선의 해체량은 2004년부터 2006년까지 3백만dwt를 밑돌았다(해운통계요람, 한국해양수산개발원). 아울러 발 빠른 투자자들은 이러한 시장흐름에 편승하여 과감하게 선박건조에 착수하였고 이 선박들이 2005년과 2006년에

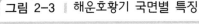

그림 2-3 | 해운호황기 국면별 특징

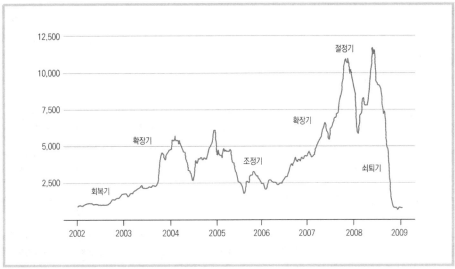

자료: Korea Shipping Gazette(http://www.ksg.co.kr/shippingGraph/bdi_graph.jsp)

시장에 투입되면서 벌크선의 공급증가로 해운시장은 일시적인 조정기를 맞이하게 되었다. 〈표 2-3〉의 선종별 선박량 추이를 보면 2006년 벌크선의 선박량은 345백만dwt로 2004년에 비해 12.4% 증가하였다.

　　그러나 선박공급 증가로 인한 부정기선 해운시장의 조정은 계속되는 철광석과 석탄 등 벌크화물의 운송수요 증가로 단기간에 그쳤으며 이내 해운시장은 다시 확장기로 접어들었다. 이때부터 사실상 선박의 공급이 부족하게 되는 상황이 초래되었고 뒤이어 해운호황의 도래를 확신한 선박투자자들이 선박투자에 착수하였으나 장기간의 해운침체를 경험한 해운사업자들은 해운호황이 일시적이라고 판단함으로써 신조 발주량은 크지 않았다. 이렇게 2005년과 2006년에 건조에 착수한 벌크선들은 2년 후에나 시장에 투입될 수 있었고 그 규모도 크지 않았기 때문에 기하급수적으로 늘어나는 벌크화물의 운송수요를 감당하기에는 역부족이었다. 참고로 2007~2008년 벌크선 신조투입량은 49,411천dwt로 2005~2006년의 그것(49,179천dwt)과 비슷한 규모였다(해운통계요람, 한국해양수산개발원).

표 2-2 | 톤-마일 기준 해상교역량 추이(2003~2008)

(단위: 10억 톤－마일)

	2003	2004	2005	2006	2007	2008
전체	25,124 (+3.9%)	26,814 (+6.7%)	28,376 (+5.8%)	30,058 (+5.9%)	31,425 (+4.5%)	32,746 (+4.2%)
석유류	9,850 (-0.5%)	10,340 (+5.0%)	10,527 (+1.8%)	10,741 (+2.0%)	11,084 (+3.2%)	11,292 (+1.9%)
철광석	3,035 (+11.1%)	3,444 (+13.5%)	3,918 (+13.8%)	4,192 (+7.0%)	4,544 (+8.4%)	4,849 (+6.7%)
석탄	2,810 (+10.2%)	2,960 (+5.3%)	3,113 (+5.1%)	3,540 (+13.7%)	3,778 (+6.7%)	3,905 (+3.4%)
양곡	1,273 (+2.6%)	1,350 (+6.0%)	1,686 (+24.9%)	1,822 (+8.1%)	1,927 (+5.8%)	2,029 (+5.3%)
기타	8,156 (+5.2%)	8,720 (+6.9%)	9,132 (+4.7%)	9,763 (+6.9%)	10,092 (+3.4%)	10,671 (+5.7%)

주) ( )는 전년대비 증감률
자료: Review of Maritime Transport, 2009, UNCTAD, p. 14.

이에 따라 해상운임(BDI)은 급등하게 되었고 2007년의 평균 BDI는 7,276으로 치솟았으며 이는 2006년 평균 3,239에 비하면 무려 146% 상승한 것이다. 이와 같이 해상운임이 급등하면서 앞으로도 이러한 호황기가 더 지속될 것으로 과신한 나머지 많은 해운사업자들이 뒤늦게 대량의 선박발주에 착수하게 되었다. 하지만 절정기에 도달한 해운경기는 2008년 하반기 세계금융위기와 함께 실물경제가 크게 위축되면서 급격한 쇠퇴기를 맞이하였다. 2007년 이후에 발주된 고가의 선박 중 일부는 발주가 취소되고 건조시기를 조정하는 등 해운사업자들의 조정노력에도 불구하고 대부분 당초 계약대로 건조되어 2009년 이후 대량으로 해운시장에 투입되면서 2011년 이후의 해운경기를 더욱 악화시키는 요인으로 작용하게 되었다. 참고로 2009년 이후 벌크선 건조투입량을 보면 2009년 568척 43,458천dwt, 2010년 995척 80,233천dwt, 2011년 1,193척 98,585천dwt, 2012년 1,199척 98,653천dwt로서 2008년 이전보다 큰 폭으로 증가하였

표 2-3 ┃ 선종별 선박량 추이(2003~2008)

(단위: 백만dwt)

	2003	2004	2005	2006	2007	2008
전체	844.2 (+2.3%)	857.1 (+1.5%)	895.9 (+4.5%)	960.0 (+7.2%)	1,042.3 (+8.6%)	1,117.8 (+7.2%)
유조선	304.4 (+6.6%)	316.8 (+4.1%)	336.2 (+6.1%)	354.2 (+5.4%)	383.0 (+8.1%)	407.9 (+6.5%)
벌크선	300.1 (+1.9%)	307.7 (+2.5%)	320.6 (+4.2%)	345.9 (+7.9%)	367.5 (+6.2%)	391.1 (+6.4%)
일반 화물선	97.2 (−2.7%)	94.8 (−2.5%)	92.0 (−2.9%)	96.2 (+4.5%)	100.9 (+4.9%)	105.5 (+4.5%)
컨테이너선	82.8 (+7.4%)	90.5 (+9.3%)	98.1 (+8.4%)	111.1 (+13.3%)	128.3 (+15.5%)	144.7 (+12.7%)
기타	59.7 (−12.9%)	47.3 (−20.8%)	49.0 (+3.5%)	52.5 (+7.2%)	62.6 (+19.1%)	68.6 (+9.7%)

주) ( )는 전년대비 증감률.
자료: Review of Maritime Transport, 각 연도, UNCTAD.

음을 알 수 있다. 결국 2007년 이후 발주된 선박들은 고가의 건조비용으로 해운시장에서 운항하는 동안 그 이전에 발주된 선박보다 원가경쟁력이 크게 떨어지는 상황에서 운항할 수밖에 없다. 일례로 Clarksons에 따르면 Capesize 벌크선의 건조선가가 2005년 59백만 달러에서 2007년 97백만 달러로 64%나 치솟은 것을 보면 경쟁력의 차이를 실감할 수 있다. 이와 같이 해운에 있어 선박의 건조시기의 선택은 해운사업자의 운명을 좌우할 만큼 중대한 결과를 초래하게 되므로 신중한 투자시기의 결정이 해운업에 있어 제일 중요하다고 해도 무리가 없을 것이다.

제2장
해운정책 개관

제1절 해운정책의 의의

　　이 책에서의 해운정책이란 국가의 해운에 관한 정책으로 민간기업 차원의 해운에 관한 정책은 포함되지 않는다. 정책이란 그 주체와 관계없이 앞으로 나아갈 방향을 제시하는 것을 말한다. 따라서 기업 차원에서도 가격정책이나 배송정책 등과 같은 용어를 사용하기도 하지만 공공부문에서 주로 정책이라는 용어를 많이 사용한다. 따라서 해운정책이란 어떤 국가의 해운에 관해 그 나라 정부가 나아갈 방향을 제시하고 이를 달성하기 위해 법적, 제도적, 행정적 및 재정적으로 다양한 수단을 강구하는 것을 말한다고 할 수 있다.

　　국가적 차원에서 행하는 정책은 경제정책, 사회복지정책 및 행정정책 등으로 광범위하게 분류할 수 있으며 경제정책은 재정 및 조세정책, 금융정책, 무역정책, 물류정책 등으로 세분화할 수 있다. 해운정책은 경제정책의 일환이면서도 도서민을 위한 여객운송정책은 사회복지정책적 성격이 강하다고 할 수 있다. 해운정책은 경제정책 중에서 물류정책의 일환으로 분류되기는 하지만 무역정책, 금융, 재정 및 조세정책과도 깊은 연관성을 지니고 있다.

　해운정책은 정책이 일반적으로 지니는 미래지향성, 당위성, 가변성을 지니는 외에도 정치성 및 국제성 등의 특성을 지니고 있다. 첫째로 해운정책은 앞으로 나아갈 방향을 제시함으로써 미래지향성을 지닌다. 둘째로 해운정책은 한 국가의 해운에 관한 바람직한 상태를 지향하므로 당위성을 지니고 있다고 할 수 있다. 셋째로 해운정책은 시대에 따라서 또는 그 정책을 담당하는 당국자의 변동에 따라 바뀔 수 있는 가변성을 지니고 있다. 크게는 해운정책의 기조가 바뀔 수도 있고 새로운 해운정책의 수단을 도입하거나 폐지할 수도 있다. 영국이 자국 해운의 보호를 위해 항해조례(Navigation Acts)를 채택했다가 시대적 상황이 변화하면서 이를 폐지하고 해운자유주의 정책을 취한 것은 좋은 예라고 할 수 있다. 넷째로 해운정책을 수립하는 과정에서 정부부처 간 또는 정부부처와 국회 간 협상과정을 거쳐야 하는 정치성을 지닌다고 할 수 있다. 특히 해운정책은 앞에서 언급한 바와 같이 물류정책의 일환이면서 무역정책, 금융, 재정 및 조세정책과도 깊은 연관성을 지니는 만큼 정부부처 간의 협력이 필수적이라고 할 수 있다. 마지막으로 한 나라의 해운정책은 필연적으로 다른 국가에도 영향을 미치므로 국제성을 지니고 있다.

제 2 절 해운정책의 필요성

　그러면 "해운정책이 왜 필요한가?"하는 것은 국가의 정책목표를 달성하기 위해서 다양한 측면에서 살펴볼 수 있을 것이다. 이러한 것 중에서 대표적인 것들이 국제수지, 무역지원 측면, 관련 산업효과 및 국방 측면 등을 들 수 있다.

　우선 국제수지 측면을 살펴보자. 자국의 해운업이 발전하면 외국의 해운선사를 이용함으로써 해외로 유출되어야 하는 외화를 절감할 수 있다. 또한, 자국

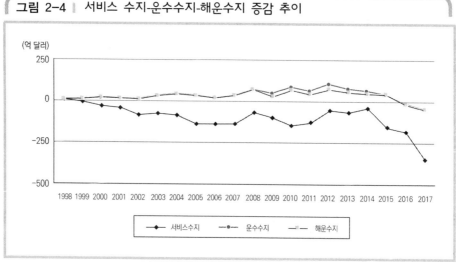

그림 2-4 │ 서비스 수지-운수수지-해운수지 증감 추이

출처: 한국은행(ECOS 경제통계시스템).

의 해운업이 경쟁력을 지니고 있어 3국간 운송을 활발히 수행할 경우 외국으로
부터 외화를 벌어들이는 외화가득효과가 있다. 따라서 국제수지 적자에 허덕이
는 나라일수록 해운산업은 국제수지 방어에 기여할 수 있다. 우리나라의 해운산
업은 〈그림 2-4〉에서 보는 바와 같이 1998년 이후 줄곧 국제수지 개선에 기여
해왔으나 2016년 이후 해운수지가 적자로 돌아서면서 그 역할이 축소되고 있다.
다만 2020년 이후 해상운임이 상승하면서 국제수지 개선에 일조하고 있다.

　　다음으로 무역지원 측면을 살펴보자. 자국 경제의 무역의존도[1]가 큰 나라
일수록 자국 해운업의 존재는 대외교역을 원활하게 하는 측면이 있다. 오늘날
과 같이 해운시장이 완전경쟁에 가까울 경우에도 자국 해운업이 있음으로 해서
수출입 화주의 선택의 폭이 넓어지고 외국 해운업자의 과도한 운임요구를 억제
하는 효과가 있다. 역사적으로 보더라도 선진 해운국(海運國)들이 정기선 해운시
장을 장악했던 1970년대까지만 하더라도 개발도상국들은 높은 운임을 감수할
수밖에 없었으며 많은 개도국들이 자국 해운업의 육성을 추진하고 UNCTAD[2]

---

1) 수출입액/국내총생산액(GDP).

2) 유엔무역개발회의, United Nations Conference on Trade and Development.

를 통해 선진 해운국들의 횡포를 견제하려는 움직임을 보였다. 우리나라의 경우 대외의존적인 경제구조로서 대부분의 원료를 해외에서 수입하고 많은 공산품을 수출하고 있으며 지정학적으로는 남북이 분단된 상황이어서 99.7%의 대외교역물품을 해상운송에 의존하고 있다. 이러한 측면에서 우리나라 해운업은 대외교역의 원활한 수행과 수출입화물의 물류비 부담을 완화하는 국가기간물류망으로서의 기능을 수행하고 있다고 할 수 있다.

셋째로 관련 산업효과를 살펴보면 해운산업은 다양한 전·후방관련 산업효과가 있다. 해운업에 대한 전방관련 산업으로는 대표적으로 무역업과 국제물류주선업을 들 수 있는데 모두 해상운송 수요를 창출하는 기능을 한다. 반면에 해운산업에 대한 후방관련 산업은 더 광범위한데 해운중개업 및 선박관리업 등 해운관련 산업, 하역업 등 각종 항만물류산업, 조선업, 금융업, 보험업, 해사법률서비스 등을 들 수 있다. 우리나라의 경우 해운업의 성장에 따라 이러한 후방관련 산업의 성장을 견인하고 있다. 조선업은 우리나라 경제성장과정에서 정부의 중화학공업 육성정책의 일환으로 주로 수출에 의존한 산업이었으나 우리나라 선대규모가 크게 증가하면서 해운산업의 조선업에 대한 후방관련 산업효과가 중요시되고 있다.

넷째로 해운산업의 국방측면에서의 역할이다. 해운산업은 '제4군'으로 불릴 만큼 유사시에 필수물자 및 인력의 수송에 중요한 역할을 한다. 특히 해운업의 특성상 유사시에는 선박운항을 기피하거나 위험지역으로 분류되어 높은 운임을 요구하게 된다. 이런 시기에 자국 선대의 존재는 필요한 물자와 인력의 신속한 수송은 물론 외국선사의 무리한 운임요구를 억제하는 기능을 할 수 있다. 유사시 대비하여 해운업을 지원하는 대표적인 사례로는 미국의 해운업 지원을 들 수 있다. 미국은 전시 필요한 물자와 인력 수송을 위한 선대의 유지를 위해 자국 해운업에 대한 화물유보제도, 각종 보조금 지급과 아울러 강력한 Cabotage정책을 실시해 왔다.

마지막으로 해운산업이 정부의 지원이나 보호 없이 자생적으로 경쟁력을 지니고 있다면 국민경제적 측면에서 가장 바람직할 것이다. 하지만 해운산업을 육성하기 위하여 정부차원에서 보조금을 지급하거나 수출입화물의 운송을 자국 선대에 유보하는 조치를 취한다면 정부재정 지출 확대를 초래하거나 국내 수출입화주의 선사선택권을 제한함으로써 물류비 부담이 증가한다면 국민경제에 부담으로 작용할 수 있다. 또한, 자국 선사들의 부실경영으로 정부차원의 재정 또는 금융지원이 불가피한 경우에도 그만큼 국민경제에 부담을 초래함으로써 위에서 언급한 해운산업의 긍정적 효과를 반감시키고 말 것이므로 선사들의 자생력 확보와 책임 있는 경영은 무엇보다도 중요하다고 할 수 있다.

제 3 절 해운정책의 목표와 기조

국가는 해운정책의 필요성을 인식하면 이에 입각해서 해운정책의 목표를 설정한다. 미국과 같이 유사시에 대비한 안보 측면을 내세우기도 하나 일반적으로 자국 '해운산업의 경쟁력 강화'에 그 목표를 두고 이를 통해 국민경제의 발전을 도모하고자 한다.

국가적 차원에서 해운정책의 목표를 달성하기 위한 기조는 크게 두 부류로 나눌 수 있는데 해운자유주의(Liberalism)와 해운보호주의(Protectionism)가 그것이다. 한 국가의 해운정책의 기조는 영구불변한 것이 아니라 그 국가가 처한 상황에 따라 바뀔 수 있으며 어느 하나의 해운정책 기조를 채택한다고 하여 다른 정책기조의 수단을 완전히 배제하지는 않는다. 즉 해운자유주의를 표방하더라도 해운보호주의적 정책수단을 일부 채택하거나 또는 그 반대로 해운보호주의를 기조로 하더라도 해운자유주의적 정책수단을 일부 채택하는 경우도 있다.

해운자유주의란 해운업에 대한 정부의 개입을 최소화하고 해운기업의 자율적인 영업활동을 최대한 보장하는 정책을 말한다. 이는 자국의 해운업이 다른 외국에 비하여 경쟁력을 지니고 있다고 판단될 때 취하는 정책방향이라고 할 수 있다. 따라서 이러한 정책기조는 해운업이 발달한 선진 해운국에서 주로 채택하는 것이다. 해운자유주의 기조 하에서는 첫째로 해운업을 자유롭게 영위할 수 있도록 하거나 최소한의 등록요건을 정하여 정부에 등록하게 한다. 이를 통해 자국 해운기업들이 자율적인 경쟁을 통하여 이윤을 추구하고 질 좋은 서비스를 제공함으로써 경쟁력을 강화할 수 있도록 하는 것이다. 둘째로 정부에서 자국 수출입화물의 적취권에 대하여 제한을 두지 않고 자국 선사와 외국적선사에 대하여 차별없이 접근할 수 있도록 허용한다. 즉 자국 화물의 일부를 자국 선대에게만 적취권을 유보하는 화물유보제도(Cargo Preference)를 완전히 배제하는 것이다. 셋째로 자국 화물에 대하여 외국적선사의 자율적취를 허용하는 만큼 외국과의 해운협력을 통하여 외국의 화물에 대하여도 자국 선사가 자유롭게 적취할 수 있는 기회를 창출한다. 넷째로 해운자유주의 하에서 가장 중요한 정책수단 중의 하나라고 할 수 있는 것은 외국적 선원의 고용을 허용하는 것이다. 이와 관련하여 자국민이 소유한 선박을 해외에 치적하는 편의치적(Flag of Convenience)을 허용하거나 최소한 묵인하는 것도 해운자유주의에 입각한 것이라고 할 수 있다.

반면에 해운보호주의는 국가가 해운업을 육성하기 위해 해운시장에 직접 또는 간접적으로 개입하거나 지원하는 정책기조를 말한다. 이러한 정책기조는 주로 개발도상국이 자국의 해운 선대를 확충하기 위해 경제개발 단계에서 채택하게 된다. 해운보호주의 기조 하에서는 첫째로 자국민의 해운업 참여를 면허제나 허가제를 통하여 진입을 제한하고 새로운 선박의 확보 및 투입 등 해운업 경영에 대하여도 정부가 다각적으로 개입한다. 둘째로 자국 선대의 확보를 지원하기 위하여 자금조달 수단을 개발하고 자국 선대의 화물확보를 지원하기 위해 자국의 수출입화물에 대하여 우선적취권을 보장할 수 있도록 다양한 정책수단을 강구한다. 셋째로 자국 선대에 대하여 보조금을 지급하거나 조세수단을 사용하여 다각적인 지원수단을 채택한다. 예를 들면 선박을 건조하거나 운항에 따른 손실금을 보조금의 형태로 지급하거나 법인세의 감면 또는 선박에 대한 조세의 감면 등을 시행하는 것이다. 넷째로 자국 선대의 해외유출(flagging-out)을 막거나 해외로 편의치적한 자국 선대를 다시 자국으로 치적(re-flagging)하도록 유도하기 위하여 도입된 제2선적제도 역시 해운보호주의 정책수단의 성격을 띠고 있다고 할 수 있다. 이에 대하여는 제5편에서 자세히 살펴보고자 한다.

제 4 절 해운정책의 수단

 정부에서는 해운정책의 목표를 구현하기 위해 다양한 정책수단을 사용하게 된다. 이러한 정책수단은 크게 규제수단, 재정·금융수단, 조세수단, 인력확보지원, 외교적 수단 및 이러한 정책을 복합적으로 사용하는 수단 등으로 분류할 수 있다.

1. 규제수단

 규제수단은 정부에서 각종 법적 장치를 동하여 자국민이 해운업에 참여하거나 해운업을 영위하는 데 규제를 가하는 정책수단을 말한다. 이러한 규제가 강할수록 해운보호주의에 속한다고 할 수 있고 규제를 완화하는 방향으로 정책을 펼칠 때에는 해운자유주의 정책기조를 띠고 있다고 할 수 있다. 해운업 참여를 규제하는 정책수단으로는 면허제, 허가제, 등록제 및 신고제를 들 수 있으며 이 중 면허제가 가장 규제의 강도가 강한 것이며 반대로 신고제가 규제의 강도가 가장 약하다고 할 수 있다. 따라서 자국 해운업 육성을 위해 해운보호주의 정책을 취하는 경우에는 자국 선사끼리 과당경쟁을 방지하기 위해 면허제나 허가제를 채택하게 된다. 면허제는 법정 면허요건을 갖추어 정부에 제출하면 이를 심사하여 합당하면 면허를 부여하는 제도로 정부의 면허권은 자유재량행위에 속하므로 그 권한을 크게 일탈하지 않는 한 정부는 면허신청을 불허할 수 있다. 허가제는 면허제보다는 규제의 강도가 약한 것으로 법정 허가요건을 구비하여 제출하면 이를 심사하여 해운업 참여를 허용하는 형태로 정부의 허가권은 기속재량행위에 속하므로 허가를 불허하는 경우 그 사유가 명백하여야 한다. 한편 등록제는 선박보유량 등 객관적인 기준만 갖추면 해운업 참여를 허용하는 제도로서 정부의 재량의 여지가 없이 그 기준만 충족하면 등록을 허용하여야 한다. 신고제는 가장 경미한 형태의 규제로 법적 절차에 따라 신고를 하고 신고가 수리되면 사업을 개시할 수 있다. 만약 해운업을 개시하는 데 아무런 제한을 두지 않는 자유업 형태인 경우 완전한 형태의 해운자유주의를 추구한다고 볼 수 있다. 우리나라는 1996년 6월 이전만 하더라도 외항화물운송사업에 대한 면허제를 실시하였으나 정부가 해운자유주의로 정책기조를 전환함에 따라 등록제로 변경하여 규제를 대폭 완화하였다.

이와 같이 진입장벽으로서의 규제와 함께 해운업의 경영에 있어 사업자가 지켜야 할 사항들을 정하게 되는데 진입규제가 강한 면허제 하에서는 더욱 엄격하게 관리되는 반면 등록제나 신고제 하에서는 규제사항을 최소화함으로써 사업자에게 자율성을 부여한다. 선박확보 및 처분에 대한 규제, 사업계획의 변경 및 사업의 양도·양수 등에 관한 규제, 운임의 결정 및 신고에 관한 규제 등이 이에 속한다.

또 다른 형태의 규제는 자국 수출입화주에 대한 규제로서 화주의 선사선택권을 제한하거나 해운업 참여를 제한하는 것이다. 자국 수출입화주의 선사선택권을 제한하는 방식은 특정 수출입화물의 해상운송에 있어 자국 선박을 우선적으로 이용하도록 의무화하거나 무역거래계약을 체결할 때 자국의 수출입화주가 선사선택권을 갖는 무역조건을 채택하도록 권장하고 자국 선사를 이용하도록 유도하는 것을 들 수 있다. 전자는 화물유보제도(Cargo Preference)라고 하여 주로 개발도상국들이 자국 선대의 육성을 위하여 광범위하게 채택하는 제도이다. 화물유보제도에 대하여는 제3편에서 자세히 살펴보기로 한다.

2. 재정·금융수단

해운산업은 대규모 자본이 소요되는 자본집약적 산업으로서 선박확보가 용이하지 않으며 해운산업에서는 장기간의 불황이 일반적이어서 이를 견뎌내기 위해서는 운영자금의 확보도 중요하다. 이를 지원하기 위한 해운정책 수단으로는 재정수단으로서 보조금의 지급, 금융수단으로서 정책자금 융자, 민간금융 확보지원 및 지급보증 등을 들 수 있다.

해운산업에 대한 보조금의 지급은 다양한 형태로 이루어질 수 있다. 선박

건조에 대해 직접 보조금을 지급하거나 자국 조선소에서 건조함에 따라 외국 조선소에서 건조할 때보다 추가로 소요되는 만큼을 보조금으로 지급할 수 있다. 또한 선박건조에 따라 발생한 융자금에 대한 이자를 보조하거나 시중금리와의 차이만큼을 보전하는 이차보전(利差補塡) 방식이 있을 수 있다. 이 외에도 선박운항에 따른 비용을 보조하거나 자국 선원의 승선을 의무화하는 경우 외국선원과의 임금차액에 대하여 보조금을 지급하기도 한다.

또한 재정자금을 이용하여 선박확보 또는 해운업 경영에 따른 소요자금을 융자하거나 각종 지원책을 펼 수 있다. 재정자금은 국가의 예산이 투입되는 자금으로 조세징수를 통해 조달하거나 국가가 외국 또는 민간으로부터 차입하여 조성할 수도 있다. 또한, 국가의 재정이 투자되거나 국가가 출자한 공공기관이 행하는 자금의 지원도 넓은 의미에서 재정자금의 범주에 속한다고 할 것이다. 우리나라와 일본에서 해운업과 조선업을 연계육성하기 위해 시행했던 계획조선제도는 재정자금이 주된 재원이었다. 이러한 재정자금의 운용은 정부가 직접 시행하기 어려우므로 전문 금융기관에 위탁하여 운영하는 것이 일반적이다. 한편 해운업체가 선박을 건조하기 위해서는 통상 건조자금의 10~20%를 자기자금으로 충당하여야 하므로 해운경기가 불경기에 있거나 영세한 해운업체에게는 재정자금을 이용하여 선박을 건조한 후 이를 임대하는 방식이 이용되기도 한다. 이 경우 국가(정부투자기관)와 해운업체가 선박을 공유하면서 일정 기간에 걸쳐 선박대금을 납입하게 한 후 완납하면 해운업체에게 소유권을 넘겨주는 방식도 있을 수 있다.

해운업체가 민간 금융기관이나 일반투자자로부터 선박확보자금 등 자금조달이 용이하도록 지원하는 것도 중요한 해운정책 중의 하나이다. 선박확보에는 대규모 자금이 소요되는 만큼 대형선의 건조에는 여러 금융기관이 공동으로 참여하여 각각 융자금의 일부분을 담당하는 협조융자(Syndicated Loan) 방식이 주로 사용되고 이 경우 해외 금융기관도 공동으로 참여하는 경우가 많아 융자금의 회수를 보장받기 위하여 선박을 편의치적하고 융자금을 장기에 걸쳐 회수하는 BBC/HP 방식이 사용되기도 한다. 우리나라 해운업체들은 1970년대 선박확보자금을 조달하기 어려울 때 일본의 상업자본을 이용하여 이러한 방식으로 선박을 확보하기 시작했다. 정부에서는 초기에 이러한 방식으로 확보된 선박에 대하여 국적선 대우를 하지 않았으나 국적선사들의 선박확보를 지원하는 차원에서 이를 국적선의 개념에 포함하여 우리나라 선대에 유보된 화물을 운송할 수 있게 하였다. 오늘날 우리나라 선사들은 이러한 방식을 주로 이용하여 선박을 확보하고 있는바, 정부에서는 BBC/HP를 합법적인 방식으로 인정하고 있는 것이다. 또한, 유럽에서 발달한 선박펀드도 민간자금을 선박확보에 이용할 수 있도록 고안된 제도이다. 우리나라도 IMF 외환위기 이후에 국적선사들의 선박확보 시 자금조달의 어려움을 타개하기 위해 도입한 바 있으며 민간자금을 활용하는 데 성공한 제도 중의 하나라고 볼 수 있다. 마지막으로 해운불황기에 민간 금융기관의 선박확보자금의 융자가 위축되는 점을 감안하여 국책금융기관이 후순위 대출을 담당함으로써 민간 금융기관이 선순위 대출에 적극 참여하도록 유도하는 것도 중요한 정책수단이라고 할 수 있다.

정부가 해운업체의 자금조달을 용이하게 하기 위한 또 하나의 방식은 민간 금융기관의 해운업체에 대한 융자에 대하여 정부 또는 국책금융기관이 지급보증을 하는 것이다. 이러한 지급보증제도의 대표적인 사례는 미국의 Federal Ship Financing Program(종전의 Loan Guarantee제도)이다. 이 제도는 미국 해운사업자의 선박 건조 또는 개조 시에 원금 및 이자의 상환을 정부가 보증하는 제도이며 실제 비용의 87.5%까지 보증을 제공하며 신조 선박의 보증기간은 선박인도 후 25년 이내로 하고 있다.

3. 조세수단

조세수단은 정부 또는 지방자치단체의 조세징수권을 이용한 정책수단을 말한다. 이러한 조세정책수단으로는 해운사업에 대한 법인세, 선박관련 제세, 해운관련 종사자에 대한 소득세 등을 이용하는 방식을 들 수 있다.

우선 법인세를 이용한 해운정책수단으로는 첫째로 해운사업으로 인한 법인세를 직접 감면해 주는 방식으로서 다른 산업에 비해 낮은 법인세율을 적용하거나 법인세 산출 시 특별공제 등을 통해 이루어질 수 있는데 타 산업과의 형평성 측면에서 논란이 제기될 수 있다. 둘째로 일반적인 법인세 산출방식에 의하지 않고 선박의 운항톤수를 기준으로 법인세를 부과하는 톤세제도를 들 수 있는데 이는 해운업의 안정적 경영과 선박투자재원의 확보를 지원할 목적으로 유럽에서 처음 도입한 제도이다. 이 제도의 경우 운항톤수에 실제이익이 아닌 법정 추정이익을 곱하여 산출하는 방식으로 해운기업의 이익 또는 손실에 관계 없이 매 연도 법인세를 납부해야 한다. 따라서 호황은 짧고 불황이 긴 해운산 업으로서는 호황기에 대규모 이익이 발생하게 되는데 이러한 시기에 법인세를 대폭 삭감해주는 효과가 있어 이러한 재원을 선박투자재원이나 불황기에 대비 한 적립금으로 활용할 수 있을 것이다. 반면에 불황기에는 손실이 발생하더라 도 법인세를 납부해야 하므로 해운기업 입장에서는 어려움이 가중되는 문제가 있다. 셋째로 선박확보 초기에 선박의 감가상각을 많이 할 수 있도록 하는 가 속상각 또는 특별상각제도를 들 수 있다. 감가상각은 통상 정액법이나 정률법 에 따라 이루어지나 예외적으로 더 많은 액수를 상각하도록 허용하는 경우 당 해 연도의 비용이 증가하고 이익규모가 축소되어 법인세 납부액이 줄어드는 효 과를 가져온다. 특히 해운업과 같이 호황기에 대규모 이익이 발생하는 경우 이 러한 상각제도는 법인세를 대폭 감면하는 효과가 있다. 넷째로 선박의 매각에 따른 이익금의 과세를 일정기간 유보하고 그 기간 내에 대체선박을 확보하는 경우 과세를 면제하는 이연과세제도를 들 수 있다. 선박을 매각하는 경우 매각 이익이 발생했다면 이를 당해 연도 이익으로 계상하지 않고 이연처리함으로써 당해 연도의 법인세 규모가 줄어들게 되고 법정기간 내에 매각한 선박을 대신 하여 새로운 선박을 확보하는 경우 투자금액의 전부 또는 일부를 법인세 과세 대상에서 제외함으로써 법인세 감면효과가 생긴다.

선박에 관련한 제세로는 통상 취득에 따른 취득세, 선박등록에 따른 등록 세, 보유기간에 부과되는 재산세, 해외에서 선박을 도입하는 경우 관세 등이 대 표적이라고 할 수 있다. 선박을 편의치적하는 경우 약간의 등록세를 제외하고 이러한 세금이 감면되므로 자국 선대에 대하여 이러한 조세를 부과하는 경우 경쟁력이 떨어질 수밖에 없으며 자국 선대의 편의치적 제공국으로의 이적(移籍) 이 증가할 가능성이 커지므로 이를 막기 위한 방편의 하나로 선박관련 제세의 감면을 검토할 필요가 있다.

4. 인력확보 지원

해운업을 경영하기 위해서는 해상에서 근무하는 선원인력뿐만 아니라 육상에서 선대의 운용과 관리, 화물확보를 위한 영업활동 및 해운시황의 분석 등을 위한 전문인력이 요구된다. 아울러 해운산업과 그 전후방관련 산업분야가 동반성장하기 위해서는 관련 산업분야의 인력양성도 중요한 과제 중의 하나이다.

해상에서 선박을 운항하는 선원인력은 해운기업의 경쟁력을 좌우하는 요소 중의 하나로 지목되고 있다. 물론 과거에 비해 선박 척당 선원수가 감소하고 선원인력시장의 국제적 개방화 추세에도 불구하고 선원 인건비가 차지하는 비중은 무시할 수 없는 수준이며 안전하게 항해목적을 달성하기 위해서는 선원의 자질 또한 중요한 요소이다. 이에 따라 자국 선대를 보유한 국가에서는 통상 선원양성을 위한 교육기관을 설립하여 운영하고 있다. 하지만 해상근로의 특성상 항해 중 선박이라는 제한된 공간에서 생활(고립성)함에 따라 가족 또는 지인들과 오랜 기간 떨어져 지내야 하고(격리성) 다양한 해상 위험에 노출(위험성)되어 있을 뿐만 아니라 항해 일정에 따라 세계 여러 곳을 이동(이동성)해야 하는 등 근무여건이 열악하다. 이에 따라 경제가 발전하고 육상－해상근무자 간의 보수격차가 줄어들수록 해상근무를 기피할 수밖에 없다.

UNCTAD에 의하면 세계 외항선원은 2021년 기준 약 1,893천명으로 세계 선박량이 증가하면서 아울러 선원에 대한 수요도 계속 증가하고 있다. 세계 선대 중 선주국이 아닌 국가에 선박을 치적한 개방등록(Open Registry) 비중이 70%를 넘고 있어 이러한 선박에 승선하는 외국인 선원에 대한 수요도 늘어나고 있는바, 주로 필리핀 및 인도네시아 등 동남아시아 선원이 주류를 이루고 있다. 이들은 대부분 해기사가 아닌 보통선원이나 해기사의 숫자도 증가하는 추세이다. 결국 세계 주요 해운국의 선대가 고급 해기사를 제외하고 부족한 자국 선원을 보충하고 경쟁력을 강화하기 위해 외국인 선원을 고용하고 있어 가속화되고 있는 선원인력시장의 국제적 개방화 추세에서 경쟁력 있는 양질의 선원을 확보할 수 있는 지원정책이 중요하다고 할 수 있다.

육상에서 근무하는 해운산업 종사자들의 확보도 중요한 과제이다. 해운기업에 근무하는 직원들의 경우 선원인력의 관리, 선박의 관리, 용대선, 매매 및 건조, 화물확보를 위한 영업 등 해운업 경영에 관한 전문지식이 요구된다. 해운업이 전문화 및 분업화 과정을 거치면서 선원인력의 공급 및 관리, 선박의 관리 등을 대신 수행하는 선박관리업이 발달하여 해운기업은 선박의 스케줄 관리와 화물확보를 위한 영업활동에 주력하게 되었다. 해상운임의 진폭이 심하고 투기적 성격이 강한 해운산업에서 성공하기 위해서는 해운경기를 예측하는 전문인력도 중요하다. 해운경기를 정확하게 예측하지 못하여 선박투자에 실패할 경우 초래되는 결과는 앞에서 언급한 대로 치명적이라고 할 수 있다.

아울러 해운산업이 발전하기 위해서는 이를 지원하는 후방관련 산업의 역할이 중요한데 이러한 산업을 보면 〈표 2-4〉와 같다.

해운관련 산업은 해운업이 성장하는 데 필수적인 지원역할을 하므로 해운업의 전문인력 양성과 함께 이러한 관련 산업의 전문인력 양성을 병행하는 것이 중요하다고 할 수 있다.

표 2-4 ▎해운산업의 후방관련 산업

업종	사업개요
선박관리업	• 선원관리: 선원의 고용, 승선, 보수지급 등 관리 • 선박관리: 기술적/상업적 관리
해운중개업	• 해상화물운송의 중개, 선박의 대여·용대선 또는 매매를 중개하는 사업
선박대여업	• 해상화물운송사업자 외의 자가 선박을 소유하고 이를 운송사업자 등 다른 사람에게 대여하는 사업
해운대리점업	• 해상운송사업자를 위하여 통상 그 사업에 속하는 거래를 대리하는 사업
선박금융업	• 선박의 확보에 필요한 자금의 조달 및 융자
해상보험업	• 선박보험, 화물보험, P&I보험 등 해운관련 보험
해사법률 서비스	• 국제적 해상운송에 대한 법률적 자문 • 해상운송과 관련한 분쟁의 법률적 대응

5. 외교적 수단

자국 선대가 유리한 위치에서 경쟁할 수 있도록 다각적인 해운협력을 통해 지원하는 방안이 있는데 이러한 수단으로는 양자(兩者) 간 협력과 다자(多者) 간 협력으로 구분할 수 있다. 양자 간 협력은 두 나라 간 해운에 관한 현안사항을 협력을 통해 해결하는 방식인데 그 대표적 사례로서 해운협정을 들 수가 있는 바, 양자 간 해운협상의 결과물을 상호 합의한 문서 형식으로 작성하여 시행하는 것이다. 해운협정문에는 통상 당사국 선박이 상대국 항만이용 시 차별을 금지하는 최혜국대우 또는 내국민대우3) 조항, 선원의 입·출국을 위한 편의 제공 및 당사국이 발행한 각종 선박 및 선원 관련 증명서의 효력을 상호 인정하는 조항, 당사국 선사의 상대국에서 발생한 해운수익의 송금보장 등에 관한 조항이 담겨진다. 해운자유주의 정책기조를 취하는 국가의 경우 당사국 화물의 자율적취, 즉 당사국 정부가 자국 선대에게 화물을 유보하는 정책을 금지하는 조항을 협상을 통해 해운협정에 반영하기도 한다.

다자 간 해운협력 방식은 셋 이상의 국가가 참여하여 공통의 해운 관심사항에 대하여 논의하여 공동의 대응방안을 모색하고 필요시 협약의 형태로 합의한 사항을 문서화하기도 한다. 이러한 다자간 협력을 위해 설치된 해운관련 국제기구에는 정부 간 국제기구로서 WTO(세계무역기구), IMO(국제해사기구), ILO(국제노동기구), UNCTAD(유엔무역개발회의), ESCAP(아시아태평양경제사회이사회), OECD(경제협력개발기구)4) 등이 있으며 민간단체 간 협력기구로서 ICS(국제해운회의소), ISF(국제해운연맹), ASA(아시아해운협회), FIATA(국제운송주선업협회연맹)5) 등이 있으며 IAPH(국제항만협회)6)와 같이 정부와 민간

---

3) 최혜국(MFN: Most Favored Nation)대우는 어떤 통상관계에 대하여 한 국가가 다른 외국에 부여하고 있는 최고 수준의 혜택보다 불리하지 않은 대우를 상대국에게도 부여하는 것이며 내국민대우는 내국민에게 부여하는 권리와 혜택을 외국인에게도 동등하게 부여하여야 한다는 원칙.

4) WTO: World Trade Organization, IMO: International Maritime Organization, ILO: International Labour Organization, UNCTAD: United Nations Conference on Trade and Development, ESCAP: Economic and Social Commission for Asia and the Pacific, OECD: Organization for Economic Cooperation and Development.

5) ICS: International Chamber of Shipping, ISF: International Shipping Federation, ASA: Asian Shipping Association, FIATA: International Federation of Freight Forwarders Associations.

6) IAPH: International Association of Ports and Harbors.

이 공동으로 참여하는 기구도 있다.

6. 복합적 수단

위에서 언급한 규제수단, 재정·금융수단, 조세수단 및 인력확보 지원수단을 복합적으로 사용하는 정책으로 이러한 수단으로는 제2선적제도 및 해운불황기의 구조조정정책이 이러한 유형에 속한다고 할 수 있다.

1980년대 해운불황기에 유럽의 선대들이 편의치적하는 사례가 증가하자 이러한 해외이탈을 막고 이탈한 자국 선대의 선적회복(re-flagging)을 유도하기 위해 이른바 제2선적제도라는 것을 창설하게 되었다. 제2선적제도가 이러한 효과를 거두기 위해서는 어느 정도는 편의치적 제공국에서 부여하는 수준의 혜택이 있어야 하므로 조세감면뿐만 아니라 외국인 선원의 고용도 대폭적으로 허용하게 되었다.

한편 해운불황기의 구조조정정책은 자국 선사가 어려운 해운불황기를 극복할 수 있도록 규제수단, 재정·금융수단, 조세수단 등 다각적인 수단을 동원하여 지원하는 것이다. 해운불황기에는 운임이 대폭 하락함에 따라 운임수입으로 각종 경비를 충당하기 어렵기 때문에 자금부족으로 인한 도산위기에 처하는 경우가 많다. 이러한 해운기업들이 어려움을 극복하도록 지원하기 위해서 정부 차원에서 펼치는 정책이 구조조정정책이다. 규제수단으로는 자국 선사 간 과당경쟁을 방지하기 위하여 일시적으로 해운업 진입을 제한하거나 요건을 강화하는 규제수단이 활용될 수 있다. 또한, 선사 간 통·폐합을 유도하기 위해 재정·금융수단, 조세수단 등 각종 지원수단이 동원되기도 한다. 선사가 경쟁력이 있다고 판단되는 경우에는 일시적인 자금부족을 타개하기 위하여 정책금융이나 지급보증 등을 활용하여 지원하는 것이 일반적이다.

제3편

화물확보정책

제1장

개 관

제1절 화물확보정책의 의의

　화물확보정책은 해운보호주의 정책기조 하에서 자국 선대가 운송하기 위한 화물을 확보할 수 있도록 지원하는 정책을 말한다. 해운자유주의 기조 하에서는 자국 선사들이 자유로운 경쟁을 통하여 해운시장에서 운송할 화물을 확보하도록 하는 반면에 해운보호주의 기조 하에서는 자국 선사들의 안정적 경영을 지원하기 위하여 정부에서 직접 개입하여 화물의 확보를 지원한다. 따라서 화물확보정책은 주로 법령 또는 공권력을 동원하여 수행하는 전형적인 해운보호주의 정책수단이라고 할 수 있으며 이러한 정책은 자국 화물의 수송에서 외국적선박을 배제하려는 국기차별(Flag Discrimination) 정책의 일종이라고 할 수 있다.

　역사적으로 보면 영국의 항해조례(Navigation Acts)는 대표적인 화물확보정책이라고 할 수 있는데 1651년 시행되어 1849년 폐지됨으로써 약 200년간 지속되었다. 이 조례는 네덜란드, 스페인, 프랑스 등 외국선박이 영국과 영국의 식민지로 화물을 수송하는 것을 금지하는 것이 주된 내용이었으므로 자국 선대에 이러한 화물의 운송을 유보하는 정책이라고 할 수 있다. 따라서 이 정책은 당시 네덜란드 등이 장악하고 있던 해상무역의 패권을 견제하고 영국의 해운업과 무역업을 보호·육성하는 데 목적이 있었으며 실제로 영국을 해운중심지로 만드는 데 크게 기여한 것으로 평가되고 있다. 하지만 1800년대 들어 영국이 자유무역주의로 전환하면서 이러한 항해조례가 오히려 높은 운임을 부과하는 요인으로 지목되어 수입물가를 낮추기 위한 수단으로 항해조례를 폐지하게 되었다. 한편 미국은 20C 들어 Jones Act와 Cargo Preference를 시행하였는데 이는 미국이 20C 초 자국 해운업을 육성하고자 하였으나 유럽의 해운세력과의 경쟁에서 밀려 실패함에 따라 자국 선대에 대한 화물확보정책의 일환으로 도입된 것이다. 우선 Jones Act를 통해서는 미국 내 연안해운에 종사하는 선박은 미국 국적으로 미국 내에서 건조되고 미국 선원이 승선해야 함을 원칙으로 하는 Cabotage제도를 도입하였다. Cargo Preference는 전략물자 등의 수송을 미국 국적선박이 우선적으로 수송할 수 있게 하는 화물유보제도로서 유사시 대비하여 최소한의 미국 상선대를 유지하기 위한 목적으로 도입되었다.

한편 개발도상국들은 20C 후반 들어 자국선대를 육성하기 위해 화물유보제도를 도입하였는데 특히 수출주도형 경제성장을 추구하는 나라에게는 자국선대를 육성함으로써 수출입화물의 경쟁력을 확보하기 위한 차원에서 이루어졌다. 자국선대가 없는 경우 해운호황기에 외국 선대에 의한 고 운임에 노출될 가능성이 높고 특히 정기선 분야에서는 선진 해운국 선사들이 해운동맹을 이용하여 정기선대가 없는 개도국 화물에 대해 고운임을 부과하는 정책을 취하였다. 이러한 여건에 따라 많은 개도국에서 '자국화자국선주의'를 내세워 화물유보정책을 시행하였고 UNCTAD 회원국 중 개도국 그룹(Group of 77)을 중심으로 개도국들의 해운업 진출을 방해하는 요소로 해운동맹(Liner Conference)과 편의치적제도를 지목하고 해운동맹의 횡포를 억제하기 위한 '정기선동맹의 행동규칙에 관한 협약'(Code of Conduct for Liner Conferences, 일명 Liner Code)을 1974년에, 그리고 편의치적의 폐지를 목적으로 한 '선박등록요건에 관한 UN협약'(UN Convention on Conditions for Registration of Ships)을 1986년에 각각 UNCTAD에서 채택하는 데 주도적 역할을 하였다. 그러나 이러한 시도에도 불구하고 개도국들의 해운업 진출 노력은 자본력의 부족 및 대량화물 수출 중심의 빈약한 무역구조 등으로 대부분의 국가에서 실패하였으며 우리나라, 대만 및 중국 등 수출주도형 경제성장을 추구한 몇몇 나라에서만 성공을 거둔 것으로 평가된다.

이러한 화물확보정책의 유형은 직접적인 화물확보정책수단으로 화물유보제도(Cargo Preference), 화물배분(Cargo Sharing) 및 Cabotage 정책을 들 수 있으며 간접적인 화물확보정책수단으로는 국제 물품매매계약에서 자국 화주가 운송권을 갖는 계약조건의 채택을 권고하거나 자국 대량화물 화주의 해운업 참여를 제한하고 자국 선주-화주 간의 협력체제를 구축하는 방식을 들 수 있다. 화물확보정책은 형태만 다를 뿐 개도국뿐만 아니라 선진 해운국에서도 시행되고 있다. 즉, 겉으로는 해운자유주의를 표방하면서도 암암리에 자국 선대를 위한 화물확보정책을 시행한다고 할 수 있다.

제 2 절 화물유보정책(Cargo Preference)

화물유보정책은 가장 전형적인 화물확보정책으로 자국의 수출입화물 중 특정화물을 자국 선대가 운송할 수 있도록 제한하는 제도를 말한다. 이러한 제도는 자국의 수출입 화주에게 자국 선박의 이용을 강제하는 것이므로 통상 법령에 근거하여 시행하게 된다. 아울러 자국 선대에 의한 운송을 원칙으로 하나 예외적으로 자국 선대의 운송여력이 없는 경우 또는 운송여력이 있더라도 지나치게 높은 운임을 요구하는 경우 등에 있어서는 외국적선박의 이용을 허용하는 것이 일반적이다. 이는 아무리 자국선대의 육성을 위해 화물유보제도를 시행하더라도 자국 화주에게 과도한 부담을 주면서까지 시행할 수 없기 때문이다. 이러한 측면에서 화물유보(Cargo Reservation)제도와 화물우선(Cargo Preference)제도를 구별하여 화물유보제도는 외국선박에 의한 운송을 배제하는 개념으로, 화물우선

제도는 자국선박에 우선적취권을 부여하되 외국선박의 참여를 배제하지 않는 개념으로 구분하여 사용하기도 하는데 사실상 그 실익이 없다고 본다.[1]

이러한 화물유보제도가 성공하기 위해서는 자국의 수출입 화물이 충분해야 하며 화물을 운송하기 위한 선박을 확보할 수 있는 자본력이 전제되어야 한다. 아울러 확보한 선대를 효율적으로 운용하기 위한 능력과 우수한 선원의 확보가 필수적이라 할 수 있다. 또한, 자국의 수출입화주들에게 자국 선대를 강제적으로 이용하도록 하는 제도이므로 선주-화주 간의 협력이 필수적이다. 즉 화물유보제도가 시행되는 경우 통상 자국 선대의 경쟁력이 떨어지는 경우가 많으므로 수출입화주들은 외국선사를 이용하는 경우보다 어느 정도의 추가 운임부담(예를 들어 10% 이하)을 감수하여야 하며 선주들은 자국의 수출입화주들의 희생에 보답하기 위하여 최대한 저렴한 운임과 질 좋은 서비스를 제공하기 위해 노력하여야 한다. 정부에서도 유보된 화물을 운송하고자 하는 자국 선사들이 상호 경쟁을 통하여 경쟁력을 키워나가노록 유도해야 할 것이다. 만약 자국 선사들이 이러한 제도에 의존하여 스스로 경쟁력을 키우는 노력을 게을리한다면 그 화물유보제도가 성공적이라고 할 수 없을 것이다.

대표적인 화물유보정책의 하나로 미국의 Cargo Preference 프로그램을 들 수 있다. 이러한 프로그램은 전시 또는 다른 국가적 비상시에 필수적인 해상수송능력과 숙련된 선원을 확보하고 미국의 해상교역이 전면적으로 외국 선대에 의하여 운송되는 것을 막고자 하는 데 있다. 앞에서 언급한 바와 같이 미국의 화물유보제도는 오랜 역사를 가지고 있다. 처음으로 미국의 Cargo Preference 화물로 지정된 것은 1904년 Military Cargo Preference Act에 의한 군수(軍需) 화물이었다. 이 법에 따르면 미군에 의하여 조달되거나 소유한 화물은 100% 합리적인 가격수준에서 이용 가능한 미국적선박을 이용하여야 한다. 이러한 화물은 미국 국방부가 국내외 사업자와 계약에 의하여 발생되며 최종재뿐만 아니라 부품까지 포함한다. 둘째로 1954년의 Cargo Preference Act에 의한 정부관련 화물(government-impelled cargo)로서 미국 정부가 조달, 공급하거나 재정을 지원한

---

[1] 이러한 측면에서 화물유보제도에 대한 영문 표현은 Cargo Reservation보다는 Cargo Preference 라는 용어가 적합하다고 본다.

화물들을 말하며 적어도 전체 화물톤수의 50%(농산물의 경우 1985년 이후 75%) 이상을 공정하고 합리적인 가격수준에서 이용 가능한 미국적 상선을 이용하여야 한다. 이러한 화물로서 해외에 무상 또는 차관으로 지원하는 농산물과 민간기구가 취급하는 정부관련 화물을 들 수 있다. 셋째로 미국 수출입은행(Ex-Im Bank)이 직접 융자하거나 보증을 통해 이루어지는 수출화물은 100% 미국선박으로 수송하도록 1934년에 시행된 Public Resolution 17에서 규정하고 있다.

　이와 같은 화물유보제도는 많은 개도국에서 자국 해운선대의 육성을 명분으로, 또한 일부 선진국에서조차 전시 등 비상시에 대비한다는 명분으로 원유 등 대량화물과 정부조달물자 등을 자국선대에 유보하고 있다. 그러나 화물유보제도의 공과에 대하여는 많은 논란이 제기되고 있다. 성공적인 자본조달을 통해 경쟁력 있는 자국 선대를 확보하는 경우 화물유보제도가 원유, 철광석, 석탄 등 대량화물의 자국선 적취율을 높이고 이를 통해 국제수지 개선에도 기여하는 긍정적 효과가 있는 것으로 평가되고 있다. 반면에 화물운송시장에 정부가 직접 개입함으로써 자원의 효율적 배분을 저해함은 물론 일반적으로 화주의 운송비 부담을 가중시킨다고 평가되고 있다.

　한국, 중국, 대만 등 일부 개도국에서는 화물유보제도를 통하여 자국 선대를 육성하는 데 성공했다고 할 수 있지만 많은 개도국들은 소기의 목적을 달성하지 못했다. 이와 같이 화물유보제도 도입으로 소기의 목적을 달성하지 못할 경우 결국 경쟁력을 확보하지 못해 자국 선대의 육성에 실패함은 물론 수출입화물의 물류비 증가 등 국민경제에 큰 부담을 안기는 결과를 초래한다고 볼 수 있다.[2] 60년 이상 유지되어온 미국의 Cargo Preference제도가 미국 상선대의 경쟁력을 강화하는 데 기여하지 못하고 높은 운임으로 국민의 세금을 낭비하고 있다는 논란이 끊임없이 제기되고 있는 것도 이러한 측면에 근거한 것이라고 본다.

---

2) 한국해운산업과 화물유보제도의 효과, 1995, 배재대학교 경윤범, 배제논총 제1권, p. 421.

제 3 절 화물배분정책(Cargo Sharing)

화물배분정책은 교역 당사국 간 수출입화물에 대하여 운송할 수 있는 비율 또는 화물량을 정하는 정책을 말하며 교역당사국만 참여할 수 있도록 하거나 제3국에도 일정 비율 또는 화물량을 배분할 수도 있다. 이러한 화물배분은 수출입 당사국 간 합의에 의하거나 다수의 국가들이 참여하는 형태로도 이루어질 수 있다. 전자의 경우 통상 해운협정의 형태로, 후자의 경우 국제협약의 형태를 취하게 된다. 화물배분정책 또한 화물유보제도와 마찬가지로 자국 선대에게 안정적인 수송물량을 확보할 수 있도록 지원함으로써 자국 해운업을 육성하는 데 목적이 있다. 다만 화물배분정책은 당사국 간의 합의에 의하는 반면 화물유보제도는 특정 국가가 독자적으로 정한다는 점에서 차이가 있다. 양 당사국 간 물량을 배분하는 경우 통상 50 : 50의 비율이 채택되나 제3국의 반발을 완화하기 위해 일부 비율을 제3국에게 할애하기도 한다.

다자 간 화물배분제도를 채택한 사례로는 Liner Code(정기선동맹의 행동규칙에 관한 협약)가 대표적이다. 1974년 UNCTAD에서 채택된 이 조약의 목적은 그간 선진 해운국에 의해 주도되어온 해운동맹의 횡포를 억제하고 개발도상국의 정기선 해운시장 참여를 용이하게 하는 데 있었다. 이 협약의 주요 내용으로는 해운동맹의 항로가 특정국가에 기항할 경우 그 국가의 선사는 해운동맹에 가입할 수 있는 권리를 갖도록 하였고 무역 당사국의 항로에 제3국 선사가 취항하고 있을 경우 수출국, 수입국 및 제3국이 각각 40 : 40 : 20의 비율로 운송할 권리가 있음을 명시하였다. 동 협약이 채택될 당시 덴마크, 영국, 노르웨이 등 유럽의 선진 해운국과 미국은 동 협약이 해운자유주의에 반한다는 이유로 반대하였으나 개도국 그룹인 77그룹의 주도 하에 압도적인 표 차이로 통과되었다. 동 협약은 1983년 10월에 이르러서 발효되었으나 개도국의 해운세력을 확대하는 데 크게 기여하지는 못하였다고 본다. 이는 개도국들이 대규모 자본이 소요되는 정기선대의 확보가 쉽지 않을 뿐만 아니라 제3국에서의 화물확보 등 영업활동이 용이

하지 않기 때문이다. 다만 이 시기에 한국과 대만이 정기선 해운시장에 성공적
으로 진입하였고 후발주자로서 중국이 정기선 해운시장에 참여하였는데 이 세
나라의 공통점은 수출주도형 경제성장을 추진했던 결과 지속적으로 증가하는
수출입 컨테이너 물동량을 가지고 있었다는 점을 들 수 있다.

　　이러한 화물배분제도 역시 화물유보제도와 유사한 효과를 가져온다고 할
수 있으나 정기선 화물에 대한 화물배분제도는 자국 정기선의 적취율을 높이는
데 기여도가 낮은 것으로 분석된다. 이는 40 : 40 : 20의 화물배분체계하에서 한
나라의 정기선사들이 자국 수출입 컨테이너화물의 40%를 수송하기 위해 그에
맞는 규모의 정기선대를 확보하기도 어려울 뿐더러 무모한 일이다. 정기선해운
의 특성상 이 정도 규모의 선대를 효율적으로 운용하기 위해서는 다른 나라에
서도 충분한 화물을 확보해야 하는데 그만한 영업력을 갖추기 어렵기 때문이
다. 아울러 자국 수출입화주들에게 자국의 정기선대를 이용하도록 하기 위해서
는 규제수단이나 공권력을 동원하여 강제하거나 권장하여야 하므로 자국 수출
입 화주들에게 물류비 부담을 가중시킬 가능성도 배제할 수 없다.

제 4 절　Cabotage정책

　　Cabotage[3]라 함은 특정국 내에서 두 지점 간의 화물 또는 여객의 운송을
의미하며 경우에 따라서는 외국인에 의한 그러한 행위를 의미하기도 하는데 이
책에서는 전자의 의미로 사용하고자 한다. 결국 Cabotage는 자국의 영해 내에
서 또는 자국의 영토 간의 해상운송에 있어 자국민 또는 자국적선박에 대해서
만 허용할 것인지 외국인 또는 외국적선박에 의한 운송을 허용할 것인지의 문
제로 귀착된다. 따라서 Cabotage의 유형을 구분한다면 첫째, 자국민이 소유한

---

3) Cabotage의 어원은 프랑스어인 Caboter에서 유래하였으며 '연안을 따라 항해'함을 의미하며
　당초 해상운송에서 육상 및 항공운송까지 그 개념이 확대됨.

자국적선박에 한하여 자국 연안에서의 운송을 허용하는 유형, 둘째로 자국민이 용선한 외국적선박에 의한 운송도 허용하는 유형, 셋째로 외국인이 외국적선박을 이용하여 화물이나 여객을 운송하는 것도 허용하는 유형으로 나눌 수 있다. 첫 번째 유형의 경우 자국의 영역 내에서의 운송을 자국민이 소유한 자국 선박에만 유보함으로써 사실상 화물유보제도와 동일한 성격을 가지게 된다. 두 번째 유형의 경우에도 외국적선박을 이용하더라도 자국민이 운항주체가 되므로 외국인에 의한 운송을 배제하는 결과를 가져온다. 세 번째 유형에서 외국인이 주체가 되어 외국적선박에 의한 운송을 허용하는 경우로서 특정화물이나 항로에 대하여만 제한적으로 허용하는 것이 일반적이라고 할 수 있다. 미국의 경우 첫 번째 유형에 선박 건조지 조건과 선원 국적 조건을 추가함으로써 가장 엄격한 형태에 속하며 극히 예외적으로 두 번째 유형에 의한 운송이 허용되는 폐쇄적 유형에 속한다. 우리나라의 경우에는 첫 번째 유형을 원칙으로 하지만 예외적으로 두 번째 유형과 세 번째 유형을 허용하고 있어 Cabotage를 다소 탄력적으로 운용하고 있다. 이와 같이 국가마다 정도의 차이는 있으나 Cabotage에 대하여 첫 번째 및 두 번째 유형을 복합적으로 사용하되 세 번째 유형은 특별한 경우 외에는 허용하지 않는 것이 일반적이다.

이와 같이 Cabotage를 국적선 원칙으로 하는 데에는 몇 가지 명분이 있을 수 있다. 첫째는 자국 연안해운의 보호 목적이다. 연안해운은 주로 소형선박을 운항하는 영세업체가 중심이 되어 수행되고 있다. 이러한 시장을 대외적으로 개방할 경우 자국의 연안해운 업체들이 경영상 큰 어려움에 직면할 수 있다. 둘째로 연안해운은 전시나 유사시에 물자나 인력의 근거리 수송에 큰 도움을 줄 수 있다. 만약 Cabotage가 대외적으로 개방되어 있다면 전시나 유사시에 선박을 철수하거나 고 운임을 요구하는 등 횡포를 부릴 수도 있으며 긴급한 물자 또는 인력 수송에 차질을 초래할 수 있다. 셋째로 자국 연안에서 해양오염사고의 발생가능성을 억제하고 만약 이러한 사고가 발생하더라도 이를 원만히 수습하기 위해서는 자국선대가 훨씬 용이할 것이다. 물론 한 나라의 연안에는 다른 국가의 외항선이 대외 교역물자 수송을 위해 그 나라의 무역항을 수시로 입출항하기 때문에 이러한 선박들에 의한 해양오염사고 발생 가능성을 간과해서도 안 되지만 자국의 영역 내에서만 운항하는 선박은 운항빈도가 외항선에 비하여 높고 비좁은 연안수역을 항해해야 하므로 훨씬 사고 위험성이 높다고 할 수 있다.

앞에서 언급한 바와 같이 전 세계 연안국 중에서 Cabotage에 대하여 외국 적선박 또는 외국 선사에 의한 운송을 엄격히 규제하는 나라 중 하나가 미국이라고 할 수 있다. 미국에서의 Cabotage의 개념은 하와이, 알래스카는 물론 미국령인 괌과 푸에르토리코를 포함하는 광범위한 영역을 포괄하고 있다. 미국의 Cabotage 정책은 일명 Jones Act라고 불리는 1920년 Merchant Marine Act에 근거하여 시행되고 있다. 이 법에 의하면 미국 연안운송을 위해서는 미국 내에서 건조(constructed in the United States)되고 미국 시민이 소유(owned by U.S. citizens)한, 미국 시민과 영주권자가 승선4)(crewed by U.S. citizens and U.S. permanent residents)한 미국 국적선박(U.S.-flag ships)이어야 한다. 다만 극히 예외적으로 국가 비상시에 한하여 외국적선박에 의한 운송을 허용할 수 있는데 그 일례로 2005년 허리케인 Katrina로 인한 피해가 발생했을 당시 외국적선박에 의한 석유류의 미국 내 운송을 허용한 바 있으며 2017년 허리케인 Maria가 푸에르토리코를 강타했을 때 각종 필수물자의 긴급한 공급을 위해 10일 동안 Jones Act의 적용을 면제한 바 있다.5) 이와 같은 미국의 Cabotage 제도는 유사시에 대비한 수송능력과 선원을 확보하고자 하는 Cargo Preference 제도와 일맥상통한다고 할 수 있다. 이에 더하여 Cabotage 요건으로 선박의 미국 내 건조를 요구함으로써 유사시에 대비한 선박건조능력의 유지도 염두에 두고 있다고 할 수 있다.

한편 EU의 경우에는 EU 회원국 선사가 회원국 상호 간 교역화물과 회원국 내에서 해상운송하는 것을 모두 Cabotage로 취급하여 역내 교역에 대한 물류비 절감을 도모하고 있다. 비회원국 선사에 의한 EU 역내 지점 간 운송에 대하여는 허용되지 않고 있으나 비회원국에 기반을 둔 선사더라도 EU 회원국 국민에 의해 통제되는 선사가 운항하는 EU 회원국 치적선박에 대하여는 예외적으로 EU 역내 Cabotage 권한을 부여하고 있다. 이러한 Cabotage 제도는 1993년부터 본격 시행되었는데 일부 회원국들에 대하여는 사정을 감안하여 예외적

---

4) 모든 해기사와 그 외 선원의 75% 이상.
5) KMI 월간동향, 2017. 10, 한국해양수산개발원, p. 55.

인 스케줄을 인정하였다.6) Cabotage를 자국 선박에 한정하고 외국적선박에는 불허하는 원칙을 고수할 경우 화물유보제도보다 자국 선대를 육성하는 데 효과가 더 크다고 볼 수 있다. 또한, 전시 등 유사시에 자국 선대를 통제 운영함으로써 보다 효과적으로 상황에 대처할 수 있다. 다만 이러한 효과에도 불구하고 Cabotage를 자국 선대에만 유보하는 데 대하여 지속적인 논란이 제기되어 왔다. 이는 자국의 수출입화물을 자국 선대에 유보하는 화물유보제도의 경우 자국 수출입화주들의 물류비 부담 완화를 위해 운임수준이 외국선대에 비해 일정 수준을 넘는 비합리적 수준일 때에는 외국선대를 이용할 수 있는 예외가 허용되는 반면 Cabotage의 경우에는 이러한 예외를 인정하지 않는 것이 일반적이다. 이에 따라 자국 영역 내 물자의 해상수송에 따른 물류비 부담이 크게 증가하게 되어 국내 물가상승은 물론 이러한 물자를 원재료로 하는 자국의 수출화물의 국제경쟁력을 떨어뜨리는 것은 불가피할 것이다. 특히 미국과 같이 강력한 Cabotage 규제정책을 취하는 나라에서는 오랜 기간 이러한 논생이 계속되어왔음에도 국가안보, 국내 산업 보호 및 일자리 유지라는 측면에서 정책적 변화를 보이지 않고 있다.

제5절 간접적인 화물확보정책

이는 앞에서 언급한 화물유보제도, 화물배분제도 및 Cabotage와 같이 정부가 직접 운송시장에 개입하여 자국의 수출입화주에게 자국 선사를 이용하도록 의무화하는 방식과는 달리 간접적인 수단을 동원하여 자국의 수출입화주가 자국 선사를 이용하도록 유도함으로써 자국 선사의 화물확보를 지원하는 방식을 말한다.

---

6) COUNCIL REGULATION (EEC) No 3577/92 of 7 December 1992.

첫 번째 유형으로는 자국의 수출입화주가 외국의 교역 상대방과 국제물품 매매계약을 체결할 때 해상운송업체를 지정할 수 있는 무역조건의 채택을 권장하는 방식이다. 예를 들면 수출의 경우 CIF, CFR, CIP, CPT[7] 등을, 수입의 경우 FOB, FAS, FCA, EXW[8] 등의 무역조건을 채택하도록 권장함으로써 자국의 수출입화주가 선사선택권을 갖도록 하는 것이다. 이러한 계약조건이 성사되기 위해서는 자국 수출입화주가 무역계약에서 우월적 지위에 있거나 다른 계약조건을 양보하는 등 추가적 부담이 있어야 가능할 것이다. 따라서 정부의 영향력이 강력한 사회주의 국가 또는 국가주도의 경제개발을 추구하는 개도국에서 어느 정도 효과를 발휘할 수 있을 것이다.

또 다른 형태로는 자국의 수출입 대량화물의 화주가 해운업에 참여하는 것을 규제하는 방식으로 이는 화주들의 자가운송[9]을 억제함으로써 전문적인 해운사업자가 운송물량을 확보할 수 있도록 지원하는 제도이다. 여기서 대량화물이라 함은 통상 정기선화물을 제외하고 부정기선 화물 중 대량으로 운송되는 화물로서 원유, LNG, 철광석, 석탄, 양곡 등을 의미하며 이러한 화물이 부정기선 운송시장에서 주종을 이루고 있어 안정적인 해운업 경영을 위해서는 대량화물을 장기간 확보하는 것이 필수적이라고 할 수 있다. 이러한 규제를 채택하는 나라는 세계적으로 흔하지 않으며 대표적으로 우리나라와 중국을 들 수 있다. 이와 같이 정부가 나서서 대량화물 화주의 해운업 참여를 규제하는 것은 이들이 물류비 절감을 명분으로 직접 해운업 참여를 추진하거나 참여 후 실패를 반복함으로써 해운시장을 교란하고 자국 해운업의 기반을 흔들어놓을 수 있으므로 이들의 해운업 진출 허용여부에는 신중한 검토가 필요하기 때문이다.

해운업에 있어 원유 등 대량화물의 자가운송은 많이 있어 왔으며 이는 자

---

7) CIF(cost, insurance and freight): 운임 및 보험료포함 인도조건, CFR(cost and freight): 운임 포함 인도조건, CIP(carriage and insurance paid to): 운송비 및 보험료지급 인도조건, CPT(carriage paid to): 운송비지급 인도조건.

8) FOB(free on board): 본선인도조건, FAS(free alongside ship): 선측인도조건, FCA(free carrier): 운송인인도조건, EXW(ex-works): 공장인도조건.

9) 이를 흔히 Industrial Carrier라고 부르며 전문송송인 Common Carrier와 구별한다. 이와 달리 Private Carrier는 특정 화주만을 대상으로 하는 운송인으로 불특정 다수 화주를 대상으로 하는 Public Carrier에 대칭되는 개념이다.

가운송을 통해 화물의 적기 운송과 물류비의 절감에 목적이 있었다고 볼 수 있다. 원유의 자가운송은 영국의 BP사, 네덜란드의 Shell사, 미국의 Exxon Mobile과 Chevron사 등이 1980년대까지 50% 이상의 물량을 자사 해운계열사가 운송하도록 하였으나 잦은 해양오염사고, 1980년대 해운불황으로 인한 채산성 악화 등으로 해운업으로부터 철수하고 전문운송인과 장기운송계약 등을 통하여 운송하는 방식으로 전환하였다. 그 외에도 철광석, 석탄 및 양곡 등 대량화물의 자가운송을 시도한 사례는 많으나 이를 통해 성공한 사례는 극히 드물다고 볼 수 있다. 이는 오랜 기간 동안 해상운송에 종사해온 전문운송인의 선박 및 선원관리 등 경영 노하우를 단기간에 습득하기 힘들어 예상했던 만큼 물류비를 절감하는 것이 쉽지 않았으며 유조선의 경우 대형 유류오염사고로 인한 비용부담과 사회적 이미지 실추는 대형 석유 메이저들이 감당하기 힘들었을 것으로 생각된다. 이 외에도 철광석을 생산·수출하는 업체 또는 철광석이나 석탄 등 대량화물을 원료로 사용하는 철강 또는 선력회사들이 해운업을 영위하거나 영위했던 사례들도 있다. 철광석 생산업체로는 브라질의 Vale사가 과거 해운업에 참여하였다가 채산성을 확보하기 어려워 포기한 적이 있었으나 2009년 이후 도래한 해운불황으로 선가가 폭락하자 직접 선대를 확보하여 철광석 운송사업을 영위하고 있다.10) 철강 또는 전력회사 중에서는 과거 일본제철과 포항제철이 자회사를 설립하는 방식으로 해운업에 참여하였으나 결국 채산성 악화 등으로 포기한 바 있다. 현재 아르셀로미탈(룩셈부르크), 일본제철(일본), 바오산철강(중국), 타타(인도) 등의 철강사와 일본, 중국, 대만 등의 전력회사들도 해운사를 직접 보유하지 않고 전문해운업체와의 장기운송계약을 위주로 원료를 수송하고 있다.

　　세 번째 형태로는 자국 선주－화주 간 협력관계 구축을 통해 상호 이익을 추구하는 방식으로 해상화물운송에 있어 선사는 안정적인 운임과 운송서비스를 제공하고 화주는 안정적인 물동량을 공급하는 win－win전략이다. 화물유보제도가 정부의 공권력에 의하여 화주의 선사선택권을 강제적으로 제한하는 반면 선주－화주 간 협력은 민간차원의 자발적 관계라고 할 수 있으며 이 과정에서 정부의 역할은 이러한 협력관계가 원만하게 유지될 수 있도록 지원하는 것

---

10) 다만 해운불황이 장기화되면서 최근 그 사업규모를 축소하고 있음.

이다. 이와 같이 선주-화주 간 협력관계가 필요한 이유는 운송선박이 부족한 해운호황기에는 화주가 운송선박을 적기에 확보하는 것이 중요한 반면 선박의 운송능력이 남아도는 해운불황기에는 선주가 화물을 확보하는 데 애로가 있기 때문이다.

이러한 선주-화주 간 협력방식으로는 우선 장기운송계약(COA; Contract of Affreightment)을 들 수 있는데 이는 일정한 물량의 화물을 특정 선적항에서 특정 양하항까지 장기간에 걸쳐 운송하기 위한 계약을 말한다. 또 다른 방식으로는 전용선계약이 있는데 이는 특정 대량화물을 전문적으로 운송하기 위해 전용선을 건조하여 특정 화주의 화물을 장기간 운송하는 계약을 말하며 장기운송계약과의 가장 큰 차이는 선박이 특정된다는 점이다. 전용선계약에서는 전용선 건조 시 화주가 적하보증을 함으로써 재원조달이 용이하며 화주는 선주에게 선박 확보 및 운항에 필요한 비용을 원가보상 원칙에 따라 약정하고 지급함으로써 선주-화주 간 협력방식의 기본취지를 잘 구현하고 있다고 할 수 있다. 셋째로 선주-화주 간 자본협력으로 선주와 화주가 공동으로 투자하여 합작법인을 설립하거나 기존 해운업체의 지분을 대량화주가 인수하는 방안을 들 수 있다. 일본의 신일본제철은 과거 자회사인 닛테츠해운(日鐵海運)을 NS연합해운과 합병함으로써 NS연합해운(주)의 지분 약 35%를 보유하고 있다. 이러한 형태에서는 화주들이 단순히 재무적 투자자로 참여하고 합작회사의 경영을 전적으로 전문경영인인 해운업체에 맡겼을 때 효과를 발휘할 수 있다.

선주-화주 간 협력방식이 가장 발달한 나라는 일본으로서 주로 석탄, 철광석 등 대량화물 운송을 중심으로 전개되어왔다. 일본에서는 Commission Carrier라는 개념을 바탕으로 이러한 협력이 이루어져 왔는데 이는 묵시적 협약을 기반으로 장기간 운송계약 관계를 계속 유지하는 체제를 말한다. 이러한 협력관계에서 용선계약의 주요 형태로는 전용선계약, 장기운송계약(COA), 연속 항해용선계약(CVC)[11] 등 다양한 방식이 이용되고 있다.[12]

---

11) Consecutive Voyage Charter.

12) 해양수산부문의 공생발전 실행방안 연구-선화주간 공생발전방안을 중심으로, 2012, KMI, pp. 36-38.

 선-화주 간 협력체제가 공고히 구축될 경우 기대할 수 있는 효과[13]로는 첫째, 선주-화주의 원가절감이라는 공동목표를 실현할 수 있다는 점, 둘째로 화주 입장에서는 수송수단, 선사 입장에서는 화물확보와 관련된 불확실성을 해소할 수 있다는 점, 셋째로 예기치 못한 해운시장의 여건변화에 대한 대응능력을 제고할 수 있다는 점, 넷째로 기업의 공급사슬(supply chain)의 효율화를 가능하게 하여 화주의 편익증대에 기여할 수 있다는 점, 다섯째로 안정적인 운임의 설정이 가능하여 선-화주의 사업계획 수립이 용이하고 선사의 기초적 수입을 보장함으로써 선사의 안정적 경영에 기여할 수 있다는 점 등을 들 수 있다.

---

13) 앞의 책, p. 17.

제2장

우리나라 화물확보정책

제 1 절 자국화자국선주의 정책의 시발(始發)

　　우리나라가 자국화자국선주의(自國貨自國船主義)를 내세운 것은 한국전쟁이 끝나갈 무렵인 1952년 11월이었다. 당시 우리나라 해운은 그 세력이 미미하여 1950년 정부는 대한해운공사를 설립함으로써 해운육성의 의지를 들어냈다. 그러나 한국전쟁 기간에도 전쟁물자의 수송은 주로 외국선박에 의존하였으며 이는 특히 일본의 해운력을 확충하는 기회가 되었을 뿐이다. 이에 1952년 11월 17일 당시 대외무역을 총괄하고 있던 상공부는 다음과 같은 내용의 상공부공고 제68호를 발하였다.

　　한국 출입하(出入荷) 총 수송량의 7할 내지 8할의 수송능력을 보유한 아국 해운의 육성 및 발전과 외화운임 지출의 절약을 기도하기 위하여 금반 수출입물품가격의 평가규정의 개정과 더불어 국내 대외무역업자는 국가경제의 건전한 발전을 위하여 적극 협조하는 견지에서 아국상선이 취항하고 있는 항로에 있어서는 가능한 한

한국선박을 이용하여 수출입상품을 적재하여 주시기를 바라며 수출허가신청 서면
에는 향후 선명(가능한 한 한국선명)을 기재하고 수입에 있어서도 한국선박에 수입물품
을 적송토록 수입상대국 거래처에 연락하여 본건 협조하여 주시기 요망함

위 내용을 살펴보면 알 수 있듯이 상공부는 어떠한 공권력을 동원하여 우
리나라 선박의 이용을 강제하기 위한 것이 아니라 우리나라 수출입 화주들에게
가능하면 한국선박의 이용을 권고하는 행정지도 차원의 조치였음을 알 수 있
다. 그러나 비록 법적 강제력은 없더라도 우리나라 수출입화물 운송에 있어 우
리나라 선박의 이용을 권장하는 자국화자국선주의 정책의 시작이라고 할 수 있
을 것이다.

1952년 12월 현재 우리나라의 100톤 이상 화물선은 총 81척 60,765톤에
불과하였으며 이 중에서 대한해운공사가 보유하고 있던 것이 27척 39,808톤으
로 톤수기준 65.5%를 점유하였다.[1] 1950년대 우리나라의 수출입총액 중 원조
물자가 차지하는 비중이 76.2%(1950~1959년 평균)에 달하였으나 이러한 원조물자
는 대부분 미국으로부터 수입되어 미국은 자국의 Cargo Preference Act에 의거
50% 이상을 자국선박으로 수송해야 했기 때문에 이러한 원조물자의 수송에 우
리나라 선박이 참여하는 것은 용이하지 않았다. 이러한 결과 1955년 수출입물
자(3,543천톤) 중 약 27%만이 국적선으로 수송되었으며 수출화물(335천톤)의 86%,
수입화물(3,208천톤)의 20%의 수송을 담당하였다.[2] 우리나라의 등록 화물선은
1953년 820척 86,321톤에서 1960년 687척 133,648톤으로 약 54.8% 증가[3]하였
으나 1960년 수출입화물(3,033천톤)의 국적선 적취율은 26%에 불과하여 크게 개
선되지 않았다. 한편 수출입 지역별로 보면 일본에 대한 수출입화물의 국적선
적취율은 48.9%, 동남아 16.3%, 미국 3.9% 등으로 일본지역에 크게 편중되었음
을 알 수 있다. 이와 같이 1950년대 자국화자국선주의가 부진했던 데에는 수출
입 화물량이 충분하지 않았을 뿐만 아니라 또한 수입화물량의 대부분이 미국으
로부터의 원조물자였으며 정부의 정책도 강제력을 띠는 것이 아니었기 때문에

1) 한국해운항만사, 1980. 12, 해운항만청, p. 340.
2) 앞의 책, p. 400.
3) 앞의 책, p. 403.

국적선 적취율을 올리는 데 한계가 있었다고 할 수 있다.

1959년 상공부장관이 '대외무역거래에 있어 국적선 사용에 관한 통첩'을 발하였으나 이 또한 별다른 성과를 거두지 못하자 교통부 주관으로 보다 진일보한 자국화자국선주의라고 할 수 있는 웨이버(Waiver) 발급제도를 도입, 실시함으로써 해운업 육성을 위한 기틀을 마련하였다. 한편 1962년 시작된 경제개발계획에 힘입어 수출입물동량이 큰 폭으로 증가하였는바, 1961년 340만 톤에 불과하던 수출입 화물량은 1966년 840만 톤으로 크게 증가하였다. 이와 같이 증가하는 화물량을 수송하기 위한 국적선박의 확보를 위해 정부에서는 보유불(保有弗) 600만 달러를 투입하여 대한해운공사로 하여금 4척(30,520G/T)의 중고선을 도입하도록 지원하는 등 특단의 조치를 취하였다. 이에 따라 우리나라 외항 상선대는 1961년 41척(103천톤)에서 1966년 72척(224천톤)으로 확충되었다. 그러나 이러한 노력에도 불구하고 선박확보 자금을 조달하는데 어려움으로 인하여 국적선의 확충에 한계가 있었으며 수출입물동량은 크게 증가하였음에도 국적선 적취율은 개선되지 못하였다. 이에 따라 수출입화물에 대한 국적선 적취율은 1961년 28%에서 1966년 29%를 기록하는 데 그쳤다.

제 2 절   화물유보제도의 도입

1. 화물유보제도의 법제화

우리나라가 국적선 이용을 법적으로 강제하는 제도를 도입한 것은 1967년 2월 해운진흥법을 제정·시행하면서부터인데 이는 당시 교통부고시(告示)에 의해 시행되고 있던 웨이버 발급제도에 대한 법적 근거를 부여한 것이라는 측면도 있다. 해운진흥법은 해운산업의 진흥을 위하여 제정한 법률로서 매 연도 해운진흥종합계획을 세워 공고하도록 하고 동 계획의 범위 내에서 자금의 일부를 보조하거나 융자할 수 있도록 하여 선박확보자금을 지원할 수 있는 근거를 마련하였다. 또한, 국제운항에 종사하는 해운업자에 대하여 장려금과 국제항로의 취항으로 인하여 받은 손실을 보조할 수 있는 근거를 마련함으로써 국제항로의 개척을 적극 장려하였다. 동 법령에서 가장 중요한 부분은 역시 수출입화물을 운송하려는 자에게 국적선을 이용하도록 의무화하는 화물유보제도의 도입이라고 할 수 있는데 동 법 제11조의 내용을 보면 다음과 같다.

> 제11조(국적선의 이용) ① 선박을 이용하여 화물을 운송하고자 하는 자는 대한민국선박 또는 대한민국 국민이 용선한 선박을 이용하여야 한다. 다만, 대한민국선박이 화물을 적재할 수 없거나 그 성질 또는 수량으로 보아 적재할 필요가 없다고 인정할 때와 국제조약 또는 협약에 심히 위배되는 경우에는 예외로 한다.
> ② 전항 단서의 규정에 의하여 대한민국선박이 적재할 수 없는 경우의 확인방법 또는 화물의 종류 및 수량에 관하여는 교통부령으로 정한다.

동 조항에 의할 것 같으면 모든 수출입화물은 원칙적으로 국적선이나 국적선사가 용선한 선박을 이용하도록 의무화하고 있다. 예외적으로 대한민국선박이 가용(可用)하지 않아 화물을 적재할 수 없는 경우, 화물의 성질 및 수량으로 보아 대한민국선박에 적재할 필요가 없다고 인정되는 경우 및 국제조약 또는 협약에 심히 위배되는 경우에는 외국적선박을 이용할 수 있는 길을 열어놓았다. 통상적으로 화물유보제도를 도입할 때 화물의 종류를 특정하거나 그 화물의 일정비율을 유보하는 방식을 택하는데 우리나라의 화물유보제도는 매우 광범위하고 강력한 방식을 도입하였다고 할 수 있다. 따라서 그 범위가 지나치게 광범위하여 제도의 효율성이 떨어질 수 있고 한편으로는 다른 나라로부터 불만이 제기될 가능성도 크다고 할 수 있다. 이러한 형태의 화물유보제도가 실시되는 동안 우리나라 수출입화물에 대한 국적선 적취율은 1968년 29.2%에서 1977년 42.5%로 대폭 향상되었으며 〈표 3-1〉에서 보는 바와 같이 이는 수입화물에서의 적취율이 크게 높아짐에 따른 것으로 대량화물의 수입에 있어 큰 성과가 있었다고 볼 수 있다. 반면 수출화물의 국적선 적취율은 1968년 43.5%에서 1977년 26.2%로 크게 하락하여 수출화물이 크게 늘어남에도 우리나라 정기선

표 3-1 | 우리나라 수출입화물의 국적선 적취율 추이(1968~1977)

(단위: 천톤, %)

	1968	1970	1973	1975	1977
합계	15,304	22,443	39,195	41,338	68,312
국적선 수송량	4,462	5,483	11,007	13,448	29,010
적취율	29.2	24.4	28.1	32.5	42.5
수입화물	13,201	19,056	31,384	33,313	51,498
국적선 수송량	3,547	3,859	7,518	10,379	24,599
적취율	26.9	20.2	24.0	31.2	47.8
수출화물	2,103	3,387	7,811	8,025	16,814
국적선 수송량	915	1,624	3,489	3,069	4,411
적취율	43.5	48.0	44.7	38.2	26.2

자료: 해운통계요람, 1985, 한국해운기술원, pp. 212~213.

대가 이를 충분히 뒷받침하지 못한 것으로 해석된다.

한편 동 기간 중 국적선대는 1968년 87척 470천G/T에서 1977년 440척 3,317천G/T로 대폭 증가하여 화물유보제도가 상당한 성과를 거두었다고 평가할 수 있다.

2. 화물유보제도의 개편

우리나라의 화물유보제도는 초기의 완전 유보적 형태에서 벗어나 그 실효성을 높일 수 있는 체제로 개편을 시도하였다. 즉 1978년 12월 해운진흥법을 개정하여 부정기화물에 대하여는 지정화물에 한하여 국적선 이용의무를 부과하였고 정기선화물에 대하여는 우리나라 정기선 취항지역의 화물을 운송하고자 하는 경우로 한정하였다. 이 경우에도 단서조항을 두어 국제조약 또는 해상운송사업법에 의한 운송조건에 관한 협약에 심히 위배되는 경우와 교통부령이 정하는 대한민국선박을 이용할 수 없는 화물에 대하여는 예외로 하였다. 당시 해운진흥법 제11조를 보면 다음과 같다.

　　제11조(국적선 운송화물 지정) ① 선박을 이용하여 대통령령이 정하는 주요화물(이하
"지정화물"이라 한다) 과 대한민국의 정기선취항지역의 화물을 운송하고자 하는
자는 대한민국선박(해운업자가 용선한 외국선박을 포함한다. 이와 같다)을 이용
하여야 한다. 다만, 국제조약 또는 해상운송사업법에 의한 운송조건에 관한 협약
에 심히 위배되는 경우와 교통부령이 정하는 대한민국선박을 이용할 수 없는 화
물에 대하여는 그러하지 아니하다.
　　② 제1항의 규정에 의한 대한민국의 정기선취항지역은 해운항만청장이 공고하
여야 한다. 공고한 지역을 변경할 때에도 또한 같다.
　　③ 주무부장관이 철강공업육성법 또는 석유사업법에 의하여 외국선박에 의한
수송계약의 체결을 승인하고자 할 경우에 그 수송화물이 제1항의 규정에 의한
지정화물인 때에는 미리 해운항만청장과 협의하여야 한다.

　　'교통부령이 정하는 대한민국선박을 이용할 수 없는 화물'로는 ① 국적선
의 수송능력이 부족하여 국적선으로 운송할 수 없는 경우의 화물 ② 산지의 특
수한 사정으로 인하여 국적선에 의한 운송이 사실상 불가능한 경우의 화물 ③
계약조건이나 무역관행 및 상대국의 법규 등으로 인하여 국적선에 의한 운송이
심히 부적당한 경우의 화물 ④ 해난 등 불가피한 사유로 인하여 국적선에 의한
운송이 곤란한 경우의 화물로 규정하였다(국적선 이용화물 운송조정에 관한 규칙 제2조). 이에
따라 지정화물을 국적선이 아닌 선박으로 운송하고자 하는 자는 그 화물이 위
의 사유 중에 하나에 해당하는지 여부에 대하여 해운항만청장의 확인을 받도록
하였으나 한국선주협회가 이에 해당함을 증명한 화물에 대하여는 그 증명으로
확인에 갈음하게 하였다. 또한, 동 규칙에서 '국적선을 이용할 수 없는 대한민
국의 정기선취항지역의 화물'은 ① 국제조약 또는 협약에 의하여 선적선택의
자유를 제한할 수 없는 국가의 선박에 의하여 운송되는 화물(다만, 체약 당사국의 선박운
항사업자가 직접 운송을 담당하지 아니하는 경우의 화물은 그러하지 아니하다). ② 국적선사의 적취량을 일
정수준으로 설정한 운임동맹기구에 가입한 외국선사가 운송하는 화물 ③ 화물
의 성질로 보아 국적선에 적재할 수 없는 화물 ④ 해난 등 불가피한 사유로 인
하여 국적선에 의한 운송이 곤란한 경우의 화물 ⑤ 선적예정일전 5일 이내에
화물을 선적할 국적선이 없는 경우의 화물로 규정하였다(국적선 이용화물 운송조정에 관한

규칙 제3조). 예를 들어 우리나라가 체결한 해운협정에서 양국이 해운자유주의에 입각하여 선적선택의 자유를 제한할 수 없도록 한 경우에는 제1항에 해당할 것이고 수출입화물의 신속한 운송을 위하여 운항일정 등을 고려할 때 선적예정일 전 5일 이내에 국적선에 적재할 수 없는 경우에는 제5항에 의하여 국적선 이용 의무를 면제받을 수 있었다. 이와 같이 우리나라 국적 정기선을 이용할 수 없는 경우에도 지정화물과 마찬가지로 한국선주협회로부터 국적선불취항증명서 (Waiver)를 발급받아 외국선박을 이용할 수 있게 하였다.

한편 부정기선화물 중 국적선을 이용하여야 하는 지정화물로는 총 9종으로서 수입화물로는 원유, 제철원료, 비료원료, 양곡, 정부구매물자, 석탄류 등 6종을, 수출화물로는 합판, 양회, 철강제품 등 3종을 규정하였다. 국적선으로 수송해야 하는 화물의 지정은 우리나라로 수출입되는 화물의 양과 전략적 중요

표 3-2 ┃ 주요 지정화물의 국적선 운송실적 추이(1978~1984)

(단위: 천톤, %)

	1978	1980	1982	1984
원유(수입)	23,943	27,919	27,217	30,493
국적선 수송량 / 적취율	10,396 / 43.4	13,793 / 49.4	13,662 / 50.2	11,665 / 38.3
철광석(수입)	3,981	8,897	12,530	13,557
국적선 수송량 / 적취율	2,859 / 71.8	1,635 / 18.4	6,264 / 50.0	7,003 / 51.7
양곡(수입)	3,798	5,535	1,653	7,027
국적선 수송량 / 적취율	627 / 16.5	2,418 / 43.7	1,167 / 70.5	2,714 / 38.6
석탄(수입)	3,024	7,755	5,873	14,468
국적선 수송량 / 적취율	1,626 / 53.8	1,288 / 16.6	2,009 / 34.2	8,207 / 56.7
철강제품(수출)	2,224	5,182	6,545	7,507
국적선 수송량 / 적취율	937 / 42.1	2,803 / 54.1	4,009 / 61.3	4,353 / 58.0

자료: 해운통계요람, 각 연도, KMI.

성을 동시에 고려하였다고 볼 수 있는데 동기간(1978~1984) 중 주요 지정화물의 국적선 운송실적 추이는 〈표 3-2〉와 같다.

또한 수출입 컨테이너의 국적선 적취율은 1979년 28.4%(582천TEUs 중 165천 TEUs)에서 1984년 32.6%(921천TEUs 중 301천TEUs)로 높아졌으며 동 기간 중 수출 컨 테이너의 경우 28.0%(302천TEUs 중 84천TEUs)에서 28.4%(531천TEUs 중 151천TEUs)로 크게 변화가 없었던 반면 수입 컨테이너의 경우 28.9%(280천TEUs 중 81천TEUs)에서 38.5%(390천TEUs 중 150천TEUs)로 크게 높아졌다. 따라서 동 기간 중 수출 컨테이너 에 대한 국적선 적취율이 정체를 보인 것은 수출 컨테이너가 급증하였음에도 불구하고 국적 컨테이너선대가 그만큼 충분히 확충되지 못하였기 때문인 것으

표 3-3 │ 우리나라 수출입화물의 국적선 적취율 및 선박량 추이(1978~1984)

(단위: 천톤, 천GT, %)

		1978	1980	1982	1984
수출입화물	합계(천톤)	75,427	94,035	108,507	125,670
	국적선 수송량	34,335	46,390	54,582	58,145
	적취율	45.5	49.3	50.3	46.3
	수입화물	59,267	71,353	80,938	95,053
	국적선 수송량	28,339	35,883	40,194	44,555
	적취율	47.8	50.3	49.7	46.9
	수출화물	16,160	22,682	27,569	30,617
	국적선 수송량	5,996	10,507	14,388	13,590
	적취율	37.1	46.3	52.2	44.4
국적선대^{주)}	합계(천G/T)	4,296	5,138	6,806	7,303
	산물선	1,454	2,071	3,463	4,340
	유조선	1,467	1,716	1,616	1,332
	컨테이너선	209	367	436	528
	일반화물선	586	427	963	745
	기타	580	557	328	358

주) BBC/HP(국적취득조건부 나용선) 포함.
자료: 해운통계요람, 1980 & 1985, KMI.

로 볼 수 있다.

한편 전반적인 수출입화물 적취율은 1978년 45.5%에서 1984년 46.3%로 소폭 증가하는 데 그쳤으며 같은 기간 수출화물의 적취율은 37.1%에서 44.4%로 크게 상승하였으나 수입화물의 적취율은 47.8%에서 46.9%로 소폭 하락하였다. 이는 동 기간(1978~1984) 중 수출입물동량이 66.6% 증가하였음에도 국적선대를 1978년 507척 4,296천G/T에서 1984년 547척 7,303천G/T로 대폭 확충함으로써 가능하였다(《표 3-3》 참고). 다만 국적선 적취율 제고를 위한 국적선대의 무리한 확충은 그 후 해운산업합리화 정책의 계기가 되고 말았다.

3. 화물유보제도의 변화와 폐지

국적선에 의해 수송해야 하는 지정화물은 시대적 상황과 정책의 변화에 따라 그 범위가 조정되었다. 1984년 8월에는 해운불황기 국적선대의 화물확보를 지원하기 위해 석유화학 공업원료, 농업협동조합·수산업협동조합·축산업협동조합 또는 그 중앙회에서 수입하는 냉동화물 및 냉장화물, 그리고 액화가스류를 추가한 반면, 수출 물동량이 크게 줄어든 합판을 지정화물에서 제외하였다. 당시 정부는 우리나라 해운업의 불황극복을 지원하기 위해 해운진흥법을 해운산업육성법으로 개편하면서 해운산업합리화에 대한 법적 근거를 마련하게 되었고 화물유보제도 또한 새로운 법률로 옮겨 담게 되었는데 해운산업육성법에 의한 화물유보제도 관련 규정을 보면 다음과 같다.

제16조(국적선의 이용 등) ① 선박을 이용하여 대통령령이 정하는 주요화물(이하 "지정화물"이라 한다)을 운송하고자 하는 자는 대한민국선박(해운업자가 대한민국 국적을 취득할 것을 조건으로 용선한 외국선박을 포함한다. 이하 같다)을 이용하여야 한다. 다만, 국제협약 또는 운송에 관한 협약에 위반되거나 운임이 대통령령으로 정하는 일정수준을 초과하는 경우 또는 대한민국선박을 이용할 수 없는 경우로서 교통부령이 정하는 경우에는 그러하지 아니하다.
② 해운항만청장은 지정화물의 장기 안정적 수송체제의 확립을 위하여 필요하다고 인정되는 경우에는 지정화물의 소관중앙행정기관의 장에게 장기운송계약

의 체결을 당해 화주에게 권고하여 줄 것을 요청할 수 있다.

③ 중앙행정기관의 장은 소관사무와 관련하여 외국선박에 의한 해상운송계약의 체결을 승인하고자 하는 경우에 그 운송화물이 제1항의 규정에 의한 지정화물인 때에는 미리 해운항만청장과 협의하여야 한다. 그 계약내용의 변경승인을 하는 때에도 또한 같다.

④ 대한민국의 정기선이 취항하는 지역에 선박을 이용하여 정기적으로 화물을 운송하고자 하는 자는 국가간의 운송비율을 정하는 국제협약에 의하여 교역당사국과의 균등적취의 범위안에서 대한민국선박을 이용하여야 한다. 다만, 교통부령이 정하는 경우에는 그러하지 아니하다.

위 규정에서는 종전의 해운진흥법과 몇 가지 달라진 점을 발견할 수 있는데 첫째는 국적선 이용의무 면제요건의 하나로서 '운임이 일정수준을 초과하는 경우'가 추가되었으며 이를 구체적으로 '대한민국선박(해운업자기 대한민국 국적을 취득할 것을 조건으로 용선한 외국선박을 포함)의 입찰운임이 최저입찰 가격의 100분의 110을 초과하는 경우'로 규정하여 국적선사가 과도하게 높은 운임을 요구하는 것을 방지하고 수출입화주들의 운임부담을 경감할 수 있게 하였다. 둘째는 지정화물에 대한 장기 안정적인 수송체제를 확립하기 위하여 관계행정기관 간에 협조체제를 구축할 수 있도록 한 점이다. 셋째는 우리나라가 Liner Code(정기선동맹의 행동규칙에 관한 협약)의 회원국으로 가입한 관계로 동 협약에서 정하고 있는 40 : 40 : 20(수출국 : 수입국 : 제3국)의 비율 범위 내에서 우리나라 정기선을 이용하도록 규정하고 있다는 점이다. 이 경우 무역상대국이 동 협약의 회원국인 경우에만 적용 가능하므로 화물배분(Cargo Sharing) 조항이 있다는 이유로 동 협약에 가입하지 않은 나라(예: 미국, 일본 등)가 무역상대국일 때는 적용되지 않는다.

한편 1980년대 말을 기점으로 해운경기가 회복되면서 우리나라 정부가 해운산업의 경쟁을 통한 자생력 배양을 위해 자율·개방화 정책을 추진하게 되었는바, 1990년대에는 지정화물을 점진적으로 축소해나가게 되었다. 이를 위해 정부(해운항만청)에서는 수출입화물에 대한 화물유보제도의 완화추진계획을 수립하였는바, 이는 정부의 해운산업합리화 종료 이후 자율·개방화정책과 정부의 신(新)경제 5개년계획에 부응하기 위한 것이었다. 동 완화추진계획에 따르면 2001

년 이후에는 원유, 제철원료 및 액화가스류 등 3종만 지정화물로 존치하도록 계획하였다. 동 계획에 따라 1993년 6월에는 수입 지정화물 중 농업협동조합·수산업협동조합·축산업협동조합 또는 그 중앙회에서 수입하는 냉동화물 및 냉장화물과 정부에서 구매하는 물자를 제외하였고 수출화물 중에서는 양회를 제외하였다. 1994년 4월에는 수출화물 중 유일한 지정화물로 남아있던 철강제품을 제외함으로써 수입화물 중 원유, 제철원료, 비료원료, 곡물류, 석탄류, 석유화학공업원료 및 액화가스류 등 7종만 남게 되었다.

그러나 우리나라가 1992년 이후 OECD 가입을 추진하게 됨에 따라 1995년 11월부터 1996년 7월까지 OECD 측과 가입조건 협상을 하는 과정에서 해운 보호주의적인 요소라고 할 수 있는 화물유보제도의 전면적 폐지를 받아들이게 되었다. 이에 따라 '대한민국의 정기선 취항지역의 화물'에 대한 국적선 이용의 무제도는 1996년부터 폐지되었다. 또한, 지정화물에 대하여는 정부의 당초 계획을 변경하여 1997년 1월부터 원유, 비료원료, 곡물류 및 석유화학공업원료

표 3-4 ┊ 1990년대 주요 지정화물의 국적선 적취율 추이(1985~2000)

(단위: 백만톤, %)

	1985	1990	1995	2000
원유	30.0	49.9	130.8	183.0
국적선 수송량	12.0	18.7	10.6	10.3
적취율	40.0	37.4	8.1	5.6
철광석	13.6	22.7	35.3	39.3
국적선 수송량	7.9	17.1	29.2	19.3
적취율	58.0	75.3	82.7	49.1
양곡	7.3	8.6	12.6	11.3
국적선 수송량	2.8	3.0	2.4	1.8
적취율	38.2	35.2	19.0	15.9
석탄	19.9	25.6	42.4	62.1
국적선 수송량	11.5	13.8	17.8	22.5
적취율	57.5	53.9	42.0	36.2

자료: 해운통계요람, 각 연도, KMI.

등 5종을 제외하게 되었고 제철원료, 석탄류, 액화가스류 등 3종만 존치되었다. 이마저도 1999년 7월 16일 해운산업육성법을 폐지함으로써 우리나라의 화물유보제도는 완전 폐지되게 되었다. 1995년부터 2000년까지 주요 지정화물의 국적선 적취율 추이를 보면 〈표 3-4〉와 같다.

또한 수출입 컨테이너화물의 국적선 적취율 변화를 보면 1985년 33.4%에서 1990년에는 40.0%로 크게 높아졌는바, 동 기간 중 수출 컨테이너의 적취율

표 3-5 ┊ 우리나라 수출입화물의 국적선 적취율 및 선박량 추이(1985~2000)

(단위: 천톤, 천GT, %)

		1985	1990	1995	2000
수출입화물	합계(천톤)	133,010	219,781	404,423	569,599
	국적선 수송량 적취율	62,799 47.2	87,977 40.0	95,136 23.5	101,333 17.8
	수입화물	101,111	172,277	316,010	418,821
	국적선 수송량 적취율	49,014 48.5	71,009 41.2	77,348 24.5	76,259 18.2
	수출화물	31,899	47,504	88,413	150,778
	국적선 수송량 적취율	13,785 43.2	16,968 35.7	17,788 20.1	25,074 16.6
국적선[1]	합계(천G/T)	7,079	9,029	10,537	11,857
	산물선[2]	4,341	5,238	5,004	4,888
	유조선	1,306	988	1,340	1,290
	컨테이너선	503	1,444	2,119	2,426
	일반화물선	589	174	261	393
	가스운반선	-	-	-	1,745
	기타	340	1,185	1,813	1,115

주 1) BBC/HP(국적취득조건부 나용선) 포함.
주 2) 벌크선 및 광탄선.
자료: 해운통계요람, KMI.

은 30.0%에서 38.4%로, 수입컨테이너의 적취율은 38.0%에서 42.0%로 각각 높아졌으나 1990년대 들어서는 지속적인 하락세를 보였다.

한편 우리나라 전체 수출입화물의 국적선 적취율 추이를 보면 1985년 47.2%에서 1990년 40.0%, 1995년에는 23.5%, 2000년에는 17.8%로 크게 낮아졌다(〈표 3-5〉 참고).

4. 우리나라 화물유보제도의 공과

우리나라는 1952년부터 자국화자국선주의를 주창하기 시작하여 1959년에는 웨이버제도를 도입한 것을 시작으로 사실상 화물유보제도를 도입하였다고 할 수 있으며 1967년 들어 해운진흥법을 제정함으로써 이를 법제화하였다. 우리나라는 1960년대 들어 수출주도 경제성장정책에 힘입어 날로 증가하는 수출입물동량을 바탕으로 국적선대의 양적성장을 이루는데 성공하였다. 이는 수출입 화주의 운송선사 선택권을 제한함으로써 수출입화물의 물류비 상승을 감수하면서까지 자국선대를 육성하기 위한 정부의 강력한 화물확보정책이 뒷받침되었기에 가능했다. 그러나 이러한 제도를 바탕으로 국적선대가 양적성장을 이루는 과정에서 제2차 오일쇼크로 인하여 해운경기가 쇠퇴하는 1980년대 초 대량의 중고선을 도입함으로써 1980년대 말까지 이어지는 해운불황 속에서 이러한 비경제선을 처분해야 하는 어려움을 겪어야만 했다. 이로 인한 해운산업 구조조정과정에서 정부는 화물유보제도로 지정된 부정기화물과 컨테이너화물의 안정적 수송을 위하여 광탄선 및 컨테이너선 등 전용선을 신조선 위주로 확보하였으나 수출입화물의 증가추세를 따라잡지는 못하였다. 이러한 현실을 반영하여 우리나라 국적선 적취율은 1982년 50%를 정점으로 하여 1990년에는 40%까지 떨어졌다.

한편 해운산업의 보호주의 정책에서 자율·개방화 정책으로 전환하기 시작한 1990년대에는 화물유보제도의 점진적 축소와 더불어 추가로 선박을 확보할 만한 충분한 자본력이 뒷받침되지 못함에 따라 국적선 적취율은 큰 폭으로 하락하게 되었다. 더구나 1997년 IMF 외환위기 당시에는 정부에서 업종 구분 없이 기업체들의 부채비율을 200% 이하로 낮추도록 요구함으로써 선박확보 시 자기자금 20%를 부담할 경우 부채비율이 기본적으로 400%에 이를 수밖에 없는 해운업에서는 부채비율을 낮추기 위하여 부득이하게 선박 등 각종 영업 관련 자산을 매각할 수밖에 없었다. 이러한 영향으로 국적선사의 선박량은 1997년 이후 2003년까지 정체상태를 보였으며 국적선 적취율도 하락세를 보일 수밖에 없었다.

끝으로 우리나라 화물유보제도의 효과에 대하여 계량적으로 분석한 연구[4] 결과에서도 이 제도가 한국해운에 미친 영향은 긍정적이면서도 중요하다고 평가하고 있다. 이와 같이 화물유보제도의 도입으로 우리나라 외항선대는 1990년대 들어 11백만G/T 수준까지 확대되었으나 IMF 외환위기 등에 영향을 받아 상당 기간 정체상태에 빠지고 말았다.

제 3 절 대량화물 화주의 해운업 진출과 그 타당성

1. 우리나라 화주의 해운업 참여사례

화주가 직접 자가화물의 운송을 위해 해운업에 뛰어든 사례는 세계적으로 원유 메이저나 철광석 생산업체를 중심으로 쉽게 발견할 수 있다. 우리나라의 경우 1970년대 이후 다수의 기업들이 자가화물 운송을 중심으로 해운업에 뛰어들었으나 1980년대 해운산업합리화 과정을 거치면서 대부분 합병되거나 계열사로 편입되면서 해운업에서 철수하였다. 이 중에서 호남탱카(주)는 해운산업합리화에 불참하였으나 그 후 호유해운으로 사명이 변경되었고 1999년 모기업인 호남정유(주)로 흡수되었다. 한편 SK해운은 (주)유공의 원유물량 수송을 위하여 1982년 유공해운이라는 사명(社名)으로 설립되었으며 1983년에는 벌

---

4) 한국해운산업과 화물유보제도의 효과, 1996, 경윤범, 배재논총 제1권, pp. 421~437.

크화물 운송에도 참여하였고 2018년 사모펀드에 매각된 후 현재 동사는 탱커, LNG/LPG선 및 벌크선을 운영하는 전문 해상운송인으로서의 역할을 하고 있다. 또한 현대글로비스의 경우 현대자동차(주)의 계열사로서 종합물류기업을 지향하면서 현대차 등 완성차 수송을 위한 자동차운반선뿐만 아니라, 탱커, LNG선 및 벌크선을 운영하고 있다.

이와 같이 우리나라에는 많은 화주들이 자가화물을 바탕으로 해운업에 참여하였다가 철수하는 사례가 발생하였는바, 대량화물의 화주로서 해운업에 참여하였다가 철수한 사례로는 포항제철을 들 수 있다. 포항제철의 장학재단인 제철학원의 운영기금을 조성한다는 목적 하에 1990년 대주상선(주)을 설립하고 이후 거양해운(주)으로 사명을 변경하였다. 당시 외항화물운송사업은 면허제였으므로 거양해운(주)은 신규 면허를 신청하는 대신 기존 외항화물운송사업자의 면허권을 양수하는 전략을 택하였다. 이렇게 외항화물운송사업 면허를 취득한 거양해운(주)은 광양제철소 4기의 물량을 수송하기 위해 광탄선 4척을 확보하게 되었는데 이는 기존 사업자들에게 미치는 영향을 고려하여 정부에서 운송물량을 제한한 데 따른 것이다. 그러나 거양해운(주)은 당초 기대했던 만큼 영업성과를 달성하지 못하였고 오히려 5년간의 영업결과 자본금 150억원 중 26.6억원을 잠식하는 실적을 내었다. 이에 따라 포항제철은 해운업을 정리하기 위하여 거양해운(주)을 공개경쟁 입찰에 부쳤는바, 한진해운(주)이 낙찰자로 결정되어 거양해운(주)을 계열사로 편입하였으며 2008년에 이를 한진해운(주)과 합병하였다.

2. 대량화물 화주의 해운업 참여절차 법제화

포항제철의 해운업 참여를 계기로 원유, 제철원료, 액화가스류 및 석탄 등 대량화물 화주의 해운업 참여가 전문해운업체에 미치는 영향에 대하여 큰 논란이 야기되었다. 즉, 대량화물 화주의 해운업 참여는 전문해운업체의 입지를 크게 좁혀 우리나라 해운업체들의 경쟁력을 약화시킨다는 것이다. 정부는 이러한 주장을 받아들여 1993년 3월에 대량화물의 화주가 해운업에 참여하는 것을 제한하는 조항을 해운법에 반영하였다. 그 내용은 원유, 제철원료, 액화가스류 및 발전용 석탄 등 대량화물의 화주는 자가화물 수송을 위한 면허를 받을 수 없도록 하되 예외적으로 해운진흥심의회의 심의를 거친 경우에는 면허할 수 있도록 하는 강력한 규제조항이었다. 이 경우 대량화물의 화주가 직접 운송하는 1자물류뿐만 아니라 '대량화물의 화주가 사실상 소유하거나 지배하는 법인'에 대하여도 규제하도록 하여 2자물류까지도 규제하도록 하였다. 그 세부 규정을 보면 아래와 같다.

> 해운법 제27조의2(해상화물운송사업의 면허의 제한) ① 원유·제철원료·액화가스류 기타 대통령령이 정하는 종류의 주요 화물(이하 "대량화물"이라 한다)의 화주 또는 대량화물의 화주가 사실상 소유하거나 지배하는 법인은 그 대량화물의 화주의 화물운송을 위한 해상화물운송사업을 할 수가 없다. 다만, 해운산업육성법 제22조의 규정에 의한 해운진흥심의회의 심의를 거친 경우에는 그러하지 아니하다.
> ② 제1항의 규정에 의한 대량화물의 화주가 사실상 소유하거나 지배하는 법인에 관한 기준 및 기타 필요한 사항은 대통령령으로 정한다.
> ③ 제1항의 규정은 사업의 양도·양수의 경우에도 준용한다.

한편 '대량화물의 화주가 사실상 소유하거나 지배하는 법인'의 범위에 대하여는 ① 대량화물의 화주 및 그와 특별한 관계에 있는 자가 단독으로 또는 합하여 발행주식(출자 포함) 총액의 100분의 30 이상을 소유하고 있는 법인 ② 제1호의 법인 및 그와 특별한 관계에 있는 자가 단독으로 또는 합하여 발행주식 총액의 100분의 30이상을 소유하고 있는 법인 ③ 제1호의 법인 및 그와 특별한 관계에 있는 자와 제2호의 법인이 단독으로 또는 합하여 발행주식 총액의 100분의 30 이상을 소유하고 있는 법인 ④ 대량화물의 화주가 임원의 임면 등으로 당해 법인의 경영에 대하여 영향력을 행사하고 있다고 인정되는 법인으로 제한하였다. 따라서 대량화물의 화주가 30% 미만의 지분을 소유하는 2자물류 법인은 제한범위에 해당하지 않으므로 정상적인 면허절차를 밟아 면허를 받을 수 있었다. 또한 '특별한 관계에 있는 자'의 범위도 ① 당해 법인의 발행주식 총액의 100분의 30 이상을 소유하고 있는 자 ② 당해 법인의 임원(이사·대표이사·업무집행을 하는 무한책임사원 및 감사) ③ 제1호 및 제2호에서 규정한 자의 민법 제777조의 규정에 의한 친족 ④ 제1호 및 제2호에서 규정한 자의 사용인(법인인 경우에는 임원, 개인인 경우에는 상업사용인, 고용계약에 의한 피용인 및 그 개인의 금전이나 재산에 의하여 생계를 유지하는 자)으로 상세하게 규정하였다.

이러한 규정은 1996년 6월 외항화물운송사업이 등록제로 전환되고 1999년 7월에 내항화물운송사업도 등록제로 전환되면서 종전의 법령에서 천명한 원칙적 금지 조항 대신에 등록을 위한 전치적(前置的) 절차로서 '미리 관련 업계·학계 및 해운전문가 등으로 구성된 정책자문위원회로부터 국내해운산업에 미치는 영향 등에 대한 자문'을 들은 후 해양수산부장관이 등록여부를 결정하도록 완화하였다. 시기적으로 이러한 개정은 우리나라가 IMF 외환위기를 겪는 과정에서 국적선사들이 선박확보를 위한 자금조달에 어려움을 겪던 시기에 이루어졌다. 다만 '대량화물의 화주가 사실상 소유하거나 지배하는 법인'과 '특별한 관계에 있는 자'의 범위에는 종전 규정에서 변화가 없었다. 당시 해운법상 그 세부 규정을 보면 다음과 같다.

> **해운법 제26조(사업의 등록)** ⑤ 원유·제철원료·액화가스류 기타 대통령령이 정하는 주요 화물(이하 "대량화물"이라 한다)의 화주 또는 대량화물의 화주가 사실상 소유하거나 지배하는 법인이 그 대량화물을 운송하기 위하여 해상화물운송사업의 등록을 신청한 경우에는 해양수산부장관은 제2항의 규정에도 불구하고 미리 관련 업계·학계 및 해운전문가 등으로 구성된 정책자문위원회로부터 국내해운산업에 미치는 영향 등에 대한 자문을 들어 등록여부를 결정한다.
> ⑥ 제5항의 규정에 의한 대량화물의 화주가 사실상 소유하거나 지배하는 법인에 관한 기준, 정책자문위원회의 구성·운영 및 기타 필요한 사항은 대통령령으로 정한다.

이러한 대량화물 화주의 해운업 참여절차 법제화에 대한 폐지 논란은 2008년 하반기 리먼 브라더스 사태 이후 해운경기가 급속 악화되면서 제기되기 시작했다. 일부 대량화물의 화주가 해운업 진출의 호기로 판단하여 이를 검토하기 시작했고 관계당국에서는 규제완화의 대상의 하나로 동 규정의 폐지를 주장하였다. 이러한 주장에 대하여 해운업계는 강력하게 반발하였고 대량화물 화주들이 해운업에 진출할 경우 전문 해운업자들이 해운불황을 이겨나가는 데 더욱 어려움을 가중시킬 것을 우려하였다. 이러한 폐지 주장에 대하여는 부처 간의 의견조율과정을 거쳐 법령 조항을 존치시키되 '대량화물의 화주가 사실상 소유하거나 지배하는 법인'의 범위를 결정할 때 지분소유 비율을 30%에서 40% 로 완화하도록 조정되었다.

아울러 대량화물의 화주가 해상화물운송사업의 등록을 신청할 경우 이를 심의할 정책자문위원회를 상시기구로 구성하여 해양수산부(당시 국토해양부) 차관이 위원장을 맡고 위원장을 포함하여 11인으로 위원회를 구성하도록 하였다. 위원

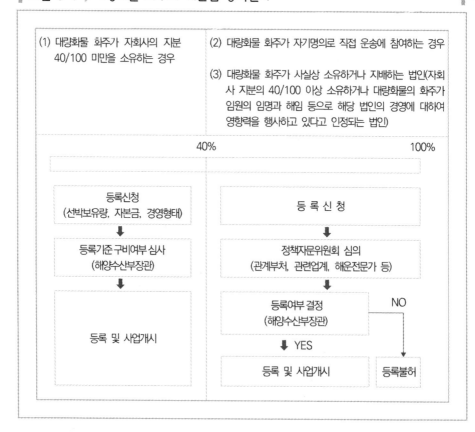

그림 3-1 ┃ 대량화물 화주의 해운업 등록절차

의 구성은 ① 산업통상자원부 및 해양수산부의 고위공무원단에 속하는 공무원 중에서 해당 기관의 장이 지명하는 사람 각 1명 ② 「고등교육법」 제2조 제1호에 따른 대학의 부교수 이상 또는 「정부출연연구기관 등의 설립·운영 및 육성에 관한 법률」 제8조에 따른 연구기관의 연구위원 이상의 사람 중에서 무역 및 해운에 관한 학식과 경험이 풍부한 사람 ③ 무역 관련 업계 및 해운 관련 업계에서 임원으로 3년 이상 종사한 사람 각 2명 ④ 제1호부터 제3호까지에서 규정한 사람 외에 해운 관련 법률, 회계, 조세 등의 분야에서 제2호에 준하는 학식과 경험이 풍부한 전문가 중에서 해양수산부장관이 임명하게 된다.

이와 같이 대량화물의 화주가 해운업에 참여하고자 할 경우의 등록절차는 1999년 7월 해상화물운송사업의 등록제 전환 이후 그 골격을 그대로 유지하고 있으며 그 절차는 〈그림 3-1〉과 같다.

3. 정책자문위원회 심의사례

그러면 위와 같은 법령규정에 따라 실제로 정책자문위원회의 심의가 이루어진 사례를 살펴보기로 한다. 대량화물 화주의 해운업 진출에 대한 특례규정에 의하여 정책자문위원회의 심의가 이루어진 것은 2005년 5월 18일 한국가스공사가 참여하는 해운업체를 설립하기 위한 안건이 유일하다. 한국가스공사는 2004년 6월에 LNG 수송을 위한 합작회사(Joint Venture Company)의 설립을 제안하였으며 한국가스공사가 28%의 지분을 참여하고 72%를 국적선사가 투자할 것을 제안하였다. 동 합작회사의 업무범위는 한국가스공사와 수송계약 체결, 선박의 발주, 금융단과의 금융계약 체결 및 국적선사와 선박운영 위탁계약을 체결하는 것이다. 이에 따라 2004년 8월 당사자 간 합작회사 설립을 위한 양해각서를 체결하였으며 2005년 4월 한국선주협회가 합작회사를 설립할 경우 자금조달에 유리한 점을 들어 선주와 화주 간의 협력모델로서 합작선사의 설립을 정부 측에 건의하였다.

정책자문위원회는 "한국가스공사·선사 간 합작투자에 의한 외항화물운송사업 합작투자 영위" 건에 대하여 심의한 결과 국적선사에 의한 수송참여 시

국민경제에 미치는 전·후방 경제적 효과를 감안하여 합작투자에 의한 LNG수송선사의 설립은 바람직하나 2008년도 물량에 한하여 제한적, 예외적으로 합작회사 설립을 허용하는 의견을 제시하였다. 아울러 선사의 원활하고 능동적인 영업활동을 보장할 수 있도록 합작투자회사의 한국가스공사 지분을 낮추고 화주 전속성을 최대한 낮출 것을 주문하였다. 이러한 심의결과를 바탕으로 해양수산부장관은 LNG수송을 위한 합작선사의 설립에 대하여 허용하는 방침을 결정하고 이러한 입장을 한국가스공사에 전달하였으며 한국가스공사는 정관개정에 이어 2005년 7월 합작선사에 참여할 선사를 모집하였으며 그 결과 대한해운, 현대상선 및 STX팬오션이 선정되었다. 한국가스공사의 지분은 당초 계획대로 28%로 결정되었으며 3개 참여선사 중에서 대한해운이 가장 많은 36%, 그리고 현대상선과 STX팬오션이 각각 18% 지분으로 (주)KOLT[5]를 설립하게 되었다. 동 선사는 2008년 5월 외항화물운송사업 등록을 하였고 현재 LNG선 3척을 확보하여 대한해운(주)에 위탁 운항하고 있다.

4. 대량화물 화주의 해운업 참여의 타당성

대량화물 화주가 해운업에 참여하는 방식에는 크게 2가지 방식이 있을 수 있다. 첫째는 대량화물 화주가 직접 또는 자회사를 설립하여 해운업을 영위하는 방식이며 둘째는 대량화물 화주가 해운업체에 지분참여를 하는 방식이다.

첫 번째 방식의 경우는 대량화물 화주와 전문해운업체에게 바람직하지 않다고 본다. 그 이유로는 우선 대량화물 화주는 해운업을 직접 경영함으로써 원가절감을 도모하고자 한다면 과거의 사례를 볼 때 성공한 경우를 발견하기 힘들다. 원유 메이저들은 이미 오래전에 자가운송을 시도하였으나 대형 해양오염사고의 발생, 선박 및 선원관리의 어려움 등으로 전문 해운업체에게 운송을 의뢰하는 방식으로 전환하였다. 철광석의 경우 철광석을 생산·수출하는 업체가 자가운송에 참여하는 경우와 철광석을 제철원료로 수입하는 업체가 해운업에 참여하는 경우를 들 수 있다. 철광석 생산·수출업체로서 자가운송을 위해 해운

---

5) Korea LNG Trading.

업에 참여한 업체로는 대표적으로 브라질의 발레(Vale)사를 꼽을 수 있는데 과거에 한차례 해운업에서 실패한 경험이 있었으나 2008년 말 이후 해운경기가 급속 악화되자 물류비 절감을 목적으로 재차 해운업에 뛰어들었다. 이를 위해 발레사는 2008년 8월 40만DWT급 초대형 광석운반선 12척을 중국 조선소에 발주하였고, 2009년 들어서는 중고선 시장에서 Capesize 선박 15척을 구입하였다.[6] 그러나 이렇게 의욕적으로 재차 해운업에 뛰어든 발레사가 해운불황이 장기화되면서 점차 보유선박을 축소하고 있다. 철광석을 제철원료로 수입하는 업체가 해운업에 참여한 사례도 다수 발견할 수 있는데 우리나라 포항제철이 1990년 해운업체를 설립하여 해운업에 참여했다가 1995년 철수한 사례가 있다. 또한, 신일본제철도 1948년 日邦汽船(1991년 日鐵海運으로 사명 변경)이라는 해운업체를 설립하여 직접 경영한 바 있으나 2010년 10월 전문 해운업체인 NS연합해운과 합병하고 그 회사의 지분 35%를 보유하고 있어 직접 경영 형태에서 지분 참여방식으로 전환하였다.[7] 다만 대만의 경우에는 대만철강이 China Steel Express Cooperation이라는 선사를 설립하여 자가화물의 수송과 모회사인 대만철강의 용선업무를 대행하게 하고 있다.[8] 이러한 사례들은 자가화물 운송을 위한 해운업 참여는 성공하기 어렵다는 것을 반증하고 있는데 이는 경험부족으로 선박확보 또는 용선업무에서 실패하거나 자가화물 수송뿐만 아니라 3국간 수송 등을 통하여 원가를 낮추어야 하나 이러한 해운영업에 정통하지 못한 점 등에서 비롯한다고 볼 수 있다.

　대량화물의 화주가 해운업을 직접 경영함으로써 발생할 수 있는 가장 큰 부작용은 전문 해운업체의 영역이 축소된다는 데 있다. 대량화물의 운송, 특히 장기운송계약에 의한 방식은 전문 해운업체에게 기본적인 운송물량을 확보해줌으로써 안정적 경영이 가능하도록 해준다. 이러한 측면에서 대량화물 화주의 자가화물 운송은 전문해운업체들이 운송할 수 있는 물량을 잠식하고 구조적으로 호황은 짧고 불황이 긴 해운산업에서 그만큼 장기적인 해운불황을 견뎌내기

6) 최근 BDI 지수의 등락과 해운기업의 대응전략, 2009. 8. 12. 김형태, KMI 해운과 경영 제3호.
7) 해양수산부문의 공생발전 실행방안 연구, 2012, 정봉민·황진회·고병욱, KMI, p. 37.
8) 앞의 책, p. 40.

힘들어진다고 할 수 있다. 이러한 측면에서 정부의 입장에서는 대량화물 화주의 해운업 진출에 따른 영향을 사전에 검토하기 위한 제도적 장치로서 해상화물운송사업 등록 전 정책자문위원회 심의절차를 유지할 필요가 있다고 본다. 특히 공공기관으로서의 성격을 지니면서 당해 화물의 수송수요에 독과점적 영향력을 행사하는 대량화물 화주들이 이러한 절차를 통하여 보다 신중하게 해운업 참여의사를 결정하는 계기가 될 수 있을 것이다.

두 번째 방식으로서 대량화물의 화주가 해운업체에 지분을 참여하는 방식에 대하여도 논란의 소지가 있다. 한편으로는 아직도 자본력이 취약한 우리나라 해운업체에게 재무적 투자자로서 참여한다는 것은 우리나라 해운업의 자본력을 확충하는 데 기여할 수 있을 것이다. 현행 해운법에 의하여도 해운업체에 대하여 40% 미만의 지분을 확보하고 지배력을 행사하기 위하여 임원을 임명하는 등 영향력을 행사하지 않는 한 등록 전 별도의 절차를 필요로 하지 않는다. 그러나 대량화물 화주가 해운업체에 지분투자를 할 경우 이와 같이 순수한 재무적 투자자에 머물지 않고 경영에 간섭하려고 할 것을 우려하기도 한다. 또한, 장기운송계약 대상 선사를 선정하는 과정에서 대량화물 화주가 지분투자한 업체와 다른 해운업체 간에 공정한 경쟁과 심사가 이루어질 수 있을지에 대한 의문이 제기될 수도 있다.

제 4 절   선주-화주간 협력체계 확립

우리나라의 경우 전술한 바와 같이 1999년에 화물유보제도를 완전 폐지함에 따라 수출입화물 운송에 있어 선사의 선택권은 전적으로 화주의 권한에 속하게 되었다. 화물유보제도는 정부의 공권력에 의하여 화주의 선사 선택권을 강제적으로 제한하는 반면 선주-화주 간 협력은 민간차원의 자발적 협력관계이다. 그러므로 양자 간에 서로 이익이 되지 않으면 이러한 협력관계는 유지되기 어렵다.

2017년 현재 우리나라 주요 대량화물의 국적선사와의 장기운송계약 비중은 〈표 3 - 6〉과 같다. 이 표에 의하면 유류가 가장 낮은 장기운송계약 비중(24.5%)을 나타내고 있는 반면에 유연탄의 경우 가장 높은 비중(76.5%)을 나타내고 있다. 이어서 철광석이 66.7%, LNG가 45.4%를 나타내고 있어 대량화물 전체적으로는 약 51%가 국적선사와의 장기운송계약에 의하여 수송되었다. 한편 원유의 경우 국내 정유사들이 현물시장에서 단기용선계약에 의한 물량 중 상당부분(1,366만톤)을 장기운송계약 물량으로 전환함으로써 수입 원유의 국적선사 장기운송계약 비중이 2018년 33.8%(20척)에서 2019년 51.4%(31척)로 높아진 것으로 분석된다.[9]

국적선사와의 장기운송계약이 낮은 이유는 여러 가지로 분석될 수 있는데 무역상대방과의 계약조건에 따라 선사의 선택권이 외국의 수출화주에게 있는 경우 국적선사가 수송선사로 지명되기에는 사실상 어려울 것이다. 둘째는 일시적인 물량 부족분을 운송하기 위하여 단기운송계약에 의하여 운송하는 경우이다. 셋째는 장기운송계약을 국제입찰에 의해 저가를 기준으로 수송선사를 선정

표 3-6 | 우리나라 대량화물 수송현황(2017년 기준)

(단위: 백만톤)

화물	연간 수입량	국적선사 장기		외국적선사+단기	
		수송량	비중(%)	수송량	비중(%)
LNG	33	15	45.4	18	54.6
유연탄	115	88	76.5	27	23.5
철광석	75	50	66.7	25	33.3
유류	151	37	24.5	114	75.5
합계	374	190	50.8	184	49.2

주) 대량화물 수입 주요화주의 물량을 기준으로 한 것임.
자료: 2017 주요업무 추진실적, 2018. 1, 한국선주협회, p. 46.

---

9) 2018 업무실적, 2019. 1, 한국선주협회, p. 47.

하여 외국적선사가 낙찰을 받은 경우 등을 상정할 수 있다. 유류 및 LNG의 경우에는 첫째 및 둘째의 사유로 국적선사와의 장기운송계약비율이 낮은 것으로 보이는 반면에 유연탄과 철광석의 경우 셋째 사유로 인하여 상당 물량이 외국적선사와 계약이 이루어진 것으로 보인다.

이와 같이 볼 때 우리나라 선주-화주 간의 협력관계에는 아직 개선할 여지가 많은 것을 알 수 있는데 우선 양자 간 확고한 신뢰관계를 구축할 필요가 있다. 그러기 위해서는 화주는 국적선사에게 장기운송계약 물량을 최대한 보장하고 선사들은 해운호황기에 대량화물 화주들의 선박확보에 따른 어려움을 해결해줄 필요가 있다. 상호 어려울 때 도움을 주고받을 수 있어야만 서로 win-win할 수 있는 진정한 신뢰관계가 형성될 수 있는 것이다. 또한, 화주들은 장기운송계약에 대한 입찰을 실시할 때 저가 운임 위주의 낙찰제를 지양하고 운임과 함께 용역수행능력, 재무건전성 등 다양한 요소를 감안한 종합심사낙찰제 방식으로 전환하는 것이 바람직하다고 본다.

제4편

선박확보정책

제1장

개 관

제 1 절 선박확보정책의 의의

　　선박확보란 해상운송에 사용될 운송수단을 자사의 통제 하에 운용할 수 있도록 확보하는 것을 말하며 선박을 신조하거나 중고선을 매입하는 것뿐만 아니라 용선을 통하여 수송능력을 확보하는 것을 포함한다. 선박확보의 중요성은 단지 수송능력을 확보한다는 의미뿐만 아니라 선박을 직접 건조하거나 매입하는 경우 그 선박의 보유기간 동안 지속적으로 해운기업의 수지에 영향을 미치고 선박을 용선하는 경우에도 용선기간 중 용선료가 지출되므로 해운기업의 경영실적에 중대한 영향을 미친다.

　　앞에서 언급한 바와 같이 선박의 원가를 낮추는 것이 해운기업의 경쟁력을 좌우한다고 할 수 있다. 이를 위해서는 선박투자가 적기에 이루어져야 하고 선박금융이 원활해야 한다. 선박 신조가격이 비싼 시기에 선박확보가 이루어졌을 때 해운기업의 자금수지와 경영수지에 미치는 영향을 살펴보자. 예를 들어 해운호황기에 선박건조가격의 80~90% 수준을 장기에 걸친 상환방식(BBC/HP 방식 등)으로 조달하였다면 해운불황기가 도래했을 때 운임수입(또는 대선료 수입)만으로 선가상환과 운항비(연료비, 선원비 등) 및 항비 등의 비용을 충당하기에는 턱없이 부족하다. 이에 따라 해운기업은 내부 유보자금 외에 증자 또는 외부 차입 등을 통하여 추가 자금을 조달하게 되고 부채비율이 크게 높아지게 된다. 이러한 상황이 장기화되다 보면 그 기업은 자력으로 자금을 조달하기 어려운 상황에 도달하게 되고 결국 부도의 상황을 맞거나 선박 등 수익성 자산의 매각이 불가피하게 될 것이다. 그러나 해운불황기 도래로 이미 선가가 크게 하락한 상태에서 선박을 헐값에 매각하게 되면 경영수지 측면에서도 대규모 매각손실을 입게 된다. 〈표 4-1〉은 선종별 신조선가 추이를 보여주는데 2008년 3월의 경우 유조선과 컨테이너선은 2001년에 비해 약 2배 수준에 달하고 있으며 건화물선는 약 2.5배에 달하는 것을 볼 수 있다. 이러한 신조선가는 해운불황의 장기화로 2017년 3월에는 거의 2001년 수준으로 되돌아갔음을 볼 수 있다. 따라서 2008년에 건조되었던 선박의 경우 해운기업의 자금수지와 경영수지에 큰 부담으로 작용할 수밖에 없다.

이러한 해운기업의 선박확보에 영향을 미치는 요소를 살펴보면 경영자의 해운경기에 대한 판단, 화물확보 가능성, 선박확보자금의 조달 가능성 및 정부의 해운정책 등을 들 수 있다. 물론 종국적으로 선박확보에 대한 판단과 책임은 위와 같은 요소들을 종합적으로 고려하여 결정해야 하는 경영자의 몫이라고

표 4-1   선종별 신조선가 추이

(단위: 백만 US$)

	2001	2004	2008	2010	2015	2017	2019	2021
건화물선 Panamax	22.0 (100)	32.0 (145)	55.0 (250)	34.0 (155)	27.8 (126)	24.1 (115)	27.5 (125)	26.9 (122)
유조선 VLCC	76.5 (100)	84.0 (110)	147.0 (192)	97.0 (127)	96.5 (126)	80.3 (105)	93.0 (121)	92.0 (120)
컨테이너선 Sub-Panamax	33.5 (100)	39.0 (116)	66.0 (197)	36.3 (108)	31.0 (92.5)	26.0 (87.5)	35.0 (104)	31.0 (92.5)

주) 매년 3월말 기준, ( )는 2001년을 100으로 했을 때 지수.
자료: KMI 주간 해운시장포커스 및 KMI 월간 해양수산, 각 연도.

할 수 있다. 그러나 해운기업의 경영자가 선박확보를 위한 적기라고 판단했음에도 선박확보자금의 조달이 어렵거나 정부의 정책에 의해 제한을 받는다면 선박확보가 제때에 이루어지지 못할 것이다. 따라서 선박확보에 있어 정부의 역할은 선박확보자금을 원활하게 조달할 수 있게 지원하면서 정부의 개입을 어느 정도 수준에서 할 것인가의 문제로 귀착된다고 할 수 있다.

　　선박확보에 대한 정부의 개입은 여러 가지 측면에서 이루어질 수 있는데 선박확보시기의 적절성, 선박확보자금 조달의 타당성 및 운송화물 확보 가능성 등을 들 수 있다. 경제규모가 작은 나라일수록 대규모 자본이 소요되는 선박확보에 대해 정부의 개입 가능성이 크고 선박확보 시 정부의 사전허가제 또는 사전심사제의 형태로 이루어질 수 있다. 정부의 선박확보에 대한 규제는 해운사업자가 원하는 시기에 선박을 확보하는 데 제한을 가할 수도 있으므로 그 당위성을 짚어볼 필요가 있다. 우선 선박확보시기의 적절성 여부에 대해 정부가 개입하는 것은 해운경기에 대한 고도의 전문적 지식이 있어야 가능하므로 바람직하지 않다고 본다. 다음으로 선박확보자금 조달의 타당성에 대하여는 과도한 외부자금의 사용 여부와 국가의 외환수급에의 지장 여부 등을 판단하는 데 일면 타당성이 있을 수 있으나 금융기관 등 외부자금을 공급하는 주체가 자율적으로 해운기업의 신용도를 판단할 수 있고 국가의 외환사정에 큰 문제가 없다면 정부개입의 당위성은 인정받기 어려울 것이다. 또한, 운송화물의 확보 가능성에 대하여는 향후 해운시황 판단과 직접 관련되고 화주의 장기적인 적하보증과 같은 사항은 금융기관 등이 외부자금을 공급하는 과정에서 쉽게 확인할 수 있는 사안이므로 정부개입의 당위성에 대한 근거로 타당성이 부족하다. 끝으로 선박확보에 대한 정부의 개입은 선박확보가 잘못되었을 때 정부도 그 책임으로부터 자유롭지 못하므로 결국 선박확보에 대한 판단은 국가위기 상황 등 불가피한 경우를 제외하고 해운기업이 자율적으로 판단하고 그 결과에 대하여도 책임을 지도록 하는 것이 바람직하다고 본다. 이러한 측면에서 정부의 역할은 선박확보방법을 다양화하고 자금의 조달을 원활히 할 수 있도록 지원하는 데 있다고 할 수 있다.

제2절 선박확보방법의 다양화

선박확보방법에는 크게 자사 소유선박 확보와 용선에 의한 확보로 대별할 수 있는바, 해운선사는 자사의 영업 전략에 따라 두 가지 확보방법을 혼합한 적절한 포트폴리오를 구성하는 것이 중요하다. 자사 소유의 선박확보는 장기운송계약, 해운호황 진입 등으로 장기적인 화물확보가 가능한 경우 유리한 반면 조세부담, 선박건조 기술혁신에 따른 진부화(陳腐化), 대규모 자본 소요 등이 단점이라고 할 수 있다. 용선은 자사선박 보유에 따른 부담을 줄일 수 있으면서 단기적이고 긴급한 수송수요에 대처가 가능하고 시장지배력을 높일 수 있다는 장점을 가지고 있으나 해운호황기에 용선의 확보가 용이하지 않을 뿐더러 통상 운임상승에 뒤따르는 선박가격 상승에 따른 이익을 향유할 수 없다는 단점을 지니고 있다.

자사 소유선박의 확보는 신조선 또는 중고선으로 확보하는 방법으로 나눌 수 있는데 일반적으로 신조선의 소요 자본이 중고선에 비하여 훨씬 크지만 해운경기가 초호황일 때는 중고선 가격이 오히려 신조선 가격을 초과하는 경우도 발생한다. 둘째로 중고선은 매입 즉시 시장에 투입할 수 있는 반면에 신조선은 약 2년이라는 건조기간이 소요되어 조기 활용 측면에서는 중고선이 유리하다. 특히 신조선의 경우 짧은 호황기에는 선박이 시장에 투입될 시점에 이미 해운경기가 후퇴하는 경우도 있을 수 있다. 셋째로 수리비, 운항비 등 소요경비 측면에서는 일반적으로 중고선이 신조선에 비하여 더 소요된다. 넷째로 신조선은 자사에 적합한 선형을 직접 확보할 수 있는 반면 중고선은 자사의 화물운송에 적합한 사양의 선박을 확보하기가 어렵다. 끝으로 중고선은 호황기 수익성이 높은 반면 불황기에는 채산성이 부족하여 계선되거나 해체될 가능성이 높다고 할 수 있다.

이와 같이 선박의 확보방법을 신조선 또는 중고선의 매입, 용선으로 나눌 수 있지만 정부는 보다 다양한 방식으로 선박을 확보할 수 있도록 지원하는 것이 중요하다. 이와 같은 다양한 방식 중에서 해운기업이 자신의 수요에 적합한 방식으로 선박을 확보함으로써 더욱 경쟁력을 높여나갈 수 있을 것이다. 자사 소유선박을 확보하고자 하는 경우 선박확보자금을 장기에 걸쳐 상환할 수 있는 BBC/HP 방식과 리스방식은 물론 선박공유제도 및 선박투자회사제도 등 다양한 방식으로 선박을 확보할 수 있도록 지원해야 한다. 용선방식에 있어서도 용대선 시장에서 직접 확보하는 방법 외에도 선박대여업의 육성과 Tonnage Bank[1] 제도 등을 도입하고 필요한 경우 해운기업이 Sale & Lease Back(S&LB) 방식으로 선박을 매각 후 다시 활용할 수 있도록 지원하는 것 또한 중요하다고 할 것이다.

우선 BBC/HP 방식의 특징은 선박금융을 원금과 이자를 합쳐 장기 분할 상환한다는 점과 상환이 끝날 때까지 선박은 편의치적 제공국에 설립된 SPC[2] 소유로 하여 상환이 끝난 후에야 선주가 소유권을 취득할 수 있다. BBC/HP의 운용형태를 보면 〈그림 4-1〉과 같다.

그림 4-1 | BBC/HP의 운용형태

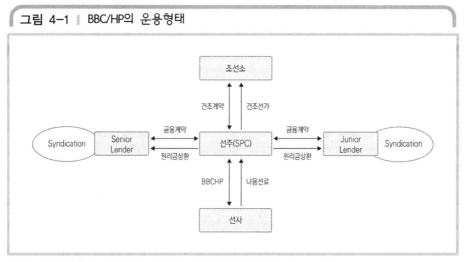

자료: 해양금융실무, 2011.4.20., 정우영 외 2인, 한국금융연수원, p. 175.

---

1) 선박을 신조하거나 중고선을 매입하여 보유하고 해운선사에 이를 대여하는 선박은행을 뜻하며 Sale & Lease-Back 방식으로 선박을 대여하기도 한다.
2) Special Purpose Company 특수목적회사

그림 4-2 | 선박리스의 운용형태

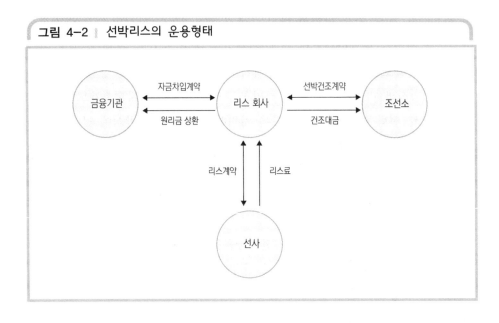

한편 리스는 리스회사가 신조선 건조비용(중고선 구입비용)을 부담하고 선주는 리스회사에서 선박을 넘겨받아 운용하여 리스료를 지급하는 형태를 말하는데 금융리스와 운용리스로 대별된다. 금융리스는 리스기간 종료 후 선박구매조건부의 리스이며 운용리스는 리스기간 종료 후 리스 자산을 반환하는 형태의 리스이나 선박확보 수단으로서의 리스는 통상 금융리스의 형태를 취한다. 선박리스의 운용형태를 보면 〈그림 4-2〉와 같다.

BBC/HP 방식과 금융리스방식은 그 성격이 유사한 반면에 선박금융방식 등에 있어 다소 차이가 있다. 첫째로 선박의 규모면에서 금융리스는 비교적 소형선에 대하여 이루어지는 반면, BBC/HP는 대형선이 대상이 된다. 둘째로 금융주체 측면에 대하여 금융리스는 통상 리스회사 단독으로 제공하는 반면, BBC/ HP는 Syndicated Loan 방식으로 여러 금융기관이 공동으로 참여한다. 셋째로 금융리스는 통상 원화금융으로 이루어지는 반면 BBC/HP는 외화금융으로 이루어진다. 넷째, 금융리스는 통상 리스료를 완납할 때까지 선박의 소유권을 리스회사가 가지는 반면, BBC/HP는 SPC를 편의치적 제공국에 설립하여 SPC가 용선료를 완납할 때까지 소유권을 유지하게 된다.

제3절　선박확보자금의 조달지원

　　선박확보자금은 흔히 자기자금, 부채자금 및 메자닌(Mezzanine)금융으로 이루어지는데 선박건조에는 대규모 자금이 소요되므로 통상 60~90%의 자금을 외부에서 차입하게 되고 이는 장기간에 걸쳐 상환이 이루어지게 된다. 자기자금은 사내 유보자금, 증자(신규주식 발행) 또는 기업공개를 통하여 조달하게 되며 선박건조 시 자기자금은 통상 10~20% 수준에서 요구되나 해운불황기에는 선박금융이 위축되면서 40% 이상의 높은 수준의 자기자본의 투입을 요구하기도 한다. 이런 점에서 호황기 이익금을 적정수준으로 유보해야만 불황기 선박건조를 위한 자기자금에 충당하거나 운영자금 부족에 용이하게 대처할 수 있다. 부채자금은 사채를 발행하거나 상업금융기관으로부터의 차입 또는 정부 지원에 의한 정책금융을 통하여 조달하게 되며 메자닌금융은 전환사채(CB) 또는 신주인수권부사채(BW) 등 채권자의 선택에 의하여 자본금으로 전환할 수 있는 조건하에 조달되는 자금을 말한다.

　　부채자금 및 메자닌금융은 선박확보를 위해 필요한 시기에 조달가능하고 금리 및 융자기간 등 조건 면에서 보다 유리하게 조달하는 것이 선박의 원가경쟁력을 높일 수 있다. 선박금융은 통상 상업금융기관의 융자에 크게 의존하나 자국의 해운업 육성을 위하여 정책금융을 지원하기도 한다. 상업금융기관의 융자방식은 선박확보에 대규모 자금이 소요되고 일시 상환이 어려우므로 확보한 선박의 운항수입으로 장기간에 걸쳐 상환하도록 하는 것이 일반적이다. 한편 고가의 대형선박(예를 들면 Capesize 벌크선, VLCC 및 초대형 컨테이너선 등)을 확보할 때는 위험분산을 목적으로 여러 금융기관이 공통의 금융조건으로 선박확보를 위한 융자금을 특정 비율로 분할하여 융자하는 Syndicated Loan 방식을 취하기도 하는데 우리나라 선사들이 대형선박을 확보하는 데 주로 이용하는 BBC/HP 방식에서 많이 활용되고 있다. 이러한 방식의 선박금융에서는 금리조건도 국제금리와 연동하여 결정하는데 흔히 LIBOR[3] + α로 약정하며 여기서 α는 spread라고 하여 선박금융을 차입하는 선주의 신용도에 따라 결정된다. 이러한 상업적 금융기관의 선박금융은 해운호황기에 비교적 활발히 이루어지는 반면에 해운불황기에는 위축되어 선박확보자금을 조달하기가 쉽지 않다.

국가마다 자국 선사의 선박확보를 지원하기 위하여 다각적인 수단을 동원하고 있는데 이는 자국 해운업을 육성하기 위해서는 화물확보와 아울러 이를 운송하기 위한 선박의 확보도 중요하기 때문이다. 국가가 선박확보에 필요한 자금조달을 지원하기 위한 방법으로는 정책금융기관을 통한 직접 융자, 상업금융기관을 통한 선박금융이 용이하도록 하는 지급보증(Loan Guarantee), 선박확보자금 또는 그 융자금 이자에 대한 보조금 지급, 선박공유제도, Tonnage Bank 또는 Sale & Lease Back 방식에 의한 선박의 매입 등을 들 수 있다. 정책금융기관을 통한 직접 융자방식은 대규모 자금을 확보할 수 있고 상업금융기관보다 유리한 조건을 제시할 수 있어야 그 효용성이 발휘될 수 있으므로 그 활용가능성은 제한적이라고 할 수 있다. 다만 상업금융기관에 의한 선박금융이 발달되지 못한 상황이거나 해운불황기처럼 선박금융이 위축된 상황에서는 선박확보를 위해 중요한 역할을 할 수 있다. 특히 해운불황기에 상업금융기관의 선순위 대출에 이어 국가의 정책금융기관이 후순위 담보를 취득함으로써 선박확보 시에 요구되는 자기자금 부담을 덜어주어 선박확보가 보다 용이하도록 지원할 수 있다. 선박금융에 대한 지급보증제도는 상업금융기관을 이용한 선박금융을 용이하게 하고 금리 등 융자조건을 개선시켜주는 효과가 있다. 이러한 지급보증의 대표적인 사례는 미국의 Federal Ship Financing Program이다. 이 프로그램의 지원을 받기 위해서는 최소한 12.5%를 자기자금으로 조달하여야 하며 운전자본(working capital)[4]이 정(+)이어야 하고 장기부채비율[5]이 200% 미만이어야 하는 등 재무적 요건을 갖추어야 한다. 이 외에도 선박에 대한 수요가 입증되어야 하고 미국 내에서 건조되어야 하며 보증기간 중 보험에 가입해야 하는 등

---

3) London Inter-Bank Offered Rate 런던 은행 간 금리.
4) 기업회계에서 유동자산에서 유동부채를 공제한 금액.
5) 1년 이상의 장기부채 ÷ 자기자본 × 100

까다로운 요건을 제시하고 있다. 지급보증방식은 직접 융자방식에 비하여 훨씬 적은 규모의 자금으로 선박확보를 지원할 수 있다는 데에 그 장점이 있다. 다만 정책금융기관에 의한 직접 융자와 지급보증제도는 해운불황이 극심할 때 선주의 지급불능사태(default)가 발생함으로써 국가와 정책금융기관의 재정 건전성을 해칠 수도 있다는 점이 고려되어야 한다.

또한, 국가가 선박확보자금의 일부 또는 상업금융기관으로부터 받은 융자금액에 대한 이자의 일부를 보조금의 형태로 지급하는 방식도 있다. 이러한 보조금의 지급은 선박의 취득원가를 낮춤으로써 경쟁력을 높이기 위한 것으로 미국에서 채택하고 있는 CDS(선박건조차액 보조금)⁶⁾가 이러한 형태이다. 미국의 건조차액보조는 선박을 미국 내에서 건조하는 경우에 외국에서 건조할 경우와의 차액을 보조하는 제도로서 Jones Act에 의해 미국 내 운항할 목적으로 건조하는 선박 등이 대상이 된다. 또한, 이자의 일부만을 보조하는 경우 자국의 시장금리가 다른 나라에 비하여 높거나 영세 사업자의 경우 선박금융 이자율이 높은 것을 감안하여 목표금리와 실제금리의 차액을 보전(利差補塡)하거나 실제이자율에서 일정한 %P⁷⁾를 일률적으로 보조하는 방식으로 시행한다.

선박공유제도는 선박을 필요로 하는 사업자와 정부출자기관 등이 선박을 공동으로 소유하고 일정기간 동안 사업자가 정부출자기관 등이 투자한 금액을 상환하고 완전한 소유권을 취득하도록 하는 형태이다. 이러한 방식에는 정부 또는 정책금융기관이 펀드를 조성하는 방식이나 정책금융기관이 직접 사업자와 공동으로 선박에 투자하고 소유권을 공동으로 취득하는 방식이 있을 수 있다. 이러한 선박공유제도는 주로 자본이 부족한 영세사업자를 지원하기 위해 도입되는데 대표적인 사례로 일본의 선박공유 건조제도를 들 수 있다. 이 제도는 1950년대 일본에서 연안 노후선박의 사고가 빈번하게 발생함에 따라 연안 여객선의 현대화를 통한 안전성 제고를 위해 1959년부터 도입하여 실시하고 있는 제도이다. 이러한 사업에 대한 건조지원은 과거 선박정비공단이라는 특수

---

6) Construction Differential Subsidy.

7) 예를 들어 실제이자율에서 2.5%를 지원하는 방식인 경우 실제이자율이 6.5%일 때 보조하는 이자율 2.5%를 차감하면 사업자가 부담하는 이자율은 4.0%가 된다.

법인이 담당하여왔으나 현재 일본 철도·운수시설 정비지원기구(JRTT; Japan
Railway Construction, Transport and Technical Agency)로 통합되어 운용되고 있다. 이 경우
JRTT와 해운사가 공동으로 부담하여 선박을 건조하는데 통상 JRTT가 70~90%
를, 선주가 자기자금으로 10~30%를 투자하고 건조된 선박은 선주와 JRTT가
공동 소유한다. 선주는 JRTT가 투자한 금액을 장기/저리로 상환하고 상환이 완
료되면 JRTT가 소유한 지분을 선주에게 양도함으로써 선주가 단독으로 완전한
소유권을 취득하게 된다.

　　다음으로 선박대여업의 육성과 Tonnage Bank 제도의 도입을 들 수 있다.
민간사업자가 선박대여회사를 설립하여 운영할 수 있도록 정부에서 적극적인
육성정책을 폄으로써 자국의 해운선사들이 대규모 자본을 투자하기 어려운 상
황에 있거나 일시적인 해운수요에 보다 용이하게 대처할 수 있도록 선박확보를
지원하는 것이다. 선박대여회사를 육성하기 위해서는 이러한 업체가 선박을 확
보할 수 있도록 신박금융을 지원하고 각종 세제상의 혜택을 부여해야 한다. 민
간 차원의 선박대여사업자 육성과 병행하여 정책금융기관이 Tonnage Bank를
설립하여 운영하는 것도 하나의 방법이 될 수 있다. 이러한 제도는 해운불황기
에 선박금융이 위축되어 있고 해운업체들의 선박금융 조달능력이 약화되어 있
을 때 정책금융기관이 직접 선박을 확보하여 대여함으로써 해운업체들의 선박
확보를 지원하기 위한 것이다. 특히 해운불황의 장기화로 해운업체가 운영자금
의 확보 등을 위해 선박의 매각이 불가피한 경우 이를 매입하여 해당 해운업체
에게 다시 대여하는 Sale & Lease Back사업을 수행하기도 한다. 다만 이러한
시스템하에서는 선박의 보유에 따른 위험은 선박대여회사나 Tonnage Bank가
부담하므로 해운선사들은 이러한 위험부담을 회피할 수 있는 반면에 선가의 상
승에 따른 이익도 향유할 수 없게 된다.

제 4 절   선박투자회사제도

　선박투자회사는 다수의 투자자로부터 자금을 모집하여 선박을 취득하고 그 선박을 해운기업에 대선(貸船)하여 얻게 되는 수입 등을 투자자에게 배분하는 선박금융 방식을 말한다. 본래 선박투자회사는 노르웨이, 독일 등 유럽 국가에서 일반투자자 등을 대상으로 선박투자자금을 조달하기 위하여 1960년대부터 발달하였다. 선박투자회사제도가 활성화되면 해운기업 입장에서는 선박을 건조하거나 중고선을 매입하는 자금의 조달이 보다 용이할 수 있다. 선박투자회사는 신탁재산의 성질을 기준으로 투자신탁형(영국), 투자회사형(미국), 계약형[8] (독일)으로 크게 분류할 수 있는데 우리나라의 경우 투자회사형을 주로 이용하고 있다.[9]

　선박투자회사제도의 대표적인 사례로는 독일의 KG(Kommandit Gesellschaft)펀드 및 노르웨이 KS(Kommandit Selskap)펀드를 들 수 있으며 선박투자를 활성화하기 위한 제도로 싱가포르의 MFI(Maritime Finance Incentive)제도를 들 수 있다. 독일의 KG펀드는 합자회사 형태의 펀드로 1970년부터 세제상 혜택을 부여하면서 활성화되기 시작하였고 2008년 리먼 부라더스 사태로 인한 세계적 금융위기가 발생하기 전까지 많은 투자가 이루어졌다. 통상 KG펀드의 자금조달 원천은 선사의 자기자금 10%, 일반투자자 20% 및 금융기관 차입금 70%로 구성된다. KG펀드가 누릴 수 있었던 세제상 혜택으로 고속상각의 허용과 이로 인한 투자손실을 투자자들의 소득세를 산정할 때 소득에서 공제하는 것을 인정하였고 선박매매차익에 대한 양도소득세도 50%를 감면하는 것을 들 수 있다. 1999년부터 2008년까지는 이러한 조세혜택이 축소되는 대신 톤세제도가 도입·적용되면서

---

8) 계약형 투자신탁은 위탁회사와 수탁회사 간에 체결된 신탁계약을 바탕으로 투자신탁을 설정하고 투자자는 위탁회사 또는 판매회사를 통해 비례적 소유권과 청구권을 갖는 지분증권인 수익증권을 취득함으로써 수익자의 지위에 서게 되는 방식의 투자를 말한다.

9) 투자회사의 법리(논문), 2005년, 청주대학교 정상근, 동아법학 제37호 pp. 260－261.

선박펀드에 대한 투자가 증가하였다. 그러나 2008년 리먼 부라더스 사태 이후 장기적인 해운불황으로 독일 KG펀드의 선박투자는 크게 위축되었고 기존의 선박펀드도 일부 부실화되는 등 어려움을 겪었다. 노르웨이의 KS펀드는 독일의 KG펀드와 유사한 법적형태로 운용되어 왔으며 1987년 이후 크게 증가하였는데 그 주요인은 노르웨이 정부가 선박투자에 많은 조세혜택을 부여하였고, 또 선박등록비용이 저렴한 국제선박등록제도(NIS)가 도입되었으며, KS펀드가 집중 투자한 중고선박의 가격이 상승하였기 때문이다.10) 그러나 1992년 이후 각종 조세혜택이 축소되면서 KS펀드에 대한 투자는 크게 위축되었다. 다만 독일의 KG펀드는 컨테이너선 위주로 장기투자가 이루어진 반면, 노르웨이 KS펀드는 벌크선, 유조선 등에 단기투자 중심으로 이루어졌다는 점이 가장 큰 차이점이라고 할 수 있다. 싱가포르의 MFI(Maritime Finance Incentive)는 선박금융을 활성화하기 위해 2006년에 도입된 제도로서 선박투자회사의 용선료 수입에 대한 면세, 소득세 감면 및 선박 매각 시 양도소득세 감면 등을 주된 내용으로 하고 있다. 동 제도는 선박 확보 시 10년 동안 조세혜택이 보장되어 선주들의 선박금융 조달 방식이 다양해졌고 선박투자회사가 소유한 선박의 용선소득에 대한 면세적용을 선박의 수명 전체기간 동안 적용하는 것이 특징이다.11)

　　선박투자회사의 도입으로 기대할 수 있는 효과는 첫째, 선박금융 조달원천이 다양화되어 선사의 선박확보가 용이하고 둘째로 일반투자자의 투자참여로 해운기업의 자기자금 부담을 경감해 주며 셋째로 선박투자와 해운업에 대한 국민의 관심도가 높아지고 해운기업의 경영책임과 도덕성이 강조된다는 점을 들 수 있다. 반면에 선박투자회사가 부실화될 경우 일반투자자에 대한 피해가 현실화됨으로써 선박투자의 위험성에 대한 인식도 높아질 것이고 일반투자자들의 선박펀드 투자가 위축될 가능성도 있다.

---

10) 선박투자회사제도 도입방안 연구, 2001. 12, 한국해양수산개발원 임종관, p. 50.
11) 한국선박투자회사의 분산투자에 관한 연구, 2017. 2, 중앙대학교 박사논문(이재붕), p. 25.

제2장

우리나라 선박확보정책

　　1950년대부터 자국화자국선주의를 표방하였던 우리나라는 이를 실현하기 위한 수단으로 선박확보를 적극적으로 지원하였으며 1997년 IMF 외환위기가 도래하는 시점까지 정부 주도 또는 통제 하에 선박확보가 이루어졌다. 1976년 계획조선제도가 도입되기까지 국적선사의 선박확보는 대부분 중고선 도입에 의해 이루어졌는데 확보자금의 조달은 정부 보유불(弗)의 대여, 한일청구권 자금 배정 및 상업차관 도입 등으로 이루어졌으며 1960년대에는 선박매입자금을 장기 분할상환하는 연불구매 방식과 국적취득조건부 나용선(BBC/HP) 방식도 사용되기 시작하였다.

　　1976년부터 정부는 해운기업의 선박확보를 지원하기 위하여 계획조선제도를 도입하였으며 1984년 이후 1990년대 초까지 해운산업합리화 기간에는 중고선의 도입을 금지하여 국적선사의 선박확보는 계획조선과 BBC/HP 방식에 의한 신조선이 주류를 이루었다. 1989년 해운산업합리화가 마무리되고 1990년부터 해운산업의 자율·개방화 정책이 추진되면서 정부는 선사의 자율적인 판단 하에 선박을 확보할 수 있도록 선박확보방법을 다양화하는 데 주력하였으며 그동안 금지해왔던 중고선 도입도 자율화하였다. 한편 BBC/HP 방식에 의한 선박 도입은 1997년까지 외환관리 차원에서 금융당국과 협의하여 매년 도입한도를 설정하고 그 한도 내에서 해운당국이 실수요자를 선정하는 방식을 취하였는데 IMF 외환위기 이후 1998년에 BBC/HP의 연도별 한도설정제도가 폐지되었다.

IMF 외환위기 이후 정부의 부채비율 감축정책과 선박금융 여건의 악화로 선사들의 금융비용 부담이 크게 증가함에 따라 국적선사의 선박확보가 어려워졌다. 더구나 대형 선사의 경우 부채비율을 200%에 맞추기 위하여 보유선박을 매각해야 하는 등 어려움을 겪게 되자 정부는 국적선사들의 선박확보자금 조달을 지원하기 위하여 선박투자회사제도를 도입하게 되었다. 동 제도는 유럽에서는 이미 오래진부터 민간의 선박투자를 촉진하기 위해 도입되었던 제도로 2004년 이후에 국적선사의 선박확보에 상당한 기여를 하였다.

2009년 해운불황 도래 이후에는 한국자산관리공사 등 공기업이 선박투자 회사제도를 구조조정 목적의 선박펀드로 활용하기도 하였다. 장기적인 해운불황으로 선박금융조달이 어려워지자 정부는 2014년에 선박금융 후순위대출 보증활성화를 위해 한국해양보증보험(주)을 설립하였으며 2015년에는 선박신조 지원 프로그램을 설치하여 신조선의 확보를 지원하였다. 또한, 2017년에는 한국자산관리공사의 구조조정 선박펀드를 확충함과 아울러 한국선박해양(주)을 설립하여 S&LB 방식으로 국적선을 매입함으로써 국적선의 해외유출을 막고 선사의 유동성 확보를 지원하는 역할을 하였다. 2018년에는 한국해양보증보험(주)과 한국선박해양(주)을 모태로 하여 한국해양진흥공사를 설립함으로써 국적선사의 선박확보를 지원하는 등 해운산업 전반에 관한 지원역할을 담당하게 되었다.

한편 선박확보에 대한 정부 규제의 흐름을 보면 1963년 해상운송사업법이 제정되면서 대한민국선박을 소유할 수 없는 자가 소유하는 선박을 양수하거나 용선하고자 하는 자 또는 대한민국선박을 소유할 수 없는 자에게 대한민국선박

을 양도·대여 또는 담보로 제공하거나 운항의 위임을 하고자 하는 자는 교통
부장관의 허가를 받아야 하였다(동 법 제29조 및 제30조). 즉 선박의 수출·수입은 허가
사항이었으며 선박운항계획의 변경, 사업의 양도·양수 및 합병 등이 모두 인가
사항으로 선박의 확보 및 처분에 따른 정부의 통제는 매우 강력하였다. 이러한
규제는 1983년 말까지 계속되었으며 1984년 시행된 해운업법에 의하여 일부
규제사항이 다소 완화되었다. 즉 선박을 매매·대여·용대선하거나 대한민국선
박을 소유할 수 없는 자에게 대한민국선박을 담보로 제공하고자 하는 자는 해

표 4-2 ┃ 주요 연도별 선종별 외항선대 보유량 추이

(단위: 척, 천G/T)

	1980	1990	2000	2010	2019
합계	530 5,138	430 9,029	425 11,857	936 28,065	1,082 43,921
벌크선	120 1,062	91 1,746	66 1,378	266 10,535	243 14,895
광탄선	15 1,009	40 3,492	40 3,510	44 4,257	39 5,447
자동차운반선	2 24	17 601	11 511	26 1,363	61 3,698
유조선 (원유)	40 1,716	14 988	9 1,290	20 2,746	49 6,810
LNG/ LPG선	– 	– 	18 1,745	52 2,469	85 4,276
컨테이너선	47 367	113 1,444	125 2,426	124 3,812	132 3,514
일반화물선	166 427	83 174	108 393	169 1,071	147 2,014
석유제품/ 케미컬 탱커	– 	16 99	24 74	182 1,368	266 2,892
기타	140 533	56 485	24 530	53 444	60 375

주) 국적취득조건부 나용선(BBC/HP) 포함.
자료: 해운통계요람, 각 연도, 한국해양수산개발원.

운항만청장에게 신고(해운업법 제53조)하도록 완화되었으며 적정한 선박량 및 항로 질서를 유지하기 위하여 필요하다고 인정할 때에는 이를 제한할 수 있도록 하였다. 사업계획의 변경에 대하여는 그대로 인가사항으로 규정한 반면 해상화물 운송사업의 양도·양수, 법인의 합병·해산에 대하여는 해운항만청장에게 신고하도록 완화하였다. 1990년대 들어 해운산업의 자율·개방화 정책이 추진되어 사업계획의 변경 중 선박의 대체·교체·증선 또는 감선 등에 대하여는 신고제로 전환됨에 따라 선박확보에 대한 해운기업의 자율성이 크게 확대되어 현재 각종 선박확보에 따른 규제는 사실상 폐지되었다.

한편 1980년 이후 우리나라 외항선대의 선종별 보유량 추이를 보면 〈표 4-2〉와 같다.

제 2 절   계획조선

1. 계획조선의 시도(試圖)

계획조선이란 정부가 계획적으로 해운업과 조선산업을 연계육성하기 위하여 해운업 소요선박을 자국 조선소에서 건조하는 조건으로 소요자금의 조달을 지원하는 제도이다. 우리나라에서의 계획조선은 1952년 처음으로 화물선, 부선 및 어선의 국내건조를 위하여 시도되었는바, 1950년에는 대한조선공사가 설립되었고 교통부에서 해운과 조선업무를 모두 관장하고 있었던 시기이다. 그러나 당시 선박건조자금의 조달이 용이하지 않았을 뿐만 아니라 대부분의 원자재를 해외에서 조달해야 하는 관계로 선박을 해외에서 도입하는 경우보다 선가가 비쌌으며 해상수송수요도 충분하지 않아 선박건조 욕구가 왕성하지는 못하였다.[1] 실제로 건조가 이루어진 선박들도 수송수요의 부진 등으로 융자금을 상환

---

1) 한국해운항만사, 1980. 12, 해운항만청, pp. 317~318.

하지 못하여 연체가 이루어지는 경우가 많았다.

1960년대 경제개발계획 기간에도 1962년에 마련된 조선장려책에 따라 계획조선이 추진되었다. 당시 조선업무를 담당했던 상공부에 의하여 추진되었던 조선장려책의 주요 내용으로 첫째, 건조자금은 총건조비의 10%에 해당하는 금액을 자기자금으로 부담하고 나머지는 보조금 40%, 융자금 50%의 비율로 구성하였으며, 둘째, 융자조건으로 융자금의 이자율은 5%, 상환기간은 15년으로 하였고 철강재, 목재 등 제조원료의 수입에는 관세를 면제하였으며 셋째, 실수요자의 담보부족에 의한 사업의 지연을 막고 담보를 경감하기 위하여 정부보증 융자로 공사를 진행하고 준공 후 선박을 후취담보(後取擔保)하도록 하였다.[2] 이러한 장려책에 의하여 1962년 고려해운(주)이 2척의 1,600톤급 선박을 발주하여 1964년에 준공하였으나 이후 계획조선사업은 1965년까지 중단되었다. 1966년에야 계획조선을 위한 예산이 다시 책정되었고 1969년까지 지속되었으나 그 규모는 실수요에 비하여 크게 부족한 수준이었다. 또한, 이 당시의 계획조선은 실수요자인 해운업체가 조선소를 임의로 선택할 수 없었고 국제조선가보다 높은 수준을 감수해야 하는 등 많은 문제점이 지적되었다.[3]

2. 계획조선제도의 본격 도입

1974년 교통부는 외항해운육성방안을 수립하였으나 관계부처와의 협조 부족 등으로 그 시행이 지지부진하여 1976년 3월 대통령의 지시로 해운·조선 종합육성방안을 마련하게 되었다. 이 방안에서 언급하고 있는 추진배경을 보면 다음과 같다.[4]

우선 해운측면에서는 첫째로 해운서비스수지의 적자를 들 수 있다. 1971년과 1976년을 비교해 볼 때 화물량을 기준으로 한 국적선 적취율은 23%에서 33%로 향상되었으나 해운서비스수지 측면에서는 큰 폭의 적자를 기록하였다.

---

2) 앞의 책, pp. 534~535.

3) 앞의 책, p. 536.

4) 해운조선종합육성방안, 1976. 3. 19, 교통부(앞의 책, p. 551에서 재인용).

즉 1975년을 기준으로 볼 때 수출입화물의 해상운임은 11억 5천만 달러에 이르렀는데 이 중 국적선사의 운임수입은 3억 달러에 불과하여 8억 5천만 달러가 외국선사에 지불되는 상황이었다. 둘째로 수입 대량화물과 수출입 컨테이너 수송에 있어 국적선의 참여가 부진하였다. 1975년의 경우 원유, 철광석, 인광석 등의 수송권은 외국적선박이 거의 장악하여 국적선 적취율은 15% 수준에 불과하였으며 컨테이너 정기항로 개설은 전무하여 3억 6천만 달러의 운임이 모두 외국적선사에 지불되었다. 셋째로 국적선사의 선박확보 측면에서 보면 거의 외국의 중고선 도입에 의존하여 왔다. 1971~1975년 확보된 선박을 보면 총 174만 6천G/T 중에서 국내건조는 2% 수준인 39천G/T에 불과하였으며 나머지는 중고선 도입에 의존하였다.

한편 조선업 측면에서는 보면 첫째, 1973년 오일쇼크 후에 국내 조선산업의 수주량이 급감하였다. 즉 국내 조선시설능력은 1973년에 250만 톤에서 1974년에는 1,100만 톤, 1975년에는 2,390만 톤으로 대폭 확충되었지만 이에 반하여 수주량은 1973년 993만 톤, 1974년 603만 톤, 1975년 152만 톤으로 급감하였다. 둘째로 국적선사가 국내에서 선박을 건조할 경우 수출선(輸出船)에 비하여 금융 및 세제상으로 불리하여 국내 건조여건이 불비(不備)하였고 조선자재의 국산화율이 40%에 불과하여 국내 조선산업의 국제경쟁력이 취약하였다는 점을 들 수 있다. 당시 수출선에 대한 금융지원을 보면 외국선주는 연불수출금융조건에 의하여 선가의 70%를 8년 연부(年賦)에 연리 9%에 건조할 수 있는데 국적선사는 국내건조 시 12%라고 하는 고율의 이자를 부담해야 하며 외국조선소에 발주할 때는 연리 5~7.5%의 금리로 상환기간도 장기간이라는 혜택을 받을 수 있다는 모순을 내포하고 있었다.[5]

해운·조선 종합육성방안에서는 우리 화물은 우리 손으로, 우리 선박은 우리 조선소가 건조, 해운업과 조선업의 연계육성, 후방 기계공업의 개발촉진, 해운·조선의 국제경쟁력 강화라는 5대 목표를 제시하였다. 그 중에서 '우리 화물은 우리 손으로'라는 목표는 자국화자국선주의를 강화함으로써 1981년까지 화물에 있어서나 운임에 있어서 국적선 적취율을 50%로 끌어올리겠다는 것이다.

---

5) 효율적인 계획조선 방안, 1977. 12, 이태욱, 경제학연구(한국경제학회) 제25권 제1호, p. 90.

이를 위해 외항선박의 선대규모를 1975년 2,737천G/T에서 1981년 6,037천G/T로 증강하여 동 기간 중에 330만G/T를 추가로 확보하되 이 중 100만G/T를 계획조선으로 확보한다는 계획이었다(《표 4-3》 참고).[6] 추가확보 계획량을 선종별로 보면 탱커 13척 1,178천G/T, 광탄선 20척 840천G/T, 컨테이너선 20척 495천G/T 및 기타 787천G/T로 전용선을 집중적으로 확보할 계획이었다.

이러한 목표를 달성하기 위해 정부는 수송권의 확보, 적정 운임률의 보장, 해운기업의 육성, 선가인하, 자금공급, 조선원자재 국산화 촉진, 조선·해운육성협의회의 구성 등의 지원대책을 제시하였다.[7] 첫째, 국적선의 수송권 확보를 위해 한국선 수송 의무화 품목을 지정하고 외국선과의 수송계약은 사전에 승인을 받도록 하되 계약기간을 제한하며 국내 건조선에 수송권을 우선적으로 부여한다는 방침을 정하였다. 이는 국내 건조선에 수송우선권을 부여함으로써 선박확보 시 국내건조를 유도하기 위한 것이라고 할 수 있다.

둘째, 외항선의 적정 운임률을 보장하기 위해 장기운송계약에 국제경쟁 운임률을 유지하고 불황 시에 선주의 원리금 상환을 유예함으로써 자금압박을 경

표 4-3 │ 국적선 증강계획(1976~1981)

(단위: 천G/T)

		1976	1977	1978	1979	1980	1981	계
외항선	소 계	500	500	500	700	750	850	3,300
	계획조선	74	175	200	225	200	200	1,000
	수 입	176	100	100	150	200	200	750
	용 선	250	225	200	325	350	450	1,550
내항선		–	10	10	10	10	10	50
계		500	510	510	710	760	860	3,350

자료: 계획조선세부시행계획, 1976. 9, 경제기획원.
(한국해운항만사, 1980.12, 해운항만청, p. 554에서 재인용)

6) 계획조선 세부시행계획, 1976. 9, 경제기획원(한국해운항만사, 1980. 12, 해운항만청, p. 552에서 재인용)
7) 한국해운항만사, 1980. 12, 해운항만청, p. 555.

감할 수 있는 조치를 마련하도록 하였다. 셋째, 외항해운은 국제경쟁이 불가피
하므로 국제단위화를 유도하기 위해 최저 운임률을 유지할 수 있고 최대 자금
조달능력을 보유하고 있는 해운업체를 우선적으로 지원하기로 하였다. 넷째,
수출선가보다 비싼 국내건조선가를 시정하기 위해 철판가격의 인하, 각종 내국
세 감면 연구검토, 수입원자재에 대한 관세면제방안의 연구검토, 수입부담금의
면제 및 수입담보금 적립률의 인하를 적극 추진하기로 하였다. 다섯째, 계획조
선 건조자금의 조달은 자기자금 10%, 내자(內資)융자 50%, 외자(外資) 40%의 원칙
으로 하였다. 내자 융자금의 재원은 국민투자기금으로 하고 융자조건은 3년 거
치 5년 상환에 연 13%의 금리를 적용하였다. 외화자금은 한국수출입은행이 국
제금융시장에서 연불수출어음을 할인하여 조달한 자금, 일본수출입은행의 자
금을 포함한 은행차관, 적하보증에 의한 선주 및 조선소의 일반상업차관 등 다
양한 재원을 이용하고 융자조건은 2년 거치 3년 상환에 금리는 LIBOR＋2.4%
로 하였다. 이러한 계획에 따라 1976년부디 1981년까지 5개년 동안 계획조선을
위한 자금조달계획을 보면 〈표 4-4〉와 같다.

표 4-4 ┃ 연차별 건조자금 조달계획(1976~1981)

(단위: 內資 억원, 外資 백만 달러)

	1976	1977	1978	1979	1980	1981	계
內資	243	675	743	738	756	296	3,451
外資	64	105	68	48	42	-	327
합계	562	1,201	1,083	978	964	296	5,084

자료: 계획조선세부시행계획, 1976. 9, 경제기획원.
(한국해운항만사, 1980. 12, 해운항만청, p. 555에서 재인용).

여섯째, 조선 원자재의 국산화율을 1975년 40%에서 1981년 70%로 향상하
여 국산원자재 사용의 의무화 품목을 확대해 나가도록 하였다. 일곱째, 경제기
획원 내에 해운조선육성협의회를 구성하여 해운, 조선 및 화주 간의 이해관계
와 관계부처의 업무를 종합조정하여 해운·조선 종합육성방안을 차질없이 추진
하도록 하였다.

3. 계획조선제도의 시행과 변화

이렇게 수립된 계획조선제도는 1976년 1차사업을 거쳐 1994년까지 지속되는 동안 여러 차례 융자조건 등에서 변화를 겪었다. 계획조선사업이 시작된 초기에는 상환기간 및 금리 등 융자조건이 국제경쟁력을 확보하는 데 있어 불리하다는 지적이 제기되자 정부는 1977년 2월 융자조건을 대폭 개선하여 발표하였다. 우선 내자(內資) 융자금의 금리를 연 13%에서 9%로 인하하고 상환기간도 3년 거치 5년 상환에서 선박 인도 후 6월(최장 2.5년) 거치 8년 상환으로 조정하였다. 외자(外資) 융자금의 상환에 있어서도 상환기간을 2년 거치 3년 상환에서 2년 거치 5년 상환으로 조정하였다. 아울러 투자비가 막대한 풀컨테이너선 건조에 있어서는 자기자금 부담비율을 10%에서 8%로 낮추어 적용하도록 조정되었다. 그러나 이러한 금리인하 조치는 1978년 6월 복잡 다기화되어 있던 재정자금 금리체계를 단순화하는 정부의 조치에 따라 다시 11%로 인상 조정되었으며 그 후 산업간 형평성 차원에서 정부의 정책금리 단일화 조치로 일반시설자금과 동일한 수준의 금리를 부담하게 되었다.

해운불황과 함께 이와 같이 불리한 조건으로 계획조선에 의한 건조선박의 포기, 사업추진의 지연 및 건조선박의 매각 등의 움직임[8]이 나타남에 따라 정부는 1978년 12월 '계획조선 선박의 사후관리요령'이라는 해운항만청 고시를 제정·시행하였다. 동 요령에서는 계획조선선박의 사후관리기간은 선박을 조선소로부터 인수한 날부터 5년 이내의 기간으로 정하고 계획조선에 의해 건조된 선박의 준공 및 매년 운항실적의 보고 의무와 외국으로의 수출금지 등을 규정하였다. 다만 부득이한 사유가 있는 경우로서 당해 선박의 건조 시에 지원받은 내자융자금과 외화대부 중 미상환잔액을 일시에 상환할 것을 조건으로 해운항만청장의 승인을 받은 경우에는 수출금지를 해제할 수 있게 하였다. 또한, 계획조선 선박에 대하여 선박운항사업 면허를 할 때에는 계획조선 실수요자 선정 시에 지정한 취항항로 또는 사업구역대로 면허하여야 하며 사업자는 이를 이행할 수 없는 부득이한 사유가 있는 경우에는 미리 해운항만청장의 승인을 받도

---

8) 앞의 책, p. 563.

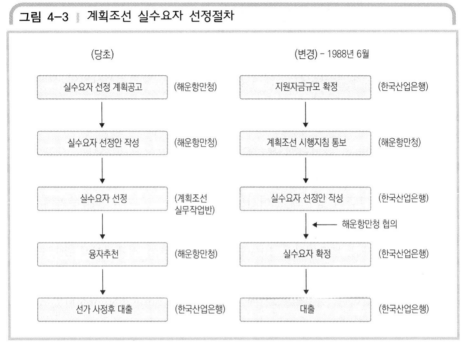

그림 4-3 | 계획조선 실수요자 선정절차

(당초)		(변경) - 1988년 6월	
실수요자 선정 계획공고	(해운항만청)	지원자금규모 확정	(한국산업은행)
실수요자 선정안 작성	(해운항만청)	계획조선 시행지침 통보	(해운항만청)
실수요자 선정	(계획조선 실무작업반)	실수요자 선정안 작성	(한국산업은행)
융자추천	(해운항만청)	실수요자 확정 ← 해운항만청 협의	(한국산업은행)
선가 사정후 대출	(한국산업은행)	대출	(한국산업은행)

자료: 해운항만청.

록 하였다.

1983년 12월 해운산업합리화계획이 추진되면서 융자기간을 2.5년 거치 8년 상환에서 5년 거치 8년 상환으로 조정하였으며 융자비율을 90%에서 80%로 낮추어 자기자금 부담이 10%에서 20%로 늘어났다. 또한, 1987년 4월 산업정책심의회에서 계획조선의 융자재원이 국민투자기금과 산은시설자금에서 산은외화표시자금으로 변경되었으며 금리도 내자는 종전의 11%에서 LIBOR+1.5%로 변경하고 외자는 LIBOR+1.25%로 조정하여 국제금리와 연동하는 체제로 전환되었다. 또한 내자융자액 중 자기자금 부담률을 20%에서 10%로 낮추어 해운업체의 부담을 경감하였다. 1992년 이후에는 융자금에 대한 금리를 매 분기 US$표시 변동금리를 적용하였다.[9]

---

9) 우리나라와 일본의 해운정책 비교연구 – 계획조선을 중심으로, 2007. 9, 김광희 & 김현덕(한국항만경제학회지 제23권 제3호), p. 112.

한편 계획조선 실수요자 선정은 해운항만청이 실수요자 선정계획을 공고하고 신청을 받아 계획조선 실무작업반을 구성하여 실수요자 선정기준에 따라 심사를 하여 실수요자를 선정하고 이를 한국산업은행에 추천하게 되며 선가 사정을 거쳐 융자가 확정되고 건조가 진행되도록 하였다. 그러나 1988년 6월 이후에는 해운항만청이 실수요자를 직접 선정하는 절차를 변경하여 해운항만청에서는 계획조선 시행지침만 통보하고 구체적인 선정절차는 한국산업은행이 진행한 후 이를 해운항만청과 협의를 거쳐 실수요자를 선정하도록 하였다(〈그림 4-3〉 참고).

4. 계획조선 추진실적

계획조선 추진실적은 해운산업합리화 정책 기간(1984~1988)을 분기점으로 하여 그 전후로 나누어 살펴볼 필요가 있다. 계획조선이 실시된 후 해운산업합리화 조치가 이루어지기 전인 1983년까지의 실적을 보면 외항선은 총 106척 1,584천G/T가 계획조선으로 발주되었는바, 동 기간 중 국적선 증가량(4,539천G/T)의 약 1/3이 계획조선에 의하여 확보되었다고 볼 수 있다.

해운산업합리화가 이루어진 1984년에서 1988년까지의 기간에는 총 71척 2,814천G/T가 계획조선으로 발주(실제 건조는 67척 2,554천G/T)되었는바, 동 기간 중에는 국적선 선박량 증가량이 1,295천G/T에 불과하고 해운산업합리화 조치로 2,200천G/T 규모가 노후 비경제선으로 처분된 것을 감안할 때 동 기간 중 선박의 확보가 계획조선에 크게 의존하였음을 알 수 있다. 이는 동 기간에는 해외에서 중고선의 도입이 허용되지 않았을 뿐만 아니라 BBC/HP 방식에 의한 선박의 확보도 용이하지 않았기 때문이다. 아울러 선종별로도 해운산업합리화 정책에 따라 전용선 확보에 중점을 두었기 때문에 동 기간 중 광탄선, 컨테이너선 및 자동차운반선의 확보가 집중적으로 이루어졌다.

표 4-5 │ 계획조선 추진실적(1976~1994)

(단위: 척, 천G/T, 억원)

	발주량			소요자금		
	계	외항선	내항선	계	외항선	내항선
총계	(458) 5,028	(195) 4,811	(263) 217	18,096	16,037	2,059
1976	(8) 68	(8) 68	–	19	19	–
1977	(31) 185	(17) 177	(14) 8	209	196	13
1978	(36) 253	(18) 246	(18) 7	485	455	30
1979	(61) 226	(17) 205	(44) 21	805	718	87
1980	(52) 203	(14) 183	(38) 20	1,033	828	205
1981	(22) 284	(12) 274	(10) 10	1,418	1,278	140
1982	(26) 179	(8) 168	(18) 11	1,441	1,281	160
1983	(29) 280	(12) 263	(17) 17	1,470	1,241	229
소계	(265) 1,678	(106) 1,584	(159) 94	6,880	6,016	864
1984	(28) 319	(6) 290	(22) 29	1,137	929	208
1985	(32) 821	(14) 797	(18) 24	1,030	882	148
1986	(27) 678	(14) 663	(13) 15	1,522	1,355	167
1987	(34) 572	(22) 560	(12) 12	1,761	1,649	112
1988	(24) 520	(15) 504	(9) 16	1,961	1,861	100
소계	(145) 2,910	(71) 2,814	(74) 96	7,411	6,676	735
1989	(12) 249	(7) 244	(5) 5	1,799	1,657	142
1990	(12) 156	(7) 152	(5) 4	1,611	1,509	102
1991	(2) 4	–	(2) 4	34	–	34
1992	(6) 7	–	(6) 7	97	–	97
1993	(7) 17	(3) 13	(4) 4	145	135	10
1994	(9) 7	(1) 4	(8) 3	119	44	75
소계	(48) 440	(18) 413	(30) 27	3,805	3,345	460

주) ( )는 척수임.
자료: 해운항만청.

해운경기가 회복되면서 해운산업합리화 정책이 종료된 1989년 이후 1994년까지 외항선 계획조선 실적을 보면 18척 413천G/T로 크게 위축되었는바, 이는 계획조선 금융조건보다 유리한 BBC/HP를 선호했기 때문으로 풀이된다. 이에 따라 계획조선에 의한 외항선 확보정책은 1976년부터 1994년까지 총 195척 4,811천G/T의 발주를 지원하는 실적을 거두었다(〈표 4-5〉 참고).

외항선 건조를 위한 계획조선제도는 1994년을 끝으로 중단되었는바, 이는 BBC/HP에 비하여 불리한 금융조건에 따른 것으로 감정선가의 80%를 한도로 하는 융자한도, 약 12%에 달하는 금리 수준 및 융자금액의 20%에 해당하는 산업금융채권 등의 매입부담을 들 수 있다. 또한, 그간 금지해왔던 중고선 도입이 1994년 들어 선령 10년 미만의 1천G/T 이상 선박에 대하여 도입이 자율화되면서 선사들의 선박확보 방법 상 선택의 폭이 넓어진 것도 하나의 요인이라고 볼 수 있다.

5. 계획조선제도의 공과

계획조선의 공과를 논할 때 우리나라 국적선대의 양적 성장에 크게 기여하였다는 점을 우선 들 수 있다. 즉 1975년 우리나라 외항 상선대가 340척 2,472천G/T에 불과하였으나 이후 약 18년간 계획조선을 통하여 총 195척 4,811천G/T의 신조선대를 발주함으로써 1994년 369척 9,715천G/T로 대폭 확충하는 데 큰 기여를 하였다. 특히 선진 해운국들에 의해 점유되어 왔던 컨테이너 정기항로를 개설할 수 있도록 풀컨테이너선의 건조를 적극 지원하였다는 점도 간과할 수 없다. 또한, 국적선사들이 해운불황에서 안정적인 수입원을 확보할 수 있도록 대량화물과 자동차 등의 장기운송계약을 바탕으로 한 전용선 건조를 적극 지원한 것은 중요한 성과라고 할 수 있다.

그러나 계획조선제도가 해운산업과 조선산업을 공동 육성하는 데 있어 균형있는 접근을 하였는지는 의문이다. 첫째는 계획조선의 금융조건이 우리나라 조선소가 외국선사에게 공급하는 수출선에 비하여 불리하여 계획조선으로 건조된 선박이 운항원가 측면에서 뒤질 수밖에 없었다. 이는 결국 국적선의 경쟁력 있는 운항을 통한 운임수입보다 선박수출을 통한 외화획득을 더 중시한 결과라고 볼 수 있다. 또한, 계획조선을 유도하기 위하여 중고선 도입 등 다른 선박확보수단을 차단한 것도 우리나라 조선산업의 보호 측면에서 접근한 것이라고 할 수 있다. 이에 따라 1988년까지 국적선사들은 계획조선 조건이 유리해서가 아니라 선박을 확보할 다른 방도가 없었기 때문에 계획조선 실수요자 선정에서 높은 경쟁률을 보인 것이다.

　　이러한 측면에서 우리나라와 일본의 계획조선제도의 차이점을 짚어볼 필요가 있다.[10] 첫째는 조달재원의 금리 측면이다. 우리나라와 일본의 계획조선 금리는 선진 해운국의 조달금리와 비교하여 열위에 있었으나 일본은 이자보조 제도를 통하여 그 부담을 경감하였다. 둘째로 우리나라는 1990년 이전의 계획조선에서 충분한 자금공급이 이루어지지 않아 건조수요를 충족시키지 못한 반면((표 4-6 참고), 일본은 이자보조 제도를 활용하여 시중금융기관의 참여를 적극적으로 유도하였다. 즉 일본정부는 시중은행의 대출금에 대한 이자의 일부를 국가재정으로 보충하여 줌으로써 시중은행이 계획조선에 대하여 협력자금을 적극적으로 운용하도록 유도하였다.[11]

표 4-6　계획조선에 의한 외항선 선정비율[12]

(단위: 천G/T, %)

차수	연도	신청량	선정량	선정비율(%)
제1~4차	1976-1979	1,456	688	47.2
제5~8차	1980-1983	2,253	1,010	44.8
제9~12차	1984-1987	3,863	2,294	59.4
제13~15차	1988-1990	1,459	900	61.7
제16~18차	1991-1993	13	13	100.0
합계		9,044	4,905	54.2

자료: 한국선주협회 내부자료 및 한국선조공업협회 조선자료집(1997).

10) 우리나라와 일본의 해운정책 비교연구－계획조선을 중심으로, 2007. 9, 김광희 & 김현덕(한국항만경제학회지 제23권 제3호), p. 124.
11) 앞의 책, p. 119.
12) 앞의 책, p. 50에서 재인용.

셋째는 일본정부는 시장상황의 변동에 따라 계획조선에 의한 선박량을 장기간 및 단기간으로 구분하여 탄력적으로 적용하였으며 이자보조 제도를 활용하여 선주가 부담하는 금리를 호황기와 불황기로 구분하여 적용함으로써 선사의 계획조선 건조수요를 조절하였으나 우리나라는 해운산업합리화 조치를 통하여 선사의 자율적인 선박확보를 억제함으로써 선사들의 선박확보자금 조달금리 부담을 가중시킨 결과를 초래하였다. 결론적으로 일본의 계획조선[13])이 일본을 세계 제2위의 해운대국으로 이끄는 데 절대적 기여를 한 반면, 우리나라의 계획조선제도는 나름의 성과에도 불구하고 부족했던 측면을 간과할 수 없다.

제 3 절 국적취득조건부 나용선(BBC/HP)

1. BBC/HP의 태동

BBC/HP 방식은 1960년대 말 이후 우리나라 해운업체들이 선박확보를 위해 가장 활발하게 이용해온 제도로서 초기에는 일본으로부터 중고선을 연불수입방식으로 도입하면서 태동하였다. 1960년대 당시 선박확보자금이 절대적으로 부족했던 우리나라 선사들과 일본선사들의 중고선 매각계획 및 대규모 무역흑자를 바탕으로 발생한 외화자금을 운용하려는 일본의 상업금융 등의 이해관계가 일치하였던 것이 중요한 태동원인이라고 할 수 있다. 당시 대한해운공사 등 일부 선사들이 정부보유외화 및 상업차관 등을 이용하여 선박을 확보하였을 뿐 축적된 자본의 부족으로 국적선대의 확충이 제대로 이루어지지 못함에 따라 수출입 무역량의 급증으로 날로 증가하는 해운수요를 충당하기에는 턱없이 부족한 상황이었다. 이러한 시기에 일본선사들은 선박을 필요로 하는 한국선사들

---

13) 일본의 계획조선사업은 1947~1982년까지 기간 중 실시되었으며 총 건조량은 1,326척 약 4,670만G/T를 건조하였으며 총 3조 6,239억엔(이자보조액 3,665억엔)을 투입(앞의 책, p. 120).

에게 노후 중고선을 고가에 매각하려는 시도를 하였는데 우리나라 선사는 해운 시장의 경기변동에 대한 경험이 일천하고 선박량이 크게 부족한 상황이었기 때문에 일본으로부터의 중고선 도입에 매우 적극적이었다. 이러한 상황에서 중고선 매매의 자금공급원 역할을 한 것이 일본의 상업금융이었는데 일본의 종합무역회사 등 상사신용(商社信用)을 이용하기도 하였다. 이들은 자금이 부족한 한국의 해운선사들에게 선박을 나용선해 주는 대신에 장기간에 걸쳐 선가를 상환하면 소유권을 넘겨주는 방식의 선박금융을 고안해 냈는데 이것을 우리나라에서는 국적취득조건부 나용선이라고 명명하게 되었다.

2. BBC/HP제도의 활용실적

최초의 국적취득조건부 나용선이 시도된 것은 1963년이었으나 1965년 이후 중고선 도입의 허용으로 BBC/HP 방식의 선박도입은 중단되었다. 그러나 1967년에 재차 6척 12,186G/T를 BBC/HP 방식으로 도입하였으나 영업상 국적선과의 경합으로 항로질서를 문란하게 한다는 반발에 따라 동 선박에 우리나라 수출입화물을 적재하기 위해서는 웨이버를 발급받도록 하면서 1970년대 초까지 사실상 중단되었다.[14] 그러나 1970년대 초 우리나라 정부가 BBC/HP를 유효한 국적선 확보수단으로 인정하고 국적선과 동등한 대우를 해줌에 따라 이러한 방식에 의한 선박확보는 다시 활성화되었다. 우리나라 정부가 계획조선제도를 도입하기 직전인 1975년까지 우리나라의 선박확보는 중고선 도입에 크게 의존하였으며 1976년 계획조선제도가 도입된 이후 해운산업합리화가 본격화되기 전인 1983년까지는 약 30%의 선박을 계획조선으로 확보하고 나머지는 여전히 BBC/ HP 방식 등에 의한 중고선 도입으로 충당하였다. 해운산업합리화 조치가 본격화된 1984년부터 중고선 도입이 금지되고 신조선 확보정책을 펼쳤는데 그 방법은 계획조선과 BBC/HP 방식에 의한 신조선 건조였다. 해운산업합리화 조치 초기인 1984년부터 1985년까지는 1,087천G/T를 계획조선으로 확보한 반면, 동 기간 중 BBC/HP 방식에 의한 신조선은 97천G/T에 불과하였으나

---

14) 한국해운항만사, 1980. 12, 해운항만청, p. 534.

1986년 이후 다시 증가하여 1989년까지 연평균 307천G/T에 달하여 동 기간 중 계획조선 연평균(493천G/T)의 62% 수준에 도달하였다. 1990년 이후에는 계획조선의 불리한 금융조건과 산업금융채권 매입 등 까다로운 조건으로 BBC/HP 방식에 의한 신조선 건조를 크게 선호하게 되었으며 1994년 이후에는 계획조선이 사실상 중단되고 BBC/HP에 의한 신조선이 주류를 형성하였다.

우리나라 정부가 1990년대 들어 해운산업의 자율·개방화정책을 추진함에 따라 선박확보에 가해졌던 각종 제약을 완화하게 되었는데 해운산업합리화 조치에 의해 금지되었던 중고선 도입을 다시 허용하고 1997년까지만 하더라도 재무당국이 외자도입법과 외환관리법에 따라 매년 설정해왔던 BBC/HP의 자금한도를 1998년부터 폐지하였다. 이러한 영향으로 우리나라 보유선대 중 BBC/HP에 의한 선박확보는 지속적으로 증가하였으며 2020년 말 국적 외항선대 총 48,453천G/T 중 37,865천G/T를 BBC/HP 방식에 의해 확보함으로써 약 78%의 비중을 차지하고 있다.

3. BBC/HP의 법적 문제

국적취득조건부 나용선(BBC/HP) 선박의 소유권은 편의치적 제공국에 설립한 SPC가 가지므로 그 선박의 국적(Flag)은 편의치적 제공국으로서 당해 국가의 국기를 게양하게 된다. 따라서 외국에서는 편의치적선으로 취급되지만 우리나라 일부 법령에서는 이를 국적선과 동등하게 취급하고 있어 법 적용의 문제가 생길 수 있다. 이와 같이 BBC/HP에 대하여 국내법 적용의 문제가 대두된 것은 1970년대 초 정부관계자가 관계부처와의 긴밀한 협의를 한 결과 자금부족으로 충분한 선박을 확보할 수 없는 우리나라의 실정에서 이러한 방식으로 선박을 도입하는 것은 우리나라의 경제발전에 도움을 주고 한국해운 발전에 도움을 주며 당시 이미 다국적기업화되어 있는 국제해운업의 경영기법을 습득하는 데 도움을 주는 등 많은 효과가 있을 것으로 판단하여 국적취득조건부 나용선 방식에 의한 선박도입을 허가하기로 하였기 때문이다.[15]

15) 국적취득조건부 나용선 선박의 관할권에 관한 소고, 2012. 3, 진호현&김진권(해사법연구 제24

이에 따라 전술한 바와 같이 정부가 이를 국적선과 동등하게 해운진흥법에 따른 화물유보제도를 적용하여 우리나라 수출입화물의 운송자격을 인정하면서 국내법 적용이 시작되었다고 볼 수 있다. 당시 해운진흥법에 의한 화물유보 조항을 보면 대한민국선박뿐만 아니라 '대한민국 국민이 용선한 선박'도 우리나라 화물을 수송할 수 있도록 하고 있어 BBC/HP는 이 범주에 속한다고 할 수 있다.

> 해운진흥법 제11조(국적선의 이용) ① 선박을 이용하여 화물을 운송하고자 하는 자는 대한민국선박 또는 대한민국 국민이 용선한 선박을 이용하여야 한다. 다만, 대한민국선박이 화물을 적재할 수 없거나 그 성질 또는 수량으로 보아 적재할 필요가 없다고 인정할 때와 국제조약 또는 협약에 심히 위배되는 경우에는 예외로 한다.
> ② 전항 단서의 규정에 의하여 대한민국선박이 적재할 수 없는 경우의 확인방법 또는 화물의 종류 및 수량에 관하여는 교통부령으로 정한다.

이후 재무당국에서는 1975년부터 BBC/HP 선박에 대하여 관세법에 따라 국내 최초 입항 시 수입신고의 대상으로 해석하였으며 현재까지 이러한 입장을 유지하고 있다. 한편 해운관련 법령에서 BBC/HP에 대하여 직접적으로 규정하기 시작한 것은 1984년 해운업법 제54조에서 언급하면서부터이다. 동 조항을 보면 아래와 같은데 이는 당시 해운산업합리화 조치에 착수하면서 적정 선박량의 유지 및 항로질서를 위하여 필요할 경우 BBC/HP로 선박을 도입하는 것을 규제할 수 있도록 근거를 마련한 것으로 볼 수 있다. 이러한 조항은 현행 해운법(제49조)에도 존치하고 있으나 다만 국적취득조건부 나용선을 '국적취득을 조건으로 하는 선체(船體)만을 빌린 선박(裸傭船)'으로 이해하기 쉽게 바꾸었으며 일반적으로 사용하는 나용선이라는 표현을 우리나라 상법에서는 선체용선(船體傭船)으로 규정하고 있어 이를 수용한 측면도 있다.

> 제54조(선박의 매매 및 용대선의 제한등) ① 해운항만청장은 적정한 선복량의 유지 및

항로질서를 위하여 필요하다고 인정할 때에는 대한민국선박을 소유할 수 없는 자와의 선박의 매매(국적취득조건부 나용선으로 매수하는 경우를 포함한다) 또는 용선을 제한하거나 특정항로 또는 구역에의 선박투입을 제한할 수 있다.
② 해운항만청장은 제1항의 규정에 의한 제한을 하고자 할 때에는 대상선박의 크기·종류·선령·항로 또는 구역등의 제한의 내용을 미리 고시하여야 한다.

한편 선원법령에서는 1962년 제정 당시부터 '대한민국선박을 소유할 수 있는 자가 용선한 선박'에 대하여도 적용대상으로 함으로써 국적취득조건부 나용선도 이에 포함된다고 볼 수 있다. 다만 1985년 선원법시행령에서는 '대한민국 국적을 취득할 것을 조건으로 용선한 외국선박'도 선원법 적용대상으로 구체적으로 명시하였으며 현행 선원법에서는 이를 제3조(적용범위)에서 규정하고 있다.

또한 선박안전법 제3조(적용범위)에서는 동 법률의 일부조항을 적용하도록 규정하여 선박에 대한 각종 검사 및 선박검사증서의 발급, 선박시설기준의 적용 및 안전항해를 위한 조치 등의 규정을 적용하는 한편 외국선박으로서 항만국통제(PSC) 점검의 대상으로 규정하고 있다. 이는 사실상 국적선인 국적취득조건부 나용선 선박의 안전확보를 위하여 최소한의 규제조치라고 해석된다.

선박안전법 제3조(적용범위) ② 외국선박으로서 다음 각 호의 선박에 대하여는 대통령령으로 정하는 바에 따라 이 법의 전부 또는 일부를 적용한다. 다만, 제68조는 모든 외국선박에 대하여 이를 적용한다.
1. 「해운법」 제3조 제1호 및 제2호의 규정에 따른 내항정기여객운송사업 또는 내항부정기여객운송사업에 사용되는 선박
2. 「해운법」 제23조 제1호에 따른 내항 화물운송사업에 사용되는 선박
3. 국적취득조건부 선체용선을 한 선박

해사안전법에서도 국적취득조건부 나용선 선박에 대하여 동 법률의 일부 조항을 적용하도록 규정하고 있는데 선박의 안전관리체제의 수립, 인증검사 및 선박안전관리증서의 발급 등에 대하여 적용하고 있다. 이 또한 사실상 국적선인 국적취득조건부 나용선 선박의 안전확보를 위한 최소한의 규제조치라고 할

수 있다. 한편 도선법 제20조에서는 강제도선에 대하여 규정하고 있는데 일정한 횟수 이상 당해 도선구를 운항한 선장 등 일정한 요건을 갖춘 선박에 대하여는 강제도선을 면제할 수 있도록 규정하면서 '대한민국 국적을 취득할 것을 조건으로 임차한 선박'에 대해서도 국적선과 동일한 혜택을 부여하고 있다.

끝으로 국제선박등록법에서는 국적취득조건부 나용선 선박도 동 법 제3조 제4호에서 국제선박으로 등록할 수 있도록 규정하여 외국인 선원의 승선과 조세의 감면혜택을 부여할 수 있도록 함으로써 국적선으로서의 성격을 더욱 강하게 띤다고 할 수 있다.

> 제3조(등록대상 선박) ① 국제선박으로 등록할 수 있는 선박은 다음 각 호의 어느 하나에 해당하는 선박으로 한다. 다만, 국유·공유 선박과 「어선법」 제2조 제1호에 따른 어선은 제외한다.
> 1. 대한민국 국민이 소유한 선박
> 2. 대한민국 법률에 따라 설립된 상사(商事) 법인이 소유한 선박
> 3. 대한민국에 주된 사무소를 둔 제2호 외의 법인으로서 그 대표자(공동대표인 경우에는 그 전원을 말한다)가 대한민국 국민인 경우에 그 법인이 소유한 선박
> 4. 외항운송사업자 또는 「해운법」 제33조에 따라 선박대여업을 등록한 자가 대한민국의 국적 취득을 조건으로 임차(賃借)한 외국선박 중 외항운송사업자가 운항하는 선박
> ② 제1항에 따라 국제선박으로 등록할 수 있는 선박의 규모, 선령(船齡), 그 밖에 필요한 사항은 대통령령으로 정한다.

이와 같이 국적취득조건부 나용선 선박에 대하여 우리나라 일부 법령을 적용함으로써 치적국의 법령과 충돌문제 및 법령 적용 상 우선순위 문제 등이 발생할 수 있다. 특히 선원법의 경우 국적취득조건부 나용선 선박에 승무하는 외국인 선원에게 각종 근로조건에 관한 사항을 적용하여야 하는지 논란이 될 수 있다. 이에 대하여는 선원노동시장은 국제적으로 개방되어 있고 국제관례 상 해당 선원의 국적 국가의 임금수준에 따라 근로조건이 결정되므로 우리나라 선박에 승선하였다고 하여 우리나라 선원과 동등한 근로조건을 제공하여야 한

다는 주장은 타당하지 않다고 본다. 따라서 이러한 논란이 제기되지 않도록 입법적인 정비가 조속히 이루어져야 할 것이다. 또한, 해양사고 발생 시 법적 관할권의 문제가 제기될 수 있으므로 일각에서는 나용선 등록제도의 도입을 주장하기도 한다.16) 나용선 등록제도란 외국적선박을 나용선한 경우 이를 자국에 등록하면 그 기간 동안 자국의 국기를 게양하고 운항할 수 있도록 하여 자국 법령의 적용을 정당화하는 방식이다. 이를 통해 국적취득조건부 나용선 선박의 법령적용상의 충돌문제를 해소하기 위한 것으로 적극적으로 검토해볼 만하다고 본다.

4. BBC/HP제도의 공과

국적취득조건부 나용선(BBC/HP)제도는 1960년대부터 시작하여 우리나라 선대확충에 크게 기여하였다는 것은 전술한 바와 같다. 자본집약적 산업인 해운업에서 자본축적이 빈약한 가운데 타인자본을 이용하여 선박을 확보함으로써 자국화자국선주의를 실현하는데 주효하였다. 국적선사들이 계획조선을 기피하기 시작한 1990년 초 이후에는 BBC/HP 방식에 의한 선박확보가 주종을 이루어 우리나라 보유선대 중 그 비중이 지속적으로 증가하였다. 〈표 4-7〉에 의하면 우리나라 전체 국적선대 보유량 중 국적취득조건부 나용선이 차지하는 비중은 1985년 13.4%에서 1990년에는 26.6%로 증가하였으며 2000년에는 그 비중이 크게 증가하여 67.3%에 달하였으며 2020년 말에는 78.1%로 증가하여 1990년대 이후에는 대부분의 선박을 국적취득조건부 나용선 방식으로 확보하였다는 것을 알 수 있다.

이러한 공과에도 불구하고 국적취득조건부 나용선 방식에 의한 선박확보는 우리나라 해운에 많은 문제를 야기하였다고 본다. 첫째는 이 제도의 성격상 해운호황기에 과도한 선박확보를 부추기는 측면이 있다. 동 제도는 자기자금 부담을 최소화하면서 장기간에 걸쳐 원금과 이자를 분할상환하는 방식이다. 따라서 이러한 제도는 자본력이 부족한 우리나라 선사들이 선호하기 좋은 구조

---

16) 앞의 책, p. 58.

표 4-7 │ 보유형태별 외항선 선박량 추이

(단위: 천G/T, %)

	1985	1990	1995	2000	2005	2010	2015	2020
전체(A)	7,145	9,052	10,536	11,857	13,717	28,065	43,269	48,453
국적선	6,189	6,647	5,398	3,880	4,648	11,164	9,802	10,588
BBC/HP(B)	956	2,405	5,138	7,977	9,069	16,901	33,467	37,865
비중(B/A)	13.4	26.6	48.8	67.3	66.1	60.2	77.3	78.1

자료: 해운통계요람, 각 연도, 한국해양수산개발원.

로서 해운불황기에는 보다 많은 자기자금 부담을 요구하고 상업금융도 위축된 상황이어서 국적취득조건부 나용선 방식에 의한 선박확보가 용이하지 않은 반면, 해운호황기에는 적은 자기자금 부담과 상업금융의 용이성으로 과도한 선박확보를 하게 된다. 이러한 현상은 우리나라 선사들이 1970년대 말부터 1980년 초에 걸친 대규모 중고선 도입에서도 나타났으며 2006년부터 2008년 사이에 이루어진 대규모 신조선 발주도 이러한 현상 중의 하나라고 본다.

둘째로는 선박확보를 위한 대규모 외부차입자금의 원금과 이자를 장기간 분할상환해야 하는 관계로 필연적으로 해운불황기에는 운임 등 해운수입만으로는 상환금을 충당하기가 어렵다. 그러면 상환금에 충당하기 위해서 다시 증자를 하거나 외부자금을 차입해야 하는 등 어려운 상황에 놓이게 된다. 특히 해운호황기에 고가로 선박을 발주한 경우에는 더 큰 자금경색을 겪게 될 것이다. 이와 같이 국적취득조건부 나용선 방식에 의한 선박확보는 원가보상 방식의 장기운송계약에는 적합할 수 있지만 단기운송시장에 의존하는 선박의 확보 방식으로는 적합하지 않다고 본다.

셋째로는 국적취득조건부 나용선 방식은 선박확보에 따른 외부차입자금을 완전히 상환할 때까지 편의치적 제공국에 설립된 SPC가 소유권을 가지는 형태이므로 복잡한 법률관계를 야기시킨다. 해운법, 선원법, 선박안전법 및 해사안전법 등 우리나라 법령의 일부 조항을 적용함으로써 편의치적 제공국 법령과의 상충문제를 야기시킨다는 점은 전술한 바와 같다. 이러한 복잡한 법률관계는 외국인 선원과의 노사문제 또는 해양사고의 발생 등 문제가 야기되었을 때 비로소 현실화되기 때문에 평시에 이러한 법률문제에 대해 충분한 대비가 필요할 것이다.

제 4 절   선박투자회사

1. 선박투자회사제도의 도입배경

선박투자회사제도는 원래 독일과 노르웨이를 중심으로 발달한 제도로서 우리나라가 이러한 제도의 도입을 검토하게 된 것은 1997년 IMF 외환위기를 겪게 되면서부터이다. 우리나라 해운은 1984년 이후 해운산업합리화 정책을 통하여 전용선대를 대폭 확충하였고 1990년대 들어 정부의 해운산업 자율·개방화 정책이 추진되었으나 1980년대 해운불황기를 겪으면서 자본축적이 극히 미약한 상태였으므로 1990년부터 1997년까지 선대확충은 총 2,530천G/T에 불과하여 동 기간 중 약 28%의 선대가 증가하는 데 그쳤다.

이러한 상황에서 1997년 외환위기를 맞아 정부는 IMF로부터 구제금융을 지원받으면서 강력한 구조조정과 긴축정책을 요구받았다. 그 중 대표적인 정책이 기업들의 부채비율을 200%로 낮추도록 요구한 정책이었는데 자본집약적 산업으로서 부채비율이 상대적으로 높을 수밖에 없는 해운산업의 특수성도 무시된 채 추진되었다. 이러한 요구는 대기업을 중심으로 이루어졌기 때문에 국적선사 중에서 대기업그룹에 속했던 한진해운과 현대상선이 그 직접적인 영향을 받았고 자산처분 등을 통하여 부채비율을 낮추는 노력을 하지 않을 수 없었다. 더구나 외환위기로 원화가치가 크게 하락하면서 외화로 선박확보자금을 조달한 국적선사의 원화환산 부채규모는 눈덩이처럼 불어났으며 정부의 통화긴축

기조 속에서 기업들의 운영자금조달은 크게 어려운 상황이었다.

이러한 영향으로 1997년 외환위기 발생 이후 우리나라 외항선사들은 보유 중이던 선대를 해외에 헐값으로 처분할 수밖에 없었다. 1997년에는 53척 128만 G/T의 선박을 매각하였으며 1998년에는 50척 166만G/T의 선박을 처분하였다.[17] 특히 이러한 선대 중에는 정기선 사업에 투입하던 컨테이너선과 수출용 자동차 운송을 위한 자동차운반선 등도 포함되어 있었다. 그 결과 우리나라 외항 상선대는 1997년 1,156만G/T에서 2000년 1,186만G/T로 비슷한 규모를 유지 하였으나 이를 선종별로 보면 컨테이너선, 광탄선 및 자동차전용선은 감소한 반면 LNG운반선이 크게 증가하였다(《표 4-8》 참고).

아울러 국적선사의 부채비율은 1995년 900%였으나 외환위기가 발생한 1997년에는 5,413%로 크게 높아졌으며 그 뒤 환율의 하락안정과 선박의 매각 등으로 1999년에는 339%까지 하락하였으나 2000년에는 다시 848%까지 상승하 였다.[18] 이와 같이 취약한 재무구조 하에서 선박확보를 위한 재원조달이 힘들

표 4-8 │ IMF 외환위기 전후 외항 상선대 보유추이

	1990(A)		1997(B)		2000(C)		증감(천G/T)	
	척	천G/T	척	천G/T	척	천G/T	B-A	C-B
합 계	430	9,029	394	11,559	425	11,857	2,530	298
벌크선	90	1,746	63	1,511	66	1,378	-235	-133
광탄선	40	3,492	46	3,979	40	3,510	487	-469
자동차운반선	17	601	18	723	11	511	122	-212
컨테이너선	113	1,444	144	2,820	125	2,426	1,376	-394
원유운반선	14	988	9	1,181	9	1,290	193	109
LPG/LNG선	-	-	-	-	18	1,745	-	1,745
기 타	156	758	114	1,345	156	997	587	-348

자료: 해운통계요람, 한국해양수산개발원.

---

17) 선박투자회사제도 도입방안 연구, 2001. 12, KMI 임종관, p. 27.

뿐만 아니라 설사 금융선을 확보하더라도 높은 금리 등 불리한 금융조건을 감수해야 하므로 그만큼 경쟁력이 떨어질 수밖에 없다. 실제로 1998년부터 1999년까지 2년 동안에는 국적선사의 선박발주 실적이 없었으며 2000년에는 2척 33천G/T, 2001년에는 총 9척 654천G/T(이 중 SK해운이 5척 536천G/T)의 발주가 이루어졌다. 정부는 이러한 어려움 속에서 국적선사가 선대를 확보할 수 있는 방안을 강구하게 되었는데 유럽의 선박투자회사와 같이 민간투자자들이 참여할 수 있는 제도의 도입을 추진하게 되었다.

2. 선박투자회사법의 제정

정부는 선박투자회사에 대한 연구결과와 법안 작업반에서 마련한 초안을 바탕으로 2002년 2월 2일 선박투자회사법제정법률안을 국회에 제출하였다. 동 법률안에 대하여 국회의 심의가 신속하게 이루어진 결과 2002년 5월 13일 선박투자회사법이 제정되어 그로부터 3개월 후인 2002년 8월 14일부터 시행에 들어가게 되었다.

당시 제정법의 주요 내용[19]을 살펴보면 첫째 선박투자회사는 1척의 선박만을 소유하는 주식회사로서 본점 이외의 영업소를 설치할 수 없으며, 상근임원을 두거나 직원을 고용할 수 없도록 하였다. 이는 선박투자회사는 서류상의 회사(paper company)로서 1척 단위로 투자자를 모집하고 손익을 분배하기 용이하도록 하기 위함이다.

둘째로 선박투자회사의 존립기간은 선박투자업의 인가를 받은 날부터 5년 이상으로 하고, 현물출자에 의한 설립을 금지하였다. 존립기간을 5년 이상으로 하는 것은 통상적인 용선기간 등을 고려한 것이며 현물출자에 의한 설립을 금지하는 것은 가격산정의 애로 등으로 인한 분쟁의 소지를 차단하기 위한 것으로 해석된다.

셋째, 선박투자회사는 해양수산부장관의 인가를 받은 후 선박투자업을 영

18) 앞의 책, p. 35.
19) http://www.law.go.kr/, 선박투자회사법 제정이유.

위하도록 하되 그 업무의 수행은 선박운용회사에 위탁하도록 하고, 해양수산부
장관은 경영의 건전성 확보 등을 위하여 인가시 조건을 붙이거나 그 업무의 범
위를 제한할 수 있도록 하였다. 선박투자회사의 인가제는 투자자들에게 신뢰성
을 제공하고 선박투자의 안정성을 확보하기 위한 장치라고 볼 수 있다.

넷째, 선박투자회사와 계약을 맺은 선박운용회사 등과 그 특별관계자가 소
유하는 당해 선박투자회사 주식의 합계는 발행주식 총수의 100분의 20을 초과
할 수 없도록 하였다. 이는 선박운용회사 등에 의한 과도한 주권행사를 방지하
기 위한 것으로 이 한도를 초과하여 소유하는 경우 초과분의 의결권 행사를 제
한하고 해양수산부장관은 3월 이내의 기간을 정하여 그 처분을 명할 수 있도록
하였다. 다만 150인 미만의 소수 투자자로 구성되는 사모(私募)형 선박투자회사
에 대하여는 지분 제한을 받지 않도록 예외규정을 두었다.

다섯째, 선박투자회사의 업무를 위탁받아 신박 등 자산의 운용업무를 행
하고자 하는 자(선박운용회사)는 상법상 주식회사로서 일정한 자본금(납입자본금 70억원
이상) 및 전문인력(선박운용 및 금융분야) 등을 갖추어 해양수산부장관에게 등록하도록
하였다.

여섯째, 선박투자회사는 자산운용에 따른 수입에서 자금차입 및 사채발행
에 따른 상환금과 선박투자회사의 운영비용을 공제한 금액을 주주에게 분배하
도록 하되, 이익준비금은 적립하지 않도록 하였다. 선박투자회사는 계속기업이
아닌 한시적 기업이므로 이익준비금을 적립함이 없이 주주들에게 배분하도록
한 것이다.

일곱째, 해양수산부장관은 선박투자회사의 건전한 운영 및 주주의 보호를
위하여 필요하다고 인정하는 때에는 선박투자회사·선박운용회사 및 자산보관
회사에 대하여 이 법의 규정에 의한 업무 등에 관한 자료의 제출이나 보고를
명하거나 검사할 수 있다. 또한, 금융감독위원회는 선박투자회사의 건전한 운
영과 주주의 보호를 위한 금융감독과 관련하여 필요하다고 인정하는 때에는 선
박투자회사·선박운용회사 및 자산보관회사에 대하여 당해 금융감독 관련 업무
에 관한 자료의 제출이나 보고를 명할 수 있으며 검사할 수 있다.

마지막으로 해양수산부장관은 선박투자회사가 해산하거나 소유선박이 멸

실되는 등의 경우에는 선박투자업의 인가를 취소하도록 하였으며 선박운용회
사가 부정한 방법으로 등록하거나 등록 후 1년이 경과될 때까지 영업을 개시하
지 아니한 경우 또는 재무건전성 요건을 계속하여 2년간 갖추지 못한 경우에는
선박운용회사의 등록을 취소하도록 하였다. 또한, 선박투자회사는 다른 선박투
자회사와 합병을 할 수 없도록 하고 있는바, 선박투자회사의 투명성 제고와 투
자자 보호 측면에서 규정한 것이라고 볼 수 있다.

3. 선박투자회사제도의 변화

2002년 8월 선박투자회사법이 시행에 들어갔음에도 이를 통한 선박투자는
쉽게 이루어지지 않았는데 서류상의 회사(paper company)인 선박투자회사를 국내
설립해야 함에 따른 외부차입자금의 조달이 용이하지 않았기 때문이다. 이에
따라 정부에서는 2003년 8월 6일 선박투자회사법을 개정하여 선박투자회사가
국적취득조건부 나용선과 같은 방식으로 해외 자회사를 설립할 수 있게 하여
각종 선박관련 조세를 감면받을 수 있도록 함은 물론 선박 저당권 설정을 용이
하게 하여 해외 금융기관으로부터 장기저리 자금의 차입이 가능하게 되었다.
이 외에도 선박투자회사의 자금차입·사채발행 한도를 자본금의 5배 범위에서
10배 범위로 확대하고, 용도를 선박의 취득 또는 개조에만 사용하도록 제한하
였던 것을 기존 차입금 상환을 위하여 추가 차입을 할 수 있도록 완화하였다.
한편 정부는 선박투자회사에 대한 투자를 활성화하기 위하여 조세특례제한법
을 개정(2003. 12. 30. 제87조의5 신설)하여 선박투자회사에 2005년 12월 31일 이전에
출자함으로써 최초로 취득하는 주식을 양도하는 경우에는 양도소득세 규정을
적용하지 않도록 하고 거주자가 선박투자회사로부터 2008년 12월 31일 이전에
받는 선박투자회사별 액면가액 3억원 이하 보유주식의 배당소득에 대하여는
소득세를 부과하지 않도록 하였다. 또한, 당해 보유주식의 액면가액이 3억원을
초과하는 경우에는 그 초과하는 보유주식의 배당소득에 대하여는 종합소득 과
세표준의 계산에 있어서 이를 합산하지 않도록 함으로써 분리과세 대상으로 규
정하였다. 다만 이러한 특례사항 중 양도소득세 과세 배제조항은 2005년 12월

31일 조세특례제한법 개정 시 삭제됨으로써 선박투자회사에 2006년 1월 1일 이후 출자함으로써 취득한 주식에 대하여는 양도소득세 과세대상이 되었다.

이러한 제도개선에 힘입어 2004년부터 선박투자회사의 설립이 왕성하게 이루어졌는데 최초의 선박투자회사 인가는 2003년 3월에 설립된 한국선박운용 (주)이 주도하였다. 한국선박운용(주)의 자본금은 85억원으로 설립되었으며 주요 주주는 한국산업은행, 수협, 대한해운, 대우조선해양(주) 및 STX조선 등이 었다. 2004년 2월에 인가된 동북아1호선박투자(주)는 VLCC를 건조하여 14년간 현대상선(주)에 대선할 목적으로 설립되었으며 선박확보자금은 자본금 20%, 선사 자기자금 부담 10%, 외부차입 70%(수출입은행 60%, 기업은행 10%)로 구성되었다. 이후 한국선박운용(주) 주관으로 선박투자회사의 설립이 활발히 이루어져 2004년에만 총 8척을 확보(신조 5척, 중고선 매입 3척)하였는데 선종별로는 VLCC 3척, 6,800TEU급 컨테이너선 3척 및 산물선 2척이었다.

한편 2004년 2월에는 KSF선박금융(주)이라는 제2의 선박운용회사가 탄생하였는데 자본금은 84.7억원으로 한국수출입은행, 우리은행, JI인베스트먼트 및 장금상선 등의 주주로 구성되었다. 동 운용회사의 주관으로 2004년에만 총 9척의 선박투자회사가 설립되었는데 첫 번째 선박투자회사는 2004년 7월에 인가된 아시아퍼시픽 1호였으며 선령 9년의 VLCC를 매입하여 인도 후 10년간 현대상선(주)에 대선하도록 인가되었다. KSF선박금융(주) 주관으로 2004년에 확보한 9척의 선박 중 4척이 중고선, 5척이 신조선이었으며 선종별로는 VLCC 4척, 4,728TEU급 컨테이너선 3척, 산물선 1척 및 유조선 1척이었는데 특이할 것은 VLCC 4척 중 3척은 홍콩의 오리엔탈쉬핑에 10년간 대선하도록 인가되었다는 점이다.

2005년 들어서 선박투자회사가 활성화되자 그 업무를 대행하는 선박운용 회사가 추가로 설립되었는데 2005년 1월에 세계로선박금융(주)이 설립되었다. 자본금은 80억원으로 창명해운(주), 미래에셋, 한진중공업 및 삼성물산이 주요 주주로 참여하였다. 2005년 4월에는 자본금 70억원 규모의 서울선박금융(주)이 설립되었으며 주요 주주는 세양선박, 우리은행, 하나증권, 대한화재 등이었다. 한편 선박투자회사법의 몇 가지 미비점을 보완하기 위해 2005년 7월 29일 일부 개정되었는바 그 주요내용[20]으로는 선박투자회사가 해외에 설립하는 해외

자회사의 업무범위를 명확히 하기 위하여 해외에 설립된 자회사의 업무를 선박
투자회사가 행한 것으로 보도록 하고, 선박투자회사를 활용하여 관공선 확보가
가능하게 하기 위하여 해양수산부장관은 관공선만을 대상으로 하는 선박투자
회사의 설립을 인가할 수 있도록 하였다. 또한, 선박운용회사 등과 특별관계자
의 주식소유제한을 100분의 20에서 100분의 25로 완화하고, 선박운용회사의
무분별한 난립을 방지하기 위하여 선박운용회사 등록제를 허가제로 강화하는
등 선박투자회사제도의 운영과정에서 나타난 일부 미비점을 개선·보완하였다.
2007년 12월 27일에는 선박투자회사법을 일부 개정하여 선박투자회사가 다수
의 자회사를 설립하고 각각의 자회사들이 1척의 선박을 보유하도록 하여 1개
의 선박투자회사가 여러 척의 선박을 소유할 수 있도록 함으로써 선박투자회사
와 관련한 제도 운영의 효율성을 높이고, 선박투자회사의 최소 존립 기간을 5
년에서 3년으로 완화하여 해운시장의 변화에 따른 선박운용의 탄력성을 제고
할 수 있게 하였다.

　　선박운용회사의 추가적인 설립과 정부가 시장의 요구를 적극적으로 선박
투자회사법에 반영함으로써 2008년까지 활발한 선박투자가 이루어져 2004년부
터 2008년까지 72개의 선박투자회사가 설립되어 총 98척을 확보하였다. 특히
선박투자회사법이 개정되어 관공선 건조가 가능해짐에 따라 해양경찰청은 해
경함정의 건조에 이를 적극 활용하여 동 기간 중 총 25척을 확보하였다. 반면
에 2008년 12월 26일 조세특례제한법의 개정이 이루어져 선박투자회사의 배당
소득에 대하여 일정 한도 내 비과세하는 제도를 폐지하고 선박투자회사로부터
2010년 12월 31일 이전에 받는 선박투자회사별 액면가액 3억원 이하 보유주식
의 배당소득에 대하여 100분의 5의 세율을 적용하도록 하였다.

　　2008년 하반기 리먼 브라더스 사태에서 촉발된 금융위기의 영향으로 국제
해운시황이 급속히 악화됨에 따라 정부는 2009년 4월 '해운산업 구조조정과 경
쟁력 강화방안'을 수립하였으며 그 주요 골자 중 하나가 선박투자회사제도를
활용하여 구조조정펀드를 설치함으로써 국적선대가 헐값으로 해외에 매각되는
것을 방지하고자 한 것이다. 이를 뒷받침하기 위하여 2009년 5월 22일 선박투

---

20) http://www.law.go.kr/, 선박투자회사법 개정이유.

자회사법의 개정이 이루어졌는바, 국내의 금융기관과 일반투자자들이 적극적으로 선박투자에 참여할 수 있도록 투자금 모집에 관한 규제를 완화하는 한편 해운기업의 채무상환 등 재무구조 개선을 위해 매각되는 선박에 총자산의 100분의 70 이상을 투자하는 선박투자회사에 대하여 신속한 투자금 모집과 회수가 용이하도록 존립기간의 적용을 배제하는 등 특례를 인정하였다. 이러한 정부의 정책에 따라 한국자산관리공사가 직접 출자하여 캠코선박운용(주)을 설립하고 구조조정펀드를 설립·운용하도록 하였다.

이와 같은 해운불황의 영향으로 2009년과 2010년에는 민간 선박펀드가 크게 줄어든 대신 구조조정 선박펀드와 관공선 건조를 위한 선박펀드가 주를 이루었다. 반면 민간 선박펀드는 2011년 이후 다시 활성화되기 시작하였는데 기관투자자들이 주로 참여하는 사모(私募)형 선박펀드가 주류를 이루었다. 이러한 분위기를 반영하여 정부는 2013년 4월 5일 선박투자회사법을 개정하여 투자에 대한 위험부담 능력이 큰 전문투자자들로 구성된 선박투자회사에 대해서는 인가요건을 완화하고 선박운항회사와 대선계약 체결 시 일반 선박투자회사의 경우보다 단기인 1년 이상으로 할 수 있도록 허용하는 등 특례 규정을 마련하여 전문투자자들로 구성된 사모펀드를 통한 선박펀드 조성이 용이하도록 하였다. 한편 2014년 1월 1일 이후에는 조세특례제한법의 개정으로 개인투자자의 선박펀드 투자에 대한 소득세 감면범위가 다시 축소되어 개인투자자들의 선박펀드 투자를 더욱 위축시켰다. 동 개정내용에 따르면 2015년 12월 31일 이전에 받는 선박투자회사별 액면가액 5천만원 이하(종전 3억원 이하) 보유주식의 배당소득에 대해서는 100분의 9(종전 100분의 5)의 세율을 적용하였고 액면가액이 2억원 이하(종전 무제한)인 보유주식의 배당소득은 종합소득 과세표준에 합산하지 않도록 하여 분리과세하는 한도도 새로이 설정하였다.

그러나 해운불황이 장기화되면서 정기선사 및 부정기선사 구분 없이 어려움을 겪던 2016년과 2017년에 설립된 민간 선박투자회사는 단 1개에 불과하였다. 특히 한진해운(주)의 파산결정으로 한진해운(주)에 대선한 선박을 보유하였던 선박투자회사들은 용선료 미지급으로 큰 손실을 입고 유가증권시장에서 상장폐지되는 사태까지 발생되었다. 이러한 어려움을 타개하기 위하여 정부는

2017년 10월 31일 재차 선박투자회사법을 개정하여 사모(私募) 선박펀드관련 규제를 완화하는 한편 그간 선박운용회사 영업활동의 자유를 과도하게 제한하고 있는 겸업제한과 주요 주주 재무건전성 기준 등을 완화하여 선박투자회사제도의 활성화를 도모하고자 하였다. 이러한 노력에도 불구하고 2018년 이후 2019년 초까지 선박투자회사는 2개의 민간펀드를 제외하고 모두 구조조정 목적의 선박투자회사였으며 이는 해운불황의 장기화, 한진해운 사태에서 비롯된 선박투자회사의 대규모 손실 발생 및 개인투자자에 대한 소득세 감면범위 축소 등에 기인하였다고 볼 수 있다.

4. 선박투자회사의 운용구조

우리나라 선박투자회사는 개인, 법인 또는 기관투자자들의 출자로 설립이 되며 이 출자금을 자본금으로 하여 선박을 신조하거나 매입하게 되는데 부족한 자금은 금융기관으로부터의 차입금 등으로 충당한다. 이렇게 확보한 선박을 해운회사에 대여하여 받은 대선료 수입으로 대출 원리금을 상환하고 남은 이익금을 출자자들에게 배당하는 구조이다. 선박투자회사는 금융상 편의를 위하여 특수목적회사(SPC)인 해외 자회사를 설립하고 확보된 선박을 이 자회사의 명의로 해외에 치적하게 된다.

우리나라 선박투자회사법 상 선박투자회사와 관련된 회사는 선박운용회사, 선박운항회사, 자산보관회사가 있다. 선박운용회사는 선박투자회사의 위탁을 받아 선박 등의 자산을 운용하는 업무를 하는 자로서 해양수산부장관의 허가를 받아 설립되며 투자자의 모집 및 선박투자회사의 설립, 선박확보를 위한 금융기관 대출 및 선박의 대여 등 실질적으로 선박투자회사의 업무를 수행한다. 선박운항회사는 선박투자회사 또는 그 자회사가 소유하는 선박을 대선(貸船)받아 직접 운항하거나 재대선하는 업무를 하는 회사를 말하며 당해 선박 확보자금의 일부를 투자하기도 한다. 자산보관회사는 선박투자회사의 위탁을 받아 그 자산의 보관 및 이와 관련된 업무를 하는 회사를 말한다. 이와 같이 선박투자회사의 자산관리 업무를 선박운용회사에 맡기지 않고 별도의 신탁회사가 맡

그림 4-4 │ 선박투자회사의 운용구조

자료: 한국 선박투자회사의 분산투자 효과에 관한 연구, 2017. 2, 중앙대학교 박사학위논문(무역물류
학과 이재봉), p. 11.

아서 관리하도록 하는 이유는 선박투자회사 자산의 투명한 관리와 투자자 보호
에 그 목적이 있다고 할 수 있다. 이외에도 전문적인 선박관리를 위하여 선박
의 유지보수 등 기술적 관리 또는 선원관리 등 업무를 선박관리회사에 위탁하
여 수행하기도 한다. 이와 같은 우리나라 선박투자회사의 운용구조는 〈그림
4-4〉와 같다.

4. 우리나라 선박투자회사제도의 공과

우리나라가 2003년 선박투자회사제도를 도입한 이후 2021년 9월까지 동 제도에 의한 선박확보실적을 보면 〈표 4-9〉와 같다.

총 펀드 수는 321개로 444척의 선박을 확보하였으며 이 중 민간펀드는 134개로 총 208척을 확보하였다. 기간별로 보면 2008년 이전에는 해양경찰청의 경비함정 24척과 훈련함 1척을 건조하기 위한 4개의 공공펀드를 제외하고는 모두 민간펀드였다. 반면 2009년부터 2011년까지는 민간투자가 상대적으로 위축되면서 한국자산관리공사에 의한 구조조정용 선박펀드와 해경함정 건조를 위한 관공선펀드가 보다 큰 비중을 차지하였다. 2012년부터 2015년까지는 다시 민간펀드가 활성화되어 대부분이 민간펀드로 구성되었으며 구조조정 목적의 선박펀드는 7개에 7척으로 크게 축소되었다. 그러나 2016년부터 2017년까지는 해운불황의 심화와 한진해운(주)의 파산 영향으로 민간 선박펀드는 극도로 위축되어 1개의 선박펀드로 1척에 건조하는 데 그쳤으며 나머지는 한국자산관리공사와 한국선박해양(주)에 의한 구조조정 목적의 선박펀드(43개 펀드, 51척)

표 4-9 │ 선박투자회사 운영현황

(단위: 개, 척, 억원)

	2004~2008		2009~2011		2012~2015		2016~2021		합계	
	펀드	척수	펀드	척수	펀드	척수	펀드	척수	펀드	척수
합계	72	98	51	69	54	109	144	168	321	444
민간	68	73	15	27	47	102	4	6	134	208
공공	4	25	36	42	7	7	140	162	187	236
펀드규모	46,827		23,844		49,181		42,591		162,443	
민간	40,803		10,840		47,687		4,472		103,802	
공공	6,024		13,004		1,494		38,119		58,641	

주) 펀드규모는 선가기준.
자료: 해양수산부.

와 1개의 현대화펀드가 차지하였다. 또한 2018년 이후 2021년 9월 초까지 민간 펀드는 극도로 위축되어 3개 펀드(5척)에 불과하였고 그 외 한국자산관리공사와 한국해양진흥공사에 의한 구조조정 목적의 선박펀드가 주류를 이루었다.

이와 같이 우리나라 선박투자회사제도는 국적선사의 부족한 수송능력을 확충하는 데 크게 기여하였을 뿐만 아니라 해양경찰청의 함정 건조에도 큰 도움을 주었다. 또한 2009년 이후 해운불황기에는 국적선박의 해외 헐값매각을 막는 데 상당한 기여를 하였을 뿐만 아니라 매각 후 재용선(Sale & Lease Back) 방식을 통하여 국적선사의 유동성 공급에도 도움을 주었다고 할 수 있다.

그러나 해운호황기에 출범한 선박펀드가 해운불황기를 맞아 손실을 초래하거나 특히 한진해운(주)의 파산을 통하여 용선료를 변제받지 못함으로 인한 펀드 해체는 민간투자자들의 투자의욕을 크게 위축시켰다. 특히 해운불황기에 민간투자자들의 선박펀드 투자가 위축되고 있는 가운데에도 2014년에 조세특례제한법을 개정하여 선박펀드 투자에 따른 소득세 혜택을 크게 축소한 것은 민간의 선박투자 활성화에 역행하는 조치였다. 아울러 구조조정 목적의 선박펀드는 2012년부터 2015년까지 거의 투자가 이루어지지 못함으로써 국적선사들의 경영상 어려움이 더욱 가중되었다고 판단된다. 이는 2016년 한진해운(주)의 기업회생절차 신청이 이루어지고 정부가 다시 뒤늦게 해운업 경쟁력강화 방안을 내놓으면서 추가적인 구조조정 목적의 선박펀드가 활성화되었다는 점에서도 뒷받침되고 있다.

제 5 절   우리나라 선박확보정책의 공과

우리나라의 선박확보정책은 1960년 총 100천G/T에 불과하던 국적 외항선 선박량을 2020년 말 48,453천G/T로 크게 확충하였다는 측면에서 그 성과를 높이 평가할 수 있다(〈표 4-10〉 참고).

표 4-10 │ 국적 외항선 선박량 추이

(단위: 척, 천G/T)

연도	1960	1970	1980	1990	2000	2010	2015	2020
척수	39	96	530	435	338	933	1,088	1,033
톤수	100	763	5,138	9,052	10,647	27,839	43,269	48,453

주) 해운통계요람(한국해양수산개발원)의 통계와 다소 차이가 있음
자료: 해사통계집, 한국선주협회(한국해운협회)

　해운보호주의 정책기조를 취하였던 1990년까지는 정부가 적극적으로 선박확보자금의 조달을 지원하였을 뿐만 아니라 강력한 화물유보제도를 통하여 수송물량 확보를 적극 지원하였다. 해운자유주의로 정책기조를 전환하기 시작한 1990년대 이후에는 해운기업의 자율 책임경영체제를 확립하기 위하여 선박확보에 대한 각종 제한을 완화하고 선박확보 수단의 다양화를 추구하였다. 이에 따라 해운산업합리화 조치로 금지되었던 중고선 도입을 허용하고 국적취득조건부 나용선 도입에 대한 연간 자금한도 규제를 폐지하였을 뿐만 아니라 선박도입 시 부과되던 관세도 1997년부터 무세로 전환하였다. 이는 해운자유주의 기조하에서 해운기업들이 자율적인 판단하에 적기에 선박을 확보하여 국제경쟁력을 확보할 수 있도록 한다는 정책 취지에 비추어 당연한 일이라 할 것이다. 2002년에는 국적선사들의 선박확충을 위한 수단으로 선박투자회사제도를 도입하여 자본축적이 빈약한 국적선사들의 선박확보를 적극 지원하였으며 해운불황기에 진입한 2009년 이후에는 공공자금을 활용한 구조조정 목적의 선박펀드를 활성화함으로써 국적선대의 해외유출을 최소화하려는 정책을 실시하였다.

　이와 같은 선박량 확충 측면에서의 성과에도 불구하고 선박의 질적 측면에서 본다면 경쟁력을 확보하기 어려운 선박들이 상당한 비중을 차지하였다는데 문제가 있다. 먼저 1970년대의 선박량 확충정책을 보자. 1976년 정부는 '해운·조선 종합육성방안'을 통하여 1981년 국적선 적취율 50%를 달성한다는 목표를 설정하고 강력한 선박확보정책을 실시하였다. 이를 위해 계획조선제도를 도입하여 1976~1981년까지 100만톤을 확보하고자 하는 계획을 세웠으나 이는 동 기간 중 전체 선박확보계획량 330만톤의 30% 수준에 불과하였다. 따라서

표 4-11 | 외항해운업 면허기준 상향조정(1973~1981)

개정시기	선박보유량	자본금
1973. 4월	500톤 이상	1,000만원 이상
1975. 12월	1만톤 이상	2억원 이상
1978. 3월	2만톤 이상	5억원 이상
1981년	5만톤 이상	10억원 이상

나머지 230만톤의 선박은 주로 중고선 도입에 의존할 수밖에 없었으며 더구나 해운업체의 대형화를 유도하기 위해 외항해운업 면허기준을 단계적으로 상향조정(〈표 4-11〉 참고)하면서 기존 업체들은 일정 유예기간 내에 이 기준을 충족시키기 위해 해외에서 국적선사 간 중고선 확보를 위한 경쟁을 벌이게 되었다.

　이러한 과정에서 중고선 가격의 상승과 고가의 중고선을 확보하는 결과를 초래하였다. 제2차 오일쇼크의 여파로 1980년대 초에 찾아온 해운불황기를 이러한 중고선으로 견디기에는 매우 어려웠고 해운불황이 장기화되면서 정부주도로 해운산업 구조조정에 착수하게 되었으며 이러한 중고선들은 대부분 노후 비경제선으로 분류되어 헐값으로 처분하게 되었다. 이와 같이 1976년 정부의 수출입화물 적취율 50%를 달성하기 위한 선박량 증강정책은 해운경기를 도외시한 채 무리하게 추진되었고 이로 인해 발생한 부실을 정리하는 과정에서 국민경제에 큰 부담으로 작용하였다.

　2000년대 해운호황기에는 어떠했는지 살펴보자. 〈표 4-12〉를 보면 국적선대는 2000년 10,647천G/T에서 2010년 27,839천G/T로 약 2.6배 증가하였고 2017년 말에는 41,603천G/T로 2000년 대비 약 3.9배 증가하였는데 이는 동 기간(2000~2017) 중 세계선박량이 약 2.5배 증가한 것에 비하면 훨씬 큰 규모임을 알 수 있다. 이러한 선박량의 증가를 좀 더 세분화하여 살펴봄으로써 선박확보 시기가 얼마나 적절하였는지 가늠해볼 수 있을 것이다. 〈표 4-12〉에서 볼 때 국적선대는 2000~2005년까지 2,808천G/T, 2006~2008년 7,923천G/T, 2009~2010년 6,461천G/T, 2011~2013년 11,908천G/T, 2014~2015년 3,522천G/T가 각각 증가하였다. 특히 2006~2013년까지 26,292천G/T가 증가하였고 2011~2013

표 4-12 국적 외항선 선박량 추이

(단위: 척, 천G/T)

연도	2000	2005	2008	2010	2013	2015	2017
척수	338	537	786	933	1,016	1,088	1,024
톤수	10,647	13,455	21,378	27,839	39,747	43,269	41,603

자료: 해사통계집, 한국선주협회

년 사이에 가장 집중되었다.

한편 2008년 12월 말 기준 국적선사가 발주했으나 아직 인수하지 않은 선박은 290여 척으로 총톤수 규모로는 약 15,000천G/T에 이르고 있었는데 일부 발주가 취소된 것을 제외하고는 2009~2013년까지 인수되었을 것으로 추정된다.(《표 4-13》 참고) 이렇게 볼 때 2009~2013년까지 투입된 선박은 대부분 신조선 발주에 의한 것으로 볼 수 있다.

표 4-13 국적선사 신조선 발주현황(2008. 12월 말)

	합계	벌크선	컨테이너선	탱커	가스운반선	자동차운반선	기타
척수	290	177	21	76	4	9	3
천G/T	15,069	8,371	1,308	4,606	159	608	17

주) 총톤수는 개략적인 추정치임.
자료: 국토해양부.

다음으로 2001년 이후 신조선가 추이를 살펴보자. 이미 〈표 4-1〉에서 본 바와 같이 선종 구분없이 2008.3월의 선가가 가장 높았음을 알 수 있는데 Panamax급 건화물선의 경우 2001년 건조선가 대비 무려 2.5배, VLCC의 경우 1.9배, Sub-Panamax 컨테이너선의 경우 약 2.0배에 달하는 것을 알 수 있다. 이를 볼 때 2009~2013년 사이 투입된 신조선의 경우 훨씬 경쟁력이 떨어진다고 볼 수 있다. 따라서 동 기간에 건조 투입된 국적선의 경우 원가보상을 전제로 하는 장기운송계약(COA)이 체결되어 있지 않는 한 국제경쟁력을 확보하기 힘들 것이다. 이와 같이 국적선사들이 2007~2008년에 발주하였거나 장기용선계약을 체결했던 선박들은 보유 또는 용선기간 동안 경쟁력이 크게 떨어질 수밖에 없다.

그러면 어떻게 이와 같이 건조선가가 비싼 시기에 국적선사들이 대량의 선박발주를 하게 되었는지 의문시된다. 가장 중요한 것은 시황 판단을 잘못한 것이다. 2007년과 2008년 초에는 BDI가 크게 치솟던 시기로 선사들이 해운호황기가 향후 몇 년간 더 지속될 것이라고 오판하기에 충분했다. 시황분석 능력이 뛰어난 해운사업자들이 신조발주를 자제하기 시작한 시기에 오히려 뒤늦게 신조발주에 착수함으로써 건조 후 선박을 보유하는 기간 내내 국제경쟁에서 뒤쳐질 수밖에 없는 것이다. 우리나라 선사의 경우 정보의 수집 및 분석능력이 부족하다는 것을 여실히 보여주는 것으로서 당시 대형선사를 중심으로 대량의 선박발주가 이루어졌다는 점이 이를 더욱 뒷받침한다. 이러한 면에서 1984년 해운산업합리화 대책의 일환으로 탄생했던 해운기술원(현재의 한국해양수산개발원)이 설립 당시 의도했던 만큼 해운경기의 변동과 선박투자시기의 판단에 대하여 적극적인 지원활동을 할 필요가 있었다고 본다.

두 번째는 우리나라와 같이 해운분야 비전문가인 사주(대주주)의 의견이 선박투자결정에서 주도적 역할을 하는 경우 실패할 확률이 높다. 결국 과학적인 투자결정 방식보다 폐쇄적인 조직문화 속에서 사주인 최고경영자의 직관에 더 크게 의존하게 되어 선박투자를 그르치게 된다. 선박투자에서의 실패가 해운기업의 명운을 좌우할 수 있다는 것을 해운역사가 잘 보여주고 있는 만큼 보다 신중한 선박투자 의사결정 구조가 필요하다. 해운분야에 전문성이 없는 사주들이 손쉽게 대물림을 할 수 있는 경영구조에도 문제가 있다.

셋째는 선박금융에 대한 전문성이 부족한 우리나라 상업금융의 경우 해운호황기에 오히려 선박확보를 위한 대출을 부추기는 측면도 있다. 특히 BBC/HP 방식에 의한 선박확보는 해운호황기에 통상 자기부담률 10%로 가능하기 때문에 더욱 과감한 투자를 유도하는 기능을 한다. 이러한 측면에서 본다면 BBC/HP 방식에 의한 선박확보는 해운불황기에는 해운사업자에게 자금부족 사태를 유발하는 역기능을 하게 된다. 즉 국적선사들이 해운불황이 도래하면 어려움을 겪게 되는 주된 이유 중에 하나가 타인자본 의존도가 높은 BBC/HP 방식에 지나치게 의존하기 때문이라고 할 수 있다.

넷째는 당시 정책적 환경을 보면 정부는 '세계 제5위의 해운강국'이라는 정책목표를 내걸었는바, 정부가 선박투자를 확대하도록 유도하는 정책을 취한 것이다. 우리나라가 이미 1990년대 이후 해운산업의 자율·개방화 정책을 추진해 온 만큼 최종적인 투자결정은 사업자의 몫이라고 할 수 있으나 정부가 이러한 정책목표를 제시함으로써 해운기업들의 투자결정에 영향을 미칠 수 있는 것이다. 더구나 당시는 해운기업들의 재투자를 지원할 목적으로 톤세제도가 시행되었던 시기로 동 제도에 의하여 감면받은 재원과 해운호황으로 인한 풍부한 유동성을 확보하고 있어 자칫 과잉투자에 나서기 쉬운 상황이었다고 할 수 있다.

한편 한진해운(주)의 파산 이후 정부의 선박확보정책은 구조조정펀드를 통해 국적선대를 유지하고 원양 정기항로의 복원과 함께 해운불황기 선박금융 곤란으로 이루어지지 못했던 선대확충을 지원하는 데 집중하였는바, 이러한 정책은 2018년 한국해양진흥공사의 설립으로 더욱 가속화되었고 경쟁력 있는 선대를 확충하는 데 상당한 성과가 있었다고 본다.

제5편

선적제도와 톤세제도

제1장

개 관

　　선적(船籍)이라 함은 선박의 국적을 의미하며 선적을 등록하는 것을 치적(置籍)이라고 한다. 선박을 치적했다는 의미는 기국주의(旗國主義)에 따라 당해 선박이 해당 국가의 통제 하에 놓이게 되며 해당 국가의 국기를 게양할 수 있음은 물론 자국 선박에 대하여 부여하는 각종 혜택을 받을 수 있는 자격이 생기는 것이다. 따라서 선박소유자는 치적국의 법령을 준수하고 조세납부 의무 등을 부담하게 되는 반면 해당 국가가 화물유보제도 등 해운업 지원제도를 시행하고 있는 경우 이러한 혜택을 받을 수 있다.

　　이러한 선적의 개념은 이미 오래전부터 자국 정부의 각종 규제를 회피하기 위하여 편의치적을 이용한 것으로 보아 사실상 그 당시부터 존재했다고 볼 수 있으나 통상 이를 체계적으로 법제화한 17세기 영국의 항해조례를 선적제도의 기원으로 보고 있다. 영국의 항해조례는 영국과 영국의 식민지 무역을 사실상 자국 선대에 유보함으로써 네덜란드 등 당시 해상무역을 장악했던 국가들

149

의 해운세력을 견제하고 영국의 해운세력을 육성하기 위한 것이었다. 이를 규제하기 위해서는 영국 국적선으로 인정할 수 있는 범위를 엄격하게 제한할 필요가 있었으며 그 요건으로 영국 내에서 건조되고 영국민이 소유한 선박이어야 하며 그 선박의 선장과 선원의 3/4이 영국민이어야 한다고 규정하였다.

　　이러한 영국의 자국적선 요건은 오늘날 선박등록 요건을 정하는 데 중요한 근원이 되었으며 많은 선적국들은 이러한 요소 중 일부를 자국의 선박등록 요건으로 규정하고 있다. 이를 세분화하면 선박의 소유권이 자국민에게 있어야 한다는 소유권주의, 일정 비율 또는 인원 이상의 자국민이 선원으로 승선해야 한다는 선원주의, 선박의 건조지가 자국이어야 한다는 건조지주의 및 위와 같은 요건을 결합한 절충주의 형태를 들 수 있다. 이러한 형태 중 영국, 일본 및 우리나라 등 대부분의 국가가 소유권주의를 채택하고 있으며 프랑스의 경우에는 소유권주의와 선원주의를 결합한 절충주의를 채택하고 있다. 한편 미국의 경우 미국에서 선조된 총톤수 5톤 이상의 선박은 선령, 사용목적, 항해능력, 추진 및 조종능력 또는 항행수역에 관계없이 연방정부의 선박등록부에 등록할 수 있으며 미국인이 소유하는 선박이라 하여 등록을 강제하고 있지는 않아[1] 건조지주의를 취하고 있다고 할 수 있다.

제 2 절   편의치적제도

1. 편의치적의 의의

　　편의치적(便宜置籍)[2]이란 선주가 자국의 규제 등을 피하고 각종 세제상의 혜

---

1) 선박의 등기와 등록제도 일원화에 관한 고찰, 2003. 4, 강동수, 한국해법학회지 제25권 제1호, p. 139.

2) 편의치적이라는 용어는 1950년대 OEEC(Organization for Europe Economic Cooperation: 유럽경제협력기구)에 의하여 처음 사용된 Flag of Convenience의 번역어로서 UNCTAD에서는

택 등 편익을 통해 비용을 절감하기 위해 선주의 국적이 아닌 나라에 선박을 등록하는 것을 말한다. 이와 같은 편의치적은 전쟁으로 인한 나포 또는 어로규제 등을 회피할 목적으로 오래전부터 존재하여왔으나 본격적으로 편의치적이 이루어지기 시작한 것은 1920년대 미국의 선주들이 강화되는 규제와 인건비의 상승을 피하기 위해 파나마에 치적한 것이 근대적 의미의 편의치적의 효시였다고 할 수 있다. 또한, 제2차 세계대전이 끝난 후 미국이 전시에 사용하기 위해 건조되었던 표준선박(Liberty Ship)을 민간에 매각3)할 때 자국민이 매입한 선박을 파나마에 치적하도록 허용하면서 편의치적이 크게 확대되었다.

　　이와 같이 초기의 편의치적은 자유로운 영업을 통해 선주의 이익을 극대화하기 위해 시작되었다고 볼 수 있는데 편의치적을 통해 선주가 얻을 수 있는 이익으로는 첫째로 자국의 법령 및 정부의 행정적 간섭을 배제할 수 있는 것이다. 여기에는 선박의 안전을 위한 규제와 자국 선원의 승선을 의무화하는 등을 포함한다. 이러한 사항들은 선주의 비용부담을 증가시키는 요소로 작용하며 특히 선진국일수록 자국 선원의 인건비 부담이 크므로 이러한 비용을 감축하려는 것이다. 둘째는 대폭적인 세금 부담을 감축할 수 있는데 편의치적 제공국의 경우 약간의 등록비용만을 부과하므로 자국에 치적했을 경우 부담해야 하는 선박에 관한 제세와 해운영업으로 인한 법인세 등으로부터 자유로운 것이다. 셋째로 세계 해상교역량의 증가에 따라 신규 선박에 대한 수요가 늘어나면서 선박확보를 위한 금융 수요도 함께 증가하게 되었으며 금융기관 등은 대주(貸主) 입장에서 용이한 담보권의 행사를 위하여 대상 선박의 편의치적을 요구하게 되었다. 이에 따라 선주 입장에서도 이러한 대주의 요구를 수용하는 것이 원활한 선박확보자금 조달과 유리한 금융조건으로 계약을 체결할 수 있는 이점이 있을 것이다. 이에 더하여 편의치적선의 경우 편의치적 제공국이 배타적 관할권을 가지므로 선주 소속국이나 주 영업소 소재지를 관할하는 공권력은 법적 근거가 없어 간섭을 못하므로 소속국의 정치·경제적 통제로부터 자유롭고 교역당사국

선주의 국적 또는 거주요건을 요구하지 않는다는 의미의 Open Registry(개방등록)라는 용어를 사용하고 있음.

3) 총 835척의 선박 중 그리스 기업이 526척, 이탈리아 기업이 98척을 매입.

과의 법적인 연계가 거의 없으므로 교역당사국 간의 정치적 갈등으로부터 자유로워 영업활동의 자유가 잘 보장될 수 있다는 견해도 있다.[4]

일본의 경우에는 편의치적과 유사하나 독특한 형태의 치적제도를 발전시켜 왔는데 이 제도가 소위 시쿠미셴(仕組船)과 마루쉽(丸 Ship) 등의 제도이다. 이러한 제도는 기본적으로 실질적인 자국소유 선대에 외국인 선원의 승선을 허용하여 자국 선대의 경쟁력을 확보하기 위해 고안된 것으로 1970~80년대에는 우리나라 선원이 이러한 선박에 대폭 승선하기도 하였다. 시쿠미셴은 외국의 선주가 일본의 화주로부터 장기의 적하보증(積荷保證)을 얻어 일본의 조선소에서 일본 선박수출금융을 이용하여 건조되는 선박으로 일본 선사가 이 해외 선주로부터 나용선하는 형태로 운용하며 1950년대 중반이후 해운불황 타개책의 일환으로 도입된 방식이다. 한편 마루쉽이란 일본국적선박을 외국인이 나용선한 후 외국인 선원을 승선시켜 운항하는 선박으로 당초 일본국적선박을 외국에 매각할 때 선박대금을 일시 납부하기 어려워 용선료 형태로 일정기간 납부하게 한 후 매각하는 관행에서 탄생하였으나 그 이후 일본국적선박을 외국의 자회사에 나용선해준 후 외국인 선원을 승선시켜 이를 다시 일본선사가 용선하는 형태로 발전하였다. 이 중 시쿠미셴이 편의치적에 가까운 형태이며 마루쉽은 외국선원의 승선을 목적으로 했다는 점에서는 편의치적과 동일하나 일본국적을 유지한다는 측면에서는 편의치적과 다르다고 볼 수 있다.

한편 이러한 편의치적을 제공하는 국가는 재정적으로 빈약한 나라들로 등록비용 수입만으로도 재정적으로 도움을 받게 되는데 1920년 파나마를 필두로 하여 1939년에 온두라스, 1948년에 리베리아가 참여하게 되었다. 그 이후에도 바하마, 몰타, 사이프러스, 버뮤다 등이 참여하였고 1990년 들어서는 남태평양에 위치한 마셜 아일랜드가 편의치적을 제공하기 시작하여 현재 세계적으로 약 30여 개 국가가 편의치적을 제공하고 있는 것으로 알려지고 있다.

---

4) 해운이야기 ③ 편의치적제도의 탄생과 외항해운업의 다국적기업화, 2011. 6, 최재수, 해양한국 2011 제7호, pp. 118~122.

2. 편의치적의 문제점

편의치적은 선주들의 비용절감을 통해 해상운송 물류비 부담을 줄여줌으로써 세계교역의 촉진에 기여하였다는 점을 부인할 수는 없지만 편의치적을 제공하는 국가의 통제력이 미약하여 편의치적선대의 운항이 확대되면서 많은 문제점을 낳게 되었다.

첫째는 소위 기준미달선(Sub-Standard Vessel)이라고 하여 안전에 관한 각종 국제적 기준에 미달하는 선박을 편의치적 제공 국가들의 통제력이 부족한 점을 이용하여 선박의 안전기준을 준수하지 않은 채 운항한 것이다. 이러한 결과 대형 유류유출 사고로 인하여 해양을 오염시키는 사고가 빈발하였는데 그 대표적인 사례가 리베리아에 편의치적한 유조선 Torrey Canyon호 사고이다. 이 사고는 1967년 3월 영국 인근 공해 상에서 좌초되어 대량의 원유를 유출함으로써 영국 연안을 크게 오염시켰다.

둘째로 이러한 선박 사고의 증가는 단순한 선박의 결함뿐만 아니라 당해 선박의 항해를 담당했던 선원들의 자질과 근무환경 문제와도 관련이 있다. 편의치적선의 선주들은 선원 인건비의 절감에 집착한 나머지 인건비가 저렴하고 자질이 부족한 제3국 선원을 고용하고 선원들의 근무환경 개선에도 소홀하였다. 이러한 선원의 자질문제는 후일 IMO(국제해사기구)가 STCW협약(선원의 훈련, 자격증명과 당직에 관한 협약)을 채택하는 주요인이 되었다.

셋째로 1980년대 들어서 해운불황이 장기화됨에 따라 선박운항 경비 절감을 위해 선진 해운국의 선대가 대거 선주 국적으로부터 이탈(flagging-out)하여 편의치적하게 되었다.

이와 같이 편의치적선은 편의치적 제공국들의 통제력 부족으로 인한 해양환경에 대한 부정적 영향, 선원들에 대한 열악한 근무환경 조성과 아울러 각종 범죄에 이용될 가능성 및 조세회피처로서의 기능 등 많은 비판에 직면하게 되었다.

3. 편의치적 규제운동

편의치적선대가 지속적으로 증가하고 편의치적선의 부정적 측면이 부각되면서 ITF를 필두로 하여 UNCTAD, IMO를 중심으로 편의치적선 규제 또는 폐지운동이 전개되었다.

ITF는 국제운수노동자연맹(International Transportworkers' Federation)으로 편의치적을 통하여 제3국 선원들이 증가하면서 고 임금의 선진국 선원들이 일자리를 잃게 되자 편의치적선 선원들의 근로조건을 개선해야 한다는 명분을 내세워 편의치적 배척운동을 벌였다. ITF는 이를 관철시키기 위한 수단으로 ITF가 요구하는 근로조건이 반영된 표준근로계약서를 사용하고 선원복지기금을 납부하는 등 일정 요건을 충족하는 경우에는 청색증명(Blue Certificate)을 발급하는 제도를 도입하였다. 이러한 증명을 소지하지 않은 편의치적선에 대하여는 ITF의 회원인 항운노조와 협조하여 항만에서의 하역을 거부하는 등 활동을 벌였다. 이러한 ITF의 활동은 어느 정도 편의치적선 선원들의 근로조건을 개선하는 효과를 가져오기는 했으나 선진 해운국 수준의 근로조건 적용을 요구한 것은 무리가 있다는 비판도 받아왔다.

한편 UNCTAD에서는 개도국 그룹인 77그룹을 중심으로 편의치적제도가 선진 해운국 선대의 경쟁력을 유지하는데 중요한 기능을 하고 있다고 생각하고 개도국의 해운업 진출을 보다 용이하게 하기 위한 일환으로 편의치적선 폐지운동을 전개하였다. 물론 이러한 운동은 편의치적선이 대형 해양오염사고를 유발하는 등 많은 부작용을 낳고 있다는 것을 명분으로 내세운 것이었으며 편의치적선을 규제하기 위한 논의는 1970년대 초부터 계속되어 1986년 '선박등록요건에 관한 UN협약(United Nations Convention on Conditions for Registration of Ships)'을 채택하였다. 그러나 논의의 핵심은 '선주와 선박 간의 진정한 연계(genuine link)'가 있어야 한다는 점이었으나 이러한 요건에 대하여 강제력 있는 조항을 삽입하는 데는 실패하였는바, 이는 선진 해운국의 강한 반대도 있었지만 개발도상국 간에도 서로 이해관계가 상충됨으로써 이를 절충한 결과의 산출물이기 때문이다. 결국 UNCTAD에서 채택한 이 협약은 1958년 '공해에 관한 협약(Convention on the

High Seas)'과 1982년 UN해양법협약(UNCLOS)에 비하여 진정한 연계(genuine link)에 대해 보다 구체적인 내용을 담았다는 데 의미를 찾을 수 있으나 현재까지 그 발효요건을 충족하지 못하고 있다.

다음으로 IMO의 활동은 편의치적선 중에서 기준미달선에 대한 규제에 초점을 맞추어 전개되었으며 선원과 선박에 관한 각종 국제적 기준을 강화하도록 추진하였다. 1967년 Torrey Canyon호 사고를 계기로 1973년 선박으로부터 오염을 방지하기 위한 국제협약(MARPOL 1973; International Convention for the Prevention of Pollution from Ships 1973)을 채택하고 이를 수정·보완한 1978년 MARPOL 의정서를 채택하였다. 동 협약 및 의정서에서는 선박으로부터 유류, 유해 화학물질, 하수 및 대기오염물질 등의 배출을 규제하는 내용을 담고 있다. 또한 1974년에는 해상인명안전협약(SOLAS 1974; International Convention on the Safety Of Life At Sea 1974) 및 1978년 부속서를 채택하여 선박의 안전을 확보하기 위한 선박의 구조, 설비 및 운항 등에 관한 최저기준을 설정하였으며 그 부속서에서는 항만국통제(PSC)[5]에 대한 근거를 규정하고 있다. 1978년에는 선원의 훈련, 자격증명 및 당직근무의 기준에 관한 국제협약(STCW; International Convention on Standards of Training, Certification and Watchkeeping for Seafarers, 1978)을 채택하여 선원의 자질향상을 도모하고 동 협약에서 규정한 각종 자격증명에 대하여도 항만국통제(PSC)에 의한 점검이 가능하도록 규정하고 있다.

4. 세계 편의치적선대 추이

이러한 국제적인 규제에도 불구하고 세계 선대 중 편의치적선이 차지하는 비중은 지속적으로 증가하였다(〈그림 5-1〉 참고).

UNCTAD에 따르면 1970년에 21.6%에 불과하던 해외 치적선대 비중은 1980년 31.2%, 1990년 42.8%, 2000년 61.6%, 2010년 68.4%로 증가하였으며

---

5) Port State Control 항만을 관할하는 국가의 기관이 당해 항만에 입항한 외국적 선박에 대하여 국제협약에 적합한 각종 증서 등을 소지하고 있는지 점검하는 제도로서 전통적인 기국주의(旗國主義)에 대한 예외라고 할 수 있다.

그림 5-1 | 세계선대 중 해외 치적선대 비중(%)

자료: Review of Maritime Transport, UNCTAD, 각 년도.

2012년부터 70%를 넘어서고 있다. 다만 1980년에서 1986년 사이 해외치적 비중이 정체상태를 보인 것은 ITF, IMO 및 UNCTAD의 편의치적 규제운동에 영향을 받은 것으로 보이나 UNCTAD에서 채택한 1986년 '선박등록요건에 관한 UN협약(United Nations Convention on Conditions for Registration of Ships)'이 사실상 편의치적을 규제하기 어려운 것으로 평가된 이후에는 급격한 증가세를 보여 왔다.

　　이와 같이 편의치적이 지속적으로 증가한 원인을 분석하면 첫째로 선원의 인건비가 비싼 선진국 선대의 경우 편의치적한 선대와의 원가경쟁에서 뒤쳐질 수밖에 없기 때문이다. 둘째로 편의치적을 하더라도 ITF, IMO 및 UNCTAD의 편의치적 규제운동에 점차 적응해 나갈 수 있었기 때문으로 풀이된다. ITF의 청색증명(Blue Certificate)을 발급받거나 그들의 하역거부 활동에 대하여 적극적으로 대응해나갔으며 ITF에서 요구하는 근로조건 수준이 지나치게 높은 수준이라는 비판을 제기함으로써 ITF의 적극적 활동을 저지하기도 하였다. IMO에 의하여 강화된 선박 및 선원에 관한 국제기준은 편의치적선이더라도 갖추지 않으면 항만국통제(PSC) 제도에 의해 선박운항에 차질이 생길 수 있으므로 이러한 최소한의 기준에 맞춰 선박을 개조하거나 선원들의 교육훈련을 통하여 새로운

환경에 적응해 나간 것이다. UNCTAD를 통한 편의치적 폐지운동은 느슨한 형태의 협약을 채택함으로써 오히려 편의치적을 합법화하는 결과를 초래하였다는 비판이 제기되었고 그 협약마저도 장기간 발효되지 못함으로써 사실상 사문화되었다. 셋째로는 선박금융을 조달하는 과정에서 금융기관에서 자금의 회수를 용이하게 하기 위해 대상 선박을 편의치적하도록 요구하였던 것도 중요한 요인 중의 하나이다. 선박금융은 통상 운임이나 용선료 수입으로 선가를 상환하는 프로제트 파이낸싱(Project Financing) 형태이므로 선가의 상환이 완전히 이루어지기까지는 대주(貸主)가 소유권을 가지며 자금대여 조건으로 실질선주에게 선박을 편의치적이 가능한 제3국에 치적할 것을 요구한다. 선박의 치적을 선주국가에 할 경우 전시 등 비상시에 선박이 동원될 수 있고 법적 분쟁이 발생할 경우 재판관할이 선주 국가가 될 가능성이 높기 때문에 대출금을 원활히 회수하는 데 지장이 초래되기 쉽기 때문이다.

표 5-1 | 주요 국가의 실질선대 및 해외치적 비중(2020. 1. 1 기준)

(단위: 천dwt, %)

국가 명	실질선대(A)	세계 비중	해외치적(B)	B/A *100
그리스	363,854	17.8	303,027	83.3
일본	233,135	11.4	196,330	84.2
중국	228,377	11.2	128,893	56.4
독일	89,403	4.4	81,062	90.7
한국	80,583	3.9	66,180	82.1
노르웨이	63,936	3.1	62,051	97.1
미국	57,217	2.8	46,979	82.1
영국	53,191	2.6	46,355	87.2
대만	50,891	2.5	44,255	87.0
덴마크	42,714	2.1	42,683	99.9

자료: Review of Maritime Transport, 2020, UNCTAD, p. 41.

　〈표 5−1〉은 2020년 1월 1일 기준 주요 해운국들의 실질 선대 보유규모와 해외치적 비중을 보여주고 있다. 실질선대 기준으로 그리스, 일본, 중국 순으로 모두 2억dwt 이상을 보유하고 있으며 해외치적 비중은 일본이 84.2%, 그리스는 83.3%를 차지하는 반면 중국은 56.4%에 그치고 있다. 그 외 국가들의 해외치적 비중을 보면 덴마크가 99.9%, 노르웨이가 97.1%, 독일이 90.7%, 영국이 87.2%, 대만이 87.0%, 미국이 82.1%를 차지하는 반면, 우리나라는 82.1%에 이르고 있다. 한편 덴마크와 노르웨이의 해외치적 비중이 높은 것은 자국의 국제선박등록제도인 DIS와 NIS 치적선박을 각각 해외치적 선박에 포함했기 때문인 것으로 풀이된다.

　한편 편의치적을 제공하고 있는 국가 중에서 파나마가 세계 선대의 16.0%를 차지하여 가장 큰 비중을 차지하고 있으며 이어서 리베리아 13.3%, 마셜 아일랜드 12.7%, 몰타 5.6%, 바하마 3.8%, 사이프러스 1.7%를 차지하고 있다(〈표

표 5−2 │ 주요 편의치적 및 개방등록 제공국가 등록선박 현황

(단위: 척, 천dwt, %)

국가 명	등록 척수	등록 선박량	세계 비중	비고
파나마	7,886	328,950	16.0	
리베리아	3,716	274,786	13.3	
마셜 아일랜드	3,683	261,806	12.7	
홍콩	2,694	201,361	9.8	
싱가포르	3,420	140,333	6.8	자국 선대 포함
몰타	2,207	115,879	5.6	
바하마	1,381	77,869	3.8	
사이프러스	1,065	34,533	1.7	
마데이라	526	20,698	1.0	
버뮤다	138	7,662	0.4	

자료: Review of Maritime Transport, 2020, UNCTAD, p. 44.

5-2〉 참고). 한편 홍콩과 싱가포르도 외국선박의 치적을 허용하는 개방등록(Open Registry)의 형태를 취하고 있으며 홍콩과 싱가포르에 치적된 선박 중 상당수가 사실상 외국인이 소유한 선대로 추정된다.

5. 편의치적이 세계해운에 미친 영향

앞에서 언급한 편의치적선의 부정적 측면에도 불구하고 편의치적이 제2차 세계대전 후 본격화된 이후 약 70년 이상 지속되면서 세계해운에 큰 영향을 미쳤음은 자명하다. 외항해운업의 속성 상 완전경쟁에 가까운 해운시장의 경쟁을 더욱 가속화하였으며 이를 통해 국제교역을 촉진하는데 기여했다고 할 수 있다. 편의치적은 자국 치적에 따른 각종 비용과 규제를 최소화함으로써 선박의 계선점6)을 낮추었음은 물론 자유로운 영업활동을 보장하는 기능을 하였다.

둘째로 선원노동시장의 국제화를 들 수 있는데 편의치적을 통해 제3국선원의 고용이 일반화되면서 선원노동시장은 국제적 이동이 자유로운 시장으로 변모하였다. 이로 인해 인건비가 저렴한 필리핀, 인도네시아, 미얀마 등 동남아시아 선원들이 대거 선원노동시장에 공급되었으며 대형선사의 경우 이런 나라에 직접 선원교육시설을 설치하여 우수한 선원의 확보에 나서기도 하였다. 이로 인해 세계 선대의 약 70%가 편의치적되어 있는 상태에서 선원인건비로 인한 원가경쟁력의 차이는 점점 평준화되어 가고 있다고 할 수 있다. 다만 자국에서 제공하는 편익을 취하거나 선주 국가의 규제에 의하여 편의치적이 곤란한 약 30%의 선대는 상대적으로 이러한 불리한 점을 감수할 수밖에 없다.

셋째로 해사안전기준의 강화를 들 수 있는데 편의치적선의 운항으로 인한 선박 안전사고의 증가와 이로 인한 해양오염 및 인명피해 등의 발생으로 IMO가 해사안전기준을 대폭 강화하여 왔고 이로 인해 편의치적으로 인한 안전사고는 크게 감소하였다. 결국 IMO의 이러한 활동은 편의치적이 국제적인 안전기

---

6) lay-up point 화물의 운임이 운송원가까지 하락함으로 인해 선박의 운항을 계속할 경우에 생기는 손실과, 그 선박을 운항하지 않고 어느 한 곳에 계선(lay-up)함에 따라 필요한 비용(간접선비＋직접선비 일부)이 같아질 때의 운임을 말한다(네이버 지식백과-선박항해용어사전, 한국해양대학교).

준의 프레임 속에서 작동하도록 유도하는데 성공하였다는 점에서 의미가 크다고 할 수 있다.

넷째로 편의치적제도는 국제적인 선박금융의 발달과 원활화에도 기여하였다고 할 수 있다. 대형선박의 건조 시에 통상 외국의 금융기관을 포함한 여러 금융기관이 참여하는 협조융자(syndicated loan) 방식으로 이루어지며 자금회수를 용이하게 하기 위하여 편의치적 수단을 이용한다. 따라서 편의치적이라는 장치가 선박금융을 활성화하고 이를 보다 안전하게 작동하도록 하는 역할을 한다고 할 수 있다.

제 3 절 제2선적제도

1. 제2선적제도의 의의

제2선적제도는 자국의 전통적인 선적제도와는 별개로 또는 이에 부가하여 실시하는 선적제도로서 이에 등록할 경우 선원고용제한의 완화 및 각종 세제상의 혜택 등을 부여한다. 이러한 선적제도의 탄생은 편의치적과 밀접한 관계가 있는바, 1980년대 해운불황이 장기화되면서 유럽 선진 해운국의 선대들이 자국 선원 고용에 따른 높은 인건비로 경쟁에서 불리한 입장에 놓이게 되자 편의치적 제공국으로 대량 이적(flagging-out)을 하게 되었다. 대표적인 사례로 영국의 상선대는 1981년에 1,381척 3,765만dwt에서 1986년에 839척 1,553만dwt로 약 59%가 감소하였다.[7] 이에 따라 이들 국가들은 자국 세수(稅收)의 감소는 물론 선원의 일자리 상실 및 나아가 국방력의 약화까지 초래하였다. 때마침 1986년 UNCTAD에 의하여 선박등록요건에 관한 협약이 채택되었고 동 협약에서 체약국은 자국의 법령으로 선박과 선적국가 간의 진정한 연계(genuine link)를 위한 요

---

7) 국제선박등록제도 비교연구, 2001. 8, 박찬재(한국해양대학교 박사논문), p. 29.

건을 정하도록 하고 있다. 이러한 상황을 감안하여 유럽의 선진 해운국들이 자국 선대의 추가적인 이탈을 방지하고 편의치적되었던 자국 선대의 회귀(re-flag-ging)를 촉진하기 위하여 제2선적제도와 톤세제도의 도입을 추진하는 계기가 되었다. 이에 따라 영국을 필두로 1987년 노르웨이, 네덜란드, 덴마크, 독일 등이 그 뒤를 이어 새로운 선적제도를 도입하였고 1990년대 이후에는 아시아 국가들이 유럽국가의 제2선적제도를 표본으로 하여 이와 유사한 제도를 적극 도입하였다.

2. 제2선적제도의 유형

제2선적제도는 외국선원의 승선제한 완화와 조세감면 등 세부 지원내용에 있어서는 유사하나 각국의 사정에 따라 독특한 형태로 발전하였다.

첫 번째 유형은 역외등록(Offshore Registry) 제도로 자국의 법령이 적용되지 않는 자치령에 선박을 등록하는 경우 외국인 선원의 고용을 허용하고 세제상의 혜택을 부여하는 형태이다. 영국의 맨섬(Isle of Man) 등록제도, 네덜란드의 안틸레스(Antilles)제도(諸島) 및 프랑스의 케흐구엘렝(Kerguelen)제도(諸島) 등록제도가 대표적이라고 할 수 있다. 이러한 등록제도는 자국의 자치령이나 보호령에 등록을 허용함으로써 자국 법령의 적용을 배제하고 자국 법령에서 규정하고 있는 선원고용상의 제한 및 조세부담을 완화하기 위한 것이다. 영국의 맨섬(Isle of Man) 등록제도는 시행 초기 자국민 소유선박으로 등록을 제한하였으나 1991년부터 외국인 소유선박의 등록도 허용하였다. 네덜란드의 안틸레스(Antilles)제도 등록제도는 동 제도(諸島)에 설립한 회사소유 선박의 등록을 허용하여 사실상 외국인이 회사를 설립하고 선박등록이 가능한 반면 프랑스 케흐구엘렝(Kerguelen)제도 등록제도는 자국민 소유선박으로 등록을 제한하고 있다.

두 번째 유형으로는 국제선박등록제도(International Ship Registry)로서 자국의 특정지역을 정하여 이곳에 등록하는 선박에 대하여 선원고용 등에서 전통적인 자국의 등록제도에 비하여 유리한 혜택을 부여하는 제도이다. 노르웨이가 1987년 도입한 NIS(Norwegian International Ship Register)와 이를 모델로 하여 덴마크가 1990년에 도입한 DIS(Danish International Ship Register)가 이러한 유형에 속한다. 두 나라의 제도는 모두 선원고용에 있어 파격적인 예외를 인정하고 있는데 선장을 제외하고는 모두 외국인 선원을 고용할 수 있도록 하고 있다. 노르웨이의 NIS는 자국민과 당해 지역에 설립된 법인이 소유한 선박에 대하여 등록을 허용함으로써 외국인도 현지에 법인을 설립하고 그 법인이 소유한 선박에 대하여 등록을 허용하는 사실상 개방등록(Open Registry)의 형태라고 할 수 있다.

세 번째 유형은 부가선박등록제도로서 자국의 기존 등록제도에 등록된 선박 중에서 특정선박에 대하여 부가적인 등록을 허용하고 외국인 선원고용 등에서 혜택을 부여하는 제도이다. 이러한 유형에는 독일의 ISR(Internationales Seeschiffahrts Register)이 여기에 속한다. 독일은 이 제도를 1989년 도입하였는바, 선원고용 면에서 혜택을 부여하는 데 주안점을 두었으며 선장 등 선박직원에 대하여는 독일 해기사면허를 소지할 것을 요구하고 있으나 보통선원에 대하여는 제한을 두지 않고 있다.

서로 운용하는 형태는 다르더라도 제2선적제도는 공통점을 가지고 있는바, 첫째는 선원고용 측면에서 신축성을 부여하고 있다는 점이라고 할 수 있는데 이는 외국인 선원의 고용을 허용함으로써 선원인건비의 절감을 도모하기 위한 것이다. 다만 외국인 선원의 고용범위에 대하여는 상당한 차이가 있는데 노르웨이는 선장만을 자국민으로 하여 외국인 선원의 고용을 광범위하게 허용하는 반면 독일은 사실상 보통선원만을 외국선원으로 고용할 수 있도록 하여 그 범위가 상대적으로 좁다고 할 수 있다. 둘째로 일부 예외는 있지만 대부분 제2선적제도에 등록한 선박과 선주에 대하여 세제상 혜택을 부여하고 있다. 승선선원에 대하여도 대부분 세제혜택을 부여하고 특히 외국인에 대하여는 소득세 감면 혜택 등을 부여하여 선주의 부담경감을 도모한다. 셋째로 선박과 선원의 안전기준 및 안전관리는 기존의 전통적 선적제도에 등록한 선박과 동일하게 적용하여 선박에 관한 국제적 기준을 준수하고 선박의 안전운항을 도모한다. 넷째로 선원의 근로조건에 대하여는 자국 법령을 적용하지 않고 단체협약 또는 근로계약조건에 따르도록 하여 자국 선원과 차등을 둘 수 있도록 하고 있다. 다만 덴마크 등 일부 국가에서는 외국인 선원에 대하여도 보수 조건을 제외한

해고, 사회보험 및 근로시간 등 근로조건에 관해 자국 법령을 적용하는 사례도 있다.

3. 제2선적제도 등록추이

제2선적제도를 실시하고 있는 유럽국가 중에서 대표적으로 노르웨이와 덴마크의 선박량 추이를 보면 〈표 5−3〉과 같다.

표 5−3 | 노르웨이 및 덴마크 선박량 추이

(단위: 천dwt)

		1990	2000	2010	2020
노르웨이	실질선대*(A+B)	55,081	55,930	40,518	63,936
	실질자국치적(A)	36,794	28,727	14,102	25,724
	NIS	36,300	29,301	18,648	20,780
	편의치적(B)	18,287	27,203	26,416	38,212
덴마크	실질선대*(A+B)	11,531	16,097	33,198	42,714
	실질자국치적(A)	6,872	7,192	12,937	24,565
	DIS	6,600	6,561	13,500	23,044
	편의치적(B)	4,659	8,905	20,261	19,670

* 실질선대＝실질자국치적(NIS 및 DIS에 치적한 자국선박 포함)＋편의치적.
자료: Review of Maritime Transport, 각 연도, UNCTAD.

위 표에서 보는 바와 같이 NIS 등록선박은 1990년 이후 2010년까지 그 규모가 51.4% 규모로 대폭 감소한 이후 2010년 이후 2020년까지 비슷한 규모를 유지하고 있다. 그러나 2010년에서 2020년까지 노르웨이 실질선대의 구조적 변화를 보면 전체 실질선대 규모는 40백만dwt에서 64백만dwt 수준으로 약 24백만dwt가 증가하였으며 같은 기간 노르웨이 선대의 편의치적 규모도 약 12백만dwt가 증가하였다. 즉 노르웨이의 실질선대 증가량의 절반 이상이 NIS에 치적하는 대신 편의치적을 택한 것으로 이는 NIS 등록선박에 대한 조세지원정책의 약화와 해운불황의 장기화에 따른 것으로 보인다. 반면 DIS 등록선박은 1990~2000년까지 정체상태를 보인 후 2000년 이후 2020년까지 지속 증가하여 1990년 규모에 비하여 349% 수준으로 증가하였으며 2010년 이후 증가한 덴마크의 실질선대가 대부분 DIS에 등록하였음을 알 수 있다.

한편 영국의 Isle of Man에 등록된 선대의 경우 2010년 363척 16,711천dwt에서 2020년 356척 24,129천dwt로 증가하였다.[8] 이는 영국의 실질선대가 2010년 약 26백만dwt에서 2020년 53백만dwt로 크게 증가한 것과 같은 맥락이라고 할 수 있다. 한편 동 기간 중 영국 실질선대의 편의치적은 2010년 17백만dwt에서 2020년에는 약 22백만dwt로 소폭 증가하였다. 결국 2010~2020년 사이 영국의 실질선대 증가분의 약 26%가 자국의 제2선적인 맨섬(Isle of Mam)에 등록한 것으로 추정할 수 있다.

4. 제2선적제도의 공과

이상에서 보는 바와 같이 재2선적제도의 도입으로 유럽의 선진 해운국들은 상당한 성과를 거두었다고 볼 수 있으나 국가별로 보면 영국과 덴마크가 성공적이었던 반면, 노르웨이는 세제혜택의 축소 등으로 제2선적제도를 실시했던 초기보다 오히려 선대규모가 대폭 축소되었음을 알 수 있다.

그러나 이러한 제도가 자국 선대의 편의치적으로 이탈을 제어하는 기능을 어느 정도 수행하였다고 볼 수 있지만 근본적으로 이를 차단하지는 못했다고 봄이 타당할 것이다. 이는 제2선적제도가 편의치적에서 얻을 수 있는 완전한 정도의 자유로운 영업활동을 보장하지 못할 뿐만 아니라 각종 조세 부담 등도 영향을 미치고 있다고 볼 수 있다.

---

8) Review of Maritime Transport, 2010 & 2020, UNCTAD.

제 4 절 톤세제도

1. 톤세제도의 의의

톤세제도는 해운기업의 소득에 대하여 전통적인 법인세 방식에 대신하여 해운기업의 선박운항톤수를 기준으로 추정이익을 산출하고 이에 대해 법인소득세를 부과하는 방식을 말한다. 흔히 항만당국이 입항하는 선박에 대하여 톤수를 기준으로 부과하는 톤세(Tonnage Dues)는 항만시설사용료의 일부로서 여기서 논하는 톤세(Tonnage Tax)와는 근본적으로 다른 개념이다.

유럽 해운국들이 톤세제도를 도입하게 된 배경에는 제2선적제도의 도입과 연장선상에 있다고 볼 수가 있는데 앞에서 본 바와 같이 자국선대를 편의치적으로 빼앗기게 되자 이를 회수(re-flagging)하고 추가적인 자국선대의 이탈(flagging-out)을 방지하기 위한 방편으로 도입한 것이었다. 그러나 제2선적제도의 도입은 선원고용 측면에서의 제한을 완화하는 데 초점이 있었으며 조세부담의 완화는 크지 않았다. 결국 제2선적제도가 도입 초기에는 상당한 효과가 있는 듯하였으나 시간이 흐르면서 그 효과가 반감되었고 이에 편의치적에 견줄 만한 조세부담의 경감이 필요한 것으로 분석되었다. 이에 따라 유럽 해운국들은 제2선적제도에 대한 보완수단으로 해운소득에 대해 대폭적으로 조세부담을 줄여주기 위한 제도로서 톤세제도를 도입한 것이다.

톤세제 도입현황을 보면 1996년 네덜란드를 필두로 하여 1996년 노르웨이, 1999년 독일, 2000년 영국, 2001년 덴마크, 2003년 프랑스 등이 그 뒤를 따랐다. 이러한 추세에 따라 유럽권 외의 국가들도 자국 해운기업의 경쟁력 확보 차원에서 유사한 제도를 도입하기 시작하여 아시아에서는 한국이 2005년 톤세제도를 시행하였고 인도가 2005년, 일본이 2008년 도입한 바 있다.

2. 톤세제도의 특징

톤세제도는 해운기업의 해운소득에 대한 법인세로서 부과되는 것이지만 실제 소득을 기준으로 부과하는 것이 아니라 추정이익에 대하여 부과하는 것이다. 따라서 추정이익을 어느 정도 수준에서 결정하느냐에 따라 해운기업에 대한 부담 수준이 결정되는 것이다. 이러한 측면에서 톤세제도는 해운기업이 부담해야 하는 톤세 규모를 미리 예측할 수 있어 해운기업이 영업전략과 투자계획을 세우는 데 도움을 줄 수 있다.

둘째로 톤세를 산출할 때 운항선박의 톤수 규모, 톤당 부과되는 추정이익 및 운항일수 등 정(+)의 요소가 적용되므로 비록 해운불황으로 해운기업이 영업손실이 발생했더라도 톤세를 납부해야 한다. 반면 해운호황기에 대규모 흑자가 발생하더라도 그 이익규모와 관계없이 전통적인 법인세에 비하여 훨씬 적은 규모의 톤세를 납부하게 되므로 재투자 재원을 확보하는 데 유리하다.

셋째로 전통적인 법인세제 하에서는 해운호황기에 대규모 이익이 발생할 경우 법인세 부담을 줄이기 위해 무리한 선박투자가 이루어지기 쉬우나 톤세제도 하에서는 그러한 부담이 없으므로 해운호황기에 적립된 투자재원을 해운기업이 적기라고 판단하는 시기에 선박에 재투자할 수 있다. 이는 전통적인 법인세제에서 적용되는 선박에 대한 감가상각, 가속상각이나 투자금액 공제제도 등 과세표준 산출에 영향을 미치는 요소들이 톤세제도에서는 해운소득 산출 시 적용되는 요소가 아니기 때문이다.

이러한 특징에서 볼 수 있듯이 톤세제도는 해운기업들에게 조세부담 경감을 통해 많은 이익을 축적하여 자신이 판단하는 적절한 시기에 재투자할 수 있는 기회를 제공하는 반면에 이러한 재투자 시기를 잘못 판단하여 해운호황이 절정기에 도달했을 때 선박에 투자하는 우를 범할 경우 선박의 보유기간 동안 그 해운기업에게 큰 부담을 줄 수 있다는 것은 자명하다.

3. 톤세제도의 운영구조

톤세를 결정하는 요소로는 해운소득의 범위와 운항선박의 톤수계산, 톤수당 추정이익, 선박 운항일수 및 법인세율 등이 될 것이다.

해운소득의 범위에 대하여 국가마다 다소 차이가 있을 수 있는바, 예를 들면 운항선박의 범위를 결정하는 문제와 선박의 운항과 아울러 선박의 매매에 따른 수입도 이에 포함할 것인지의 문제 등이다. 운항선박의 범위는 외항선박에 국한하는 것이 일반적인바, 이는 톤세제도가 국제적 경쟁에서 우위를 점하기 위한 정책이므로 당연한 귀결이라 할 수 있다. 선박의 운항수입에 대하여는 자사선과 장기용선 등을 기준으로 용선을 자사선의 일정배율 범위 내로 제한하는 것이 일반적이며 통상 1 : 3 또는 1 : 4의 배율을 규정한다. 이는 자국 선대의 회귀 또는 이탈을 방지하기 위한 톤세제도의 목적상 용선을 확대하기 위해서는 자사선도 동시에 늘리도록 유도하는 것이며 지나치게 용선에 의존하는 영업방식을 억제하기 위한 것이라고 볼 수 있다. 선박의 매매에 따른 수입도 해운수입으로 볼 것인지는 논란의 여지가 있을 수 있으나 해운소득을 크게 운임 등 운항수입과 선박매매수입으로 구분할 수 있는 만큼 선박매매수입도 해운수입으로 봄이 타당할 것이다. 또한, 선박매매수입을 해운소득에서 제외할 경우 선박매각이익이 전통적인 법인세의 과세대상이 되고 재투자를 촉진하기 위해서는 이를 이연과세하는 등의 문제가 제기될 수도 있으며 결국 해운기업들의 선박투자시기를 제한하는 효과를 가져올 수 있으므로 바람직하지 않다고 본다.

운항선박의 톤수계산은 통상 순톤수를 기준으로 하며 이는 순톤수는 선박의 용적 중 순수하게 화물의 적재공간만을 포함하기 때문이다. 톤당 추정이익은 과거의 운항수익 등을 감안하여 산출하되 해운기업의 경쟁력을 지원하기 위한 정책적 측면을 반영하여 결정하여야 한다. 또한, 톤수 구간을 설정하여 선박의 톤수규모가 커질수록 단위톤수 당 추정이익을 낮추어주는 것이 일반적이다. 선박의 운항일수를 계산함에 있어서는 운항 선박마다 실제운항일수를 감안해야 하나 편의상 소유선박의 경우 선박의 수리기간 등 특별한 경우를 제외하고 100% 운항한 것으로 간주하고 용선선박의 경우 통상 용선기간을 그 선박의 운항일수로 본다.

이와 같은 요소를 적용하여 운항선박별로 소득을 산출한 후 이를 합산하면 과세표준인 해운소득이 된다. 여기에 해당 기업의 해운외 소득이 있을 경우 이를 합산한 후 정해진 법인세율을 적용함으로써 납부해야 할 법인세를 산출하는 것이다. 이와 같이 해운소득과 해운외 소득에 대하여 동일한 법인세율을 적용하는 것이 일반적인데 이는 국가정책상 법인세율을 산업별로 차등 적용하는 데 대한 많은 논란을 야기할 수 있기 때문이다.

제2장

우리나라 선박등록제도

제1절 우리나라 선박등록요건의 변천

　　대한민국선박의 등록은 1949년 보유선박을 파악하기 위하여 교통부고시에 의거, 처음 실시하였으나 1960년 선박법이 제정되면서 대한민국선박의 요건을 정하고 그 등록절차를 법제화하였는데 당시의 선박법상 대한민국선박의 요건을 보면 다음과 같다.

　　선박법 제2조(한국선박) 다음 각 호의 선박을 대한민국선박(이하 한국선박이라 칭한다)으로 한다.
　　1. 국유 또는 공유의 선박
　　2. 대한민국국민이 소유하는 선박
　　3. 대한민국에 본점을 둔 상사회사로서 합명회사는 사원의 전원, 합자회사와 주식합자회사는 무한책임사원의 전원, 주식회사와 유한회사는 취체역의 전원이 대한민국국민인 경우에 그 회사가 소유하는 선박

4. 대한민국에 주된 사무소를 둔 법인으로서 그 대표자 전원이 대한민국국민인 경우에 그 법인이 소유하는 선박

이러한 선박등록 요건의 골격은 현재까지도 그대로 유지되고 있으나 제3호에서 정하고 있는 '대한민국 상사법인' 소유 선박의 요건은 외국인투자의 유치확대를 위하여 두 차례에 걸쳐 그 요건이 완화되었다(〈표 5-4〉 참고). 따라서 현재의 선박법에서는 대한민국 법률에 따라 설립된 상사법인(商事法人)이 소유한 선박이면 대표이사가 외국인이거나 외국인 지분소유 여부에 관계없이 등록을 허용하고 있다.

표 5-4 대한민국 상사법인 소유선박 등록요건의 변화

1960. 2 제정	대한민국에 본점을 둔 상사회사로서 합명회사는 사원의 전원, 합자회사와 주식합자회사는 무한책임사원의 전원, 주식회사와 유한회사는 취체역의 전원이 대한민국국민인 경우에 그 회사가 소유하는 선박
1978. 12 개정	대한민국의 법률에 의하여 설립된 상사법인으로서 출자의 과반수와 이사회의 의결권의 5분의 3 이상이 대한민국국민에 속하는 법인이 소유하는 선박. 이 경우 그 법인의 대표이사는 대한민국국민이어야 한다.
1999. 4 개정	대한민국의 법률에 따라 설립된 상사법인(商事法人)이 소유하는 선박

이에 따라 현행 선박법에 의한 한국선박의 요건은 다음과 같다.

선박법 제2조(한국선박) 다음 각 호의 선박을 대한민국선박(이하 "한국선박"이라 한다)으로 한다.
1. 국유 또는 공유의 선박
2. 대한민국 국민이 소유하는 선박
3. 대한민국의 법률에 따라 설립된 상사법인(商事法人)이 소유하는 선박
4. 대한민국에 주된 사무소를 둔 제3호 외의 법인으로서 그 대표자(공동대표인 경우에는 그 전원)가 대한민국 국민인 경우에 그 법인이 소유하는 선박

이와 같이 우리나라의 선박등록 요건은 전통적인 선박등록 요건 중에서

소유권주의를 채택하고 있음을 알 수 있는데 선박을 등록하게 되면 선박법의 규정에 따라 권리와 의무가 생긴다. 우선 한국선박이 아니면 대한민국 국기를 게양할 수 없는데 예외적으로 대한민국의 항만에 출입하거나 머무는 한국선박 외의 선박은 선박의 마스트나 그 밖에 외부에서 눈에 잘 띄는 곳에 대한민국 국기를 게양할 수 있다(법 제5조). 둘째로 한국선박이 아니면 불개항장(不開港場)에 기 항하거나, 국내 각 항간(港間)에서 여객 또는 화물의 운송을 할 수 없다(법 제6조). 다만 이 경우에도 법률 또는 조약에 다른 규정이 있거나, 해양사고 또는 포획(捕獲) 을 피하려는 경우 또는 해양수산부장관의 허가를 받은 경우에는 예외로 하고 있다. 한편 한국선박의 소유자는 선박톤수의 측정을 신청할 의무가 있고(법 제7조), 선박국적증서를 선내 비치하지 않고서는 대한민국 국기를 게양하거나 항행할 수 없으며(법 제10조) 해양수산부령으로 정하는 방법에 따라 대한민국 국기를 게 양하고 그 명칭, 선적항, 흘수(吃水)의 치수 등을 표시하여야 한다(법 제11조). 또한, 길이 24미터 이상인 한국선박의 소유자는 국제톤수증서를 발급받아 이를 선박 안에 갖추어 두지 아니하고는 그 선박을 국제항해에 종사하게 하여서는 아니 되며(법 제11조) 선박이 멸실·침몰 또는 해체되거나 선박이 대한민국 국적을 상실 한 때 등의 경우에 선박의 말소등록을 신청하여야 한다(법 제22조).

　　한편 선박법 제2조의 규정과 관련하여 논란이 제기될 수 있는 것은 동 조항에 의하여 한국선박으로 판명되면 선박법에 의하여 반드시 우리나라에 등록을 하여야 하는지 또는 선택적인 사항인지 여부이다. 이에 대해 선박법 제8조에서는 대한민국선박의 소유자는 동 법 제8조에 따라 선박을 취득한 날부터 60일 이내에 그 선적항을 관할하는 지방해양수산청장에게 선박의 등록을 신청하도록 규정하고 있으며 이를 위반할 경우 200만원 이하의 과태료를 부과하도록 규정하고 있다(법 제35조). 이를 감안할 때 한국선박은 반드시 우리나라에 등록하여야 하며 다른 나라에 등록하는 것을 허용하지 않는다고 보아야 할 것이다. 지방해양수산청장은 선박의 등록신청을 받으면 이를 선박원부(船舶原簿)에 등록하고 신청인에게 선박국적증서를 발급하여야 한다.

　　반면에 대한민국 국민 또는 상사법인이 국적취득조건부 나용선(BBC/HP) 조건으로 취득한 선박에 대하여는 이를 선박확보를 위한 금융수단으로 보아 적법한 것으로 취급하고 있으나 대한민국 국민 또는 상사법인이 선박을 제3국에 편의치적하고 국내를 영업기반으로 하는 소위 위장국적선은 통상 불법적인 외화반출이 수반되므로 외환관리법 위반으로 처벌의 대상이 되기도 한다.

한편 우리나라는 선박의 등록과 별개로 총톤수 20톤 이상의 기선(機船)과 범선(帆船) 및 총톤수 100톤 이상의 부선(艀船)에 대하여는 선박을 관할 등기소에 등기한 후에 선박등록을 신청하도록 하는 등기와 등록의 이원주의를 채택하고 있다. 또한 상법 제743조에서는 "등기 등록할 수 있는 선박의 경우 그 소유권의 이전은 당사자 사이 합의만으로 그 효력이 생긴다"고 규정하고 "다만, 이를 등기하고 선박국적증서에 기재하지 아니하면 제3자에게 대항하지 못한다"하여 선박 등기와 등록을 제3자에 대한 대항요건으로 삼고 있다.

제 2 절   국제선박등록제도

1980년대 후반에 유럽의 해운국을 중심으로 자국선대의 해외이탈을 막고 이미 편의치적된 자국선대의 회귀를 촉진하기 위해 제2선적제도를 도입하기 시작했다. 우리나라는 1997년 8월 국적선사의 경쟁력 강화측면에서 국제선박등록법을 제정하여 외국인 선원의 고용범위를 확대하고 선박에 대한 세제 감면 지원근거를 마련하였다. 우리나라의 국제선박등록제도는 당초 선박등록을 한 후 국제선박등록법에 의한 요건에 해당할 경우 부가적으로 국제선박으로 등록하는 형태를 취하므로 제2선적제도의 유형 중에서 독일과 유사한 부가선박등록제도에 해당한다고 할 수 있다.[1]

우리나라 국제선박등록법에 근거하여 국제선박으로 등록할 수 있는 선박은 선박법상의 대한민국선박(국유 또는 공유의 선박과 어선 제외)과 아울러 외항운송사업자

---

1) 따라서 명칭은 노르웨이와 같이 국제선박등록제도라는 명칭을 사용하나 우리나라의 국제선박등록제도는 이와는 다른 것임.

(해운법에 의해 정기·부정기 여객운송사업 면허를 받거나 정기·부정기 화물운송사업 등록을 한 자) 또는 해운법에 따라 선박대여업을 등록한 자가 대한민국의 국적취득을 조건으로 임차(BBC/HP)한 외국선박 중 외항운송사업자가 운항하는 선박을 대상으로 하고 있다.[2] 이와 같이 국적취득조건부 나용선(BBC/HP)을 포함한 이유는 나용선료 상환기간 동안 선박을 편의치적 제공국에 등록하고 있으나 우리나라 외항운송사업자가 사실 상 소유하는 선박으로서 제한적이지만 우리나라 법령을 적용하고 있기 때문이다. 한편 이러한 선박 중 국제선박으로 등록할 수 있는 선박의 규모와 선령은 국제총톤수가 500톤 이상이면서 선령이 20년 이하인 선박으로 하되 예외적으로 선박안전법에 따른 선급법인이나 그 밖에 해양수산부령으로 정하는 선급에 등록한 선박으로서 해양수산부령으로 정하는 국제협약증서를 갖춘 선박은 선령기준을 적용하지 아니한다(국제선박등록법 시행령 제2조).

국제선박으로 등록하려면 선박소유자 등은 선박법 상 대한민국선박에 해당할 경우 먼저 선박법에 의한 선박등록을 한 후 선적항을 관할하는 지방해양수산청장에게 국제선박 등록을 신청하여야 한다. 이 경우 지방해양수산청장은 그 선박이 국제선박등록법에 의한 국제선박의 등록대상이 되는 선박인지를 확인한 후, 등록대상인 경우 지체 없이 이를 국제선박등록부에 등록하고 신청인에게 국제선박등록증을 발급하여야 한다(법 제4조).

국제선박의 외국인 선원 승무기준에 대하여는 노동조합 연합단체 및 외항운송사업자협회 등 이해당사자와 관계 중앙행정기관의 장의 의견을 들어 해양수산부장관이 정하도록 하고 있으며 해양수산부장관은 '국제선박 외국인 선원 승무기준 및 범위' 고시[3]에서 이를 정하고 있다. 동 고시에서는 국제선박을 국가필수선박, 지정국제선박 및 일반국제선박으로 구분하여 외국인 선원의 승무 허용범위를 달리 정하고 있다. 국가필수선박[4]이라 함은 '비상사태등에 대비하

---

2) 국제선박등록법 제3조(등록대상 선박).

3) 해양수산부고시 제2021－57호, 2021. 3. 9.

4) 2019년 1월 '비상사태등에 대비하기 위한 해운 및 항만 기능 유지에 관한 법률'이 제정됨에 따라 국가필수선박제도로 변경되었으며 동 법 제2조에서는 국가필수선박을 '비상사태등이 발생하는 경우 국민경제에 긴요한 물자와 군수물자를 수송하기 위하여 지정된 선박'으로 정의함으로써 그 범위가 더 넓어졌다고 할 수 있음

기 위한 해운 및 항만 기능 유지에 관한 법률'에 따라 비상사태에 대비하여 선박과 선원의 효율적 활용을 위하여 선박의 규모 및 선령 등 일정 기준에 해당하는 국제선박을 해양수산부장관이 관계 중앙행정기관의 장과 협의하여 지정한 선박을 말하는데 이러한 선박에는 외국인 선원의 승무 허용범위를 부원 6명 이내로 제한하도록 하고 있다. 이는 비상사태 시에 선박의 가동을 위해서는 적정선원이 확보되어야 하는데 외국인 선원의 경우 선박운항의 위험성을 이유로 하선하는 사례가 발생하여 선박운항에 지장을 초래할 가능성이 크므로 국가필수선박의 외국인 선원 승무범위를 부원으로 한정하고 승무허용 인원수도 제한하고 있는바 국가는 이에 따른 선원비 차액을 보상하도록 규정하고 있다.[5] 지정국제선박이라 함은 한국인 선원의 고용 안정과 적정규모 유지를 위하여 선원노동조합 연합단체와 선박소유자 등이 설립한 외항운송사업관련 협회가 합의하여 지정·운영하는 선박을 말하며 동 선박에 대한 외국인 선원의 승무 허용범위는 칙당 부원 8명 이내 또는 선장·기관장을 제외한 직원 1명과 부원 7명 이내로 한다. 다만 지정국제선박을 여러 척 보유하고 있는 선사의 경우에는 해당 선사의 노사합의를 통해 총 허용 외국인 선원 인원수 범위 내에서 지정국제선박별로 외국인 선원 수를 조정할 수 있도록 선사별 정원제를 적용·시행할 수 있다. 국가필수선박과 지정국제선박을 제외한 일반국제선박에는 선장·기관장을 제외한 선원 전체를 외국인 선원으로 승무하게 할 수 있게 하여 국제경쟁력을 확보할 수 있도록 하고 있다.

한편 정부는 국제선박등록법에 따라 등록된 국제선박에 대하여 관계 법령에서 정하는 바에 따라 조세의 감면이나 그 밖에 필요한 지원을 할 수 있다. 이에 따라 지방세특례제한법(제64조 제1항)에서는 "국제선박등록법에 따른 국제선박으로 등록하기 위하여 취득하는 선박에 대해서는 2021년 12월 31일까지 지방세법 제12조 제1항 제1호의 세율[6]에서 1천분의 20을 경감하여 취득세를 과세

---

5) '비상사태등에 대비하기 위한 해운 및 항만 기능 유지에 관한 법률'(2020. 1. 16.일 시행) 제13조.

6) 가. 등기·등록 대상인 선박(소형선박 제외): ① 상속으로 인한 취득: 1천분의 25, ② 상속 외의 무상취득: 1천분의 30 ③ 원시취득: 1천분의 20.2, ④ 수입에 의한 취득 및 주문 건조에 의한 취득: 1천분의 20.2, ⑤ 그 밖의 원인으로 인한 취득: 1천분의 30
   나. 소형선박: 선박법 상 소형선박 1천분의 20.2, 동력수상레저기구: 1천분의 20.2
   다. 가목 및 나목 외의 선박: 1천분의 20

하고, 과세기준일 현재 국제선박으로 등록되어 있는 선박에 대해서는 재산세의 100분의 50을 2021년 12월 31일까지 경감한다"고 규정하고 있다. 또한, 정부는 조세특례제한법을 1999년 12월 개정하여 국제선박으로 등록된 선박을 양도하는 경우 그 양도차익에 대하여 과세를 이연하는 제도를 도입하였는데 이는 선박을 양도한 연도 말까지(또는 그 다음 사업연도의 개시일부터 2년 이내) 새로운 선박을 취득하는 경우 새로운 선박의 취득에 사용된 양도차익의 100분의 80에 상당하는 금액은 당해 사업연도의 소득금액계산에 있어서 이를 손금에 산입하여 과세를 이연받을 수 있게 하였다. 다만 양도차익을 손금에 산입한 법인이 기한 내에 손금에 산입한 금액을 새로운 선박의 취득에 사용하지 아니하거나 선박을 취득하기 전에 해산(합병의 경우를 제외)하는 경우에는 당해 사유가 발생한 날이 속하는 사업연도의 소득금액계산에 있어서 그 손금에 산입한 금액을 익금에 산입하도록 하고 있다. 이와 같은 국제선박에 대한 이연과세제도는 2009년 1월 폐지되었는데 이는 외항해운업에 대한 톤세제도가 2005년부터 시행되었고 이러한 양도차익도 해운소득의 범주에 포함됨에 따라 톤세를 선택하는 경우 그 기간 동안 자연적

표 5-5 ｜ 국제선박에 대한 조세지원 실시(2000년)

		일반선박 (국제선박 이외의 상선)	국제선박
법인세	세율	28%(1억원 미만 16%) (결손이월 5년)	28%(1억원 미만 16%)
	선박매매 차익과세	과세	과세이연 (국제선박 매각차액의 80% 손금산입)
등록세 취득세 재산세 소방공동시설세		취득가액의 0.02% 취득가액의 2%×0.5 장부가액의 0.3%×0.5 장부가액의 0.16%	좌동 무세 좌동 무세
농특세 교육세 법인등록세		취득세의 30% 재산세의 20% 자본금의 0.3%	좌동 좌동 좌동

자료: 국제선박제도 비교연구, 2001. 8, 박찬재(한국해양대학교 경영학박사 논문), p. 136.

으로 이연과세하는 효과를 가져 오기 때문이다. 이와 같이 국제선박등록제도를 도입했을 당시 일반선박과 국제선박 간의 과세제도를 비교하면 〈표 5-5〉와 같다.

제 3 절   제주선박등록특구제도

국제선박등록제도가 도입된 후 선박법에 의해 등록한 한국선박보다 지방세 중 취득세 및 소방공동시설세의 감면이 이루어지게 되었으나 그럼에도 불구하고 국제선박에 대한 재산세, 지방교육세 및 농어촌특별세 등의 조세 부담은 편의치적선에 비하여 매우 높은 수준이었다. 이에 따라 초기의 국제선박 등록은 기대한 만큼 이루어지지 않았으며 이에 대한 제도적 개선이 요구되던 차에 제주국제자유도시 출범과 함께 제주선박등록특구제도의 도입이 추진되었다. 제주선박등록특구제도는 제주도 내 개항(제주항 및 서귀포항)에 국제선박을 등록하면 지방세를 대폭적으로 경감해주기 위한 제도로서 제주국제자유도시특별법(현행 제주특별자치도 설치 및 국제자유도시 조성을 위한 특별법)에 반영되어 시행되었다. 2002년 4월에 시행된 제주국제자유도시특별법 제47조를 보면 다음과 같다.

제47조(선박등록특구의 지정 등) ① 선박등록을 활성화하기 위하여 개항질서법 제3조의 규정에 의한 제주도내 개항을 선박등록특구로 지정한다.
② 국제선박등록법 제4조의 규정에 의하여 해양수산부장관에게 등록한 선박으로서 제1항의 규정에 의한 개항을 선적항으로 하는 선박과 대통령령으로 정하는 외국선박에 대해서는 지방세법 및 농어촌특별세법이 정하는 바에 따라 취득세, 재산세, 공동시설세, 지방교육세 및 농어촌특별세를 면제할 수 있다.
③ 선박등록특구의 지정 및 운영 등에 관하여 필요한 사항은 대통령령으로 정한다.

현행 '제주특별자치도 설치 및 국제자유도시 조성을 위한 특별법'에서도 이와 유사한 규정을 유지하고 있는바 다음과 같다. 한편 2015년 8월 개항질서법이 폐지되면서 '선박의 입항 및 출항 등에 관한 법률'이 제정·시행되어 개항이라는 명칭 대신 무역항이라는 개념이 도입되었다.

> 제443조(선박등록특구의 지정) ① 선박등록을 활성화하기 위하여 「선박의 입항 및 출항 등에 관한 법률」 제2조에 따른 제주자치도 내 무역항을 선박등록특구로 지정한다.
> ② 「국제선박등록법」 제4조에 따라 해양수산부장관에게 등록한 선박으로서 제1항에 따른 무역항을 선적항으로 하는 선박과 대통령령으로 정하는 외국선박에 대해서는 「조세특례제한법」, 「지방세특례제한법」 및 「농어촌특별세법」에서 정하는 바에 따라 취득세, 재산세, 「지방세법」 제146조 제2항에 따른 지역자원시설세, 지방교육세 및 농어촌특별세를 면제할 수 있다.

표 5-6 ┃ 국제선박 및 제주선박등록특구 등록선박 조세현황

구분	외국항로취항용 선박 (지방세특례제한법)	국제선박 (지방세특례제한법)	제주특구등록선박 (제주특별자치도 설치 및 국제자유도시 조성을 위한 특별법)
취득세 (선가의 2.02~3%)	세율-1%	세율-2%	세율-2%
재산세 (선가의 0.3%)	50% 감면	50% 감면	면제
지역자원시설세 (선가의 0.12%)	부과	부과[1]	면제
지방교육세 [(선가의 취득세율-2%)×20%]	부과	부과	부과[2]
농어촌특별세 (취득세 감면세액의 20%)	부과	부과	면제

주1) 지방세특례제한법 개정(2018. 12. 24)으로 2019년부터 과세 전환.
주2) 조세특례법제한법 제121조의15 삭제로 2016부터 과세 전환
자료: 제주선박등록특구제도 유지 및 발전방안 연구, 2021.6.30, 한국해양수산개발원(박성화·류희영), p. 123.

③ 선박등록특구의 지정과 운영 등에 필요한 사항은 대통령령으로 정한다.

외항선박을 선박법에 의해 등록한 경우, 국제선박으로 등록한 경우 및 제주선박등록특구에 치적한 경우의 조세지원을 비교하면 〈표 5－6〉과 같으며 그자세한 내용은 다음 장 제1절(우리나라 해운업 조세정책 개요)을 참고하기 바란다.

이와 같이 국제선박등록제도의 도입에 의한 외국인 선원의 승선범위를 대폭 확대하고 제주선박등록특구제도를 도입하면서 선박에 대한 조세를 대폭 감면해줌으로써 대부분의 국적선과 국적취득조건부 나용선(BBC/HP) 선박이 국제선박 등록과 동시에 제주선박등록특구에 등록을 하게 되었다(〈표 5-7〉 참고).

표 5-7 | 국제선박 및 제주선박등록특구 등록선박 추이

(단위: 척, %)

연도	국제선박등록(척)			제주특구등록(척)			비율 (B/A)
	계(A)	국적선	BBC/HP	계(B)	국적선	BBC/HP	
2003	403	255	148	386	238	148	95.7
2004	474	349	125	446	330	116	94.0
2006	591	443	148	583	435	148	98.6
2008	810	590	220	795	575	220	98.1
2010	876	564	312	852	540	312	97.2
2011	936	554	382	915	533	382	97.8
2012	992	545	447	961	514	447	96.9
2013	1,074	587	487	1,051	564	487	97.9
2014	1,118	590	528	1,100	572	528	98.4
2015	1,170	594	576	1,151	594	557	98.4
2016	1,113	578	535	1,100	573	527	98.8
2017	1,085	542	543	1,069	526	543	98.5
2018	1,116	568	548	1,104	556	548	98.9
2019	1,138	581	557	1,124	567	557	98.8
2020	1,170	583	587	1,156	569	587	98.8

자료: 해양수산부.

제 4 절 우리나라 선박등록제도의 공과

　　우리나라의 선박법에 의한 선박등록요건은 대부분의 나라가 채택하고 있는 소유권주의를 채택하여 왔고 외국인투자의 개방추세에 맞추어 100% 외국인이 지분을 소유하고 있더라도 우리나라 법령에 따라 설립된 상사법인(商事法人)이 소유하는 선박은 대한민국선박으로 등록할 수 있도록 하고 있다. 이에 따라 외국선사가 한국에 자회사를 설립한 후 자국에서 장기운송계약 기간이 만료된 선박을 국내에 도입하여 대한민국선박으로 등록하는 사례도 생겨났다. 이러한 선박을 이용하여 우리나라 대량화물 화주가 화물운송을 위한 입찰을 실시할 때 저가로 응찰함으로써 국적선사들이 원가경쟁에서 상대적으로 불리한 상황에 놓이는 경우도 발생하게 되었다. 이와 같이 동등한 경쟁여건이 갖추어지지 않은 상황에서 외국인투자 유치 확대를 위하여 취해진 개방정책은 그 부작용이 발생할 수도 있는 것이다. 우리나라가 1990년대 들어 해운산업의 자율·개방정책을 추진한 이후 외국의 선사와 경쟁할 수 있도록 선박확보에 대한 각종 제한 완화, 선박도입시 관세철폐, 국제선박등록제도 및 제주선박등록특구의 도입, 선박투자회사제도 및 톤세제의 도입 등 일련의 선진 해운제도를 도입했음에도 불구하고 아직도 외국의 선사와의 경쟁에서 불리한 요소들이 남아있는 것이다. 이러한 요소들을 찾아서 해결하는 것도 정책당국의 주요한 임무 중의 하나라고 할 것이다.

　　이와 같이 국제선박등록제도 및 제주선박등록특구는 외국선사와의 균등한 경쟁여건을 조성하기 위해 도입된 선진 해운제도 중의 하나이며 국적선사들의 선원확보와 선원비 절감은 물론 선박에 대한 조세부담 완화를 통해 국제경쟁력을 강화하는 데 크게 기여한 것으로 평가된다. 이는 등록대상 외항선박의 약 97.0%가 국제선박과 제주선박등록특구에 동시에 등록하고 있다는 점이 잘 보여준다고 할 것이다.

　　참고로 국제선박등록법이 시행된 1998년 이후 외국인 선원 고용추이를 살

펴보면 〈표 5-8〉과 같다. 우리나라 외항선원 수는 외항상선대의 변화추이와
정비례하는바, 2005년 이후 선박확보가 늘어남에 따라 선원 수가 급격히 증가
하였고 2016년 하반기 한진해운(주)의 영업중단 및 반선 등으로 선원 수가 크
게 감소하였다. 외항상선 선원 중 외국인 선원의 비중은 1998년 국제선박등록
제도 도입 이후 지속적으로 증가하는 추세를 보였으며 외국인 선원 고용인원은
우리나라 외항선대의 변화추이와 그 궤를 같이 하는데 한진해운(주) 사태의 영
향으로 2018년에는 약간의 감소세를 보이기도 하였다.

표 5-8 │ 우리나라 외항상선 외국인 선원 고용 추이

(단위: 명, %)

연도별	1998	2000	2005	2010	2015	2018	2020
총선원수(A)	8,191	9,812	9,778	16,976	21,444	20,123	20,341
국적선원	7,215	7,899	7,402	9,077	9,308	8,263	8,145
외국인선원(B)	976	1,913	2,376	7,899	12,136	11,860	12,196
비중(B/A)	11.9	19.5	24.3	46.5	56.6	58.9	60.0

자료: 선원통계연보, 각 연도, 해양수산부(국토해양부).

한편 국제선박등록제도 및 제주선박등록특구 도입에 따른 조세 감면현황
을 보면 2003년부터 2015년까지 약 9,810억원에 이르는데 이는 연평균 757.5억
원 규모이며 2020년에는 10월까지 그 감면규모가 약 949억원에 달한다.[7] 다만
이러한 조세감면은 조세특례제한법 및 지방세특례제한법 등의 일반원칙에 따
라 일몰제(日沒制)[8]로 운영하고 있어 일몰기한이 도래할 때마다 그 정책적 효과
를 분석하여 제시해야 하는 어려움이 있으며 지방자치단체의 재원 확충을 이유
로 그 감면규모가 축소되는 일이 없도록 관리할 필요가 있다.

---

7) 제주선박등록특구제도 유지 및 발전방안 연구, 2021. 6. 30, 한국해양수산연구개발원(박성화·
   류희영), p. 123.
8) 조세감면 규정 등에 대하여 특정기일(일몰기한)이 도래하면 그 필요성을 재검토하여 실효성이
   떨어진다고 판단되면 조세감면 등을 중단하는 제도.

제3장

우리나라 톤세제도

제 1 절 해운업 조세정책 개요

　해운업을 영위하는 과정에서 각종 조세가 부과되는데 이러한 조세정책적 수단을 이용하여 해운업을 지원하기도 한다. 우리나라에서는 해운업 영위를 위한 필수적 자산인 선박을 확보하고 보유함으로 인하여 취득세, 지방교육세, 재산세, 지역자원시설세 등의 지방세와 선박을 수입하는 과정에서 관세의 부과대상이 되기도 하며 선박운항에 필요한 연료유에는 교통·에너지·환경세, 개별소비세, 부가가치세 등 다양한 조세가 부과된다. 해운업을 영위하는 과정에서는 경영성과에 따라 부과되는 법인세와 해운업 용역공급에 대한 부가가치세 등의 부과대상이 되며 영업수단인 선박을 매각하는 경우 양도차익에 대하여는 수익으로 계상되어 법인세를 산출하기 위한 과세소득에 포함되기도 한다.

　선박을 건조하거나 매입하는 과정에서는 취득세 및 취득세에 부가(附加)되는 지방교육세 및 농어촌특별세의 부과대상이 된다. 선박 취득세는 지방세법에 의하여 부과되며 해당 선박이 등기·등록 대상인지 여부 및 그 취득사유에 따라 각각 다른 세율을 적용하고 있는데 아래와 같다(지방세법 제12조).

> 가. 등기·등록 대상인 선박(소형선박 제외)
> ① 상속으로 인한 취득: 1천분의 25
> ② 상속 외의 무상취득: 1천분의 30
> ③ 원시취득: 1천분의 20.2
> ④ 수입에 의한 취득 및 주문 건조에 의한 취득: 1천분의 20.2
> ⑤ 그 밖의 원인으로 인한 취득: 1천분의 30
> 나. 소형선박
> ① 선박법상 소형선박 1천분의 20.2
> ② 동력수상레저기구: 1천분의 20.2
> 다. 가목 및 나목 외의 선박: 1천분의 20

외국항로에만 취항하기 위하여 취득하는 외국항로취항용 선박에 대해서는 위 세율에서 1천분의 10을 경감하여 취득세를 과세하고 국제선박등록법에 의해 등록한 국제선박(이를 다시 제주선박등록특구에 등록한 경우 포함)에 대하여는 위 세율에서 1천분의 20을 차감하여 과세한다. 예를 들어 등기·등록 대상 선박을 수입하여 국제선박으로 등록하는 경우 선박가액에 대하여 1천분의 0.2에 해당하는 취득세가 부과되는데 1천억원에 달하는 대형 컨테이너선의 경우에 국제선박으로 등록함으로써 20억원에 달하는 취득세를 감면받을 수 있다. 이외에도 선박을 취득할 때 취득세에 부가(附加)하여 부과되는 지방교육세 및 농어촌특별세는 제주선박등록특구에 선박을 등록하는 경우 감면대상이 된다.

한편 선박(국적취득조건부 나용선 포함)을 수입하는 경우 1996년까지는 관세가 부과되었는데 관세의 부과는 국내 조선업을 보호하기 위한 성격이 강하였다. 1973년 2월 관세법에 반영된 관세율표(제89류 8901)상 철강재 화물선의 관세율을 보면 총톤수 3천톤 이상의 선박의 경우 선령이 10년 미만이면 무세를 적용하고 그 이상이면 선박 가액의 5%에 달한다. 또한, 총톤수 3천톤 미만 1,500톤 이상 선박의 경우 선령 10년 미만이면 선박가액의 5%를, 그 이상의 것에 대하여는

10%를 관세로 부과하였다. 총톤수 1,500톤 미만의 경우에는 선령 10년 미만은 선박가액의 20%를, 10년 이상의 경우 30%를 각각 적용하였다. 즉 선박의 총톤수와 선령에 따라 관세율을 차등 적용하였는바, 3천톤 이상이면서 선령이 10년 미만인 경우를 제외하고는 매우 고율의 관세가 부과되어 당시 중고선 도입에 크게 의존하던 국적선사로서는 큰 부담이 되었음을 알 수 있다. 이와 같은 관세율은 정부의 선박량 증강정책과 맞물려 수시로 감면되기도 하였으나 1996년 당시 선박도입 관세율은 선박가액의 2.5%를 일률적으로 적용하였으며 1997년부터 해운선사의 경쟁력 강화차원에서 선박도입에 따른 관세가 전면 폐지되었다. 반면 이와 같이 선박도입 관세가 무세로 전환되었다고 하여 관세법상의 수입신고절차가 생략되는 것이 아니므로 선박 도입(특히 국적취득조건부 나용선) 시 국내항만에 최초 입항할 때 이러한 신고절차를 이행하여야 한다.

다음으로 선박(특정 고급선박 제외)을 보유함에 따른 조세로서 재산세는 지방자치단체가 정하는 시가표준액의 1천분의 3에 해당하는 금액을 매년 부과하는데 외국항로취항용에 사용하는 선박에 대해서는 재산세 납세의무가 최초로 성립하는 날부터 5년간 재산세의 100분의 50을 경감하는 반면, 국제선박으로 등록되어 있는 선박에 대해서는 재산세의 100분의 50을 경감하고 있으며 제주선박등록특구에 등록된 선박은 재산세를 전액 감면하고 있다. 또한 보유선박에 대하여 지방세법에 근거하여 지역자원시설세[1]가 부과되는데 선박의 시가표준액 중 6,400만원까지는 10,000분의 4~10,000분의 12의 세율을 누진적용하며 6,400만원 초과금액에 대하여는 10,000분의 12의 세율을 적용하고 있는데 제주선박등록특구에 등록된 선박에 대하여는 이를 전액 감면하고 있다.

한편 선박운항에 사용되는 연료유에 대하여는 교통·에너지·환경세, 개별소비세, 부가가치세 등 다양한 세금이 부과되는데 외국항행용역에 사용되는 연료유에 대하여는 각각의 개별법령에 근거하여 이러한 조세를 감면하고 있다. 또한, 외국항행용역에 대하여는 부가가치세법(제23조)에 의하여 영세율을 적용하

---

1) 지하자원·해저자원·관광자원·수자원·특수지형 등 지역자원을 보호·개발하고, 지역의 소방사무, 특수한 재난예방 등 안전관리사업과 환경보호·환경개선 사업 및 지역균형개발사업에 필요한 재원을 확보하거나 소방시설·오물처리시설·수리시설 및 그 밖의 공공시설에 필요한 비용을 충당하기 위하여 부과하는 것.

는바, 이와 같이 외국항행용역에 대한 각종 조세를 감면하는 것은 외항선사의 원가절감을 통한 국제경쟁력을 강화함은 물론 수출입화물의 물가안정에 기여함을 목적으로 한다고 할 수 있다.

한편 해운업 영업에서 큰 비중을 차지하는 것이 해운업 영업결과 매년도 발생하는 이익에 대하여 부과하는 법인세이다. 우리나라의 법인세는 법인세법에 의하여 부과되는데 과세표준을 산출한 후 세율을 곱하여 계산하는바, 우리나라의 법인세율을 보면 〈표 5-9〉와 같다. 법인세는 과세표준에 따라 세율이 100분의 10에서 100분의 25까지 누진계산하는 방식인데 해운업과 같이 해운호황기에 큰 이익을 발생하는 업종에는 불리한 구조라고 할 수 있다. 또한 해운업을 영위하기 위해 사용되는 선박을 매각하는 경우 양도차익에 대해서도 당해 연도 이익에 포함할 경우 해운호황기에는 통상 매우 큰 양도차익이 발생하여 법인세 과세표준이 크게 늘어날 수밖에 없다. 이미 언급한 바와 같이 국제선박으로 등록된 선박의 양도차익에 대하여 일정 기간 내 새로운 선박의 매입을 위해 사용하는 경우 당해 양도차익의 80%까지를 과세표준 계산 시 손금 처리하도록 하는 제도가 있었으나 2009년 폐지되었다.

표 5-9 　우리나라 법인세율(법인세법 제55조)

과세표준	세율
2억원 이하	과세표준의 100분의 10
2억원 초과 200억원 이하	2천만원+(2억원을 초과하는 금액의 100분의 20)
200억원 초과 3천억원 이하	39억 8천만원+(200억원을 초과하는 금액의 100분의 22)
3천억원 초과	655억 8천만원+(3천억원을 초과하는 금액의 100분의 25)

이와 같이 국적선과 국적선사에 대하여 부과하는 조세는 다양하면서도 무거운데 국적선사의 경쟁력 강화를 위해 조세정책으로 지원하는 방식은 크게 두 가지라고 할 수 있다. 그 하나는 선박에 대하여 조세부담을 경감하기 위한 국제선박등록제도 및 제주선박등록특구제도이며 다른 하나는 해운업 영위에 따

른 조세부담을 경감하기 위한 톤세제도이다.

제 2 절 톤세제도의 도입배경

유럽의 선진 해운국들이 1980년대 후반기에 자국선대의 편의치적을 막기 위해 국제선박등록제도를 도입하였음에도 불구하고 충분한 효과를 거두지 못하자 이를 보완하기 위한 제도로 1990년대 후반기에 톤세제도를 도입하였다. 우리나라의 경우 1998년 국제선박등록제도, 2002년 제주선박등록특구제도를 도입하였으나 국내 해운사업자의 영업에 따른 해운수익에 대한 법인세 과세는 선진 해운국에 비해 매우 높은 수준이었다. 이에 따라 선진 해운국과 동등한 경쟁여건을 조성하기 위하여 2002년 들어 국내에서도 톤세제도를 도입하기 위한 논의가 시작되었다. 2002년 5월에 톤세제 도입을 위한 연구용역이 시행되었고 2003년에는 이를 도입하기 위한 실무직업반이 민·관 합동으로 구성되어 운영되었다. 이를 바탕으로 톤세제 도입을 위한 조세특례제한법 개정 초안을 마련하였으며 이를 포함한 법령개정안이 2004년 10월 정기국회에 상정되어 국회 심의결과 통과되었으며 2004년 12월 31일 공포되어 2005년 1월 1일부터 시행에 들어가게 되었다. 이와 같이 톤세제도의 도입이 법적으로 완결될 수 있었던 것은 해운업계의 여망과 해운당국의 적극적 노력과 함께 재정당국 및 국회 등 이해관계자들의 이 제도의 취지와 해운업에 대한 충분한 이해가 있었기 때문에 가능했다고 본다.

당시 조세특례제한법 개정이유를 보면 "세부담에 대한 예측가능성이 제고되어 중장기 사업추진이 용이하고 세액계산이 간편하여 해운산업의 국제경쟁력이 제고되는 효과가 있을 것으로 기대된다"고 적시하고 있다. 또한, 톤세제도는 해운호황기에 대폭적인 조세 경감 효과를 가져옴으로써 적기에 선박투자를 위한 재원으로 활용할 수 있는 반면, 선박투자시기를 잘못 선택할 경우에는 톤

세를 통한 지원효과는 상실되며 고가의 선박확보는 오히려 국제경쟁력을 약화
시킴은 물론 해운업 경영에 큰 부담으로 작용할 수 있다.

제 3 절   톤세제도의 변천

2005년 2월에 도입된 톤세제도의 근거가 된 조세특례제한법 제104조의 10
을 보면 다음과 같다.

> **제104조의10(해운기업에 대한 법인세 과세표준 계산 특례)** ① 내국법인 중 해운법상 외
> 항운송사업의 영위 등 대통령령이 정하는 요건을 갖춘 해운기업(이하 이 조에서
> "해운기업"이라 한다)의 법인세 과세표준은 다음 각 호에 의하여 계산한 금액을
> 합한 금액으로 할 수 있다.
> 1. 외항운송활동과 관련된 대통령령이 정하는 소득(이하 이 조에서 "해운소득"
>   이라 한다)에 대하여는 법인세법 제13조 내지 제54조의 규정에 불구하고 선
>   박별로 다음 산식을 적용하여 계산한 개별선박표준이익의 합계액(이하 이 조
>   에서 "선박표준이익"이라 한다)
>   개별선박표준이익＝개별선박순톤수×1톤당 1운항일이익×운항일수×사용률
> 2. 해운소득외의 소득(이하 이 조에서 "비해운소득"이라 한다)에 대하여는 법인
>   세법 제13조 내지 제54조의 규정에 의하여 계산한 금액

우선 톤세제도의 적용대상 기업으로는 해운법에 의한 외항 정기·부정기
여객 또는 화물운송사업을 하는 해운기업으로 제한하였는데 2016년 2월 관련
법령이 개정되어 '크루즈산업의 육성 및 지원에 관한 법률'에 따른 국제순항 크
루즈선 운항사업도 포함하였다. 또한, 위와 같은 해운기업의 2년 미만 용선의
규모가 기준선박 대비 5배 이하인 경우에만 적용하도록 하여 과도하게 용선에
의존하는 사업자는 배제되도록 하였다. 이러한 규정의 근본 취지는 용선활동을

확대하는 만큼 국적선대도 같은 비율로 확대하도록 유도하기 위한 것이다. 그런데 당초 기준선박의 범위를 정하면서 소유선박, 국적취득조건부 나용선(BBC/HP)과 함께 '2년 이상 용선' 선박을 포함하였다. 이는 '2년 이상 용선'을 지배선단의 개념에 포함한 것이나 오히려 2년 이상의 장기용선을 권장하는 결과를 초래할 수 있다. 이러한 것은 2000년대 해운호황기에 우리나라 해운기업이 지나치게 용선영업에 치중하였다는 문제점이 지적되면서 2010년 2월에 관련 규정을 개정하였다. 즉 기준선박의 범위에서 '2년 이상 용선' 선박을 제외하고 자기 소유선박과 국적취득조건부 나용선(BBC/HP)만을 포함하도록 하였으며 기준 선박의 5배 범위 내에서 용선('2년 이상 용선' 포함) 영업을 한 경우에만 톤세제도의 적용을 받을 수 있도록 제한한 것이다.

톤세제 도입 당시 해운기업의 소득을 해운소득과 비(非) 해운소득으로 구분하고 해운소득의 범위에 대하여 이를 구체적으로 명시하고 있다. 해운소득은 운항선박별로 일정한 산식에 의하여 산출한 개별선박표준이익의 합계액을 말하며 그 범위는 당초 톤세제도를 도입했을 당시와 큰 변동 없이 유지되고 있다. 톤세제에 의한 과세표준계산특례를 적용받고자 하는 해운기업은 사업연도부터 연속하여 5사업연도동안 과세표준계산특례를 적용받아야 하는데 2009년 이후 해운불황이 장기화되면서 이를 중도 포기할 수 있는 제도가 한시적으로 도입되기도 하였다.

제 4 절 톤세제도의 적용

톤세 적용을 위한 해운소득은 개별선박별로 산출한 표준이익의 합계액인 바 개별선박표준이익을 산출하기 위한 산식은 다음과 같다.

$$개별선박표준이익 = 개별선박순톤수 \times 1톤당\ 1운항일이익 \times 운항일수 \times 사용률$$

위 산식에서 개별선박 순톤수는 선박법에 의한 순톤수를 말하며 운항일수 및 사용률은 톤세적용을 받는 특례 해운기업이 소유한 선박의 경우 소유기간을 운항일수로 하여 사용률은 100%로 하되 용선선박의 경우 용선기간 동안의 운항일수에 대하여 용선계약에 의한 용선비율을 사용률로 한다. 다만 정비·개량·보수 그 밖의 불가피한 사유로 30일 이상 연속하여 선박을 운항하지 아니한 경우 그 기간은 운항일수에서 제외한다. 또한 1톤당 1운항일이익은 개별선박의 순톤수를 기준으로 1,000톤 이하분은 1톤당 14원, 1,000톤 초과 10,000톤 이하분은 1톤당 11원, 10,000톤 초과 25,000톤 이하분은 1톤당 7원, 25,000천톤 초과분은 1톤당 4원을 적용하여 산출한다. 예를 들어 순톤수가 30,000톤인 경우 1톤당 1운항일이익은 $1,000 \times 14 + 9,000 \times 11 + 15,000 \times 7 + 5,000 \times 4$의 산식으로 계산되므로 238,000원이 된다.

법인세의 산출은 톤세적용을 받는 특례 해운기업의 해운소득과 비해운소득을 합산하여 과세표준으로 삼고 이에 해당되는 법인세율(⟨표 5-1⟩ 참고)을 곱하여 산출하게 되는데 비해운소득이 결손금이 발생한 경우에는 해운소득과 합산하지 않고 해운소득만을 과세표준으로 하여 법인세(톤세)를 산출한다. 위와 같이 톤세를 산출하기 위한 개별선박 표준이익은 항상 정(+)의 값을 가지고 비해운소득이 결손이 발생한 경우에는 합산하지 아니하므로 해운불황기에 해당기업이 영업손실이 발생한 경우에도 법인세(톤세)를 납부해야만 한다.

비해운소득이 결손금을 발생시킨 경우 해운소득(개별선박표준이익의 합계액)과 합산을 하지 못하도록 하고 있으므로 해운소득과 비해운소득의 구분이 중요하다고 할 수 있다. 조세특례제한법 시행령에서는 해운소득의 범위를 다음과 같이 규정하고 있다(동 시행령 제104조의7).

1. 외항해상운송활동(외항해상운송에 사용하기 위한 「해운법」 제2조 제4호에 따른 용대선(傭貸船)을 포함한다. 이하 이 조에서 같다)
2. 외항해상운송활동과 연계된 활동으로서 다음 각 목의 어느 하나에 해당하는

활동

가. 화물의 유치·선적·하역·유지 및 관리와 관련된 활동

나. 외항해상운송활동을 위하여 필요한 시설의 임대차와 관련된 활동으로서 기획재정부령이 정하는 활동

다. 직원의 모집·교육 및 훈련과 관련된 활동

라. 선박의 취득·유지·관리 및 폐기와 관련된 활동

마. 선박의 매각. 다만, 법 제104조의10제1항에 따른 해운기업의 과세표준계산의 특례 적용 이전부터 소유하고 있던 선박을 매각하는 경우에는 특례적용 전 기간분은 비해운소득으로 하되, 그 매각대금으로 해당 선박의 매각일이 속하는 사업연도의 종료일까지 새로운 선박을 취득하는 경우에는 다음 계산식에 따라 계산한 금액에 상당하는 금액은 해운소득으로 한다.

$$\text{특례적용전 기간분} \times \frac{\text{새로운 선박의 취득에 사용된 매각대금}}{\text{해당 선박의 매각대금}} \times \frac{80}{100}$$

바. 단일운송계약에 의한 기획재정부령이 정하는 복합운송활동

사. 가목 내지 바목과 유사한 활동으로 기획재정부령이 정하는 활동

3. 다음 각 목의 어느 하나에 해당하는 소득

가. 외항해상운송활동과 관련하여 발생한 「소득세법」 제16조의 이자소득, 동법 제17조 제1항 제5호의 투자신탁수익의 분배금(이하 이 조에서 "이자소득등" 이라 한다) 및 지급이자. 다만, 기업회계기준에 따른 유동자산에서 발생하는 이자소득등을 포함하되, 기업회계기준에 따른 비유동자산에서 발생하는 이자소득등과 그 밖에 기획재정부령이 정하는 이자소득등을 제외한다.

나. 외항해상운송활동과 관련하여 발생한 기업회계기준에 따른 화폐성 외화자산·부채를 평가함에 따라 발생하는 원화평가금액과 원화기장액의 차익 또는 차손

다. 외항해상운송활동과 관련하여 상환받거나 상환하는 외화채권·채무의 원화금액과 원화기장액의 차익 또는 차손

라. 외항해상운송활동과 관련하여 발생하는 차입금에 대한 이자율 변동, 통화의 환율 변동, 운임의 변동, 선박 연료유 등 해운관련 주요 원자재 가격변동의 위험을 회피하기 위하여 체결한 기업회계기준에 의한 파생상품거래로 인한 손익

제5절　톤세제도의 효용성 평가

　　우리나라 외항선사 중에서 톤세제도를 선택한 선사는 톤세제도를 시행한 2005년에 47개 선사에서 2006년 이후에는 지속적으로 60개 이상을 유지하고 있으며 2019년 말 현재 64개 선사가 톤세제를 적용받았다〈〈표 5-10〉 참고〉. 연도별로 톤세제 적용선사를 보면 해운경기가 가장 절정기에 달했던 2007년 82개 선사, 2008년에 88개사로 가장 많아 해운호황기에 그 효용성이 더 높다고 본 것이다.

표 5-10 ┃ 톤세제 적용 외항선사 현황

(단위: 개 사)

연도	'05	'06	'07	'08	'09	'10	'11	'12	'13	'14	'15	'16	'17	'18	'19
선사	47	62	82	88	64	66	70	69	71	74	69	60	61	63	64

자료: 한국선주협회.

　　한편 톤세제 적용에 따른 연도별 절감액을 보면 2005년부터 2019년까지 총 2조 2,218억원에 이르고 있으며 이 중 해운호황이 절정에 달했던 2008년에 6,309억원의 법인세 감면혜택을 받은 것이 가장 큰 규모였다〈〈표 5-11〉 참고〉. 2019년의 경우 총 64개 톤세 적용선사 중 27개 선사가 적자를 기록하고도 63억원의 법인세(톤세)를 납부한 반면, 흑자를 기록한 37개 선사가 법인세를 405억원 절감한 것으로 나타났다.

표 5-11 ┃ 연도별 톤세를 통한 절감액 현황

(단위: 억원)

연도	'05	'06	'07	'08	'09	'10	'12	'14	'16	'17	'18	'19
금액	3,260	1,596	2,257	6,309	721	1,476	1,038	1,097	426	1,247	186	342

자료: 한국선주협회.

 이와 같이 톤세제도는 국적선사의 자본축적에 크게 기여하였음을 알 수 있으며 이러한 재원은 국적선사들의 선대확충을 위한 소중한 재원으로 사용되었다. 다만 선박투자시기에 따라 그 결과는 극명한 차이를 보여주었는데 해운 호황기인 2005~2008년까지 선박투자를 했던 선사의 경우 2009년 이후 극심한 자금압박으로 도산위기에 처하는 등 어려움을 겪은 반면 이를 유보했던 선사들에게는 2009년 이후 적기 선박투자를 할 수 있는 기회로 작용하였다.

제6편

정기선 해운정책

제1장
개 관

제1절 정기선 해운정책의 개요

　　정기선해운은 다수의 화주를 대상으로 하여 정해진 항로에서 정기적인 운송서비스를 실시한다는 측면에서 부정기선해운과는 다른 속성이 있다는 것은 이미 제2편에서 본 바 있다. 정기선해운 서비스가 시작된 초기에 안정적인 서비스를 명분으로 내세워 해운동맹(Shipping Conference)제도가 도입되었고 21세기 들어 쇠퇴하기까지 오랜 기간 지속되었다. 각국에서는 이해관계에 따라 해운동맹에 대하여 서로 다른 입장을 취하였고 20C 후반 들어서는 개발도상국을 중심으로 정기선 해운시장에 참여하기 위한 노력의 일환으로 해운동맹에 대한 규제활동이 전개되었다. 해운동맹은 당초 선진 해운국을 중심으로 형성된 이후 정기선 해운시장에서의 이익을 독점하여 왔으나 20C 후반 들어 개발도상국들이 이러한 해운동맹의 고운임정책에 반발하게 되었다. 77그룹을 중심으로 한 개도국들은 UNCTAD를 통하여 Liner Code를 채택하여 정기선 해운동맹의 무분별한 행동을 규제하고자 하였고 수출주도형 경제성장을 추구하는 일부 개도 국들은 자국 선사들의 정기선 해운시장 참여를 지원하기 위하여 화물유보, 선 박확보지원 및 보조금 지급 등 적극적인 정책을 펼쳤다.

이와 아울러 1980년대 이후에는 미국을 중심으로 해운동맹에 대해 경쟁을 촉진하는 정책을 펼쳤는데 이를 시발로 하여 해운동맹의 기능은 급속히 약화되 기 시작하였으며 이에 정기선 해운선사들은 경쟁이 격화되는 정기선 해운시장 에서 원가절감을 목적으로 1990년대 들어 전략적 제휴(Strategic Alliance)를 결성하 기 시작하였다. 2000년대 들어서는 OECD가 연구를 통해 정기선 해운동맹이 없을 경우 서비스의 불안정성을 초래할 것이라는 주장에 대하여 회의적 입장을 표명하면서 OECD 회원국들에게 해운동맹의 가격담합에 대한 반독점금지 면제 를 폐지하는 것에 대하여 심각하게 고려할 것을 권고[1]함에 따라 EU는 공청회 와 자체적인 논의 끝에 유럽을 중심으로 한 정기선항로에서 130여 년 간 유지 되어온 해운동맹을 폐지하기로 결정하였다. 이러한 EU의 해운동맹 폐지 결정 에는 Maersk, CMA CGM 및 Hapag Lloyd 등 EU 가맹국 선사들이 충분한 경쟁 력을 확보하고 있다는 판단도 작용하였을 것이다.

제2절 정기선 해운동맹(Liner Conference)

1. 해운동맹의 의의

해운동맹이란 해운사업자 간의 경쟁을 제한할 목적으로 운임률, 적취량 및 선박의 배선 등에 대하여 공동의 규칙을 정하여 실행하는 결합체라고 정의할 수 있다. 특히 정기선 해운동맹은 특정한 항로에 대하여 동 항로에 취항하는

---

1) 정기선해운에서의 경쟁정책에 관한 보고서(Report on Competition Policy in Liner Shipping), 2002. 4, OECD.

둘 이상의 선사가 참여하여 결성하게 되며 상호 합의에 의해 공동의 행동규칙을 합의서에 담게 된다. 따라서 해운동맹의 법적 성격은 일종의 카르텔(cartel)로서 상호 간 담합행위를 금지 또는 제한하는 법령에 의한 규제 대상이 되는 것이다. 다만 해운동맹은 통상 둘 이상 국가의 선사들이 참여하므로 국제성을 띤다는 점에서 그 특수성이 있다고 할 수 있으며 해운동맹에 가입하지 않은 맹외선사(盟外船社)가 존재하는 경우에는 해당 항로에 해운동맹이 결성되었다고 하여 반드시 독점이라고 단정지을 수는 없다.

정기선 해운동맹은 1875년 영국에서 5개 선사가 참여하여 결성한 캘커타 해운동맹(UK/Calcutta Conference)이 그 효시로 알려지고 있다. 당시에는 해운사업이 모험사업으로 흥망성쇠가 심했던 만큼 정기선사업은 정해진 항로에서 다중을 대상으로 정기적인 화물운송 서비스를 실시하므로 만약 과당경쟁으로 이를 중단하면 그 이용자들에게 큰 피해를 줄 수 있다는 명분 하에 결성되었다. 그 이후 이러한 서비스의 안정화 필요성은 오랜 기간 정기선 해운시장에서 그 정당성을 인정받아 세계적으로 확산되었으며 극동/유럽항로, 유럽/북미항로, 극동/북미항로 등 대부분의 정기선 항로에서 결성되어 운영되었다.

해운동맹의 유형은 그 개방성의 정도를 기준으로 폐쇄동맹(closed conference)과 개방동맹(open conference)으로 나눌 수 있다. 폐쇄동맹은 완전한 형태의 폐쇄동맹이라기보다는 일정한 요건을 충족하는 경우에는 가입을 허용하는 조건부 형태가 일반적이다. 1879년부터 결성되어 EU의 해운동맹 폐지정책에 따라 2008년 해체된 구주운임동맹(FEFC; Far Eastern Freight Conference)은 대표적인 폐쇄동맹의 사례이다. 반면에 개방동맹은 가입과 탈퇴가 자유로운 형태로 폐쇄동맹에 비하여 결속력이 상대적으로 약하다고 할 수 있다. 유럽에서는 동맹조직에 의한 자율규제의 편익을 중시하여 동맹에 의한 독과점적 시장구조를 인정하는 한편 동맹 스스로 엄격한 내부규칙을 정해 신규선사의 가입과 동맹선사의 자유로운 활동을 제한하는 폐쇄적 동맹제도가 정착하게 되었다. 이에 반해 미국에서는 정기선해운의 특성을 고려하여 동맹의 경쟁제한행위를 일정한 범위 내에서 인정하여 독점금지법의 적용을 면제하되, 동맹의 독점적 관행으로부터 발생하는 폐해를 규제한다는 입장에서 느슨한 가격카르텔기능만을 인정하는 개방적 동맹

제도가 정착되었다.[2]

2. 해운동맹의 경쟁제한 수단

해운동맹은 경쟁억제를 위하여 다양한 수단을 사용하는바 대내적인 수단
으로는 운임협정, 배선협정, 풀(pool)협정, 공동운항 등을 들 수 있으며 대외적
수단으로는 이중운임제, 운임거치할인제, 운임할려제(運賃割慮制), 투쟁선 등을 들
수 있다.

운임협정(rate agreement 또는 freight agreement)은 동맹선사들이 공동으로 적용할
운임을 설정하는 합의서로서 해운동맹에서는 적정한 운임유지를 위한 중요한
수단이다. 배선협정(sailing agreement)이란 동맹선사들이 항로에 투입할 수 있는 선
박량을 할당하는 협정으로 과당경쟁 방지를 위해 선박량의 공급을 규제하는 강
력한 경쟁익제 수단이라고 할 수 있다. 한편 풀협정(pool agreement)은 동맹선사별
로 운송할 수 있는 화물량 또는 운항횟수를 미리 정하거나 해운동맹 전체의 운
임수입을 사전에 합의된 기준에 따라 사후적으로 배분하는 형식을 말하며 전자
를 화물풀(cargo pool)이라고 하고 후자를 재정풀(financial pool)이라고 한다. 반면에
공동운항(joint service)은 두 개 이상의 선사가 선박을 공동으로 투입하여 배정된
비율에 따라 선박의 스페이스를 활용하는 형태를 말한다. 이 경우 선박운항에
따른 비용은 정해진 방식에 따라 공동정산하고 각 선사는 독립적으로 영업활동
을 수행하며 운임수입을 획득하게 된다. 공동운항을 위하여 별개의 위탁선사를
설립하여 운영할 수도 있는데 공동운항에 따른 모든 비용과 수입은 위탁선사에
귀속되며 위탁선사의 경영결과에 따라 순이익을 참여선사에게 배분하는 방식
으로 운영된다.

반면에 대외적인 경쟁억제수단은 화주 또는 맹외선사와의 관계에서 사용
되는 수단으로 우선 이중운임제(dual rate system)는 동맹선사만을 이용하기로 성실
계약(loyalty contract)을 체결한 화주에게는 다른 화주에 비하여 낮은 운임을 적용

---

2) 정기선사의 공동행위에 대한 국제적 규제 동향과 대응방안 연구, 2009. 12, 길광수·고병욱, 한
   국해양수산개발원, p. 1.

하는 제도를 말한다. 만약 이러한 계약을 체결한 화주가 맹외선사를 이용하였을 경우에는 계약위반에 따른 위약금이 부과된다. 다음으로 운임거치할인제(deferred rebate system)는 일정기간 동안 동맹선사만을 이용한 화주에게 운임의 일정률(예를 들어 10%)을 환급받을 수 있는 자격을 주되 바로 환급하지 않고 다음 일정기간 동안 계속해서 동맹선사를 이용하는 경우 환불하는 제도이다. 반면 운임할려제(fidelity rebate system)는 일정기간 동안 동맹선사만을 이용한 화주에게 운임의 일정률을 환급해주되 운임거치할인제와 달리 즉시 환급해주는 방식을 말한다. 마지막으로 해운동맹에 가입하지 않은 선사의 선박이 동맹의 항로를 취항하는 경우 그 맹외선사의 운임보다 낮은 요율로 선박을 투입하여 맹외선사를 퇴출시키려는 전략으로서 이러한 목적으로 투입하는 선박을 투쟁선(fighting ship)이라고 한다.

3. 주요 해운동맹 현황

위에서 언급한 바와 같이 세계 3대 정기선항로라고 할 수 있는 극동/유럽항로, 대서양항로(유럽/북미) 및 태평양항로(극동/북미)에서는 미국과 EU의 경쟁촉진정책에 따라 해운동맹이 폐지되거나 유명무실화되었다. 〈표 6-1〉은 그간 결성되어 운영되었던 주요 해운동맹 현황을 보여준다.

반면 이와 달리 태평양항로안정화협의체(TSA; Trans-Pacific Stabilization Agreement)는 1980년대 들어서 극동/북미항로의 경쟁이 심화되어 항로안정화를 위해 해운동맹 선사와 비동맹 선사를 포함하여 1989년에 결성되었다. 다만 이 협의체는 그 자체가 해운동맹은 아니기 때문에 별도의 동맹운임을 설정하지 않았지만 13개 참여선사가 총 13%의 선박량을 감축하기로 하는 등 적극적인 협력이 이루어졌다. 동 협의체는 2016년 초에 15개 선사3)로 구성되어 운영되었으나 M&A 또는 파산 등으로 일부 선사가 없어지고 Maersk, NYK, K-Line 및 ZIM Line이

---

3) APL, China Shipping (CSCL), CMA CGM, COSCO, Evergreen, Hanjin, Hapag-Lloyd, Hyundai Merchant Marine (HMM), K-Line, Maersk, MSC, NYK, OOCL, Yang Ming, ZIM Line.

표 6-1 | 주요 정기선 해운동맹 개요

해운동맹 명칭	지속기간	운항항로
구주운임동맹 (FEFC; Far Eastern Freight Conference)	1879~2008	극동 ~ 유럽
대서양항로 동맹협정 (TACA; Trans-Atlantic Conference Agreement)	1992~2008	유럽 ~ 북미
북미항로 수출운임협정 (ANERA; Asia North America Eastbound Rate Agreement)	1985~1998	극동 → 북미
북미항로 수입운임협정 (TWRA; Trans-Pacific Westbound Rate Agreement)	1985~1998	북미 → 극동
호주·뉴질랜드/동아시아항로 해운동맹 (ANZESC; Australian and New Zealand/Eastern Shipping Conference)	1975~2016	호주·뉴질랜드 ~ 동아시아

탈퇴하면서 2018년 초에 해체되었다.

제 3 절 Liner Code

1. Liner Code의 의의

Liner Code는 1974년 UNCTAD에 의하여 채택된 정기선동맹의 행동규칙에 관한 협약(Convention on a Code of Conduct for Liner Conferences)을 의미한다. UNCTAD는 UN무역개발회의로서 1964년 개발도상국의 경제발전을 지원하기 위하여 UN 산하에 설치된 기구이다.

　　1960년대까지 선진 해운국, 특히 유럽 해운국의 전유물로 여겨졌던 해운동맹에 대하여 반기를 들고 나선 것은 UNCTAD의 주도세력이었던 개도국 중심의 77그룹(Group of 77)[4]이었다. 이들의 주장은 해운동맹의 폐쇄적 구조로 인하여 개발도상국 해운세력이 접근하기 힘들 뿐만 아니라 개도국의 수출입 정기화물에 대하여 높은 운임을 부과하고 있다는 것이다. 이러한 주장의 근거는 1960년대 말까지 원양 정기선 항로에 컨테이너선을 취항한 개발도상국이 전무(全無)하였으며 비록 취항을 시도하더라도 해운동맹의 방해로 인하여 이를 달성하기 어려웠다는 것이다. 실제로 해운동맹은 미국을 중심으로 한 항로를 제외하고는 대부분 폐쇄동맹의 형태로 운영되어 가입이 까다로웠으며 맹외선사로서 활동하더라도 해운동맹이 투쟁선 등 다양한 견제수단을 동원하여 진입을 차단하여 왔다. 한편 〈표 6-2〉에서 보는 바와 같이 1970년에는 수입가격 중 개도국의 운임비중이 10.04%로서 선진국의 7.26%에 비해 약 2.8%p가 높게 나타났으며 1980년에는 그 격차가 더 벌어져 개도국이 10.49%인 반면, 선진국은 5.52%로 낮아져 개도국의 주장이 어느 정도 설득력이 있는 것으로 볼 수 있다. 다만 개도국의 수입물품과 선진국의 수입물품은 물품의 구성과 가격이 상이하다는 점은 고려하여야 하는데 개도국의 경우 주로 농산물 및 광산물 등 1차 산품을 수출하고 공산품을 수입하는 경우가 많아 수출-수입화물의 불균형 문제와 컨테이너 물동량 부족으로 연결성(connectivity)이 떨어지는 점도 높은 운임비중의 원인 중의 하나로 지적될 수 있다.

　　77그룹의 강력한 뒷받침 하에 1974년 채택된 Liner Code는 발효요건[5]을 충족하는 데 무려 10년이 소요되어 1983년 10월에 발효되었는데 미국, 영국과 일본 등 선진국들은 화물배분(Cargo Sharing)조항이 포함되었다는 이유로 비준하지 않고 있다.

---

4) 1964년 77개 개도국 참여하에 조직한 정부 간 조직으로서 국제연합(UN) 내의 모든 중요한 국제적 문제에 있어 공동 협상 능력을 강화시키기 위한 목적으로 설립되었다.
5) 비준국이 24개국 이상이고 비준국의 선박량 합계가 세계 선박량의 25% 이상이어야 함.

표 6-2 | 세계교역에서 운임비중의 추정(1970, 1980)

(단위: 백만$, %)

연도	국가별 그룹	추정운임 총계(A)	수입물품 CIF가격(B)	운임비중 (A/B)
1970	세계 전체	22,626	292,070	7.75
	선진국	17,483	240,847	7.26
	개도국	5,143	51,223	10.04
	아프리카	1,144	10,510	10.88
	아메리카	1,819	17,358	10.48
	아시아	2,098	22,552	9.30
	오세아니아	82	803	10.21
1980	세계 전체	124,046	1,863,011	6.66
	선진국	79,458	1,437,820	5.52
	개도국	44,588	425,191	10.49
	아프리카	11,007	84,649	13.00
	아메리카	10,841	122,574	8.84
	아시아	22,306	214,358	10.41
	유럽	94	953	9.86
	오세아니아	340	2,657	12.79

주) 세계추정치는 IMF멤버가 아닌 나라의 자료는 포함되지 않았으므로 완전한 것이 아님.
자료: IMF FOB/CIF factors와 IMF import data를 바탕으로 UNCTAD가 재작성(Review of Maritime Transport, 1981, p. 22).

2. Liner Code의 주요 내용

UNCTAD는 이 Code의 목적이 첫째로 외국무역화물을 운송하는 데 있어 당사국의 국적선사에게 참여권을 보장하고 둘째로 정기선 교역의 질서있는 확대를 용이하게 하며 셋째로 화주와 선주의 이해관계를 공평하게 반영하는 것이라고 설명하고 있다.6)

이 Code의 주요 내용으로는 첫째로 모든 당사국의 해운사업자는 자국의

6) 50 years of Review of Maritime Transport, 1968-2018, UNCTAD, p. 15.

대외무역에 종사하는 해운동맹의 정회원이 될 권리를 가진다. 이 경우 동맹의 회원가입을 신청하는 해운사업자는 해운동맹협정에서 정한 대로 장기적으로 규칙적이고 적절하며 효율적인 서비스를 제공할 능력과 의사가 있음을 증명하는 자료를 제시하여야 하고, 동맹협정의 모든 사항을 준수할 것을 조건으로 한다. 한편 해운동맹은 가입신청을 심사할 때 동맹이 운송하는 화물의 화주 및 화주단체가 제출한 의견과 함께 권한 있는 당국이 요구할 경우 그 당국의 의견을 고려하여야 한다. 둘째로 화물배분(Cargo Sharing)에 관한 사항으로 무역당사국의 해운사업자들은 양국의 교역규모와 운임에 있어 공평하게 적취할 권리를 가지며 만약 제3국 선사가 있는 경우에는 그 선사는 20%를 적취할 권리를 가진다. 즉 제3국 선사가 있는 경우 수출국 선사, 수입국 선사 및 제3국 선사가 각각 40 : 40 : 20의 비율로 운송할 권리를 갖는다. 셋째 동맹과 화주와의 관계에 있어서 성실약정(loyalty arrangements)에 대한 공정한 원칙을 확립하고 화주가 관심 가지고 있는 운임률, 성실약정 및 부가운임(surcharges)의 조정 등의 문제에 대하여 화주와 협의하여야 한다. 이는 과거 해운동맹이 일방적으로 운임을 조정하는 등 관행에 대하여 화주들의 불만 사항을 반영한 것이다. 넷째로 해운동맹은 화주단체 등에게 시행 150일 이전에 기본운임률의 인상(GRI)[7]의 시행의사, 인상폭, 시행일자 및 제안된 인상을 뒷받침하는 사유를 통고하여야 한다. 또한, 돌발적 또는 비정상적인 비용의 증가 또는 수입의 감소를 보전하기 위하여 동맹이 부과하는 부가운임(surcharges)은 잠정적인 것으로 간주되며 그의 부과를 필요로 하였던 사정 또는 상황이 개선되거나 소멸될 경우 감액하거나 즉시 폐지되어야 한다.

3. Liner Code의 성과

위와 같이 Liner Code는 이전에 해운동맹에 의하여 시행되었던 관행에 대하여 제동을 걸 만한 충분한 내용을 담고 있으나 발효되기까지 장기간이 소요되어 너무 늦은 시기에 발효됨으로써 해운동맹에 미친 영향은 제한적이었으며

---

7) General Rate Increase

컨테이너화와 복합운송의 발전은 이미 해운동맹의 와해를 예고하고 있었다는 것이다.[8] 그리고 1970년대 들어 한국, 대만 등 일부 개도국들이 비동맹선사로 서 극동/북미항로에 뛰어들면서 태평양항로에서 경쟁이 격화되기 시작했고 1984년 미국 해운법의 시행은 해운동맹의 위력을 약화시키는 데 결정적 역할 을 하였다.

또한 40 : 40 : 20라는 화물배분의 원칙이 효과를 발휘하기 위해서는 개도국 들이 대규모 자금이 소요되는 컨테이너선대를 확보할 만한 자금조달능력이 있 어야 함은 물론 대부분 개도국들이 직면한 수출입화물의 불균형에 따른 문제를 해결하기 위해서 제3국 간 항로에서 화물을 확보할 만한 영업능력이 전제되어 야만 한다. 이러한 문제는 대부분의 개도국들이 극복하기 어려운 과제였다고 보이며 일부 수출주도형 경제성장을 추구한 나라만 예외적으로 정기선 해운시 장에 성공적으로 진입하는 성과를 거두었다.

이와 같이 비록 Liner Code가 해운동맹에 제한적 영향을 미쳤다고 하더라 도 선진 해운국 중심의 세계해운의 흐름에 저항하고 정기선 해운시장에서 개도 국들의 해운세력을 확대하려는 노력은 높이 평가할 수 있다.

제 4 절 미국의 해운동맹정책

1. 미국의 1916년 해운법(Shipping Act)

19세기 들어 미국은 해운분야에서 유럽의 해운국들과의 경쟁에서 기술과 자본력의 부족으로 밀려나기 시작했다. 특히 1840년대 영국의 증기선의 발명은 영국 해운세력의 급속한 발전을 촉진하였고 영국이 해운자유주의로 전환하면 서 항해조례를 폐지하는 계기가 되었다. 이와 같이 미국은 해운분야에서 후발

---

8) 50 years of Review of Maritime Transport, 1968 – 2018, UNCTAD, p. 15.

주자로서 경쟁에서 밀리면서 해운력이 성장하지 못하였고 1900년 미국의 해상교역량의 9.3%만이 미국적선을 이용하였다는 것이 이를 단적으로 보여준다. 이는 결국 미국이 해운시장에 직접 개입하여 해운력을 육성하고자 하는 해운보호주의 정책을 추진하는 계기가 되었고 1904년 미국의 군수물자 수송을 자국선대에 유보하는 화물유보제도를 도입하였다.

한편 미국은 1890년 반독점법인 Sherman Act를 제정하여 시행하였는데 유럽의 해운동맹 선사들이 유럽/북미항로에 취항하면서 해운동맹의 적법성이 문제가 되었다. 미국은 이에 대한 조사를 미국 의회의 상임위원회(일명 Alexander Committee)에 맡기게 되었는데 2년여 동안 조사 끝에 Alexander Report를 제출하였다. 동 보고서는 미국 화주들의 반대에도 불구하고 해운동맹은 독점금지법에 위반되나 안정적인 정기선 서비스유지에 도움을 준다고 결론 내리면서 해운동맹에 대한 Sherman Act의 적용을 면제할 것을 건의하였고 이러한 사항이 1916년 미국의 Shipping Act에 반영되었다. 즉 이와 같은 선사들 간의 협력행위가 불허된다면 다른 선사들을 몰아내기 위하여 낮은 운임을 제시함에 따라 '운임전쟁'이 발발할 것이고 이를 통해 독점이 성취되면 운임을 올릴 것이라는 주장이다. 이와 같이 해운동맹을 합법화하면서도 그 독점력 남용을 방지하기 위하여 많은 규제조항을 반영하고 있는데 해운동맹이 투쟁선(fighting ship)을 투입하는 것을 금지시키고 운임의 차별 및 거치할인(deferred rebate)을 금지하였으며 해운동맹의 결성·변경·해체 및 운임의 설정과 조정 등 많은 사항을 정부의 승인사항으로 정하였다. 이러한 기능을 수행하기 위하여 대통령이 임명하는 5명의 위원으로 구성되는 미국 해운위원회(US Shipping Board)가 설치되었으며 위원회는 이러한 승인요청에 대하여 수정 또는 불승인의 권한을 가지며 법령 위반사항에 대한 조사기능도 가지는 막강한 기구로서 오늘날 미국 연방해사위원회(FMC: Federal Maritime Commission)의 시초가 되었다. 1916년 미국의 해운법에는 이러한 사항 외에도 선박의 매매, 용선 및 리스 등 선박의 확보절차에 관한 사항 및 전시 선박 동원에 관한 사항도 포함하는 등 해운에 관한 사항을 광범위하게 규정하고 있다. 한편 이러한 법령제정에 대하여 미국 화주들은 강력히 반발하게 되었으며 이에 따라 그 시행이 3년 동안 지연되는 등 내홍을 겪었다. 이와 같이 많은 우여곡절 끝에 해운동맹의 적법성을 인정하였으나 이에 대한 찬반논쟁은 오랫동안 지속되었다.

한편 미국은 1916년 해운법 제15조에서 미국의 무역화물 운송에 종사하는 해운동맹은 그러한 운송을 할 수 있는 모든 선사에게 회원자격을 부여하도록 요구하여 개방동맹(open conference)에 한정[9]하였으나 명확한 규정이 없어 1961년 해운법을 개정하면서 이를 명시적으로 규정하였다. 아울러 1916년 해운법에는 규정이 없었으나 이 해운법 제정 이후 해운동맹이 관행처럼 지속해온 이중운임제(dual rate system)를 일정한 요건하에 허용하도록 명문화하였다. 이중운임제 하에서는 해운동맹과 성실계약(loyalty contract)을 체결한 화주에게 통상 15% 정도의 낮은 운임을 적용하기 때문에 이를 두고 해운법 위반여부가 재판에 회부되기도 하였는데 1958년 미국 대법원은 이를 "불법적인 것이며 이는 비동맹선사를 말살하려는 데 목적이 있다"고 판시한 바 있다. 한편 정기선 운임에 대한 정부의 규제도 강화되었는데 정기선사업자는 운임율표를 FMC에 신고하고 이를 공표하도록 하였으며 FMC는 부당하게 낮거나 높은 운임에 대하여 승인을 거부할 수 있도록 하였다.

2. 1984년 미국 해운법

미국이 해운법의 개정을 추진하게 된 배경으로는 첫째로 1916년 제정된 해운법은 1961년 일부 수정을 거쳤으나 일부 조항을 보완하는 정도였으며 그간에 변화된 환경을 반영하지 못하고 있었다. 특히 1960년대 중반 이후 급속도로 진행된 정기선항로에서의 컨테이너화와 이로 인한 복합운송의 발달이 그 주된 요인이라고 할 수 있다. 둘째로 미국 내에서 1970년대 말부터 항공, 철도 및 도로분야에서 규제완화를 추진하였으나 해운분야에서는 구체적으로 추진하지 못하고 있었다. 1978년 항공규제완화법(Airline Deregulation Act of 1978)이 제정되었고

---

9) Conflict and Compromise: The Shipping Act of 1984, Charles L. Buderi (International Law Institute, Washington, D.C.), Berkeley Journal of International Law Vol. 3 Article 4 (1986), p. 315.

1980년에는 철도분야와 도로운송 분야에서 각각 규제완화 관련 법안이 통과되었다.10) 특히 화주를 중심으로 이러한 정기선해운 분야의 각종 규제를 완화해야 한다는 주장이 거세었다. 셋째로 Cargo Preference 및 보조금 지급 등 미국의 해운보호주의 정책에도 불구하고 미국의 정기선해운 분야가 크게 성장하지 못하였다. 이 당시 미국의 정기선사는 APL과 Sea-Land사가 대표적이었으나 개도국 선사의 원양 정기항로 취항과 중국 등 국가통제선사(controlled carriers)의 등장으로 곤경에 처하였다. 또한, UNCTAD가 채택한 Liner Code의 발효요건 충족이 임박한 상황이었다는 점도 고려 요소 중의 하나였다고 생각된다.

1984년 6월 18일 발효된 1984년 미국 해운법의 목적은 첫째로 미국의 대외교역에서 해상화물을 공공운송(common carriage)하는 데 있어 최소한의 정부개입과 규제비용으로 행할 수 있도록 비차별적인 규제절차를 확립하고 둘째로 미국의 해양을 통한 상업활동에 있어 가능하면 국제 해운관례와 조화를 이루는 효율적이고 경제적인 교통시스템을 제공하며 셋째로 미국의 국방수요를 충족할 수 있는 경제적으로 건전하고 효율적인 정기선대의 발전을 도모하는 데 있었다.

그 주요 내용을 보면 우선 해운동맹의 운영이 보다 신축적으로 이루어지게 함으로써 동맹선사와 화주들의 편의를 도모하였다. 이는 1916년 해운법이 지나치게 구속적이었던 것을 완화한 것으로 해운동맹협정의 발효절차 간소화, 독자행동권(independent action)의 부여 및 우대운송계약(service contract)의 도입 등이다. 1916년 해운법에서는 동맹협정을 해운위원회에 제출하고 사전승인을 받도록 하였으나 1984년 해운법에서는 이를 사전 신고하고 FMC로부터 45일 이내에 추가적인 보완요구를 받지 않는 한 45일 후 자동 발효되도록 간소화하였다. 독자행동권은 1984 해운법에서 새로이 도입한 제도로서 동맹 가입선사가 해운동맹에서 정한 요율과 서비스에 따르지 않고 독자적으로 정할 수 있는 권한을 부여한 것으로 동맹선사 간 경쟁을 촉진함으로써 해운동맹의 기능을 약화시킬 것으로 여겨졌다. 특히 해운불황기에 이러한 독자행동권을 행사할 경우 동맹선사

---

10) Regulatory Reform, Ocean Shipping: The Shipping Act of 1984, Thomas C. Cambell & Tai S. Shin, Eno Foundation for Transportation, Inc., Transportation Quarterly, Vol. 41, No. 2, April 1987, p. 151.

간의 운임인하경쟁을 촉발할 수도 있다. 한편 우대운송계약은 화주(또는 화주단체)가 맹외선사인 정기선 사업자 또는 해운동맹과 특정기간 동안 최소한 운송할 물량을 약정하고 그 정기선 사업자 또는 해운동맹은 이에 대해 적용할 운임률과 적재 스페이스 보장 및 이송시간 등 서비스를 확약하는 계약이다. 화주단체는 비영리적으로 소속 화주들의 화물을 통합하거나 분배하는 역할을 하는바, 소규모 화주들이 상호 이익을 위하여 결성할 수 있고 우대운송계약도 체결할 수 있다. 우대운송계약이 성실계약(loyalty contract)과 다른 점은 성실계약은 단순히 화주가 모든 또는 일정 부분의 운송물량을 정기선 사업자 또는 해운동맹에게 약속하고 단순히 운임의 할인을 받기 위한 것인 반면, 우대운송계약은 보다 포괄적인 계약이라고 할 수 있다. 이러한 우대운송계약의 내용은 비공개로 FMC에 신고하여야 하나 화물의 종류, 최소한의 물량, 적용기간, 마일당 운임률 및 서비스 약정 사항 등 핵심사항 위주의 간결한 내용은 대외적으로 공표하여야 하며 30일 이내에 동일한 계약을 원하는 화주가 있는 경우 같은 조건의 계약을 허용해야 한다. 이러한 독자행동권과 우대운송계약 제도는 정기선 사업자 간의 경쟁을 촉진함으로써 화주들에게 보다 낮은 요율과 질 좋은 서비스를 제공하게 하는 등 화주의 입지를 한층 강화시키는 것이라고 할 수 있다.

한편 해운동맹에 대해 유럽과 같이 폐쇄동맹을 도입하자는 법안도 제안되었으나 화주단체 등의 반대로 이루어지지 못하였으며 기존의 개방동맹 체제를 유지하되 일관운송 운임(through rate)을 정하여 FMC에 신고하는 경우 독점금지법의 적용이 면제되는 등 독점금지법의 적용면제 범위는 확대되었다고 할 수 있다. 또한, 북미항로에 취항하고 있는 동맹선사들 간에 공동운항(joint service) 또는 운영 컨소시엄(operating consortia) 등의 결성을 허용함으로써 규모의 경제를 살리기 위한 초대형 컨테이너선의 투입이 촉진되도록 하였다.[11] 이외에도 무선박운송인(NVOCC[12])제도를 도입하여 해상운송용 선박을 운항하지 않는 운송인으로서 해상운송사업자와의 관계에 있어서는 화주로 정의하고 있으며 무선박운송인이 화주로부터 화물운송을 의뢰받기 위해서는 운임률을 정하여 사전에 FMC에 신

---

11) 미국 외항해운정책의 변화와 우리의 대응전략, 1996.1, 박종록, 나라경제 1월호, p. 107.

12) Non Vessel Operating Common Carrier.

고하여야 한다.

한편 1984 해운법에는 원가개념이 부족한 국가통제선사에 대한 규제조항이 포함되어 있는데 이는 1978년 국가가 직접 통제 운영하는 해운사업자를 특별관리하기 위해 제정된 외항해운법(Ocean Shipping Act of 1978)의 내용을 그대로 이어받은 것이다. 그 내용을 보면 우선 정당하고 합리적인 수준 이하의 운임률을 신고했을 경우 이를 인정하지 않으며 해당 선사가 그 신고요율이 정당하고 합리적인 수준임을 입증하지 않는 한 그 수리가 연기되거나 거절될 수 있다. 이와 같이 국가통제선사에 대하여는 낮은 운임률을 제시함으로써 미국선사에게 미치는 부정적 영향을 차단하고 시장의 교란을 막기 위하여 미국의 FMC가 적극 개입하여 관리하는 정책을 펴고 있다. 다만 이러한 규정은 미국과의 협정에 의하여 내국민대우 또는 최혜국대우를 받을 수 있는 국가(예를 들어, 구 소련은 1972년 미국과 해운협정을 체결하였음)의 국가통제선사 또는 국가통제선사만이 서비스하는 교역항로 등에 대하여는 적용되지 않는다.

3. 1998년 외항해운개혁법

1984년 개정된 미국의 해운법은 1998년 외항해운개혁법(OSRA; Ocean Shipping Reform Act of 1998)에 의하여 또다시 대폭적인 개정이 이루어지는 데 이는 정기선사업자와 해운동맹에 대한 잔존 규제를 더욱 완화하는 데 초점이 맞춰졌다.

1998년 외항해운개혁법에서는 1984년 해운법에서 정하고 있는 목적 외에 새로운 사항을 목적에 추가하였는데 "좀 더 시장의존적으로 바꿈으로써, 그리고 경쟁력 있고 효율적인 해상운송을 통하여 미국 수출의 성장과 발전을 촉진하는 것"이다. 이러한 목적에 가장 부합하는 핵심적인 개정사항은 동맹선사들이 독자적으로 우대운송계약을 체결할 수 있도록 허용한 것이다. 1984년 해운법에서는 동맹선사의 독자행동권을 허용하였으나 우대운송계약에 대해서는 이를 허용하지 않음으로써 화주가 우대운송계약을 체결하기 위해서는 해운동맹과 체결하거나 맹외선사와 이를 체결해야만 했다. 따라서 해운동맹은 우대운송계약에 대하여 동맹선사들을 직접 통제할 수 있었으나 1998년 외항해운개혁법에서는 이러한 해운동맹의 통제력을 대폭적으로 완화시켰다. 즉 해운동맹협정은 회원사(들)가 화주 또는 화주단체와 우대운송계약을 체결하는 협상을 실시하는 것을 금지하거나 제한할 수 없으며 우대운송계약 협상 회원사(들)의 권리에 영향을 미칠 요구사항이나 의무적인 규칙을 정할 수 없도록 하였다.[13] 다만 해운동맹은 우대운송계약을 체결하는 절차와 요건들에 대한 자발적인 지침(voluntary guidelines)을 채택할 권한을 가질 수 있으나 회원사들이 이 지침을 따르지 않을 권리가 있음을 명시적으로 규정하여야만 한다. 아울러 우대운송계약에 대해서는 1984년 해운법과 동일하게 비공개로 FMC에 신고하여야 하나 대외적으로 공표할 수 있는 핵심사항을 출발지와 목적지 항만, 상품군, 최소한도의 물량이나 비율 및 기간에만 한정하도록 하여 최대한 비밀유지를 할 수 있도록 하였다. 이러한 제도의 도입은 큰 반향을 불러일으켜 화주 또는 화주단체들이 우대운송계약을 적극적으로 활용하도록 유도함으로써 해운동맹 기능의 약화, 나아가 그 와해를 촉진하였으며 화주입장에서는 운임의 절감은 물론 다양한 서비스를 이용하는 계기가 되었다.

1998년 외항해운개혁법에는 이외에도 독자행동권의 발효시기를 10일에서 5일로 단축하고 운임의 신고방식도 일반인들이 열람하기 용이하도록 인터넷 웹사이트를 통해 공표하도록 개선되었다. 또한 해상운송중개인(ocean transportation intermediary) 개념을 도입하였는데 이는 해상운송주선인(ocean freight forwarder)이나 무선박운송인(NVOCC)을 의미하며 FMC로부터 면허를 취득하고 일정규모의 재정보증을 하도록 규정하고 있다.

4. 종 합

해운동맹은 미국의 1916년 해운법에 의해 합법적으로 인정된 이후 하나의 거대한 흐름을 형성하여왔는데 1984년 해운법이 채택되기 전까지만 하더라도 정기선 사업자의 안정된 서비스 공급이라는 논리가 지배하여 정기선 사업자 우위의 공급자 시장이었다고 할 수 있다. 그러나 1984년 해운법 개정을 통해 정

---

13) Ocean Shipping Reform Act of 1998, Section 5. Agreements(c) 참고.

기선 사업자 간의 경쟁을 촉진하기 시작하였고 1998년 외항해운개혁법을 제정하면서 북미항로의 정기선 해운시장은 화주 중심의 수요자 시장으로 변모하였다. 이러한 거대한 흐름 속에서 해운동맹의 와해를 가져온 것은 결국 컨테이너 운송과 복합운송의 발달이라고 할 수 있으며 이러한 변화가 미국의 해운동맹정책에 반영되면서 정기선 해운시장의 성격을 바꾸어 놓았다. 이와 같이 미국의 정기선 해운시장이 대변혁을 겪는 과정에서 미국의 양대 컨테이너 선사인 Sea-Land사와 APL사가 해외에 매각되었다는 것은 시사하는 바가 크다 하겠다.

제5절 OECD의 경쟁정책 보고서[14]

   OECD는 1995년부터 2년간 OECD 회원국에서의 규제개혁에 관한 연구를 시행하여 1997년 그 보고서를 제출하였는데 규제개혁에 있어 중요한 주제 중의 하나가 좀 더 경쟁적인 시장에 의존하는 것이었고 경쟁촉진정책(competition policy)을 위해 비효율적인 정부규제를 폐지해야 한다는 것이었다. 규제개혁을 통해 규제를 제거하면 생산성을 향상시키고 물가를 낮추는데 기여한다는 것이다. 이에 따라 1997년 6월 OECD 장관회의에서 "경쟁을 촉진하기 위해서 모든 분야에서 경제적 규제를 개혁하고 그러한 규제가 공공의 이익을 위한 최선의 방법이라는 것이 명백한 경우를 제외하고 이를 폐지"하기로 합의하였다.[15]
   이러한 규제개혁의 일환으로 해상운송분야에서 가장 첨예하게 의견이 대립되고 있는 '정기선해운에 대한 반독점 규제의 면제'의 영향에 대하여 조사하게 되었는바, 특히 ① 반독점 규제의 면제 하에서의 가격결정이 선사와 화주에 미치는 긍정적 또는 부정적 영향 ② 해운동맹 또는 안정화 협정이 선주와 화주에게 미치는 영향 ③ 정기선해운에 대한 반독점 규제의 면제를 폐지할 경우 발

---

14) Competition Policy in Liner Shipping final report, 2002. 4. 16, OECD.

15) 앞의 보고서, p. 9.

생 가능한 영향 등 3개 항목에 대하여 집중하게 되었다.[16]

이 보고서는 오늘날 정기선 해운산업은 해운동맹이 탄생했을 당시와 상황이 완전히 달라졌으며 컨테이너 해상운송 도입과 효율적인 비(非) 동맹선사의 탄생은 해운동맹을 보다 느슨하게 만들었고 처음에 해운동맹의 가격설정기능을 인정했던 국가들도 점차 해운동맹의 힘을 약화시키고 화주들에게 오히려 힘을 실어주는 추세라고 주장하였다.

또한 정기선 해운사업이 특별히 이익을 내는 사업이 아니더라도 많은 사업자들, 특히 상위 우수업체들은 다른 운송사업 분야 사업자들만큼의 재무적 성과를 낼 수 있으며 정기선 분야에서 재무적 성과가 부실한 사업자의 경우 이 산업분야의 잠재된 구조적 문제와 함께 원가관리 및 선박투자와 연계된 의사결정과 훨씬 더 관련이 있을 것이라고 주장하였다.[17] 많은 정기선해운 분야에서 해운동맹은 사업자들의 영업전략으로는 점점 더 부적절해지고 있는데 이는 가격설정이 더 이상 지속가능한 선택이 아닐 뿐만 아니라 가장 효율적인 사업자의 가격수준으로 조정되는 것을 막는 역할만 할 뿐이라고 역설하였다.[18] 반면에 해운동맹이 없을 경우 정기선 해운시장에서 '파괴적인(destructive)' 경쟁이 전개될 것이라는 정기선 사업자들의 주장에 대하여는 이들 사업자들의 구체적인 원가자료에 대해 분석하지 않고서는 이 문제에 접근하기 어렵다고 설명하고 있다.[19] 또한 반독점 규제 면제의 폐지로 보다 경쟁적인 시장에서 발생할 수 있는 시장집중화(market concentration)의 증가 위험에 대하여는 선사들이 경쟁에 직면하여 얼라이언스, 합병 및 협력협정 등을 통하여 원가절감을 추진함으로써 이러한 집중화가 이미 진행 중에 있고 심화되는 집중화에 대하여는 경쟁규제 당국에 의하여 견제 가능하다고 주장한다.[20]

OECD는 이 조사를 통해 해운동맹의 가격설정에 대한 반독점 규제 면제는 더 이상 당초 의도했던 목적에 기여하지 않을 뿐만 아니라 적절하지도 않다고

---

16) 앞의 보고서, p. 6.
17) 앞의 보고서, p. 50.
18) 앞의 보고서, p. 69.
19) 앞의 보고서, p. 69.
20) 앞의 보고서, p. 72.

결론지었다.21) OECD는 이러한 조사결과를 바탕으로 정기선해운 부문에서 경쟁촉진정책의 적용을 고려할 때 가격설정에 대한 반독점 규제 면제를 폐지할 것을 심각하게 고려할 것을 권고하였다. 이러한 주장의 근거로는 가격설정의 관례가 화주 또는 소비자에게 발생하는 비용보다 더 큰 수익을 가져다줄 것이라는 어떠한 증거도 발견하지 못했다는 점을 들었다.22) 반면 가격설정을 제외한 선박 적재능력의 공유 등은 필요할 뿐만 아니라 이익이 되는 측면이 있기 때문에 이런 것들이 과도한 시장지배력으로 이어지지 않는 한 그대로 존치할 필요가 있음을 인정하였다.

종합적으로 볼 때 이 보고서는 당시의 정기선 해운시장의 상황에 크게 의존하고 있는바 당시 미국의 1998 외항해운개혁법(OSRA)이 제정되면서 정기선해운 사업자와 화주(들) 사이에 비밀 우대운송계약의 체결이 크게 증가하였으며 이에 따라 운임은 하락하고 서비스의 질도 크게 개선되었다. 또한, 한국, 중국, 대만 등 아시아 신흥국을 중심으로 태평양항로에서 비동맹선사들의 활약이 두드러지면서 해운동맹의 기능은 크게 약화되었고 해운동맹과 맹외선사를 아우르는 안정화협정이 대세를 이루게 되었다. 결론적으로 말하면 당시의 시대적 상황으로 보아 OECD의 보고서는 크게 환영받을만 하였지만 최근의 상황을 고려할 때 해운동맹이 없는 정기선 해운시장은 점점 더 완전경쟁시장인 부정기선 해운시장과 유사한 시장으로 변모하고 있다. 정기선 해운시장이 부정기선 해운시장과 같이 시황에 따라 큰 운임의 진폭을 보이는 시장으로 변모하는 것이 국제교역에 바람직할지는 의문이다.

이러한 현상은 2020년 이후 코로나-19로 인하여 발생한 정기선 해운시장의 교란에서 잘 나타나고 있다. 태평양항로를 중심으로 화물의 급증과 항만에서의 하역지연 등으로 인한 운임의 폭등은 2010년대의 컨테이너선 운임의 폭락에 대한 반작용이라고 볼 수 있다. 따라서 정기선 해운시장도 수급 상황에 따라 운임의 진폭이 이전보다 매우 커졌다고 볼 수 있으며 그만큼 국제교역에도 바람직하지 않다고 본다.

21) 앞의 보고서, p. 77.
22) 앞의 보고서, p. 78.

제 6 절 EU의 해운동맹정책

1. 공동 해운정책 이전의 해운동맹정책

앞서 언급한 대로 해운동맹은 1875년 영국에서 처음 탄생하였는데 당시에는 1840년대 영국에서 증기선(steamship)이 처음 발명되면서 범선(sailing ship)에 의존하던 정기선 해운시장은 선박량의 과잉공급이라는 사태에 직면하였다. 이에 따라 선사들이 운임을 낮추는 등 출혈경쟁을 벌이고 도산위기에 빠지자 정기선 해운서비스가 불안정한 상황에 놓이게 되었으며 더구나 1869년 수에즈운하의 개통과 1873년 도래한 불황은 이들에게 큰 위협이 되었다. 이러한 상황에서 안정적인 서비스 공급을 추구하고자 도입된 것이 해운동맹으로서 해상운임과 운송조건 등에 관하여 공동으로 준수할 규정을 마련하기 시작했다. 이와 같이 결성된 해운동맹은 타 항로에도 전파되어 1879년 유럽/중국 항로, 1884년 유럽/호주 항로, 1895년 유럽/아프리카 항로에 도입되는 등 확산하였다.[23] 이에 대해 영국 등 유럽의 해운국들은 이를 묵시적으로 용인하거나 적극적으로 지원하는 입장을 취하였다. 또한, 유럽을 중심으로 한 해운동맹은 운임거치할인제도를 1879년 도입하는 등 대외적 경쟁억제를 적극 추진하였고 미국과 달리 폐쇄동맹을 주로 하면서 강력한 기능을 발휘하였다. 이후 해운동맹에 대한 규제는 1958년 유럽경제공동체(EEC)[24]가 출범할 때까지 유럽 각국에 의하여 독자적으로 시행되었으나 이를 합법적으로 인정하는 기조는 지속되었다.

EEC 출범의 기초가 되었던 1957년 로마협약(The Rome Treaty of 1957)에서는 제2편 공동체의 설립(Foundations of the Community)규정의 제4장 제74조~제84조에서 운송(Transportation)에 대하여 전반적으로 규정하고 있다. 제74조 및 제75조에서는 EEC 회원국들이 로마조약의 목적을 달성할 수 있도록 공통의 운송정책의 틀 내에서

---

23) 해상운임시장의 공정성 및 투명성 제고방안 연구, 2011.12, 국토해양부(KMI 용역보고서), p. 26.
24) European Economic Community.

정책을 추진하여야 하며 이를 실행하기 위하여 국제운송에 적용될 공통의 규칙과 비거주자인 선사가 EEC 회원국 내에서 운송하기 위한 조건 등을 정하도록 명시하고 있다. 그러나 1970년대까지 해운분야에서는 이러한 규정이 구체화되지 못함에 따라 회원국들의 개별 법령에 의해 규제되어 왔는바, 이는 공동의 해운정책을 수립하는 데 대한 회원국들의 소극적 입장에 기인하였다고 볼 수 있다. 그러나 1973년 덴마크, 아일랜드 및 영국이 EEC에 가입하고 1974년 UNCTAD에 의해 Liner Code가 채택되면서 공동의 해운정책 필요성이 강조되었다.

2. 해운동맹에 대한 공동의 해운정책

EEC의 공동의 해운정책은 1979년 각료이사회(Council of Ministers)가 브뤼셀 패키지(Brussels Package)를 채택하면서 개시되었다. 소위 브뤼셀 패키지로 불리는 규칙 954/79는 4가지 핵심요소를 포함하고 있는데 서비스 제공의 자유, 경쟁체제, 불공정 무역관행으로부터 보호조치 및 '유엔 정기선동맹 행동규칙에 관한 협약'(UN Code of Conduct for Liner Conferences)의 실행에 관한 것이다.[25] 그러나 이러한 사항의 규칙화가 지연되자 EEC 의회는 이사회(Council)를 유럽사법재판소(ECJ)에 제소하는 사태까지 벌어졌는데 이를 계기로 1986년에 EEC의 4대 공동 해운정책에 관한 규칙이 채택[26]되었다.

이 중에서 규칙4056/86이 해운동맹에 대하여 로마협약 제85조의 경쟁규칙의 적용을 면제하는 것으로 EEC가 출범한 지 약 30년이 흘러 해운동맹에 대한 공동의 정책이 규정화된 것이다. 동 규칙 제1조에서는 이 규칙이 부정기선을 제외한 회원국의 국제 해상운송서비스에만 적용한다고 그 적용범위를 제한하

---

25) Bull and Stemshaug (eds.): Rosa Greaves, EC's Maritime Transport Policy: a Retrospective View, p. 26(Liner Conferences, spring 2001, Henrik Tunfors, Lars-Göran Malmberg Maritime Law/EC Competition Law, p. 57에서 재인용).

26) Council Regulation 4055/86 applying the principle of freedom to provide services to maritime transport between Member States and between Member States and third countries, Council Regulation 4056/86 laying down detailed rules for the application of Articles 85 and 86 of the Treaty to maritime transport, Council Regulation 4057/86 on unfair pricing practices in maritime transport, Council Regulation 4058/86 concerning coordinated action to safeguard free access to cargoes in ocean trades.

고 있어 연안운송으로 보는 회원국 간 운송은 적용되지 아니한다. 동 규칙 제3조에서 해운동맹의 각종 협정 등이 가격설정 및 운송조건 등을 포함하고 있을 경우 로마협약의 반독점 규제조항인 제85조 제1항의 적용을 면제하도록 규정하고 있다. 다만 이러한 면제에는 조건이 부여되는데 동 규칙 제4조에서는 이러한 협정 등이 역내 어떠한 항만이나 해상운송 이용자 또는 해상운송인에게 해를 주어서는 안 된다고 규정하고 있다. 또한, 제5조에는 해상운송 이용자와의 협의의무, 성실약정(loyalty arrangements) 제공의무, 운임으로 담보되지 않는 서비스에 대한 해상운송 이용자의 선택권 제공의무, 운임률 등에 대한 정보제공의무 및 중재 등 결과를 위원회에 제공할 의무를 부담한다. 어느 일방이 언제든지 요청하면 해상운송 이용자와 해운동맹 사이에 운임률, 운송조건 및 해상운송 서비스의 질 등에 대한 협의가 이루어져야 한다. 또한, 해운동맹의 회원사들은 해상운송 이용자와 성실약정을 체결하고 유지힐 수 있는 권리가 있어야 하는데 그 조건은 해운동맹과 이용자 단체 간의 협의에 의해 결정되어야 한다. 성실약정은 다음과 같은 조건을 준수해야 하는데 첫째로 해운동맹은 이용자들에게 즉각적인 운임환불을 하거나 운임환불과 거치할인 중 선택할 수 있는 권리를 주어야 하며 둘째로 해운동맹은 이용자들과 협의한 후에 성실약정에서 제외되는 품목의 목록과 어떠한 경우에 성실약정 의무로부터 면제될 수 있는지 그 목록을 제공하여야 한다.

3. 해운동맹 폐지정책

1998년 미국의 외항해운개혁법(OSRA) 도입 이후 동맹선사들이 독자적으로 우대운송계약을 체결할 수 있게 되자 화주들로부터 좋은 반응을 불러왔고 북미항로의 해상운임도 하락하는 등 미국의 정기선해운 경쟁촉진정책이 큰 효과를 보였다. 게다가 2002년 OECD의 경쟁촉진 보고서는 더 이상 해운동맹이 당초 의도했던 목적을 달성하는 데 부적절할 뿐만 아니라 정기선 해운시장의 경쟁촉진을 통하여 보다 효율적인 시장으로 바뀔 수 있다고 주장하면서 해운동맹의 가격설정 기능의 폐지를 권고하였다.

이에 자극을 받은 EU는 그동안 유지해왔던 해운동맹에 대한 반독점 규제의 면제정책을 재검토하는 데 착수하였고 EU 집행위원회(European Commission)는 2003년부터 정기선 해운동맹의 폐지를 제안하는 논의보고서(Consultation Paper), 공청회(2003. 12) 개최, 토론보고서(Discussion Paper) 및 백서(White Paper)를 발간하였다.27) 그 결과 집행위원회는 2006년 9월 해운동맹의 EU 경쟁법의 적용을 면제하는 규칙 4056/86를 폐지하는 규칙 1419/2006을 이사회의 승인을 얻어 제정하였으며 2008년 10월부터 EU회원국을 취항하는 정기선사들은 해운동맹을 통한 공동 가격설정행위를 할 수 없게 되었다. 규칙 1419/2006에서 규칙 4056/86의 폐지사유를 설명하고 있는데 그 내용을 보면 정기선 해운동맹에 대한 반독점규제의 면제는 해운동맹이 덜 제한적인 수단보다 수출업자에게 신뢰할 수 있는 서비스를 제공하면서 안정성을 가져다준다는 것을 전제로 한 것이다. 조사결과 정기선 해운이 다른 산업 분야의 원가구조와 다른 특성을 지닌 독특한 것이 아니라는 것이 밝혀졌고 더 이상 경쟁으로부터 보호가 필요하다는 증거가 없다는 것이다.

로마조약 제81조(종전 제85조) 제3항에 의한 첫 번째 면제조건은 그 제한적 협정이 제품의 생산과 배송을 개선하는 데 기여하거나 기술적 또는 경제적 진보를 촉진하는 데 기여하여야 한다는 것이다. 비록 해운동맹이 아직도 운임과 부대운임을 결정하고는 있지만 더 이상 동맹운임률을 강제할 수가 없다. 또한 해운동맹 시스템이 경쟁적인 시장보다 안정적인 운임률과 신뢰할 수 있는 서비스를 제공한다는 아무런 증거가 없다. 해운동맹의 멤버들은 점점 더 개별 수출업자와 체결한 개별적인 우대운송계약을 통하여 서비스를 제공하고 있을 뿐만 아니라 해운동맹은 수송능력을 관리하고 있지 않다. 이러한 시장 상황에서 가격안정성과 서비스 신뢰성은 개별적인 우대운송계약에서 나온다고 할 수 있다. 따라서 이러한 제한(가격설정 및 공급규제)과 효율성(안정적인 서비스) 사이의 인과관계는 미약하기 때문에 이 첫 번째 면제조건을 충족하지 못하고 있는 것으로 보인다는 것이다. 제81조 제3항에 있는 두 번째 면제조건은 소비자들은 경쟁제한으로 초래되는 부정적 효과에 대하여 보상받아야 한다는 것이다. 강력한 제한구조 속에서 해운동맹 운임률이 결정되고 운임과 부대운임이 같이 결정되는 수평적인 가

27) 해상운임시장의 공정성 및 투명성 제고방안 연구, 2011. 12, 국토해양부(KMI 용역보고서), p. 58.

격결정(horizontal price fixing)의 경우 그 부정적 효과는 지대하나 어떠한 명백한 긍정적 효과는 증명되지 않았다. 이용자들은 해운동맹이 가장 효율성이 떨어지는 동맹선사의 이익을 위해 운영되고 있다며 해운동맹의 폐지를 요구하고 있다. 이러한 측면에서 해운동맹은 더 이상 두 번째 면제조건도 충족하지 못하고 있다.

제81조 제3항에 의한 세 번째 면제조건은 그러한 경쟁제한행위가 관계자들에게 그 목적을 달성하는 데 필수불가결한 요소가 아닌 제한을 부과해서는 안 된다는 것이다. 컨소시엄(consortia)은 가격설정을 포함하지 않는 정기선 해운선사 간의 협력협정으로 해운동맹에 비하여 덜 경쟁제한적이다. 이용자들은 컨소시엄이 적절하고 신뢰할 수 있으며 효율적인 서비스로 여기고 있을 뿐만 아니라 개별적인 우대운송계약의 이용이 크게 증가하였다. 이러한 우대운송계약은 경쟁을 제한하지 않고 수출업자들에게 맞춤형 특별 서비스를 제공하기 때문에 이익을 가져다준다는 것이다. 게다가 운임이 미리 확정되고 특정기간(통상 1년까지) 동안 변동되지 않기 때문에 우대운송계약은 가격 안정성에 기여할 수 있다. 따라서 해운동맹의 경쟁제한이 이용자들에게 신뢰할 수 있는 서비스 제공을 위해 필수불가결하다는 주장은 맞지 않으며 세 번째 조건도 충족하지 못한다.

마지막으로 제81조 제3항에 의한 면제조건은 해운동맹이 효과적인 경쟁제한을 유지할 수 있어야 한다는 것이다. 당시 시장 상황을 보면 해운동맹은 거의 모든 주된 정기선항로에서 존재하고 컨소시엄 및 독립적 비동맹선사들과 경쟁하고 있었다. 해운동맹 기능의 약화로 운임률에 대한 경쟁이 존재하는 반면 해운동맹이 설정한 부대운임과 관련해서는 가격경쟁이 거의 없다. 게다가 선사들은 같은 항로에서 해운동맹에도 가입하고 동시에 컨소시엄에도 가담하여 정보를 상호 교환하고 해운동맹의 이점(가격설정과 공급규제)과 컨소시엄의 이점(공동운항을 위한 운영상의 협력)을 모두 취하고 있다. 이러한 현상은 해운동맹이 어느 정도 효과적인 대내외 경쟁에 종속적인지 그 범위를 결정하는 데 있어서 매우 복잡하게 하며 결국 사례별로 이를 결정될 수밖에 없다는 것이다.

따라서 해운동맹은 더 이상 제81조 제3항에 의한 네 가지 면제요건을 충족하지 못하고 있으며 이러한 면제는 철폐되어야 하나 정기선해운의 세계적인 속성을 감안하여 2002년 OECD 사무국의 권고와 같이 컨소시엄이나 얼라이언스에서 선사들 간의 운영상의 협력에 대한 반독점 규제의 면제를 계속 유지하는 반면, 해운동맹의 가격설정 기능을 제거하는 절차를 취해야 한다고 결정하였다. 다만 그 시행은 당시 규칙4056/1986의 적용을 받고 있는 해운동맹이 있는 점을 감안 2년간의 유예기간을 부여하여 2008년 10월 19일부터 시행하도록 하였다.

이를 종합해 볼 때 EU의 해운동맹 폐지결정도 수요자 위주의 관점에서 접근하였으며 당시의 시대적 상황이 미국의 외항해운개혁법에 의한 우대운송계약의 폭발적 증가와 OECD의 정기선 해운시장에서의 경쟁촉진을 위한 권고의견이 큰 영향을 미쳤다고 볼 수 있다. 이와 같이 정기선 해운시장은 과거 공급자 주도의 시장에서 수요자 중심의 시장으로 전환되었다는 점에서 정기선해운에 대한 정책방향도 재고되어야 할 것이다.

4. 컨소시엄에 대한 반독점규제 면제정책

전술한 바와 같이 EU는 해운동맹에 의한 가격설정 및 선박량 제한(수급의 변화에 따른 수송능력의 조절은 제외)에 대해서만 이를 반독점 규제사항으로 하고 있으며 컨소시엄이나 얼라이언스에서 선사들 간의 운영상의 협력에 대하여 특정한 조건 하에 반독점 규제의 면제를 계속 유지하고 있다. 컨소시엄 형태의 협력에 대하여는 규칙906/2009에서 구체적으로 규정한 이래 2020년 4월 25일까지 유효하였으나 다시 5년 유예되어 2024년 4월 25일까지 유효한 상태이다. 동 규칙에서 '컨소시엄'이란 "1개 이상의 항로에서 기술적, 운영적 또는 상업적인 조정수단에 의하여 운영을 합리화하기 위하여 해상운송 서비스의 공동운영에 대하여 협력하고 개별선사가 독자 운항할 때 제공될 서비스를 개선할 목적으로 하는 화물운송만을 위한 국제 정기선 서비스를 제공하는 두 개 이상의 선박운항회사 간의 협정"이라고 정의[28]하고 있다. 이와 같이 컨소시엄에 대해서 예외를 인정

---

28) 'consortium' means an agreement or a set of interrelated agreements between two or more vessel-operating carriers which provide international liner shipping services exclusively for the carriage of cargo relating to one or more trades, the object of which is to bring about cooperation in the joint operation of a maritime transport service, and which improves the service that would be offered individually by each of its members in the absence of the consortium, in order to rationalise their operations by means of technical, operational and/or commercial arrangements.

하는 이유는 컨소시엄이 규모의 경제를 가져오고 선박 스페이스를 좀 더 유용하게 사용하게 하며 이러한 효율성으로부터 얻을 수 있는 이익의 상당 부분이 좀 더 나은 서비스 또는 더 많은 항만을 서비스하는 형태로 이용자에게 돌아갈 수 있기 때문이다.

동 규칙에 의하여 반독점 규제가 면제되는 협정은 4개의 부류로 나누어지는데 첫째는 ⓐ 기항지 결정과 운항시간표의 공동 설정 및 조정, ⓑ 선박의 스페이스 또는 슬롯(slot)의 교환, 매매 또는 교차용선, ⓒ 선박 또는 항만시설의 풀링(pooling), ⓓ 하나 이상의 공동운영 사무소의 사용, ⓔ 컨테이너·섀시와 다른 장비의 공급, 임차, 리스, 구매계약을 포함하는 정기선해운 서비스의 공동운영, 둘째는 수요와 공급의 변화에 따른 수송능력의 조절, 셋째로 항만 터미널과 하역 등 관련 서비스의 공동운영과 사용, 넷째로 컴퓨터 자료교환 시스템의 사용 등 위 3개 항목의 시행을 위해 필요한 부대적인 활동을 포함한다. 다만 제3자에 정기선해운 서비스를 판매할 때 가격의 설정, 수급의 변화에 따른 수송능력의 조절을 제외한 공급능력의 제한 및 시장이나 고객의 할당을 포함하는 컨소시엄은 반독점 규제의 면제대상에서 제외된다.

위와 같은 컨소시엄에 대한 반독점규제의 면제에 대한 조건으로 첫째로 시장점유율에 대한 조건으로 컨소시엄 멤버들의 시장점유율 합계가 수송한 화물의 톤이나 TEU를 기준으로 30%를 넘어서는 안 된다. 다만 30% 한도를 1/10 범위 내에서 초과하는 경우 2개 역년(calendar year) 동안 면제가 계속되고 두 개의 기준(30%와 1/10)을 모두 초과하는 경우 당해 역년이 종료된 후 6개월이 지나면 면제가 종료된다. 또한, 두 개 기준의 초과가 컨소시엄 멤버가 아닌 사업자의 시장철수로 인한 경우에는 당해 역년이 종료된 후 12개월까지로 연장된다. 두 번째 조건으로는 컨소시엄은 어떠한 재정적 또는 다른 벌칙(예를 들면 당해 항로에서 모든 수송활동을 중단해야 하는 의무 또는 일정 기간이 지난 이후에 그러한 활동을 재개할 수 있다는 조건 등) 없이 탈퇴할 수 있는 권리를 부여하여야 한다. 이러한 권리의 통지는 최대 6개월 전 통지하도록 해야 하나 컨소시엄은 협정 발효 후 최대 24개월 후 이러한 통지를 할 수 있도록 약정할 수 있다.

제2장

우리나라 정기선 해운정책

　　우리나라의 재래선에 의한 정기항로의 개척은 주로 한－일항로 등 근거리 항로를 중심으로 이루어지다가 1960년대 초에 동남아항로, 1965년도에 북미항로를 처음으로 개설하였다. 이와 같이 원양항로의 개설이 늦어진 이유는 일정 규모 이상의 선대를 갖추어야만 하므로 이를 위한 선박확보가 용이하지 않았으며 해운동맹이라는 거대한 조직과 경쟁하여 화물을 확보하는 것이 어려웠기 때문이다.

　　이러한 가운데 정부는 경제개발 5개년계획에 따른 수출입 지원책의 일환으로 정기선 항로개설을 위해 다각적인 정책을 실시하였는데 우선 정부는 해운업자가 대외무역의 증진과 외화획득의 필요에 의하여 국제정기항로에 취항하는 경우에 그 취항으로 인하여 생긴 손실에 대하여 이를 보조할 수 있도록 하였다(종전 해운진흥법 제9조). 이에 따라 원양항로의 경우 손실금의 100% 이내, 근해항

221

로의 경우 손실금의 80% 이내에서 보조금을 지급할 수 있도록 하였다. 이에 근거하여 교통부는 1970년 '국제정기항로 결손보상금 교부요강'을 제정·시행하여 1970년에는 대한해운공사 등 2개사에 약 72백만원을, 1971년에는 2개사 128백만원을, 1972년에는 1개사 약 137백만원을, 1973년에는 1개사 123백만원을 지원하는 등 4년간 약 4억원 규모의 보조금을 지급하였으나 그 후 재정여건 등으로 지급이 중단되었다.

둘째로 1967년 해운진흥법에서 법제화된 수출입화물의 국적선 유보제도를 통하여 웨이버를 발급받은 경우에만 외국선에 적재할 수 있도록 함으로써 국적선이 취항하고 있는 정기항로의 화물은 국적선을 이용하도록 의무화하였다. 정기선의 경우 항로상의 여러 항만을 기항하여야 하나 우리나라 수출입화물을 가능한 한 많이 적재함으로써 안정적인 물량을 확보할 수 있다. 정부는 정기화물에 대한 웨이버 발급제도를 1995년까지 유지함으로써 우리나라 정기선 화물확보에 크게 기여하였다.

셋째, 정부가 적극적으로 정기선 항로개설을 위한 선박확보를 지원하였는데 1965년 북미 원양항로를 처음으로 개설한 대한해운공사가 이에 필요한 중고선 4척을 도입할 수 있도록 정부 보유달러를 지원하였다.[1] 또한, 국내 최초로 18,937G/T의 풀컨테이너선 Korean Leader호를 도입할 수 있도록 정부가 지원하여 5개 시중은행 공동으로 지급보증하였다.[2] 1976년부터 계획조선사업을 통하여 풀컨테이너선의 확보를 우선적으로 지원하였으며 해운산업합리화를 추진하면서 1984년부터 1988년까지 17척 534천G/T의 풀컨테이너선의 건조를 지원하였다.

이러한 정책적 지원을 바탕으로 우리나라 컨테이너 선대는 1990년에 113척 1,444천G/T로 증가하였고 1997년까지 지속적인 증가세를 유지하여 144척 2,820천G/T까지 선대가 확대되었다. 그러나 1997년 IMF 외환위기로 인하여 금융당국이 대형 선사를 중심으로 부채비율을 200% 이하로 낮출 것을 요구함에 따라 일부 선사가 영업용 자산인 컨테이너선을 매각한 후 재용선해야 하는 사

---

1) 한국해운항만사, 1980. 12, 해운항만청, p. 645 참고.
2) 앞의 책, p. 662 참고.

태가 발생하였으며 2001년에는 우리나라 3대 원양선사 중 하나인 조양상선(주)이 파산함으로써 국적선사의 컨테이너 선대규모는 2005년에 108척 2,062천G/T로 축소되었다. 2005년 이후에는 국적선사의 컨테이너선대가 다시 큰 폭으로 증가하게 된 것은 2004년 이후 해운경기가 회복되면서 선박금융이 용이해졌을 뿐만 아니라 2004년 이후 선박투자회사를 통한 선박건조가 본격화되었고 2005년에는 톤세제도를 도입함으로써 선박확보를 위한 재원조달이 용이해졌기 때문이다. 2015년에 우리나라 컨테이너선대는 170척 6,681천G/T로 정점에 도달한 후 다시 2016년 우리나라 최대 컨테이너선사인 한진해운(주)이 기업회생절차에 돌입하고 2017년 2월 파산이 선고되면서 그 규모가 크게 축소되어 2017년 말에는 164척 4,667천G/T를 기록하였다.

이러한 선박량 증감 추세를 반영하여 우리나라 수출입 컨테이너에 대한 국적선 적취율은 1985년 수출 30.0%, 수입 38.0%에서 1990년 수출 38.4%, 수입 42.0%로 높아졌으나 2016년에는 수출 30.3%, 수입 28.7%[3]로 크게 떨어지고 말았다. 다만 이를 항로별로 보면 전통적으로 한－일 항로 등 근해항로에서의 수출입 컨테이너의 적취율은 크게 높은 반면, 원양항로에서는 낮게 나타나고 있다. 예를 들면 2015년 근해항로의 적취율이 52.9%를 보인 반면 원양항로는 31.5%를 기록하였으며 2016년에는 근해항로 54.7%, 원양항로 14.0%를 각각 기록하였다. 이는 우리나라가 한－일 항로에서 오랫동안 일본 등 외국 선사에 비해 경쟁력을 확보하고 있는 반면에 원양항로의 경우 1990년대 후반기 이후 제대로 성장기반을 마련하지 못하였기 때문이라고 볼 수 있다. 이를 좀 더 자세히 살펴보면 1996년부터 정기선 화물에 대한 웨이버 발급제도가 폐지되었고 1997년부터 2000년 사이에 IMF 외환위기에 따른 정부의 부채규모 축소방침에 따라 일부 원양 컨테이너선대의 매각이 이루어졌다. 또한, 2000년 이후 조양상선과 한진해운이 파산을 통해 사라짐으로써 양 원양선사가 보유하고 있던 대부분의 컨테이너 선대가 해외로 유출된 데 따른 것이다.

한진해운(주)의 파산 이후 정부는 원양 정기선대의 복원을 적극적으로 추진하고 원양 컨테이너선의 대형화로 원양항로에 취항하던 중형 컨테이너선들

---

3) 한국선주협회.

이 역내항로로 전배(cascading)됨에 따라 어려움을 겪고 있는 동남아항로 선사들의 구조조정을 촉진하기 위하여 한국형 해운동맹(K-얼라이언스)의 구축을 지원하는 정책을 채택하였다.

제 2 절 해운동맹에 대한 정책

UNCTAD가 1960년대 하반기부터 해운위원회를 설치하여 선진 해운국에 의해 주도되었던 해운동맹의 행태를 비판하고 이의 개선을 추진하였는데 이를 주도한 것이 개도국을 중심으로 한 77그룹이었다. 77그룹은 수(數)의 우위를 바탕으로 해운동맹의 행태를 변화시키려는 Liner Code(정기선동맹 행동규칙에 관한 협약)를 1974년 채택하였는데 우리나라도 77그룹의 일원으로서 이를 지지하였다. 우리나라는 업계의 의견 수렴 등을 거쳐 검토한 결과 동 협약에 가입하기로 방침을 정하고 국내절차를 밟아 1979년 5월 가입서를 기탁하였다. 우리나라는 이를 계기로 정기선 해운동맹에 대하여 해상운송사업법(1978년 12월 5일 시행) 및 해운업법(1984년 1월 1일 시행)에서 규정하게 되었는데 그 내용은 아래와 같다.

제29조(운임등의 협약) ① 외항화물운송사업자는 다른 외항화물운송사업자(외국인화물운송사업자를 포함한다)와 운임·배선 및 적취 기타 운송조건에 관한 계약 또는 공동행위(이하 "협약"이라 한다)를 할 수 있다. 다만, 협약에 참가하거나 탈퇴하는 것을 부당하게 제한하는 것을 내용으로 하는 협약을 하여서는 아니된다.
② 외항화물운송사업자(국내항과 외국항간에서 정기운송사업을 영위하는 외국인화물운송사업자를 포함한다)가 제1항의 협약을 한 때에는 교통부령이 정하는 바에 의하여 그 내용을 해운항만청장에게 신고하여야 한다. 협약의 내용을 변경한 때에도 또한 같다.
③ 해운항만청장은 제2항이 규정에 의하여 신고된 협약이 제1항 단서의 규정 또는 국제협약에 위배되거나 그 협약의 내용이 한국해운의 발전에 지장이 있다고

인정할 때에는 그 협약의 시행의 중지·내용의 변경 또는 조정등에 관하여 필요
한 조치를 명할 수 있다.

동 조항을 살펴보면 외항선사 간의 해운동맹 등 카르텔을 형성하는 것을
허용하되 그 형태를 개방형에 한하여 허용하도록 제한하였다. 또한, 이러한 공
동행위에 관한 협약을 체결한 경우에는 해운당국에 이를 신고하여야 하고 신고
된 협약에 대하여 해운당국은 특정한 사유에 해당하는 경우에 그 협약의 시행
의 중지·내용의 변경 또는 조정 등에 관하여 필요한 조치를 명할 수 있도록 규
정하고 있다. 이러한 규정을 신설하게 된 배경은 Liner Code가 채택되면서 동
협약에서 해운동맹을 인정하고 있기 때문에 이를 합법화하면서 동 협약 등에
위배되는 사항이 있는 경우 이를 시정명령을 통해 규제하기 위한 것으로 볼 수
있다. 다만 우리나라는 동 협약에서 정하고 있는 수출국, 수입국 및 제3국 간의
40 : 40 : 20의 화물배분(Cargo Sharing) 조항을 법령상에 구체적으로 명시하지 않았
으며 이러한 원칙은 해운협정 체결 등을 통하여 이를 구현하고자 하였다.

이러한 해운동맹에 대한 법령 규정의 기본 골격은 현재 해운법(제29조)에서
도 그대로 유지되고 있는데 새로이 추가된 사항으로는 협약을 체결한 외항화물
운송사업자와 화주단체(貨主團體)는 운임과 부대비용 등 운송조건에 관하여 서로
정보를 충분히 교환하여야 하며, 해운당국에 동 협약을 신고하기 전에 운임이
나 부대비용 등 운송조건에 관하여 협의를 하도록 하고 있는 점이다. 이는 해
운동맹이 일방적으로 운임이나 부대비용을 인상하는 관행에서 탈피하여 화주
단체 등과 사전에 충분히 의견교환을 하도록 유도하기 위한 것이다.

2000년대 들어 OECD가 정기선 해운동맹의 독점금지법 적용배제 등 경쟁
제한행위의 타당성에 대하여 의구심을 제기하는 보고서를 발간하고 EU가 2008
년 10월부터 EU를 기·종점으로 하거나 기항하는 모든 정기항로에 대하여 해
운동맹을 철폐하여 운임협정 등의 경쟁제한행위를 금지하기로 하였다. 이에 따
라 우리나라에서도 해운동맹에 대한 해운법 상 규정을 폐지하고자 하는 주장이
제기된 바 있으나 우리나라의 경우 EU와는 여건이 다른 만큼 이를 폐지하는
데는 신중을 기하여야 할 것으로 본다.

제 3 절 우리나라 원양 정기선사들의 부침(浮沈)

우리나라 원양 정기선사들은 오늘날에 이르기까지 오랫동안 흥망성쇠를 거듭하였으며 이는 우리나라 해운세력의 크기를 좌우하는 중요한 사건들이었다. 우리나라 원양 정기선해운은 대한해운공사로부터 태동되었다고 볼 수 있는데 재래선에 의한 원양 정기항로를 처음으로 개척하였고 우리나라에 풀테이너선을 처음으로 도입하였다. 대한해운공사는 1950년 대한해운공사법에 의해 출범한 이후 1968년 민영화되었으나 대한해운공사라는 상호를 그대로 사용하다가 1980년에 대한선주(주)로 사명을 변경하였으며 1988년에는 대한상선(주)으로 재차 사명을 변경하였다.

또한, 해운산업합리화 조치가 있기 전에 대한선주(주) 외에 한진해운(주), 조양상선(주) 및 고려해운(주)이 원양 정기선해운사업을 영위하여 우리나라는 4개의 원양 정기선사 체제가 유지되었다. 한진해운(주)은 1979년에 북미서안 컨테이너항로를 개설하였으며 약 1년여의 기간 동안 해운동맹에 가담하였다가 탈퇴하여 독자적인 영업망을 구축하였으며 1986년에는 북미동안항로를 개설하였다. 한편 해운산업합리화 과정에서 1985년 현대상선(주)이 고려해운(주)의 원양 컨테이너사업을 합병하였으며 대한상선(주)으로 사명을 변경한 대한선주(주)는 1988년 한진해운(주)으로 인수됨으로써 우리나라 원양 정기선사는 한진해운(주), 현대상선(주), 조양상선(주)의 3사 체제로 개편되었다.

이렇게 3사 체제로 개편된 후 한진해운(주)은 1988년 말 총 21척 589천G/T(적재능력 38,273 TEUs)의 컨테이너 선대를 보유한 세계 주요 컨테이너선사 중 하나로 성장하였으며 1990년 말에는 23척 681천G/T(적재능력 47,887 TEUs)를 보유하였다. 1993년 3월 기준으로 한진해운은 원양항로에 26척 902천G/T(적재능력 70,198 TEUs), 아시아 역내항로 등에 6척 82천G/T(적재능력 6,172 TEUs)를 운항하였으며 현대상선(주)은 원양항로에 총 12척 529천G/T(적재능력 42,024 TEUs), 조양상선(주)은 세계일주항로 등에 10척 276천G/T(적재능력 20,281 TEUs)를 각각 투입, 운항하였다.

1996년에는 우리나라 원양 컨테이너선대가 더욱 확충되어 한진해운(주)은 북미항로를 중심으로 28척 1,108천G/T(적재능력 84,005 TEUs),[4] 현대상선(주)은 북미와 유럽항로에 17척 697천G/T(적재능력 53,930 TEUs), 조양상선(주)은 세계일주항로 등에 13척 441천G/T(적재능력 33,381 TEUs)를 각각 투입, 운항하였다. 한편 국적 원양선사는 1996년까지 해운동맹에 일시적으로 가입했던 시기는 있었으나 주로 비(非)동맹선사로서 활동하였다. 한진해운(주)의 경우를 보면 1985년 북미수출운임협정(ANERA)이 출범하면서 해운동맹에 가입하였으나 1987년 탈퇴하였으며 북미수입운임협정(TWRA)에도 1985년 가입하였으나 1991년 탈퇴하였다. 또한, 유럽항로의 구주운임동맹(FEFC)에도 1979년 가입하였다가 10년 후인 1989년에 탈퇴하였다. 그러나 1990년대 중반부터 정기선항로에서 비용절감 및 서비스 제고를 위해 탄생한 정기선사 간의 전략적 제휴(Strategic Alliance)에는 적극적으로 동참하였다. 즉 한진해운(주)은 1998년에 조양상선(주), 독일의 DSR-Senator[5]와 함께 TRICON이라는 전략적 제휴그룹을 형성하였고 동년 5월에는 UASC(아랍)가 가담하여 United Alliance로 재편되었으며 현대상선(주)은 1998년 3월 MOL(일), APL(싱가포르)과 함께 New World Alliance를 출범시켰다.[6]

　　1997년 IMF 외환관리체제로 우리나라 외항선사들은 자금조달의 어려움과 함께 고금리를 부담해야 할 뿐만 아니라 보유선박 등 자산을 매각해야 하는 어려운 상황에 처하게 되었다. 한진해운(주)의 경우 정부의 가이드라인에 따라 부채비율 200%를 충족하기 위해 풀컨테이너선대 가운데 4,000TEU급 2척과 2,700TEU급 16척 등 18척을 해외에 매각한 후 재용선하게 되었다. 현대상선(주)의 경우 영업용 자산인 부산항의 컨테이너터미널과 자동차운반선을 매각하였다. 조양상선(주)의 경우 세계일주항로의 개설을 위해 선대 확장 등에 대규모 투자를 하였는데 1997년 외환위기에 따른 자금압박으로 용선료 등을 연체하는 등 지속적인 경영위기에 처하였다. 동 사는 계열사를 정리하는 등 자구노력을 꾀하였으나 결국 위기를 극복하지 못하고 2001년 5월 법정관리를 신청하

---

4) 용선선박(12척, 19,141TEUs)을 포함할 경우 1996년 총 운항 컨테이너선대는 40척 103,146TEUs임.
5) 1997년 한진해운이 DSR-Senator의 지분 80%를 인수.
6) 당시 현대상선(주)의 운항선대는 총 36척 112,958TEUs.

였으며 이로 인해 동 사가 운항하던 컨테이너선의 운항차질에 따른 물류대란이 발생하였다. 법원은 동년 9월에 조양상선(주)의 파산을 선고하였으며 이에 따라 우리나라 원양 정기선해운은 한진해운(주)과 현대상선(주)의 2사 체제로 재편되었다.

1990년대 이후 한진해운(주)과 현대상선(주)은 컨테이너화물량의 지속적 증가에 따른 컨테이너선의 대형화 추세에 적극적으로 부응하여왔으나 1997년 IMF 외환관리체제 이후 2003년까지 약 7년간 선박신조에 투자할 수 있는 여건이 조성되지 않았다. 한진해운(주)의 경우 1990년에 대형 컨테이너선 건조에 착수하여 1998년까지 총 13척의 4,000TEU급 컨테이너선을 확보하였고 7척의 5,300TEU급 Post-Panamax 컨테이너선을 추가로 건조, 투입하였다. 이러한 선박 중 15척은 BBC/HP 방식으로 확보하고 4척은 금융리스, 1척이 계획조선 자금으로 확보되었다. 또한 한진해운(주)은 1997년에 독일의 DSR-Senator를 인수함으로써 2000년 1월 기준 이를 포함한 운용선대 규모는 244,636TEU에 이르렀다. 한편 현대상선(주)의 경우에도 4,400TEU급 6척과 4,960TEU급 3척을 건조하여 북미서안항로에 투입하는 등 대형화 추세에 적극 대처하였다.

한진해운(주)은 2001년 CKYH 얼라이언스를 결성하기 위한 협의에 착수하여 2003년 1월에 COSCO(중), K-Line(일), Yang Ming(대만) 및 한진해운, Senator(독일)가 참여하는 얼라이언스가 출범하였다. 이 전략적 제휴그룹은 2014년에는 Evergreen(대만)이 가세함으로써 CKYHE로 그 명칭을 변경하였다. 전략적 제휴그룹이 2017년 2M, G6, O3 및 CKYHE 등 4개에서 2M, Ocean Alliance, THE Alliance 등 3개로 재편되는 과정에서 한진해운(주)은 Hapag Lloyd, 일본의 3대 정기선사(NYK, MOL, K-Line), Yang Ming과 함께 THE Alliance를 결성하기로 합의하였으나 2016년 8월 기업회생절차 신청으로 동 그룹에서 배제되었다. 한편 New World Alliance에 가담하였던 현대상선(주)은 2011년 Alliance가 개편되면서 Hapag Lloyd, APL, OOCL, MOL 및 NYK 등과 G6 얼라이언스를 결성하였으며 2017년 3개의 전략적 제휴그룹으로 재편되면서 2M과 2020년까지 전략적 협력관계를 구축하였다. 현대상선(주)은 2020년 4월 Hapag Lloyd, ONE, Yang Ming과 함께 THE Alliance에 합류하였다.

한편 2000년 이후 한진해운(주)과 현대상선(주)의 풀컨테이너선 운영선대 추이를 보면 〈표 6-3〉과 같다.

표 6-3 | 우리나라 원양 정기선사 컨테이너선대 보유추이

(단위: 척수, TEUs, %)

	2000.1	2008.1	2010.1	2015.5	2018.6
한진해운(주)[1]	244,636	(74) 321,917	(89) 400,033	(104) 640,490	-
세계시장 점유비[2]	4.8	2.5	2.7	3.4	-
현대상선(주)	102,314	(45) 194,350	(53) 259,941	(65) 399,791	(65) 382,144
세계시장 점유비[2]	2.0	1.5	1.7	2.1	1.5
총 점유비	6.8	4.0	4.4	5.5	1.5

주 1) 2000. 1월 한진해운(주)의 컨테이너선대에는 Senator Line 포함.
주 2) 점유비는 세계 컨테이너선박량 대비 비중임.
자료: BRS-ALPHALINER, Review of Maritime Transport.

위 〈표 6-3〉에 의하면 한진해운(주)의 경우 2000년 이후 2009년 말까지 증가된 컨테이너선대는 총 155,397TEUs였으며 현대상선(주)의 경우 167,627TEUs로 양 사가 비슷한 규모의 증가세를 보였다. 한진해운(주)의 경우를 보면 부채비율 200% 규제 및 선박금융 조달의 어려움으로 2006년에 이르러서야 새로운 선박을 건조 투입하였고 2009년 말까지 총 16척 87,440TEUs의 사선(社船)을 추가로 확보하였으나 IMF 외환위기 이후 7년간의 선박투자 공백으로 인하여 세계시장에서의 점유비는 4.8%에서 2.7%로 크게 떨어졌다. 현대상선(주)의 경우에도 사정이 비슷하여 2004년에야 신규 컨테이너선을 건조 투입하였고 2009년 말까지 총 16척 97,048TEUs의 사선을 추가로 확보하였으며 IMF 외환위기 이후 선박투자 공백으로 인하여 세계시장에서의 점유비는 2.0%에서 1.7%로 낮아졌다.

한편 2010년 이후 2015.5월까지 컨테이너선대 증가규모를 보면 한진해운(주)이 240,457TEUs, 현대상선(주)이 139,850TEUs에 달하였다. 이러한 선박들은 사실상 정기선 해운경기가 정점에 도달했을 때 발주되었거나 장기용선한 선박들로 고가에 건조하거나 용선료가 매우 비싸 경쟁력이 크게 떨어질 수밖에 없었다. 한진해운(주)의 경우 2009년 말 기준 사선 8,600TEU급 5척과 10,000TEU급 5척, 장기용선 방식을 통하여 10,000TEU급 3척과 13,000TEU급 9척을 건조 중[7]에 있었으며 현대상선(주)의 경우 2010년 이후 2015년 5월까지의 컨테이너 선대 증가분은 사선의 발주보다 주로 장기용선 방식에 의존한 것이었다.

결국 양 원양선사 모두 2005년 이후 과도한 선박투자, 특히 해운경기가 절정에 달했을 때 BBC/HP 방식이나 장기용선한 선박으로 인하여 2009년 해운불황 도래 이후 장기간 지속적으로 자금압박을 받을 수밖에 없었다. 양 사가 모두 자금조달을 위해 증자, 사채발행 및 자산매각 등 다각적인 자구노력을 펼치는 사이에 세계 주요 컨테이너선사들은 18,000TEU급 이상의 초대형 컨테이너선을 건조, 투입하면서 양 사를 더욱 곤경에 빠뜨렸다. 결국 한진해운(수)의 경우 채권단의 시원거부로 2016년 8월 기업회생절차를 신청하였으나 법원은 2017년 2월에 파산을 선고하였으며 현대상선(주)은 감자(減資) 등 구조조정을 거쳐 한국산업은행의 관리 하에 들어감으로써 정책금융기관의 지원에 의한 정상화를 추진하게 되었다.

이에 따라 현대상선(주)은 2018년 9월 한국해양진흥공사의 지원으로 초대형 컨테이너선 12척을 포함한 총 20척의 대형 컨테이너선을 발주하였으며 이를 계기로 2020년 4월에 세계 3대 전략적 제휴그룹 중 하나인 THE 얼라이언스에 가입하였다. 또한, 2020년 초 발생한 코로나-19로 촉발된 컨테이너 물동량의 급증, 항만에서의 하역지연 및 컨테이너 부족과 회수지연 등으로 컨테이너 운임이 크게 상승하면서 그동안의 부실을 극복하고 정상화를 촉진하는 기회를 맞게 되었다.

---

7) 한진해운 60년사, 2009. 12월, 한진해운(주), p. 328.

제 4 절 우리나라 정기선 해운정책의 공과

우리나라는 1960년대부터 원양 정기항로를 개척하기 위하여 부단히 노력하였다. 화물유보제도를 통하여 국적선이 취항하고 있는 항로의 수출입 컨테이너화물의 국적선 이용을 의무화함으로써 화물확보를 지원하고 계획조선제도 등을 통하여 선박확보도 적극 지원하였다. 이러한 지원에 힘입어 북미항로와 유럽항로를 개설하는 데 성공하였으며 수출입 컨테이너화물의 국적선 적취율도 1990년에는 수출 38.4%, 수입 42.0%로 크게 제고되었다.

1990년대 중반까지 국적 원양 정기선사들은 선박량을 확충하는 등 성공적인 기반을 마련해 나갔으나 1997년 IMF 외환관리체제로 인하여 해운업의 특성을 고려하지 않은 채 부채비율 감축정책을 시행함으로써 컨테이너선 등을 해외로 매각하는 등 어려움을 겪었다. 이 여파로 국적 원양 정기선사들은 약 6~7년의 기간 동안 선박확충이 거의 이루어지지 않는 공백기를 맞이하였는데 그 사이에도 세계적인 컨테이너선의 대형화 추세는 계속되었다.

2000년대 들어서 정부의 해운제도 선진화 정책에 따라 2002년 제주선박등록특구제도 및 선박투자회사제도가 도입되었고 2005년 톤세제도가 도입되는 등 해운하기 좋은 여건이 조성되었다. 이와 아울러 2004년 이후 해운경기가 크게 호전되면서 국적 원양 정기선사들의 대폭적인 선박투자가 이루어졌다. 특히 국적 원양정기선사들은 해운경기가 정점으로 치닫는 시점에서 대량의 사선 투자 또는 장기용선을 단행함으로써 2009년 이후 해운불황 속 경영에서 지속적인 어려움을 겪게 되었다.

정부는 2009년 해운불황 진입 후 구조조정 선박펀드의 설치, 회사채 발행 지원 및 지급보증제도의 도입 등을 통하여 국적 원양 정기선사의 구조조정을 지원하였으나 역부족이었으며 양 사의 자구노력도 한계에 도달하였다. 결국 초대형 컨테이너선의 지속적 투입으로 세계 정기선 해운시황이 최악에 이르렀을 때 채권단은 우리나라 최대 컨테이너선사에 대한 지원을 포기함으로써 파산에 이르게 되었다. 이는 당장의 물류대란으로 인해 한국해운과 한국경제에 대한 위상실추로 이어진 것은 물론 장기적인 국가기간물류망이 크게 훼손되었다는 데 문제의 심각성이 있는 것이다. 정부와 채권단은 양 사의 선박투자 실패로 인한 부실규모가 너무 크고 앞으로도 불확실성이 지속되어 양 사를 정상화시키는 데 어느 정도의 구조조정자금이 소요될지 모른다고 판단한 것으로 보인다. 그러나 1950년 설립된 대한해운공사에서부터 오랜 기간 동안 다져온 국가기간물류망의 기반을 포기함으로써 앞으로 원양 정기선 해운시장에서 우리나라 정기선사가 당초의 위상을 되찾는 데에는 장기간 소요될 수밖에 없을 것이다.

다행히 한진해운(주) 파산 선고 후 원양 정기선사를 살리기 위한 대대적인 지원이 이루어지고 있는데 한국해양진흥공사를 중심으로 초대형 컨테이너선의 발주 지원, 선박 매각 후 재용선(S&LB) 및 자본확충 지원 등 조치가 이루어지고 있다. 여러 가지 논란 속에서도 2018년 하반기에 과감하게 추진된 초대형 컨테이너선의 대량발주는 세계 주요 컨테이너선사에 비하면 후발적인 것이었지만 국가기간물류망이 회복을 위해 적절한 시기에 이루어진 것으로 볼 수 있다. 이에 따라 우리나라 원양 컨테이너선대는 2021년 3월 말 현재 80만TEU의 적재능력을 보유하게 되어 한진해운(주) 파산 이전(105만TEU)의 76.2% 수준을 회복하였다. 더구나 2020년 초 이후 코로나-19와 함께 찾아온 정기선 해운경기 호황은 오랜 기간 적자를 실현했던 원양 정기선사들이 그간의 손실을 만회하고 나아가 앞으로 다가올 불황기에 대비한 자본축적의 기회가 될 것으로 본다.

제7편

국제해운협력

제1장

개 관

제 1 절 국제해운협력의 의의

　국제해운협력의 형태는 두 나라 간의 협력의 형태인 양자(兩者)협력과 여러 나라가 참여하는 형태의 다자(多者)협력으로 나눌 수가 있는데 양자협력은 두 국가 간의 해운협력의 문제이므로 여기서는 다자간의 해운협력을 중심으로 살펴보기로 한다.

　다자간의 해운협력은 여러 나라가 서로 관심이 있는 해운문제에 대하여 상호 논의하고 그 해결방안을 찾아내는 것을 의미한다. 통상 다자간의 협력을 위해서는 우선 협력의 틀을 마련하기 위하여 협정을 체결하고 이를 기반으로 하여 협력기구를 설치하게 된다. 이와 같이 다자간 해운협력을 위해 설치된 국제기구는 정부 간 협력기구와 민간협력기구로 나눌 수 있다. 해운문제를 다루기 위한 정부 간 협력기구로는 WTO(세계무역기구), IMO(국제해사기구), ILO(국제노동기구), UNCTAD(유엔무역개발회의), ESCAP(아시아태평양경제사회이사회), OECD(경제협력개발기구) 등이 있고 민간단체 간 협력기구로서 ICS(국제해운회의소), ISF(국제해운연맹), ASA(아시아해운협회), FIATA(국제운송주선업협회연맹) 등이 있으며 IAPH(국제항만협회)와 같이 정부와 민간이 공동으로 참여하는 기구도 있다. 또한, 여러 나라가 함께 자유무역협정(FTA)[1]을 체결하는 경우에도 일반적으로 해운분야에 대한 상호 개방의 범위를 포함하게 되고 상호 협력을 추진한다.

먼저 정부 간 협력기구로서 해운분야에서의 협력사항을 보면 WTO는 범세계적인 무역문제를 다루기 위해 설립된 기구로서 종전의 GATT(관세 및 무역에 관한 일반협정)가 상품교역에 국한된 반면, WTO는 서비스 부문의 교역문제도 광범위하게 다루고 있어서 서비스교역으로서 해운문제와 관련이 있다. 반면 IMO는 바다에서의 선박의 통항, 해상안전 및 해양환경문제 등을 포괄적으로 다루고 ILO는 선원에 대한 노동문제를 다루며 UNCTAD는 개도국들의 무역과 개발을 지원하는 임무를 수행하면서 개도국의 해운관련 문제에도 깊이 있게 관여하여왔다. ESCAP과 OECD도 과거 해운에 대해 많은 관심을 보여 왔으며 특히 OECD

표 7-1 │ 민간분야 해운협력기구 개요

기구명	설립연도	주요 기능	비고
ICS 국제해운회의소	1921	국제해운의 기술적·법적 분야에서 제기된 문제점에 대하여 국제적으로 통일된 선주의 의견 반영	한국선주 협회가입
ISF 국제해운연맹	1919	선원문제 전반에 관하여 각국 선주의 의견을 집약하여 대변	〃
ASA 아시아해운협회	1992 (종전 ASF)	아시아 해운산업 참여자의 의견 집약 및 이익 대변	〃
FIATA 국제운송주선업 협회연맹	1926	국제운송주선 산업분야의 국제적인 통합을 도모하고 국제운송관련 기구에서 업계의 이익을 대변	KIFFA 가입
IAPH 국제항만협회	1955	항만간의 국제협력 증진, 정보교환을 통한 항만의 효율성 증대 등	정부기관·단체공동

1) Free Trade Agreement. 두 나라 간 체결하는 것이 일반적이지만 EU, ASEAN, NAFTA, MERCOSUR 등과 같이 여러 나라가 협정을 체결하는 형태도 있다.

는 2002년 정기선해운 분야에서의 경쟁촉진에 관한 보고서를 발간함으로써 정기선 해운동맹의 와해를 촉진하는 역할을 하였다고 할 수 있다.

한편 민간분야에서의 해운협력기구는 〈표 7-1〉에서 보는 바와 같다.

제2절 WTO와 국제해운협력

1. 우루과이라운드에서의 해운서비스 협상

Uruguay Round는 GATT 체제하에서 마지막으로 실시된 다자간 무역협상으로 그동안 제외되었던 지적재산권 및 서비스분야의 교역협상을 포함하였으며 1986년 9월부터 시작되었다. 서비스분야로서의 해운서비스 협상은 선진 해운국 그룹인 EC와 미국의 이해관계가 첨예하게 대립되는 분야 중 하나로 협상이 난항을 거듭하였다. 선진 해운국의 경우 해운서비스의 자유화를 통하여 그 영역의 확대를 추구하였던 반면, 미국의 경우 Cargo Preference, 엄격한 Cabotage 규칙과 보조금제도를 통해 유사시 대비해 자국선대를 유지하려는 정책을 견지해 왔기 때문에 해운자유주의의 틀에서는 이러한 정책을 포기해야 하는 문제가 제기된다. 미국 내에서는 오랫동안 위와 같은 정책들에 대한 논란이 있어 왔음에도 미국정부는 국가안보라는 명분을 내세워 그 입장을 견지하여 왔다.

1990년까지로 예정되었던 우루과이라운드 협상은 농산물, 서비스교역 및 지적재산권 분야 등의 협상에서 교착상태에 빠지면서 그 협상이 1993년 말까지 연장되었다. 그 결과 농산물분야에서 극적 타협을 이끌어 냈으나 해운분야를 포함한 일부 서비스교역 부문에서의 협상이 지연되자 이러한 부분을 제외하고 1993년말 협상을 타결하였다. 우루과이협상의 산물로 WTO가 탄생하게 되었으며 WTO협정은 협정문과 함께 4개의 부속서로 구성되었다. 제1부속서는 3개 부문으로 구성되어 있는데 부속서1A는 상품무역에 관한 다자간협정(Multilateral

Agreements on Trade in Goods), 부속서1B는 서비스무역에 관한 일반협정(GATS; General Agreement on Trade in Services), 부속서1C는 무역관련 지적재산권에 관한 협정(TRIPs; Agreement on Trade-Related Aspects of Intellectual Property Rights)이다. 제2부속서는 분쟁해결 규칙 및 절차에 관한 양해(Understanding on Rules and Procedures Governing the Settlement of Disputes), 제3부속서는 무역정책 심사기구(Trade Policy Review Mechanism), 제4부속서는 복수 국가 간 무역협정(Plurilateral Trade Agreements) 등 5개의 협정으로 구성되어 있다. WTO 가입국에게는 제1, 제2 및 제3부속서가 일괄 적용되며 제4부속서는 선택적 가입사항으로 되어 있다.

해운서비스는 서비스무역에 관한 일반협정(GATS)의 적용대상이나 협상이 타결되지 않은 관계로 동 협정에 해운서비스 협상에 관한 부속서(Annex on negotiations on maritime transport services)가 첨부되었다. 이 부속서에 의하면 해운서비스 분야에 대한 최혜국대우(MFN treatment) 조항과 그 면제에 관한 부속서는 해운서비스 분야 추가협상에 의하여 결정되는 시행일자에 발효되도록 하고 있다. 그리고 그 협상이 종결된 후 시행일 이전에는 회원국이 양허표에서 제시했던 구체적 약속 중 전부 또는 일부를 보상제공 없이 개선, 수정 또는 철회할 수 있도록 하고 있다.

2. 해운서비스에 대한 추가협상

해운서비스에 대한 추가협상은 우루과이 협상 타결과 함께 채택되었던 각료회의의 해운서비스 협상에 관한 결정(Decision on negotiations on maritime transport services)에 의하여 이루어졌다. 동 결정에 의하면 해운서비스 분야 협상은 GATS의 틀 내에서 자발적 차원에서 이루어져야 하고 협상범위는 포괄적이어야 하되 국제해운, 부대 서비스 그리고 항만시설에의 접근 및 사용에 초점을 맞추고 특정 기일 내에 각종 제한을 제거하도록 유도하여야 한다. 이러한 임무를 수행하기 위하여 해운서비스 협상그룹을 구성하고 이 협상에는 참가의사를 표명한 모든 정부 및 EC에게 개방되어야 했다. 이 협상단은 늦어도 1996년 6월까지 협상을 마무리하고 최종보고서를 작성하여야 하며 최종보고서에는 협상결과의 실행시기를 포함하여야 했다.

이러한 해운서비스 협상단은 다른 서비스 협상과 격리함으로써 적극적인 협상을 이끌고자 하는 다각적인 노력에도 불구하고 실질적인 합의에 도달하지 못했다. 오히려 미국은 협상분야에 복합운송분야를 포함할 것을 제안한 반면, 미국과 여타 참가국들이 상호 협상안의 제시를 지연함으로써 협상은 교착상태에 빠지고 말았다.2) 이러한 결과는 미국이 당초 우루과이라운드에서 서비스 분야 협상을 제시했음에도 미국의 해운분야 사업자들은 해운서비스 분야의 협상 타결이 자국 해운업에 미칠 영향을 우려한 때문이라는 분석이 제기되었다. 이에 따라 해운서비스 협상은 다시 2000년으로 연기되고 말았다.

2000년 1월 개시된 DDA(Doha Development Agenda) 협상에서 해운서비스를 포함한 GATS협상이 개시되었다. 이전의 독자적인 해운서비스 협상 방식과 달리 DDA 협상에서는 다른 서비스 분야와 묶어서 포괄적인 협상을 시도함으로써 다른 분야에 비하여 소홀히 취급될 가능성이 제기되었다. 한편 EU를 비롯한 한국, 일본, 싱가포르, 홍콩, 노르웨이 등이 Maritime Friends 그룹을 형성하여 해운서비스 분야의 협상을 주도하였는데 이들 국가 등은 DDA 협상 재개와 함께 해운서비스 협상 공동제안서를 작성하여 2000년 10월 WTO에 제출한 바 있다. 이 공동제안서는 해운서비스 협상의 타결을 위해 좀 더 개방적인 협상안을 제시한 반면, 미국은 해운서비스에 대하여 어떠한 협상안도 제시하지 않음으로써 여전히 해운서비스 협상을 타결하는 데 난관이 있었다. DDA 협상은 2006년 7월 연기된 후 2007년 1월 재개되었으나 타결되지 못하였으며 이후에도 Maritime Friends 그룹을 중심으로 타결점을 모색하였으나 실패하고 말았다.

3. TISA(서비스무역협정)와 해운서비스

DDA 서비스협상의 교착상태가 장기화됨에 따라 서비스교역 자유화에 관

---

2) Transportation, Cooperation and Harmonization: GATS as a Gateway to Integrating the UN Seaborne Cargo Regimes into the WTO, 2015.4, Lijun Zhao, Middlesex University (U.K.), Pace International Law Review Volume 27, p. 106.

심이 많은 국가를 중심으로 서비스무역협정(TISA: Trade in Services Agreement)을 추진하게 되었다. 이 협상에는 EU와 미국, 한국, 일본, 노르웨이 등 23개국이 참여하고 있으며 장기적으로는 WTO 회원국으로 확대하는 것을 목표로 하고 있다. 동 협상은 2013년 3월에 소위 Really Good Friends[3]라고 불리는 국가를 중심으로 출범하였으며 비록 WTO의 틀 밖에서 이루어지고 있지만 WTO의 서비스협정인 GATS를 기반으로 하고 있다.

해운서비스에 대해서는 협정의 부속서의 하나로 포함되도록 협상이 이루어지고 있는데 협상 초안의 내용을 보면 국경 간 공급(Cross-border supply)에 대해서는 국제해운 서비스와 대리점, 화물운송주선 서비스 등 해운 부대서비스의 제한 없는 허용, 화물배분(Cargo Sharing)협정의 폐지 및 자국 내 항만 간 빈 컨테이너운송의 허용 등의 내용을 포함하고 있다. 이는 화물유보제도 등 외국적선사의 참여를 금지시키는 제도를 폐지함으로써 자율적인 경쟁을 유도하기 위한 것이다. 이 경우 미국과 같이 Cargo Preference 제도를 운영하는 국가에서는 이를 폐지해야 하는 문제가 생기고 이러한 조항에 대하여 반대의견을 제시할 가능성이 크므로 이를 어떻게 조율할 것인지가 관건이다. 아울러 화물배분(Cargo Sharing) 조항을 포함하고 있는 Liner Code에 가입하였거나 이러한 조항을 포함하는 해운협정을 체결한 경우 이를 파기해야 하는 문제가 생기므로 이들 국가로서는 해결해야 할 과제가 될 것이다.

또한 협상 초안에 따르면 상업적 주재(Commercial Presence)[4]에 대하여는 현지법인 설립 또는 사무소의 설치 등 주재(駐在)를 통한 국제해운 서비스와 해운 부대서비스를 허용하되 당해 국가의 국기를 달고 선대를 운영하기 위한 목적의 현지법인 설립은 허용되지 않는다고 규정하고 있다. 국제해운 서비스의 성격상 화물집하 또는 기항 항만에서의 업무처리 등을 위하여 필수불가결한 사항이나 인력의 이동문제를 수반할 수도 있으므로 단순한 문제는 아니다. 상업적 주재를 통한 화물운송주선 등 해운 부대서비스나 피더서비스 등에 대하여는 그 조

---

3) WTO 회원국 중에서 2012년에 결성된 그룹으로 서비스자유화협정을 논의하기 위한 모임.

4) 서비스 공급자가 소비자의 국가에 자회사, 합작투자회사, 지사 등을 설립하거나 기존 국내 기업을 인수하여 현지에서 서비스를 공급하는 형태.

건 및 제한, 자격요건 등을 양허표에 명시하도록 하고 있다. 이러한 사업을 목적으로 법인을 설립하거나 사무소를 설치하는 경우 각국의 국내법적 요건과 절차를 거쳐야 하므로 이러한 것을 고려한 것으로 볼 수 있다.

또한, 항만에의 접근과 시설 및 서비스의 이용, 도선 및 예선 등 항만에서의 서비스, 해상운송에 대한 부대서비스를 이용하는 데 있어서 이를 거부하는 어떠한 수단을 채택해서는 안 된다. 항만에의 접근과 시설 및 서비스의 이용, 해상운송에 대한 부대서비스를 이용하는 데 있어서는 내국민 또는 다른 나라 국민에 준하는 대우를 하여야 하고 항만서비스에 대해서는 합리적이고 비차별적인 조건으로 이용할 수 있어야 한다. 이러한 사항들은 외국선박에 대하여 개방된 무역항의 항만시설과 서비스를 이용하는 데 있어 공정한 대우를 보장하기 위한 것으로, 특히 항만시설이 부족한 경우 자국 선사에게 항만시설의 우선사용권을 주는 방식으로 차별행위를 할 수 있는 여지를 차단하기 위한 것이다.

다만 이러한 서비스협상은 2016년 말 미국이 보류를 선언함으로써 더 이상 진전을 보이지 못하고 있다.

제 3 절　IMO와 국제해운협력

1. IMO의 설립과 조직

IMO는 1948년 UN에서 채택된 국제해사자문기구(IMCO)의 설립에 관한 협약(Convention establishing the Inter-Governmental Maritime Consultative Organization)이 1958년 발효되면서 설립된 유엔 산하 기구이다. 1982년 현재의 명칭인 IMO(국제해사기구)로 변경되었으며 각국의 정부가 가입하는 정부간 협력기구로서 현재 174개의 국가가 정식회원국으로 가입되어 있다.

IMO의 설립목적은 협약 제1조에 명시되어 있는 바와 같이 국제교역에 종사하는 해운에 영향을 미치는 모든 기술적 문제와 관련된 정부규제 및 실제에 있어서 정부간 협력을 위한 도구를 제공하고 해사안전, 항해의 효율과 선박으로 인한 해양오염의 예방 및 통제와 관련된 문제에 있어 최상의 실행가능한 기준을 채택하도록 독려하며 이를 용이하게 하도록 하는 데 있다.

IMO의 조직은 총회(Assembly), 이사회(Council), 위원회 및 사무국(Secretariat)으로 구성되어 있다. 총회는 중요한 의사를 최종 결정하는 기구로서 매 2년마다 정기적으로 개최되며 이사회는 40개 회원국으로 구성되는데 Category (a), (b), (c)로 구분하고 있다. Category (a)는 국제해운 서비스를 제공하는 데 가장 큰 이해관계가 있는 10개국, Category (b)는 국제해상교역과 가장 이해관계가 큰 국가 10개국, 그리고 Category (c)는 Category (a)와 (b)를 제외한 국가 중 해운과 항해에 특별한 이해관계가 있고 각 지역을 대표할 수 있는 20개 국가로 구성된다. 우리나라는 1991년 Category (c) 이사국으로 선임된 후 2001년 이후 Category (a)에 속하는 이사국으로 활동하고 있다.

한편 위원회는 기능별로 해사안전위원회(MSC), 해양환경보호위원회(MEPC), 법률위원회(LEG), 기술협력위원회(TC), 교통간소화위원회(FAL)[5]의 5개 위원회가 설치되어 있다. 한편 IMO의 정기예산은 2020-2021 회계년도 기준 £72,700,000이며 보유 선박톤수에 따라 파나마, 리베리아, 마셜 아일랜드, 싱가포르, 몰타, 바하마, 영국, 중국, 홍콩, 일본이 약 60%를 부담하고 있다.

2. IMO의 역할과 활동

IMO가 1958년 창설된 이후 가장 중점을 두고 추진한 분야는 해상안전으로서 1912년 발생한 타이태닉호 침몰사고를 계기로 1914년 체결되었던 해상에서의 인명안전에 관한 협약(SOLAS: International Convention for the Safety of Life at Sea)을 1960년 및 1974년에 걸쳐 개정하였으며 1965년에는 국제해상교통간소화협약(FAL: Convention on Facilitation of International Maritime Traffic)을, 1966년에는 만재흘수선협약

---

5) MSC: Maritime Safety Committee, MEPC: Marine Environment Protection Committee, LEG: Legal Committee, TC: Technical Cooperation Committee, FAL: Facilitation Committee.

(LL; International Convention on Load Lines)을, 1972년에는 국제해상충돌예방규칙(COLREG; Convention on the International Regulations for Preventing Collisions at Sea)을 채택하였다.

한편 1967년 영국 인근 공해 상에서 발생한 유조선 Torrey Canyon호 좌초 사고는 대량의 원유를 유출함으로써 IMO에 선박에 의한 해양오염방지라는 새 로운 역할을 부여하게 되었고 IMO는 이를 위해 1973년에 해양오염방지협약 (MARPOL; International Convention for the Prevention of Pollution from Ships)을, 1978년과 1997 년에는 그 의정서(Protocol)를 채택하였으며 유류오염사고로 인한 사후조치를 위 하여 1969년에 유류오염사고에 대한 공해상의 조치에 관한 국제협약 (INTERVENTION; International Convention relating to Intervention on the High Seas in Cases of Oil Pollution Casualties)을, 같은 해에 유류오염손해에 대한 민사책임에 관한 국제협약 (CLC; International Convention on Civil Liability for Oil Pollution Damage)을, 1971년에 국제유류 오염손해배상기금 협약(FUND; International Convention on the Establishment of an International Fund for Compensation for Oil Pollution Damage)을 각각 채택한 바 있다.

또한, 잦은 해상사고가 선원의 자질에 기인함을 감안하여 1978년에 선원 의 훈련, 자격증명 및 당직에 관한 협약(STCW; International Convention on Standards of Training, Certification and Watchkeeping for Seafarers)을 채택하였고 1995년과 2010년에 각 각 이를 개정한 바 있다. 해상 항해기술의 발전과 함께 1976년에 국제해사위성 기구에 관한 협약(IMSO; Convention on the International Maritime Satellite Organization)을 채택 하였고 이를 바탕으로 1982년부터 국제해사위성기구(INMARSAT)가 업무를 개시하 였다. 1988년에는 전세계해상조난안전시스템(GMDSS; Global Maritime Distress and Safety System)을 채택하였고 1992년부터 시행하였다.

2000년대 들어서 IMO의 환경에 대한 활동이 크게 강화되어 2001년에는 선박의 유해 방오(防汚) 시스템의 통제에 관한 협약(AFS; International Convention on the Control of Harmful Anti-fouling Systems on Ships)을 채택하였고 2004년에는 선박평형수관 리협약(BWM; International Convention for the Control and Management of Ships' Ballast Water and Sediments)을 채택하였다. 또한, 해상에서의 테러 등 위해를 예방하기 위한 활동 도 강화되었는데 2002년 SOLAS를 개정하여 국제선박 및 항만시설 보안규칙 (ISPS Code; International Ship and Port Facility Security Code)을 제정하였고 2005년에는 해상

항해의 안전에 대한 불법적 행위의 억제를 위한 협약(SUA; Convention for the Suppression of Unlawful Acts Against the Safety of Maritime Navigation)을 채택하였다.

이와 같이 1958년 설립 이후 IMO의 역할은 날로 중요해지고 그 활동범위도 크게 확대되고 있다. 앞으로도 4차 산업혁명에 따른 선박건조기술과 해상항해 기술의 발달로 IMO의 역할이 더욱 강화되어야 할 것으로 예상된다.

3. IMO의 주요 협약 개요[6]

여기서는 IMO의 3대 협약이라고 할 수 있는 SOLAS, MARPOL 및 STCW 협약을 구체적으로 살펴보고자 한다.

SOLAS 협약은 타이태닉호 참사 이후 1914년에 채택되었으며 그 후 몇 차례의 개정과정을 거쳐 오늘의 협약에 이르고 있는데 1974년 협약에는 묵시적 가입절차(tacit acceptance procedure) 조항이 있어서 협약의 개정사항은 가입국 중 합의된 수만큼의 반대가 특정기일까지 제기되지 않는 한 효력이 발휘되도록 하고 있다. SOLAS 협약의 목적은 선박의 안전을 담보할 수 있도록 선박의 건조, 장비 및 운항에 관한 최소한의 기준을 정하는 것이다. 선박의 기국(旗國)은 자국 치적 하에 있는 선박이 필요한 요건을 충족하도록 하고 이를 충족하면 협약에서 정하고 있는 각종 증서를 발급하여야 한다. 또한, 비록 기국이 아니더라도 항만국통제(PSC) 절차를 통하여 다른 협약국에 치적된 선박이 협약에서 정한 요건을 충족시키지 못하고 있다는 명백한 증거가 있는 경우 동 선박에 대해 점검할 수 있다. SOLAS 협약은 총 14개 장으로 구성되어 있는데 제1장 총칙, 제2장 선박의 격벽과 안정성, 기계 및 전기장치, 화재 탐지 및 소화장치 등에 대하여 규정하고 제3장은 인명구조장비, 제4장은 무선통신장치, 제5장 항해의 안전, 제6장 화물의 운송, 제7장 위험화물의 운송, 제8장 원자력선, 제9장 선박의 안전운항관리, 제10장 고속선의 안전수단, 제11장 해사안전 및 보안을 증진시키기 위한 특별수단, 제12장 산물선에 대한 추가적 안전수단, 제13장 준수에 대한 입증, 제14장 북극에서 선박운항을 위한 안전수단을 담고 있다.

---

6) http://www.imo.org/en/About/Conventions/ListOfConventions 참고.

MARPOL 협약은 1973년 채택되어 1978년 의정서와 함께 1983년 발효되었으며 이후 1997년 의정서가 채택되어 제4부속서로 첨가되었다. 이 협약은 선박의 사고로 인한 오염과 통상적인 운항과정에서 발생할 수 있는 오염을 방지하고 최소화하는 데 그 목적이 있다. MARPOL 협약은 20개의 조문과 6개의 부속서로 구성되어 있으며 부속서1에서는 기름에 의한 오염의 예방, 부속서2에서는 벌크상태의 유해 액체물질에 의한 오염의 통제, 제3부속서는 포장 상태로 해상 수송되는 유해물질에 의한 오염의 예방에 대하여 각각 규정하고 있다. 제4부속서에서는 선박의 하수에 의한 오염의 예방에 대하여, 제5부속서에서는 선박의 폐기물에 의한 오염의 예방에 대하여, 제6부속서는 선박으로부터의 대기오염 예방에 관하여 규정하고 있다.

STCW 협약은 1978년 채택되어 1984년 발효되었으며 선원의 훈련, 자격증명과 당직에 관해 처음으로 채택된 국제협약이다. 종전에는 이러한 기준은 각국 정부의 규정에 의존하였는바, 국가마다 그 기준이 다양하여 국제교역에 종사하는 해운산업으로서는 국제적인 기준이 필요하였다. 더구나 당시 기준미달선(sub-standard vessels)의 운항과 선원의 자질 부족으로 인한 해난사고의 증가는 선원의 자질에 관해서 최소한의 기준을 설정하는 STCW협약의 탄생이 절실하였다. STCW 협약은 제1장 총칙, 제2장 선장과 갑판부, 제3장 기관부, 제4장 무선통신과 통신사, 제5장 특정 선종의 선박에 승무하는 선원에 대한 특별훈련기준, 제6장 비상, 직업적 안전, 의료 및 생존 기능, 제7장 대체 자격증명, 제8장 당직으로 구성되어 있다. 협약의 규정은 STCW Code에 의하여 보완되는데 이 Code는 Part A와 Part B로 나누어지며 Part A는 강제적으로 적용되는 사항으로 일련의 표로 자세하게 최소한의 승무기준을 보여주고 Part B는 선택적인 사항으로 체약국들이 협약을 시행하는 데 도움을 주기 위한 권고적인 지침이 포함되어 있다.

STCW 협약은 2010년 개정(the Manila amendments to the STCW Convention and Code)되어 2012년 1월부터 시행에 들어갔는데 그동안 발전된 사항을 반영하고 장래 출현할 것으로 예상되는 사항들을 감안할 수 있게 하였다. 이러한 사항 중에는 첫째, 자격증과 관련한 사기를 막고 평가과정을 강화하기 위해 개선된 수단의 도입, 둘째, ECDIS[7](전자해도표시 정보시스템)와 같은 최신기술을 이용한 훈련 요건 추가, 셋째, 해적 침공시 대처법을 적합하게 훈련받았음을 보장하기 위한 조항과 보안훈련 요건의 추가, 넷째 원격 교육 및 인터넷 기반 교육을 포함한 최신훈련기법의 도입 등이 포함되었다.

제 4 절 기타 다자간 기구와 국제해운협력

1. ILO(국제노동기구)

ILO는 1919년 제네바에서 창설되었으며 1946년 UN의 전문기구로 편입되었다. 해상노동의 특수성을 감안하여 일반총회와 별도로 해사총회를 개최하고 있으며 1920년 합동해사위원회를 설치하였다. 해상노동관련 협약은 국제상선의 최저기준에 관한 협약, 선원의 휴가와 최저임금에 관한 협약 등 37개였으나 이러한 협약을 포괄하는 MLC[8](해사노동협약)를 2006년 채택하여 2013년 8월 20일 발효되었다. 이는 기존 협약이 분야별로 세분화되어 있어 복잡다기하고 비준율이 낮으며 강제적 이행수단도 결여되어 있어 그 실효성이 떨어졌기 때문으로 분석된다.

MLC는 전문, 16개의 조문과 이를 실행하기 위한 5개의 Title로 구성되어 있다. 본문에는 정의(제2조), 선원의 고용과 사회적 권리(제4조), 실행과 집행 책임(제5조) 등 실질적 조항을 제외하고는 조약의 가입, 효력의 발효 등 절차적 규정으로 구성되어 있다. 따라서 협약의 실질적 내용은 대부분 부속서라고 할 수 있는 Title에서 규정하고 있는데 각 Title에는 Regulation, Standard A 및 Guideline B로 구성되어 있는바, 이 중 Regulation과 Standard A는 체약국들이

---

7) Electronic Charts Display and Information Systems.
8) Maritime Labour Convention.

의무적으로 시행해야 하는 강제조항인 반면에 Guideline B는 권고적 성격을 띠는 선택적 조항이다.

　　Title 1은 선원이 선박에서 근무하기 위한 최소한의 요건을 규정하고 있는 바 최소한의 연령을 만16세로 정하고 건강증명, 적합한 훈련과 자격증명을 갖추어야 한다고 규정하고 있으며 아울러 선원의 채용과 배치에 대한 구체적 기준도 제시하고 있다. Title 2는 고용조건에 관한 것으로 고용계약, 임금, 근로 및 휴식시간, 휴가 및 본국 송환 보장에 대하여 규정하고 선박 멸실 등의 경우 보상, 승선근무인원, 선원고용을 위한 경력과 기술개발 의무에 대하여도 규정하고 있다. Title 3은 선박 내 선원의 숙박시설, 여가시설 및 음식 제공에 대하여 규정하고 있으며 Title 4는 건강보호, 의료, 복지 및 사회보장에 대하여 규정하고 있다. Title 5에서는 협약의 준수와 강제수단에 대하여 규정하면서 이 협약을 준수하고 있을 경우 이를 증명하여 기국 정부가 발급한 해사노동적합증서 (Maritime Labour Certificate)를 선내에 비치하도록 하고 있으며 항만국(Port State)은 자국의 항만에 기항하는 선박에 대하여 협약 상의 기준에 합치하는지 여부를 검사할 수 있도록 하여 기준에 미달할 경우 시정명령 또는 선박운항금지 등을 할 수 있도록 하는 등 강력한 실행력을 부여하고 있다.

　　이러한 해사노동협약은 두 차례에 걸쳐 그 미비사항이 개정되었는데 2014년에는 선원의 유기(遺棄)에 따른 해운사업자의 책임을 강화하는 내용이며 2018년에는 선원이 해적 등에 의해 납치된 경우 근로계약 및 송환권의 유지를 주된 내용으로 한 것이다.

2. UNCTAD(유엔무역개발회의)

　　UNCTAD는 1964년 UN 결의안에 의하여 설립되었으며 그 설립목적은 무역을 통한 개도국의 경제개발 및 남북협력을 도모하기 위하여 선진국과 후진국 사이의 무역불균형을 시정하고 남북문제를 해결하는 데 있다. 현재 194개 회원국으로 구성되어 있으며 지역별로는 List A~D로 구분하고 크게 개도국 그룹인 77그룹과 선진국그룹(29개국)으로 양분되어 있다. 기구로는 매 4년마다 개최되는 총회, 이사회 기능을 하는 TDB(Trade and Development Board), 그리고 위원회로서 무역개발위원회(Trade and Development Commission)와 투자기업개발위원회(Investment, Enterprise and Development Commission)가 설치되어 있다.

UNCTAD 주도하에 채택된 국제협약을 보면 첫째는 1974년 채택된 '정기선동맹 행동규칙에 관한 협약'(Convention on a Code of Conduct for Liner Conferences)으로 1983년 10월에 발효되었다. 흔히 Liner Code라고 불리는 이 협약은 해운동맹의 폐쇄적 운영을 막고 개도국들의 정기선 해운시장 참여를 확대하기 위한 목적으로 제정되었으나 그 효과는 제한적이었던 것으로 평가된다.

둘째는 1978년 채택된 함부르크규칙(Hamburg Rules)으로 알려진 '해상물품운송에 관한 UN협약'(United Nations Convention on the Carriage of Goods by Sea)으로 1992년 11월 1일 발효되었다. 이 협약은 1924년 헤이그규칙(Hague Rules)으로 알려진 '선하증권에 관한 규칙의 통일을 위한 국제협약'(International Convention for the Unification of Certain Rules of Law relating to Bills of Lading)과 1968년 헤이그－비스비규칙(Hague-Visby Rules)으로 알려진 그 개정의정서가 모두 선주 중심의 협약으로 하주의 권리에 대한 보호가 미흡하다는 측면에서 하주국인 개도국의 입장을 강화하기 위한 것이다. 이 협약은 총 7부 34개 조항으로 구성되어 있으며 제1부 총칙, 제2부 운송인의 책임, 제3부 송하인의 책임, 제4부 운송증권, 제5부 청구와 소송, 제6부 보칙, 제7부 최종조항으로 구성되어 있다. 그러나 이 협약은 선주의 책임을 지나치게 확대한 것으로 해운국과 선주들의 지지를 받지 못함으로써 실효성을 거두지 못한 것으로 평가되고 있다.

셋째는 MT조약으로 알려진 '국제물품복합운송에 관한 국제연합협약'(United Nations Convention on International Multimodal Transport of Goods)으로 1980년 채택되었다. 이 협약 또한 함부르크규칙(Hamburg Rules)과 같은 연장선상에 있는 것으로 복합운송인의 책임을 강화하기 위하여 수정단일책임(Modified Uniform Liability)체계[9]를 채택하고 운송인의 운송 중 발생한 손해에 대하여 무과실을 입증하지 않는 한 운송

---

9) 복합운송인의 운송 중 책임에 대하여 손해발생 구간에 관계없이 동일한 책임원칙을 적용하나 손해발생 구간이 확인되어 그 구간에 적용될 책임한도액이 이 조약에 의한 한도액을 초과하는 경우 높은 한도액을 적용하는 체계.

인의 책임으로 추정하는 추정과실책임주의를 채택하고 있다. 이 협약은 8부 40개 조항으로 이루어졌으며 제1부 총칙, 제2부 증서, 제3부 복합운송인의 책임, 제4부 송하인의 책임, 제5부 클레임과 소송, 제6부 보칙, 제7부 통관문제, 제8부 최종조항으로 구성되어 있다. 이 협약 또한 개도국의 지지 하에 채택되었으나 과도한 복합운송인의 책임 등으로 발효정족수인 30개국의 지지를 받지 못해 발효되지 못하고 있다.

마지막으로 '선박등록요건에 관한 UN협약'(United Nations Convention on Conditions for Registration of Ships)은 1986년 채택된 것으로 선박과 그 치적국 간의 '진정한 연계(genuine link)'를 통하여 선진국들의 편의치적을 규제함으로써 개도국들의 경쟁력을 향상시키고자 하는 것이었다. 이 협약은 선진국과 개도국의 의견을 절충하는 과정에서 '진정한 연계'에 관한 국제적 기준을 설정하지 못하고 체약국의 법령으로 정하도록 함으로써 그 취지가 크게 퇴색되었으며 아직까지 40개국 이상 및 세계 선박량의 25% 이상의 국가가 가입하여야 하는 발효요건을 충족하지 못하고 있다.

위 협약들은 모두 UNCTAD 내 개도국 그룹인 Group of 77 주도하에 채택된 협약이나 해운국 또는 선주들의 부담을 가중시키거나 해운국들의 가입 기피로 실효성을 거두지 못하고 있다.

3. OECD(경제협력개발기구)

OECD는 1961년 발효된 OECD협정에 따라 설립되었으며 회원국은 36개국으로서 창설 당시 20개국이었으나 그 이후 16개국이 추가로 가입하였다. 당초 OECD의 전신이라고 할 수 있는 OEEC(Organisation for European Economic Cooperation)는 1948년 설립되어 미국의 유럽부흥계획인 Marshall Plan을 실행하는 기구였으나 1960년 미국과 캐나다가 합류하여 OECD로 발전하였다. OECD의 설립목적은 지속가능한 발전과 고용을 통한 세계경제발전에 기여하고 다자간 국제교역의 증진에 기여함을 목적으로 한다. 조직으로는 총회, 사무국과 약 250개의 위원회, 워킹그룹 및 전문가그룹을 가지고 있으며 프랑스 파리에 본부를 두고 있다.

OECD는 당초 해운위원회(Maritime Transport Committee)가 설치되어 해운분야에 대한 높은 관심도를 보였으나 2006년 조직 구조조정의 일환으로 폐지되었다.

　　OECD의 해운에 관한 정책은 그 전신인 OEEC에서부터 해운자유주의에 입각하고 있었으며 이는 1952년 채택된 The Code of Liberalisation of Current Invisible Operations에도 잘 나타나 있다. 또한, 이러한 기조는 1987년 2월 '해운정책의 공동원칙과 관련한 회원국들에 대한 권고'(The Recommendation concerning Common Principles of Shipping Policy for Member countries)에서 명확하게 드러나 있다. 권고는 회원국들에게 강제력을 지닌 것은 아니지만 일종의 가이드라인을 제시한 것으로 볼 수 있다. 동 권고에는 16개의 원칙을 제시하고 있는데 원칙1은 회원국들의 해운정책의 기본 방향에 관한 것으로 자유무역을 촉진하고 국제해운 관계에서도 공정하고 상업적 차원에서 자율경쟁을 촉진하도록 추진할 것을 제시하고 있다. 원칙2는 회원국들이 OECD 비회원국과의 무역문제 해결에 있어 따라야 할 원칙으로서 상업적 차원에서의 자유경쟁 원칙을 고수하여 해운사업자들의 국제적인 운송화물에의 접근을 제한하는 제도의 도입을 반대해야 한다고 규정하고 있다. 원칙3~원칙6은 비회원국이 자국 선대를 위해 화물배분(Cargo Sharing) 또는 화물유보(Cargo Reservation)를 요구하는 경우 회원국 간의 협의 및 비회원국과의 협상 등을 통하여 문제를 해결하려고 노력하고 만약 비회원국이 이를 거부하고 자유경쟁적인 해운시장을 저해하려 한다면 이에 대해 대응조치를 하도록 유도하고 있다. 원칙8 이하에서는 벌크선 해운시장에서의 해운의 자유를 보장하고 정기선 해운시장에서는 정부의 개입을 최소화하되 개입하는 경우에도 화주와 선주의 이해관계에 균형을 유지하며 해운동맹 미가입 선사에 의한 자유경쟁이 계속 유지될 수 있도록 정기선사들이 동맹 가입여부를 자율적으로 결정할 수 있는 권리를 보장하여야 한다는 것이다. 이와 같이 OECD의 해운정책은 자유경쟁을 촉진하는 방향으로 추진되었으며 이러한 원칙은 구 소련의 해체와 함께 탄생한 독립국 및 동유럽 국가들과의 협의를 통해 1993년에 '공동해운원칙에 관한 양해각서'(Understanding on Common Shipping Principles)를 이끌어냈으며 1999년에는 신흥 비회원 경제주체(Dynamic Non-Member Economies)[10])와도 유사한

---

10) 칠레, 홍콩, 말레이시아, 싱가포르, 타이완, 태국.

양해각서를 체결하였다.[11] 특히 정기선 해운시장에서의 경쟁촉진을 위하여 OECD가 작성한 2002년 정기선해운에서의 경쟁정책 보고서(Competition Policy in Liner Shipping final report)에서도 이러한 기조가 잘 드러나고 있음을 알 수 있다.

　　한편 OECD는 우리나라와의 회원국 가입을 위한 협상에서 화물유보제도의 폐지를 강력히 요구하여 결국 우리나라는 이를 가입조건으로 받아들여 1996년에 OECD 회원국으로 가입하였으며 우리나라의 화물유보제도는 1999년에 완전히 폐지된 바 있다.

4. 기타 국제 해운협력기구

　　이 외에도 국제 해운협력기구로서 CSG(Consultative Shipping Group)를 들 수 있는데 이 기구는 1964년에 해운자유주의를 추구하기 위한 비공식 정부간 기구로서 탄생되었다. CSG 탄생의 계기로는 미국의 Cargo Preference 제도 등 보호주의 해운정책과 1964년 탄생한 UNCTAD에서 개도국을 중심으로 해운동맹에 대한 비판여론이 형성되었다는 것이다. 이에 따라 CSG의 주요 임무는 차별적이고, 제한적이며 일방적인 해운정책 수단에 대하여 감시하고 이에 대해 공동으로 대응하는 것이다. CSG는 당초 유럽의 해운국과 일본 등 14개국만이 참여하는 폐쇄적 성격의 조직이었으나 2007년 해운자유주의 정책기조를 같이 하는 국가들을 추가로 받아들임으로써 현재는 한국을 포함하여 총 18개국[12]으로 구성되어 있으며 EU는 옵서버로 참여하고 있다. 회의는 매년 1회 개최되고 2년에 한 번씩 미국의 해운당국과도 회의를 개최하고 있으며 별도의 조직 및 예산이 없고 모든 문제 제기에 대해 완전합의제로 운영하고 있다.

---

11) The Liberalization of Maritime Transport Services, 2012, Benjamin Parameswaran, International Max Planck Research School for Maritime Affairs at the University of Hamburg, pp. 179−180.

12) Belgium, Canada, Denmark, Finland, France, Germany, Greece, Italy, Japan, the Republic of Korea, the Netherlands, Norway, Poland, Portugal, Spain, Singapore, Sweden and the United Kingdom.

제2장
우리나라 국제해운협력

제1절 양자간 국제해운협력

　　양국 간의 해운문제에 관한 현안이 있는 경우 협의를 제안하게 되고 양국 간의 협상을 통하여 해결방안을 마련하게 된다. 우리나라의 경우 1980년대 말까지 해운보호주의 정책을 취하였으므로 선진 해운국들은 우리나라 해운시장의 개방과 자국선대의 우리나라 항만에서의 차별대우 예방을 위해 해운협력을 제의하였다. 이러한 협의결과 합의에 도달하면 양국 간 해운협력을 위한 협정을 체결하게 되는데 이를 해운협정이라고 한다.

　　우리나라가 1990년까지 해운협정을 체결한 나라는 독일(1970),[1] 덴마크(1980), 싱가포르(1981), 노르웨이(1984), 파키스탄(1984), 말레이시아(1988) 및 나이지리아(1990) 등 7개국이다. 미국과는 1957년 11월 '대한민국과 미합중국 간의 우호·통상 및 항해조약'을 체결하였으나 해운문제만을 전문적으로 다룬 것이 아

---

1) (　)내의 연도는 해운협정이 발효된 연도임. 이하 다른 나라의 경우에도 동일함.

니며 내용 면에서도 해운협정이라고 보기에는 미흡한 측면이 있다. 1965년 체결되고 1970년 발효된 독일과의 해운협정은 '대한민국과 독일연방공화국 간의 해운관계에 관한 의정서(Protocol concerning Maritime Transport Relations between the Republic of Korea and the Federal Republic of Germany)'라는 명칭으로 체결되었다. 동 의정서는 단 6개의 조항으로 구성된 간결한 합의서이나 주요 내용은 운송선박 선택의 자유, 자국 항만에서 상대국 선박에 대한 내국민대우 보장, 수익 이전의 보장 등으로 구성되어 있어 우리나라의 해운정책 방향이 제대로 정립되지 않은 상태에서 체결하여 자율적취를 보장하는 등 독일에 유리한 협정이었다고 볼 수 있다. 한편 독일과는 2012년 체결되고 2013년 발효된 '대한민국 정부와 독일연방공화국 정부 간의 해상운송에 관한 협정'을 채택하였는바, 그 주요 내용은 운항의 자유와 비차별, 선박의 동등한 대우, 지사 설치 등 상업활동 보장, 자유로운 송금, 선박문서 및 선원 신분증명의 상호인정, 선원의 입국·통과 및 체류의 보장, 해상사고 시 구조구난의 협조 등이다. 동 협정은 해운자유주의에 근거하여 당초 의정서와 그 맥락을 같이 하면서도 보다 구체화된 내용을 담고 있어 훨씬 실효성이 있는 해운협정으로 볼 수 있다. 그러나 1980년대 체결된 6개의 해운협정은 모두 UNCTAD에서 채택된 정기선동맹 행동규칙에 관한 협약(Liner Code)을 바탕으로 하는 등 보다 해운보호주의적인 성격을 띠었다고 볼 수 있다. 다만 선진 해운국이라고 할 수 있는 덴마크, 싱가포르 및 노르웨이와의 해운협정에서는 UNCTAD Liner Code의 정신에 입각하여 상대국 선박에 대하여 동등한 대우를 할 것을 천명하는 데 그치고 구체적인 화물배분(Cargo Sharing) 규정은 포함하지 않은 반면, 개발도상국인 파키스탄, 말레이시아 및 나이지리아와의 해운협정에서는 Liner Code에서 정하고 있는 40 : 40 : 20 원칙을 채택하고 있다.

우리나라가 해운자유주의 정책기조로 전환한 1990년대 이후 체결한 해운협정 중 선진 해운국인 영국(1995) 및 네덜란드(1995)와의 협정에서는 Liner Code의 정신에 입각하여 상대국 선박에 대하여 동등한 대우를 할 것을 천명하고 있다. 중국(1993)과의 해운협정에서는 '양국 간 정기선 교역 및 여객 운송에 있어 호혜평등의 원칙을 실현하는 데 상호 적극 협력'하기로 합의하여 양국 간 컨테이너항로와 화객선 정기항로를 공동 관리하는 기틀을 마련한 반면 개발도상국인 베트남(1996)과의 해운협정에서는 자유롭고 공정한 경쟁원칙에 따를 것을 명시하여 베트남 해운시장의 개방에 중점을 두었다고 할 수 있다. 한편 우리나라가 OECD에 가입한 이후 체결하고 발효된 해운협정은 태국(2002), 이스라엘(2005), 불가리아(2005), 알제리(2006), 그리스(2007), 사이프러스(2009), 우크라이나(2009), 러시아(2011), 조지아(2014), 이란(2018)과 체결된 것으로 모두 해운자유주의에 입각한 공정한 경쟁원칙을 기반으로 하고 있다고 할 수 있다. 이와 같은 우리나라 해운협정 체결현황을 종합하면 〈표 7-2〉와 같다.

표 7-2 | 우리나라 해운협정 체결현황

체약국	체결 일자	발효 일자	주요 내용		
			화물 적취	Liner Code 수용 여부	항만에서 대우 등
독일	1965. 4. 9	1970. 12. 30	자율적취	–	내국민
	2012. 5. 3	2013. 9. 13			
덴마크	1980. 1. 9	1980. 1. 9	언급 없음	차별적 대우금지	최혜국
싱가포르	1981. 5. 26	1981. 5. 26	언급 없음	차별적 대우금지	내국민/ 최혜국
파키스탄	1984. 3. 3	1984. 4. 1	언급 없음	동률 적취	〃
노르웨이	1984. 9. 17	1984. 9. 17	언급 없음	호혜 평등원칙	내국민
말레이시아	1988. 7. 21	1988. 9. 23	언급 없음	동률 적취	내국민
나이지리아	1989. 8. 17	1990. 10. 4	언급 없음	40:40:20	최혜국
중국	1993. 5. 27	1993. 6. 26	언급 없음	–	최혜국
영국	1994. 8. 11	1995. 7. 10	언급 없음	차별적 대우금지	내국민
네덜란드	1995. 2. 3	1995. 12. 1	언급 없음	차별적 대우금지	내국민
베트남	1995. 4. 12	1996. 11. 11	자유·공정 경쟁	–	내국민
태국	2002. 5. 13	2002. 8. 28	해상운송자유/ 공정경쟁원칙	–	최혜국

이스라엘	2004. 8. 31	2005. 2. 27	언급 없음	−	내국민
불가리아	2005. 6. 16	2005. 11. 24	자유·공정경쟁	−	내국민
알제리	2003. 12. 9	2006. 4. 27	해상운송자유/ 공정경쟁원칙	−	내국민
그리스	2006. 9. 4	2007. 7. 31	자유·공정경쟁	−	내국민
사이프러스	2008. 12. 2	2009. 7. 10	해상운송자유/ 공정경쟁원칙	−	내국민
우크라이나	2005. 10. 20	2009. 8. 2	해운자유원칙	−	내국민
러시아	2010. 11. 10	2011. 1. 28	공정경쟁원칙	−	내국민
조지아	2014. 1. 20	2014. 2. 28	자유·공정경쟁	−	내국민
이란	2016. 5. 2	2018. 1. 4	비차별 자유경쟁	−	내국민

이러한 해운협정에 근거하여 양 당사국 간 정기적으로 또는 수시로 해운협력회의를 개최하게 되는데 중국과 같이 상호 협의할 현안사항이 많은 경우 매년 정례적으로 개최하여 협력방안을 논의하고 있다. 특히 중국과의 해운협력회의에서는 양국 간에 공동관리되고 있는 화객선 정기항로의 추가개설 문제 등이 협의되며 양국 간 컨테이너항로를 개방하는 문제도 지속적인 현안사항으로 논의되어왔다.

제 2 절   FTA를 통한 해운시장 개방정책

우리나라는 무역의존도가 높은 만큼 자유무역 정신에 입각하여 FTA의 체결을 통해 경제영토를 넓히는 데 주력해왔다. FTA의 체결확대는 관세인하 및 비관세장벽 철폐 등으로 당사국 간의 무역을 촉진함으로써 해상교역량을 증대

시킴은 물론 해운업을 영위하는데 있어 상대국에서의 영업활동의 제한을 완화
하는 등 당사국의 해운업 발전에도 긍정적 효과를 가져온다.

우리나라의 FTA 체결현황을 보면 2004년에 발효된 한－칠레 FTA를 시작으로
2006년 싱가포르 및 EFTA,[2] 2007년 ASEAN,[3] 2010년 인도, 2011년 페루, 2012년
미국, 2013년 터키, 2014년 호주, 2015년 캐나다, EU,[4] 중국, 베트남 및 뉴질랜드,
2016년 콜롬비아, 2021년 영국 및 중미 5개국[5]과의 FTA가 각각 발효되었다. 이를
국가 수로 보면 총 57개국과 FTA를 체결한 것과 같은바 이들 국가에 대한 수출은
우리나라 전체 수출액의 70% 이상을 차지하고 있으며 그 증가율도 매우 높은 것
으로 나타나 FTA 체결로 인한 효과가 매우 긍정적임을 알 수 있다.

자유무역협정은 상품에 대한 관세의 인하뿐만 아니라 서비스교역에서의
양허(讓許) 범위를 포함하게 되는데 해운분야에 대해서는 해상운송 및 해운 부대
서비스에 대한 양허 여부, 상업적 주재(駐在)에 대한 양허 여부 등을 포함하게 된
다. 우리나라는 FTA 협상과정에서 상품교역에 대한 관세율의 인하와 함께 체
약 상대국 해운시장의 개방을 확대하는 데도 주력하였는데 통상 상대방 국가의
화물유보제도 등 해운업에 대한 각종 규제를 완화하여 국적선사의 상대국 운송
시장에의 진출과 지사의 설치 허용 등을 통한 화물집하 등 영업활동을 원활하
게 하는 데 중점을 두었다고 할 수 있다. 한－미 FTA 협상과정에서는 미국의
Cargo Preference제도 등 해운보호주의 정책이 중점 협상대상이 되었으나 그간
미국이 우루과이라운드 및 WTO체제 하에서의 협상과정에서 보였던 입장을 견
지하였으며 우리나라 정부는 국가적 차원에서 미국과의 FTA를 타결해야 하는
상황이어서 이러한 미국의 Cargo Preference제도 유지 입장을 수용한 채 타결
되었다.

---

2) EFTA 4개국: 노르웨이, 스위스, 아이슬란드, 리히텐슈타인.

3) ASEAN 10개국: 브루나이, 캄보디아, 인도네시아, 라오스, 말레이시아, 미얀마, 필리핀, 싱가포
   르, 태국, 베트남.

4) EU 회원국 28개국: 그리스, 네덜란드, 덴마크, 독일, 라트비아, 루마니아, 룩셈부르크, 리투아니
   아, 몰타, 벨기에, 불가리아, 스웨덴, 스페인, 슬로바키아, 슬로베니아, 아일랜드, 에스토니아,
   영국, 오스트리아, 이탈리아, 체코, 크로아티아, 키프로스, 포르투갈, 폴란드, 프랑스, 핀란드,
   헝가리.

5) 파나마, 코스타리카, 온두라스, 엘살바도르, 니카라과.

제 3 절   다자간 국제해운협력

　　우리나라는 3면이 바다이며 내륙으로의 교통로가 제한되어 있어 해운의 기능이 절대적인 만큼 국제해사기구와의 협력은 매우 중요하므로 1962년 4월에 IMO의 정회원으로 가입하게 되었다. 그 이후 우리나라는 IMO의 활동에 능동적으로 참여하여 왔으며 IMO가 채택한 각종 국제협약을 적극적으로 국내에 수용하였다. 우리나라가 수용한 주요 협약을 보면 만재흘수선협약(LL 1966) 및 해상인명안전협약(SOLAS 1974)은 우리나라 선박안전법에, 국제해상충돌예방규칙(COLREG 1972)은 해사안전법에, 선박톤수측정에 관한 협약(Tonnage 1969)은 선박법에 각각 수용하였다. 또한, 유류오염손해보상을 위한 국제기금의 설치에 관한 국제협약(Fund 1971)은 유류오염손해배상보장법에, 선박에 의한 오염방지협약(MARPOL 1973/78)은 해양환경관리법에, 선박평형수관리협약(BWM 2004)은 선박평형수관리법에 각각 수용되어 있다. 선원의 훈련, 자격증명 및 당직근무의 기준에 관한 국제협약(STCW 1978)은 선원법과 선박직원법에, 해상수색 및 구조에 관한 협약(SAR 1979)은 수상에서의 수색·구조 등에 관한 법률에 각각 수용되어 있다.

　　한편 우리나라의 선박량이 날로 증가하면서 IMO내에서 우리나라의 위상도 크게 높아졌으며 1991년에 카테고리 (c)의 아시아 지역대표 이사국으로 처음 선임되었다. 이후 2001년에는 카테고리 (a)의 이사국으로 선임됨으로써 주요 해운국으로서의 위상을 드높였으며 이후 현재까지 연속적으로 카테고리 (a)의 이사국으로 선임되어 그 입지를 더욱 공고히 하였다. 한편 2016년에는 한국인이 최초로 IMO 사무총장에 선출되어 현재 그 임무를 수행하고 있는바, 이와 같이 IMO 행정업무의 최고수장으로 선출된 것은 본인의 역량과 아울러 우리나라의 해운국으로서의 위상이 함께 작용한 것이라고 할 수 있다.

　　반면에 우리나라는 국제노동기구(ILO)의 회원국임에도 해사노동관련 협약의 비준율은 매우 낮은 편이었다. 그러나 ILO가 37개로 다기화된 해사노동관련 협약을 하나로 통합하여 단일화된 해사노동협약(MLC)을 2006년 채택함에 따라 이를 국내법에 적극적으로 수용하기 위한 조치를 취하였다. 이는 해사노동관련 협약을 하나로 통합함으로써 실행력이 매우 높아졌을 뿐만 아니라 동 협약에서 정한 해사노동적합증서제도는 외국의 항만당국이 PSC를 통하여 직접 점검하도록 하고 있어 자칫 선박운항에도 지장을 초래할 우려가 있기 때문이다. 우리나라는 동 협약의 발효에 대비하여 이를 선원법에 수용하기 위한 준비를 차질없이 진행하여 2011년 8월에 선원법을 대폭 개정하였으며 이에 따라 2013년 8월에 발효된 해사노동협약에 차질없이 대처하게 되었다. 한편 2014년 선원의 유기(遺棄)에 따른 해운사업자의 책임을 강화하는 내용을 핵심으로 해사노동협약이 개정됨에 따라 우리 정부는 이러한 내용을 선원법에 수용하고 아울러 당초 협약 수용 시 미비했던 점을 보완하여 2016년 12월 선원법을 추가로 개정하였다.

또한, 우리나라는 UNCTAD의 77그룹(Group of 77)의 일원으로서 1974년 Liner Code의 채택에 적극 동참하였으며 1979년 5월에 협약 가입서를 제출하여 1983년 10월에 발효된 협약의 당사국이 되었다. 그러나 1978년 채택된 소위 함부르크규칙(Hamburg Rules)으로 불리는 해상물품운송에 관한 UN협약(UN Convention on the Carriage of Goods by Sea)과 1980년에 채택된 유엔 국제복합운송조약(United Nations Convention on International Multimodal Transport of Goods)에는 가입하지 않고 있는바, 이는 두 조약이 모두 선주의 책임을 지나치게 강화하는 내용을 담고 있어 우리나라 선사들에게 지나친 부담을 줄 우려가 있기 때문이다. 한편 우리나라는 1986년에 UNCTAD에서 채택된 선박등록요건에 관한 UN협약에도 가입하지 않고 있는데 동 협약이 선박소유자와 선박 간의 진정한 연계(genuine link)에 대한 개념을 구체화하였다는 평가는 있으나 오히려 편의치적을 정당화하였다는 비난을 받고 있어 그 발효 가능성이 희박하기 때문으로 해석된다.

이외에도 우리나라는 OECD의 회원국으로서 해운위원회6)의 활동에 적극적으로 참여하였으며 2007년에는 선진국 간의 해운그룹이라고 불리는 CSG(Consultative Shipping Group)에도 가입하여 활동하고 있다.

---

6) 2006년 OECD 조직개편으로 폐지되었으며 교통위원회로 편입되었음.

제 4 절 우리나라 국제해운협력의 공과

　　우리나라의 양자 해운협력은 우리나라의 해운정책 기조의 변화를 반영하여 1990년까지는 우리나라의 해운보호주의 정책을 방어하고 그 이후에는 해운자유주의 정책으로 전환함에 따라 해외시장의 개방에 역점을 둠으로써 국적선사의 화물확보를 지원하는 역할을 하였다고 평가할 수 있다. 반면에 해운자유주의 정책으로 전환한 이후에도 한-중 간 정기항로와 같이 관리항로로 운영하는 것은 이러한 정책기조에 맞지 않는 것으로 그 실익을 분석하여 시정 필요성을 검토할 때라고 본다. 물론 해운불황이 장기화되고 있는 상황에서 양국 선사의 이익을 크게 해칠 가능성이 있다면 이를 충분히 고려하여 실행시기를 선택해야 할 것이다.

　　한편 우리나라 FTA 체결과정을 보면 해운분야의 요구사항이 적극적으로 반영되기 어려운 구조이다. 이는 협상을 주무부처에서 총괄하고 많은 부처가 협상에 참여하는 만큼 모든 분야의 요구사항을 반영하기 어렵고 협상과정에서 당사국 간 서로 주고받는 식의 거래가 이루어져야 하므로 어느 분야에서든 양보가 불가피하기 때문이다. 이러한 경우 어느 분야를 우위에 두느냐는 선택의 문제가 되므로 해운분야에 보다 중점이 두어지도록 노력해야 할 것이다.

　　우리나라의 다자간 해운협력 분야 중에서 IMO와의 협력관계는 매우 성공적이라고 평가할 수 있다. 이는 우리나라가 IMO의 현안사항에 대하여 지속적으로 관심을 가지고 참여해왔을 뿐만 아니라 우리나라의 선박량이 크게 증가하면서 세계적인 해운국으로서의 위상이 크게 높아졌기 때문이다. 이에 반하여 ILO와의 관계에 있어서는 ILO의 협약체계가 단일협약체제로 바뀌면서 초기의 소극적 접근방식에서 벗어나 환경변화에 능동적으로 대처하게 되었다. 다만 우루과이 라운드협상과 WTO 체제 하에서 해운협상이 모두 실패한 관계로 해운분야에서 다자간 협력의 틀이 마련되지 않아 정형화된 규칙이 없으므로 양자간 해운협정 또는 FTA 체결확대를 통해 타 국가의 해운시장 개방노력을 계속해야 할 것으로 본다.

제8편

구조조정정책

제1장

해운산업합리화 정책

　　1979년에 발생한 제2차 오일쇼크로 인하여 세계경제가 침체를 겪게 되면
서 세계 해상물동량이 크게 감소한 반면 조선기술의 발달과 조선능력의 확충으
로 선박의 대형화를 촉진함으로써 선박량 과잉이 초래되어 해상운임이 크게 하
락하였다. 당시 주요 해운지표를 보면 〈표 8 – 1〉과 같은바, 해상운임지수를 대
표하던 MRI[1]는 23%가 하락하는 등 뚜렷한 해운불황의 징후를 보였다.

　　이러한 세계적인 해운불황은 우리나라 해운의 구조적 요인과 결합하여 국
적선사의 심각한 경영난을 초래하였다. 우선 우리나라는 해운경기가 후퇴하기
시작한 1980년부터 1982년까지 282만G/T에 달하는 대량의 중고선을 도입하였
다. 이는 전술한 바와 같이 정부의 강력한 선박량 증강정책과 함께 해운선사들
이 심각한 불황을 경험하지 못한 데 따른 안이한 경영 및 해운정보의 수집과

---

　1) 미국의 Maritime Research Institute사가 발표하는 해상운임지수.

표 8-1 ┃ 1979/1982년 대비 주요 해운지표

	1979년(A)	1982년(B)	B/A(%)
세계 해상물동량(백만톤)	3,755	3,213	85.6
세계 선박량(백만G/T)	413	425	102.9
MRI (1972=100)	301	232	77.1

판단능력 부족에 기인하였던 것이다. 아울러 해운과 무역분야의 상호 조장기능에 대한 인식부족과 115개에 달하는 업체의 난립도 문제로 지적되었다. 이에 따라 일부 국적선사의 심각한 경영압박으로 그 보유선박이 해외에서 압류당하는 등 국적선사들이 도산위기에 직면하였다.

이러한 시점에서 국가적 차원에서 해운산업 육성 필요성이 재인식되었는데 국민경제적 측면에서는 우리나라는 무역을 통해서만 경제발전이 가능하고 지정학적으로 수출입화물 운송의 해운 의존이 불가피했다는 점, 저렴하고 안정적인 기초물자 수송수단의 확보, 국제수지 개선 및 고용증대 효과가 그것이다. 아울러 안보적 측면에서 유사시 화물의 안정적 수송을 위해 상선대의 유지가 필수 불가결하다는 인식에서 우리나라 해운업이 불황을 극복하고 해운업의 지속적 육성을 위한 각종 지원책을 강구하게 되었다.

제 2 절   해운산업합리화 정책 추진경과

이에 따라 정부는 1983년 10월 경제장관협의회에서 해운산업 육성대책을 의결하였는데 이를 통해 해운불황 극복을 위한 각종 대처방안의 기본 골격을 마련하게 되었다. 그 주요 내용은 해운산업합리화를 추진하고 이를 위해 원리금 상환유예 등 각종 금융지원을 실시한다는 것과 경쟁력 있는 국적선대의 확충을 위해 계획조선 조건개선과 물량확대를 동시에 추진하고 각종 해운정보의 수집과 활용을 위해 해사기술원을 설립한다는 것이다.

이러한 정부의 해운산업 육성대책을 근거로 하여 1983년 12월 산업정책심의회에서는 해운산업합리화계획을 의결하게 되었다. 그 주요 내용을 보면 해운산업을 조세감면규제법(현 조세특례제한법)에 의한 합리화 대상산업으로 지정하여 해운산업합리화에 참여하는 선사에 대하여는 세제 및 금융지원을 실시하고 이를 위해 해운산업합리화의 목표, 기본방향 및 기준 등을 설정하였다. 이를 바탕으로 1984년 5월에는 해운산업합리화 추진계획이 의결되었는바, 해운산업합리화 대상기업을 지정하고 지정기업의 그룹별 통합형태 및 일정, 불용자산의 처분범위 및 시기 등 세부추진계획과 함께 합리화 지정기업에 대한 세제 및 금융지원 등에 대한 세부내용을 포함하였다.

이러한 해운산업합리화 추진계획은 여러 차례에 걸쳐 보완되었는데 그룹별 통합형태 및 일정의 조정, 불용자산의 처분범위 등 자구계획 및 시기의 조정, 노후 비경제선의 처분계획 조정, 계획조선 재원의 변경 및 자기부담율 조정 등이 주를 이루었다. 특이할 사항으로는 노후 비경제선의 처분시 담보부족에도 불구하고 처분을 허용하였다는 점과 국적선사의 안정적 수입증대를 위하여 대량화물의 국적선 이용을 강력히 추진했다는 점이다.

1988년 들어 해운경기가 다소 회복되면서 같은 해 6월에는 '해운 현안사항에 대한 처리대책'을 마련하였는데 그 주요 내용은 보수적 선박관리 기조를 유지하되 시황변동에 안정적이고 장기수익성이 확실한 전용선 선박량은 수송수요와 연계 관리한다는 것과 노후 비경제선 처분대상 선박 중 수익성이 있는 선박은 선사와 은행이 처분시기를 협의하여 조정할 수 있도록 하는 것이다.

이어 1989년 2월에는 '해운산업합리화 시책 마무리와 향후 해운정책방향'을 의결함으로써 1983년 말 시작되었던 해운산업합리화 정책은 종결되었다. 그 주요 내용 중 향후 정책방향을 보면 첫째는 선박량 관리를 탄력적으로 하고 확보방법을 다양화하되 매 연도 외항선박 확보량 및 확보방법 등에 관해 관계기관이 협의하여 결정하도록 하였다. 둘째는 자율·개방화 정책에 관한 것으로 항로 및 면허정책을 단계적으로 자율화하고 화물유보정책을 단계적으로 완화하는 등 대외개방을 추진한다는 것이다. 마지막으로 미수교국인 중국과의 직항로 개설과 소련과의 해운협력을 추진하기로 하였다.

제 3 절 해운산업합리화 주요 내용

정부는 자율적인 해운산업합리화에 의한 국적선사 간 과당경쟁을 방지하고 국적선사의 국제경쟁력을 제고하는 데 그 목표를 두었다. 이를 위한 기본방향으로 첫째, 해운업계의 자율적인 합리화 참여를 유도하되 당사자 간 합의가 여의치 않을 경우 해운산업합리화 심의위원회의 조정을 거쳐 추진하도록 하였고 둘째는 해운산업합리화 계획과 연계하여 금융 및 세제지원을 실시하고 셋째, 금융기관이 선사의 자구노력을 유도하되 회생 가능성이 없다고 판단되는 부실선사는 정비한다는 것이다.

1. 선사 간 통폐합

선사 간의 통폐합 방식은 합병에 의한 방식과 운영선사를 설립하는 방식의 2가지로 진행되었다. 우선 합병방식은 합병에 의해 설립되는 주력선사와 그 계열선사로 구성되는데 그 기본적인 개념은 〈그림 8−1〉과 같다. 주력선사는 계열선사에 대하여 30% 이상의 지분참여를 하고 그 경영을 감독하는 역할을 한다. 반면에 계열선사는 1983년에 당기순이익을 실현한 선사로서 독립법인 형태를 유지한 상태로 독자 운항권을 갖는다.

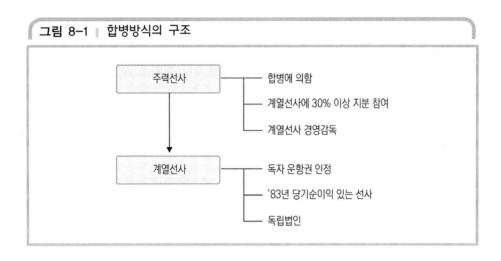

그림 8-1 | 합병방식의 구조

주력선사
— 합병에 의함
— 계열선사에 30% 이상 지분 참여
— 계열선사 경영감독

계열선사
— 독자 운항권 인정
— '83년 당기순이익 있는 선사
— 독립법인

한편 운영선사 방식은 위탁선사들의 출자로 운영선사를 설립하고 위탁선사는 운영선사에게 선박을 위탁 운항하며 운영선사는 운항수익금을 위탁선사에게 배분하는 형태이다(〈그림 8-2〉 참고).

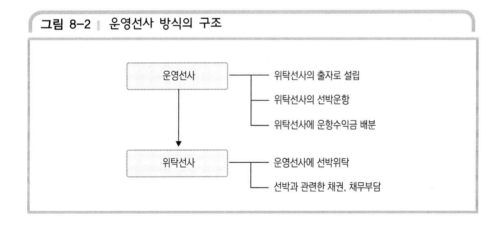

그림 8-2 | 운영선사 방식의 구조

운영선사
— 위탁선사의 출자로 설립
— 위탁선사의 선박운항
— 위탁선사에 운항수익금 배분

위탁선사
— 운영선사에 선박위탁
— 선박과 관련한 채권, 채무부담

이 방식은 위탁선사들이 단계적으로 합병에 참여하도록 유도하기 위하여 2년 이내에 운영선사에 합병하지 않을 때에는 지원을 중단하고 위탁선사의 신규선박 확보는 불허하도록 하였다.

그 결과 총 115개 선사가 34개 선사로 통폐합되었는데 이는 통합선사가 22개사, 그 계열선사가 9개, 해운산업합리화에 참여하지 않은 3개 선사[2]를 포함하는 것이다. 1988년 말 기준으로 항로별 통폐합 현황을 보면 〈표 8-2〉와 같다.

표 8-2 ｜ 항로별 통폐합 결과

(단위: 개사)

항로별	참여선사	참여형태				통합결과	
		합병	위탁·매입	계열	기타	통합사	계열사
계	112	23	59	9	21	22	9
원양	46	16	16	8	6	6	8
동남아	12	5	3	1	3	4	1
한일	51	2	37	–	12	11	–
특수	3	–	3		–	1	–

주) 참여형태 중 '기타'는 지분참여, 도산 및 선박압류 등으로 위탁선사가 소멸한 경우임.
자료: 해운항만청.

2. 불용자산 처분 및 자구(自救)계획

이는 불용자산의 처분을 통하여 합리화 참여선사의 재무구조를 건실화하고 자구노력을 통하여 기업주의 책임경영 풍토를 조성하기 위한 것이다. 이를 위한 구체적 방안으로는 보유 중인 부동산 처분, 유상증자, 유가증권 매각 및 계열사 처분 등을 들 수 있는데 그 실적을 보면 〈표 8-3〉과 같은바, 그 규모는 총 3,053억원에 달했다.

---

2) 호남탱카, 흥아해운, 동영해운.

표 8-3 | 불용자산 처분 및 자구계획 이행실적

(단위: 억원)

	계획	실적	대비(%)
합계	2,566	3,053	119
부동산 처분	607	528	87
유상 증자	703	447	64
유가증권매각	378	576	152
계열사 처분	138	214	155
기타	740	1,288	174

자료: 해운항만청.

한편 선사들의 경비절감을 목적으로 점소 및 인원 조정도 이루어졌는데 점소는 해운산업합리화 이전 1,407개소 중에서 1,087개소를 축소하였으며 인원은 해운산업합리화 이전 17,999명 중에서 7,057명을 감축하였다.

3. 노후 비경제선 처분

노후 비경제선의 처분은 계속 운항에 따른 영업손실을 방지하는 데 그 목적이 있었다. 해운산업합리화 과정에서 노후 비경제선의 처분을 촉진하기 위한 조치로 1985년 2월 산업정책심의회는 노후 비경제선 처분에 따라 당해 기업의 담보부족이 발생하더라도 해당 금융기관은 이를 허용하고 해당 선사의 원리금 상환 부족액에 대하여는 산업구조조정자금 또는 재정자금으로 융자를 하도록 의결한 것이다. 이러한 조치에 따라 노후 비경제선 처분을 위해 산업구조조정 자금 500억원, 재정자금 100억원이 지원되었으며 연리 5%, 5년 거치 5년 상환 조건이었다. 이에 따른 노후 비경제선 처분실적은 총 193척 220만G/T에 달하였으나 당초 계획에는 다소 못 미치는 것이었다(《표 8-4》 참고). 이는 1987년 하반기 이후 세계 해운시황이 호전됨에 따라 노후 비경제선의 처분시기를 조정할 필요성이 제기되었고 이에 따라 1988년 중 처분하기로 했던 선박 중 경제성 분석결과 수익성이 있는 선박은 해당 선사와 은행이 처분시기를 협의조정할 수

표 8-4 | 노후 비경제선 처분 계획대비 실적

(단뒤: 척, 천G/T)

	계획	실적	대비(%)
합계	(203) 2,599	(193) 2,200	85
1단계('85-'86)	(91) 975	(125) 1,289	132
2단계('87-'88)	(112) 1,624	(68) 911	56

자료: 해운항만청.

있도록 했기 때문이다.

제 4 절 해운산업합리화 참여기업에 대한 지원

해운산업합리화 참여기업에 대한 지원은 금융지원, 세제지원 및 신규선박 확보지원으로 나누어 볼 수 있다.

1. 금융지원

1983년 12월 13일 제1차 금융지원을 위한 조치의 기본원칙은 시황호전 시까지(최장 5년간) 선박구입과 관련된 원리금의 상환을 유예하고 선박구입과 직접 관련이 없는 자금은 선사의 자구노력에 의하여 상환하되 합리화에 따라 운항권이 중지됨으로 인한 운항비 등 일시적인 자금소요액은 운임채권 범위 내에서 운전자금을 지원하도록 하였다. 주요 지원내용을 보면 원화부문에 대한 원금상환은 거치기간을 연장하거나 운전자금 대출로 대환하도록 하고 이자상환은 운전자금 대출로 대환하도록 하였다. 이에 따라 계획조선의 경우 거치기간을 2.5년에서 5년으로 연장하여 기 상환 중인 자금에 대하여는 2.5년 상환을 유예하

| 표 8-5 | 계획조선자금 융자기간 조정 |

합리화 전	개정	비고
2.5년 거치 후 8년 상환 계 10.5년	5년 거치 후 8년 상환 계 13년	• 상환 중인 자금: 2.5년 상환유예 • 거치 중인 자금 • 신규지원 자금 ⎤ 5년 이내 거치

자료: 해운항만청.

고 거치 중인 자금과 신규지원 자금에 대하여는 거치기간을 5년으로 조정하였다(〈표 8-5〉 참고).

　　일반시설자금에 대하여도 거치기간을 연장하거나 운전자금 대출로 대환하도록 조치하였으며 이에 따라 상환 중인 자금은 2년간 상환을 유예하고 거치 중인 자금에 대하여는 거치기간을 3년에서 5년으로 연장하였다(〈표 8-6〉 참고). 한편 외화대출에 대하여는 원금 및 이자를 특별외화자금 대출로 대환할 수 있도록 하였다.

| 표 8-6 | 일반시설자금 융자기간 조정 |

합리화 전	개정	비고
3년 거치 후 5년 상환 계 8년	5년 거치 후 5년 상환 계 10년	• 상환 중인 자금: 2년간 상환유예 • 거치 중인 자금: 5년 이내 거치

자료: 해운항만청.

　　제2차 금융지원 조치는 해운산업합리화 계획에 따라 합병이 완료되고 자구노력을 최대한 이행하는 선사 중에서 주거래은행이 회생 가능성이 있다고 판단되는 선사에 대한 추가지원이었다. 이에 따라 상환기일이 도래하는 금융차입금(지급보증 포함)을 최장 3년 거치 후 5년 분할 상환 조건으로 대환하고 이자는 원칙적으로 정상 지급하되 주거래은행이 기업정상화를 위해 불가피하다고 판단할 경우 매년 말에 원금에 가산하여 대환하도록 하였다. 다만 구체적인 지원대상 자금과 지원조건은 주거래은행이 관련 여신은행과 협의하여 결정, 시행하도록 하였다. 또한, 해운산업합리화 지정기업에 대하여는 해운산업합리화 계획에 따른 금융지원에 한하여 담보비율에서 예외적으로 취급할 수 있도록 하였으며 나용선의 용선료 대환은 국내 지급보증이 있는 경우 지급보증은행이, 없는 경우에는 주거래은행 및 여신최다은행이 지원하도록 하였다.

제3차 금융지원조치는 1987년 4월에 이루어졌는데 해운산업합리화 지정기업 중에서 원양선사(계열선사 제외)의 차입금을 대상으로 하였고 합리화 조치 이후 신규시설자금과 단기차입금은 제외하였다. 지원기준에 있어 합리화 조치로 인수한 부채인지 여부에 따라 이에 해당하지 않는 기존 부채와 인수 외화부채의 원금은 상환기일 도래 시 5년거치 10년 분할상환조건으로 대환하고 원칙적으로 이자는 정상적으로 징수하되 추가 자구노력을 이행하고 이자 부담능력이 없다고 판단되는 선사에 한하여 5년간 징수유예 후 무부리(無附利)로 10년 분할상환하도록 하였다. 다만 합리화조치로 인수한 원화부채는 원금의 상환기일 도래 시 10년거치 10년 분할상환조건으로 대환하되 연 10%의 우대금리를 적용하도록 하였고 이자는 10년간 징수유예 후 무부리로 10년간 분할상환하도록 하였다. 이와 같은 지원기준 범위 내에서 구체적인 지원규모, 대상자금 및 지원조건은 주거래은행이 관련 여신은행과 협의하여 결정하도록 하였다.

이와 같이 3차례에 걸친 금융지원 실적을 종합하면 다음과 같다(〈표 8-7〉 참고). 해운산업합리화로 인한 금융지원 규모는 총 2조 7,739억원이었으며 이 중 상환연기가 1조 8,056억원으로 전체의 약 65%를 차지하였으며 이와 함께 신규

표 8-7 │ 해운산업합리화에 따른 금융지원 실적

(단위: 억원)

	계	'84	'85	'86	'87	'88	'89	'90
계	27,739	3,328	4,893	5,951	2,673	9,212	871	811
상환연기	18,056	2,421	3,885	3,702	2,209	4,677	445	717
신규융자	3,789	623	595	1,959	213	237	102	60
지급보증	1,879	284	413	290	251	283	324	34
채무면제	4,015	-	-	-	-	4,015	-	-

자료: 해운항만청.

융자 3,789억원, 지급보증 1,879억원, 채무면제 4,015억원의 지원이 이루어졌다. 이 중 특이할 것은 채무면제 4,015억원으로서 한진해운(주)이 대한해운공사의 후신인 대한선주(주)를 인수하는 조건으로 지원된 것이었다.

2. 세제지원

해운산업합리화가 추진되는 과정에서 다양한 세제지원이 이루어졌다. 우선 합리화 지정기업이 해운산업합리화 계획에 의하여 합병하거나 자산을 양수·도하는 경우 조세를 면제하였는데 합병법인은 합병에 따른 취득세, 등록세를 면제하였으며 운영선사에게는 자산의 양수·도에 따른 취득세, 등록세를 면제하였다. 또한, 합리화 지정기업 상호 간 자산의 양수·양도에 따른 법인세, 등록세, 취득세, 특별부가세 및 양도소득세를 면제하였다. 둘째로 해운산업합리화 계획에 의하여 합병 후 소멸하는 법인의 경우 청산소득에 대해 법인세를 면제하고 의제 배당에 대한 소득세 또는 법인세를 면제하였다. 셋째로 해운산업합리화 계획에 의하여 운영선사를 신설하는 경우 법인등록세를 면제하였다. 이와 같은 조세지원 실적은 총 142억원에 달하였으며 세부적으로 합병에 따른 조세지원이 25억원, 선박 양수·도에 따른 조세지원이 100억원, 기타의 경우가 17억원을 차지하였다.

3. 신조선대 확보지원

해운산업합리화 계획에 따라 노후 비경제선을 매각하는 대신 계획조선을 통하여 대대적인 신조선 확보를 위한 지원이 이루어졌다. 이를 위해 1983년 12월에는 계획조선 금융조건을 변경하여 융자기간을 2.5년 거치 후 8년 상환에서 5년 거치 후 8년 상환으로 연장하였으나 융자비율은 총 선가의 90%에서 80%로 하향조정하였다. 이러한 금융조건은 1987년 4월에 계획조선의 융자재원이 국민투자기금 및 산은시설자금에서 산은외화표시자금으로 변경됨에 따라 금리조건이 11%에서 LIBOR+1.5%로 조정되었고 자기자금 부담률은 내자(內資) 융자액의 20%에서 10%로 낮추었다.

　이에 따른 계획조선 실적은 〈표 4-5〉에서 본 바와 같이 1984년부터 1988
년까지 총 71척 2,814천G/T의 발주가 이루어졌는바, 이 중에서 실제로 건조 투
입된 선박은 총 67척 2,554천G/T였다. 해운산업합리화 기간 중 계획조선사업
은 주로 전용선대에 집중되었는데 광탄선 17척 1,659천G/T, 컨테이너선 17척
534천G/T, 자동차운반선 6척 245천G/T 등으로 동 기간 중 전체 건조규모의
95.5%를 점유하였다. 이러한 해운산업합리화 기간 중 선종별 계획조선실적은
〈표 8-8〉과 같다.

표 8-8 ｜ 해운산업합리화 기간 중 선종별 계획조선 건조실적

(단위: 척, G/T)

	계	'84	'85	'86	'87	'88
계	(67) 2,553,940	(5) 265,000	(14) 796,900	(10) 551,180	(20) 526,646	(18) 414,214
컨테이너선	(17) 534,396	(2) 50,000	(1) 36,000	(2) 68,400	(5) 182,996	(7) 197,000
세미컨선	(2) 5,750	(1) 2,000	−	−	(1) 3,750	−
광탄선	(17) 1,659,100	(2) 213,000	(7) 635,500	(3) 308,600	(3) 312,000	(2) 190,000
자동차선	(6) 244,800	−	(2) 72,800	(4) 172,000	−	−
산물선	(4) 52,600	−	(4) 52,600	−	−	−
원목선	(7) 29,800	−	−	−	(3) 12,800	(4) 17,000
일반화물선	(13) 26,280	−	−	(1) 2,180	(8) 15,100	(4) 9,000
케미칼탱커	(1) 1,214	−	−	−	−	(1) 1,214

자료: 해운항만청.

제5절 해운산업합리화 정책의 공과

우리나라 해운산업합리화 정책은 1980년대 해운불황 속에서 국적선사의 위기극복과 경쟁력 있는 선대를 확보하는 데 상당한 역할을 한 것으로 평가되고 있다. 이를 세부적으로 보면 첫째로 1982년 이후 해운경기 악화로 국적선사는 심각한 자금난과 대폭적인 경영적자를 기록하여 일부 소형선사의 부도가 발생하고 대외채무 지급불능으로 외국항만에서의 선박압류 사례가 발생하였는데 해운산업합리화 조치로 금융기관의 대출금 상환연기 및 운전자금의 신규대출 등을 통하여 추가적인 도산을 방지하는 데 기여하였다. 둘째는 금융지원 등을 전제로 외항해운업체의 자율적인 통합을 유도하여 해운불황기에 국적선사 간 과당경쟁으로 인한 출혈경쟁을 방지하는 데 기여하였다. 셋째, 국적선사의 통폐합을 통하여 규모의 경제에 따른 이점을 살리고 조직 및 인원 정비, 노후 비경제선 처분을 통한 경영합리화를 실현하였다. 마지막으로 신형 경제선 확보지원을 통하여 선령 10년 미만의 선박 비중이 1984년 41.9%에서 1988년 51.2%로 늘어났으며 컨테이너선, 광탄선, 자동차운반선 및 유조선 등 전용선대가 1984년 41.2%에서 1988년 67.9%로 크게 증가하여 국적선대의 경쟁력 강화에 기여하였다(〈표 8-9〉 참고).

반면 해운산업합리화 정책에 있어 몇 가지 문제점이 지적되고 있는데 그 중 하나가 국적선사의 재무구조를 개선하는 데는 실패했다는 것이다. 이는 해운산업합리화 기간 동안 해운불황이 지속됨에 따라 손실을 기록함으로써 자기자본이 잠식되었고 원리금의 상환유예만 이루어졌을 뿐 부채탕감은 한진해운(주)이 대한선주(주)를 인수하면서 감면받은 사례가 유일하다. 노후 비경제선의 처분 또한 대부분의 경우 처분손실을 기록함으로써 재무구조를 악화시키는 하나의 요인이 되었으며 선사들의 자구노력으로 인한 재무구조 개선효과는 크지 않았다. 따라서 우리나라 해운업의 재무구조를 해운산업합리화 전후로 비교했을 때 해운산업합리화 전보다 크게 악화되었음을 알 수 있다(〈표 8-10〉 참고). 즉

표 8-9 해운산업합리화에 따른 전용선대 비중변화 추이

(단위: 척, 천G/T)

선종			'84	'85	'86	'87	'88
총계	–		(547) 7,303	(482) 7,079	(445) 7,294	(434) 7,511	(429) 8,282
비전용선	소계		(457) 4,294	(402) 3,920	(329) 3,352	(308) 2,822	(292) 2,659
		%	58.8	55.4	46.0	37.6	32.1
	일반화물선		(189) 745	(156) 588	(111) 364	(101) 260	(104) 224
	산물선		(167) 3,074	(150) 2,869	(128) 2,570	(112) 2,116	(101) 1,907
	원목선		(63) 234	(57) 221	(54) 242	(48) 223	(51) 349
	기타		(38) 241	(39) 242	(36) 176	(47) 223	(36) 179
전용선	소계		(90) 3,009	(80) 3,159	(116) 3,942	(126) 4,689	(137) 5,623
		%	41.2	44.6	54.0	62.4	67.9
	컨테이너선		(22) 371	(19) 345	(50) 874	(50) 900	(52) 961
	광탄선		(18) 1,242	(19) 1,371	(22) 1,617	(27) 2,089	(32) 2,486
	자동차선		(2) 24	(4) 101	(6) 183	(14) 471	(19) 624
	유조선		(32) 1,332	(27) 1,306	(22) 1,209	(18) 1,164	(20) 1,455
	기타		(16) 40	(11) 36	(16) 59	(17) 65	(14) 97

자료: 해운항만청.

외항선사들의 부채비율이 1980년 631%에서 1990년에는 2,679%에 이르러 재무구조가 매우 취약한 상태에서 해운산업합리화가 마무리된 것이다. 이는 결국 정부가 자율·개방화 정책을 통해 해운보호주의 정책을 해운자유주의로 전환함으로써 경쟁력을 확보하고자 하였으나 재무구조가 취약한 상태에서 경쟁력 있

표 8-10 | 해운산업합리화 전후 외항해운업체 재무상태 비교

(단위: 억원, %)

	'80	'85	'90
자산(A)	13,830	31,289	50,936
부채(B)	11,937	29,851	49,103
부채비율(B/C, %)	631	2,076	2,679
자본(C)	1,893	1,438	1,833
자기자본비율(C/A, %)	13.7	4.6	3.6
당기순이익	170	△1,874	130

자료: 2001 해운항만, 1995, 해운항만청.

는 선박을 확보하는 것이 쉽지 않았으므로 1990년대에는 국적선대의 확충이 크게 이루어지지 못하였다.

둘째로 1984년 이후 수입선 다변화정책을 통하여 중고선 도입을 사실상 금지함으로써 적기에 저가의 중고선을 확보할 수 있는 기회를 봉쇄하는 결과를 초래하였다. 이는 해운호황기 고가의 중고선을 도입함으로써 1982년 이후 해운불황기에 경쟁력 약화요인으로 작용한 데 따른 것이었으나 이는 선박확보 시기 선택 상의 실패에 의한 것이므로 이를 이유로 중고선 도입 자체를 규제하는 정책을 취한 것은 적절하지 못하였다고 본다. 셋째로 국적선사의 선대구조 개선을 위한 계획조선사업은 해운불황기에 대규모 선박건조를 지원함으로써 원가경쟁력 있는 선대확충은 이루어진 것으로 평가할 수 있지만 조달금리 측면에서는 해운산업합리화 초기 단계보다 불리해지면서 해운산업에 대한 지원이라는 당초의 취지가 크게 퇴색되었다.

제2장

IMF 외환위기로 인한 해운업 구조조정

제1절 IMF 외환위기의 발생배경

　　우리나라의 IMF 외환위기는 1997년에 외환부족으로 IMF로부터 구제금융을 받은 사태를 말한다. 당시 동남아시아에서 시작된 외환위기는 단기외채에 크게 의존했던 우리나라에도 영향을 미쳐 단기외채를 중심으로 만기연장이 거부되자 외화부채를 상환할 수 없는 이른바 국가 부도위기에 직면하였다. 우리 정부는 이를 극복하기 위한 수단으로 모라토리움(Moratorium)을 선언하는 대신에 IMF로부터 부족한 외환을 대여받는 방식을 선택하였다.

　　이러한 IMF 외환위기의 원인은 외형상 태국 등 동남아시아 외환위기의 연장선상에서 시작된 것으로 보일지라도 실상은 우리 경제의 구조적 문제에서 비롯되었다는 견해가 지배적이다. 당시 30여년 간의 고도성장이 지속되어 국가경제 규모가 크게 확대되었음에도 불구하고 국가경제 운용의 틀은 이러한 상황을 제대로 반영하지 못하였다. 즉 국가주도의 규제위주 경제운용으로는 비대해진 국가경제가 효율적으로 관리되지 못하였으며 민간의 자율성은 크게 제약될 수밖에 없었다. 특히 당시 원화환율은 고평가된 상태에서 유지되었으며 경제주체들의 단기외환 차입이 급증하고 있음에도 이를 제대로 관리하지 못한 것이 외환위기의 직접적인 주요인으로 지적되고 있다.

이러한 외환위기는 IMF의 구제금융에 따른 조건과 연계되어 우리나라 경제구조뿐만 아니라 국민생활 전반에 커다란 변화를 가져왔다. 경제구조 개혁에 따라 국민경제에 대한 정부의 규제수단이 대폭 완화되어 민간주도의 경제체제로의 전환이 가속화됨은 물론 대외적인 개방화를 통하여 국제금융시장에 크게 노출되었다. 특히 경제체질 개선을 위해 추진된 부채비율 감축정책은 기업의 건전성 제고라는 측면에서 기여한 면도 있지만 자본집약적 산업으로 외화표시 부채에 크게 의존하고 있던 국적선사의 경영에는 큰 부담으로 작용하였다.

제 2 절 IMF 외환위기가 해운업에 미친 영향

우리나라 해운업은 1980년대 해운불황기를 거치면서 재무구조가 크게 악화된 가운데 1989년을 기하여 해운산업합리화를 마무리하고 1990년 들어서는 정부의 자율·개방화정책에 따라 새로운 전환점을 맞이하였다. 그러나 1990년대 들어서도 국적선사의 재무구조는 크게 개선되지 못하였으며 1996년 말 현재 부채비율이 1,166%에 달하는 등 여전히 취약한 상황에 놓여 있었다.

이러한 가운데 1997년 IMF 외환위기를 맞아 국적선사는 큰 난관에 봉착하였는데 선박확보시 대규모 타인자본을 사용하게 되고 특히 주로 달러를 기반으로 한 계약이 이루어졌기 때문이다. 즉 IMF 외환위기를 계기로 원화환율이 급등하면서 원화가치로 평가된 외화부채가 크게 증가하여 국적선사의 부채비율은 1997년 말 5,413%로 폭등하였고 막대한 규모의 외화평가손실의 발생으로

표 8-11 | IMF 외환위기 이후 부채비율 및 당기순이익(손실) 추이

	1997	1998	1999	2000	2001	2002
부채비율(%)	5,413	714	339	841	997	544
당기순이익(억원)	−7,208	1,523	6,269	−6,646	−4,419	2,003

자료: 한국선주협회.

약 7,200억원 규모의 당기순손실을 기록하였다(〈표 8-11〉 참고).

이러한 상황에서 정부는 1998년 5대 그룹 64개 기업에 대하여 부채비율을 200%로 개선하도록 유도하는 정책을 실시하였으며 이러한 과정에서 해운업은 선박확보 시 통상 건조자금의 80~90%를 외부자금으로 조달함으로써 다른 산업에 비해 타인자본 의존도가 높다는 사실이 전혀 고려되지 않았다. 이에 따라 부채비율 감축 대상이 된 대형 선사들은 부채비율을 낮추기 위해 영업용 자산인 선박과 터미널 등을 매각할 수밖에 없는 상황에 처하였으며 1998년에서 2001년 사이에 선박 125척(360만톤)이 매각되었다.[1] 정기항로를 운항하는 선사의 경우 컨테이너선을 매각한 후 높은 용선료를 지불하면서 재용선하여 사용하는 S&LB방식을 채택하기도 하였으며 수익성이 좋은 자동차운반선이 외국자본에 매각되기도 하였다. 이러한 자산매각에 따른 장부상 매각이익의 발생 등으로 1998년과 1999년에는 우리나라 외항해운업이 일시적인 당기순이익을 기록하기도 하였다.

제 3 절 IMF 외환위기로 인한 해운업 구조조정 평가

이와 같이 IMF 외환위기 하에서의 구조조정은 기업의 건전성을 제고한다는 목표 하에 시행되었지만 해운선사의 성장성을 훼손하는 결과를 낳았다는 주

---

1) 우리나라 해운산업의 불황 극복 및 위기반복 예방책 연구, 2009. 12, KMI, p. 39.

장이 있다. 즉 외항해운업의 특성을 감안해 일반적 수준보다 높은 부채비율이 유지되었으나 외환위기 당시 경제 전 부문에 걸친 구조조정으로 부채비율을 축소하는 과정에서 해운기업이 자산축소와 경쟁력 약화의 어려움을 겪게 된 것이라는 주장이다.[2]

외항해운업이 외화부채에 의존함으로써 국제적인 외환시세의 변동에 크게 영향을 받을 수밖에 없고 이러한 외환시세 변동에 따라 부채규모가 크게 증감하게 되는데 해운기업의 외화부채는 선박확보를 위한 장기금융으로서 단기간 내 상환해야 할 부채가 아님에도 불구하고 단기적인 외환시세의 변동을 반영하여 산출된 부채비율을 기준으로 부채의 감축을 요구하는 것은 무리한 정책이었다고 아니 할 수 없다. 더구나 이러한 정책이 해운시황 악화와 맞물려 중고선 가격이 크게 하락한 시점에서 상대적으로 수익성이 좋은 선박을 헐값에 매각하게 되어 선박매매 측면에서 실패한 전략이면서도 장기적으로는 해운기업의 수익기반을 약화시키는 결과를 초래하였다고 할 수 있다.

이러한 결과로 국적선 선박량은 1997년 11,558천G/T를 기록한 후 2003년까지 정체 상태를 지속하였으며 2004년 들어 정부가 선박투자회사제도를 도입하는 등 선박확보 지원책을 마련하면서 다시 국적선 선박량이 증가하기 시작하였다.

---

2) 앞의 책, p. 28.

제3장

2009년 이후 해운업 구조조정정책

제1절 구조조정 추진배경

　　2008년 9월 미국에서 발생한 리먼 브라더스 사태의 영향으로 금융경색이
발생되면서 국제경제가 침체되기 시작하였으며 이러한 영향으로 해상물동량이
급격히 감소하였고 해상운임이 폭락하는 현상이 발생하였다(⟨그림 8-3⟩ 참고).

　　이와 같이 해운시황이 급속히 악화되면서 우리나라 해운선사들은 다양한
어려움에 직면하였는데 다단계 용선(charter chain)의 부실화에 따른 연쇄 지급불능
사태의 발생, 유동성 위기 및 선박금융에 대한 처리문제 등이 그것이다.

　　첫째로 해운호황기에 선박확보의 어려움으로 선사 간에 여러 단계에 걸쳐
용선이 이루어지는 경우가 있는데 이를 흔히 용선체인(charter chain)이라고 부른
다. 이러한 형태의 용선방식은 해운호황이 지속되는 경우 정상적으로 가동될
수 있으나 해운시장이 붕괴되는 경우 용선료 지급이 순탄하게 이루어지지 않는
사태가 발생할 수 있다. 예를 들면 ⟨그림 8-4⟩에서 보는 바와 같이 대형 벌크

그림 8-3 ┃ BDI 운임지수 추이(2003~2012년)

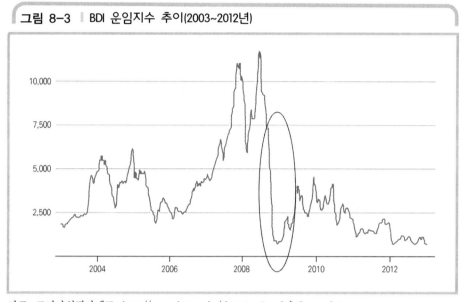

자료: 코리아쉬핑가제트, http://www.ksg.co.kr/shippingGraph/bdi_graph.jsp

선의 1일 용선료가 2008년 7월 10만 달러 수준에서 2009년 3월 2만 달러 수준으로 80%가 급락했을 때 해운호황시 형성된 선주−A사−B사−C사로 연결되는 용선체인은 급격한 해운시황의 악화로 C사가 1일 8만 달러 수준의 손실을 감당하기 어렵게 되어 지급불능사태가 발생한다면 연쇄적으로 B사, A사로 부실이 확산될 수 있다. 이러한 위험관리를 소홀히 한 채 대형선사인 A사가 자사의 신용도를 이용하여 해외 선주로부터 다수 선박을 용선하여 국내의 중소형

그림 8-4 ┃ 해운시황 급락시 용선체인 부실화 예시

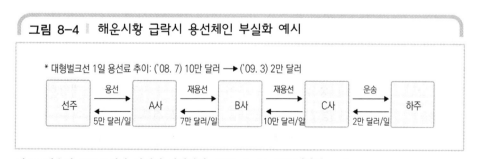

자료: 해운업 구조조정과 경쟁력 강화방안, 2009. 4. 23, 국토해양부, p. 3.

선사에게 재대선하는 영업을 했다면 해운호황기에는 순조롭게 차익을 얻을 수 있으나 해운불황 도래로 국내 중소형선사들이 지급불능에 빠진다. 대형선사인 A사는 자신의 국제적인 신용도를 유지하기 위해서는 해외 선주에게 용선료 지급을 계속하여야 하고 급기야는 자금이 고갈되는 유동성 위기에 빠질 수 있다.

둘째로 해운시황이 급속 악화되면서 운임의 폭락으로 인한 운임수입이 크게 감소하게 된다. 그러나 용선료, 연료비 및 항비 등 선박운항에 따른 각종 비용은 해운호황기 수준에서 약간의 절감이 가능할 뿐 크게 줄어들지 않는다. 따라서 선사들은 운임수입 만으로는 도저히 운항비용을 감당할 수 없게 되며 추가적인 자금조달의 필요성에 직면하게 된다. 물론 해운호황기에 축적한 자금이 있다면 1차적인 조달 원천이 되겠지만 해운불황이 장기화될수록 추가적인 자금조달이 불가피해진다. 이 경우 조달수단으로는 증자(增資), 금융기관으로부터 차입, 사채발행 등이 고려될 수 있는데 선사들은 불황의 장기화에 대비하여 가능한 한 최대한의 자금을 확보하려고 할 것이다. 그러나 해운불황이 도래하면 어떠한 자금조달수단도 용이하지 않은데 특히 금융기관으로부터의 추가적인 차입은 어려울 뿐더러 금융기관에서는 오히려 기존의 대출금에 대하여도 연장을 거부하고 자금회수에 나서는 경우가 많다. 더구나 국적선사들은 2007~2008년 해운호황기에 대량의 선박을 발주한 관계로 이러한 선박에 대한 자기자금 부담이 커지고 해운불황이 장기화될수록 BBC/HP에 대한 용선료 상환부담에 따라 자금부족 사태가 더욱 심각해질 수밖에 없었다.

셋째로는 해운시황이 급속히 악화되면 선박금융에 대한 문제가 반드시 뒤따른다. 가장 먼저 대두되는 문제는 발주를 진행 중에 있던 선박의 금융문제인데 선사 입장에서는 발주의 취소가 가능하면 이를 선택하려고 할 것이다. 예를 들어 발주선박에 대해 조선소 측에서 금융기관의 환급보증(RG; Refund Guarantee)을 득하지 못하는 경우와 아직 선급금이 지급되지 않은 경우 등이 이에 해당할 것이다. 다만 건조계약이 정상적으로 이루어지고 선사의 자기부담에 해당하는 선급금(통상 20%)이 지급된 경우에는 선급금을 포기하고 건조를 취소하기는 어려우므로 통상적으로는 조선소와의 협상을 통하여 선가를 조정하거나 인도시기를 조정하는 등의 방식을 택하게 된다. 이 경우 선박 금융선이 확보되지 않았거나 확보되었더라도 금융기관에서는 대출규모를 축소하거나 금리수준을 인상하려고 할 것이기 때문에 이러한 문제를 해결하여야 하는 어려움이 있다.

또한, 이미 건조가 완료되어 운항 중에 있는 선박에 대하여도 선박금융과 관련한 문제가 발생한다. 이는 해운시황이 급락하면서 선박가격도 하락하는 것이 일반적이기 때문에 기히 금융기관의 대출이 이루어진 선박의 경우에도 선박의 가격이 미상환 대출금 규모에 미달하는 경우에 문제가 된다. 이러한 대출금과 선박가격의 비율을 흔히 LTV(Loan-to-Value)라고 부르는데 해운호황기에 통상 선가의 80~90%가 금융기관으로부터의 차입금으로 조달되므로 예를 들어 선가가 차입 당시의 50% 수준으로 급락했다면 상환이 전혀 이루어지지 않은 선박의 경우 30~40% 수준의 담보 부족이 발생하게 되고 통상 금융기관에서는 이를 보충하기 위한 추가적인 담보를 요구하게 된다. 이와 같이 급작스러운 해운경기 변화는 해운호황기에 공격적인 선박투자와 해운경영을 실시하였던 대다수 국적선사에게는 자력으로 극복하기 어려운 상황에 처하게 되었다.

한편 세계 해운시장에서는 2004년 이후 해운호황 속에서 높은 수익률을 올렸던 노후 선박들은 2008년 하반기 이후 해상운임이 급락하면서 그 해체량이 급격히 증가하기 시작하였다(〈표 8-12〉 참고). 발주 중에 있던 선박도 선가하락과 신용경색으로 선사와 조선소 간의 협상에 의하여 또는 조선소가 금융기관의

표 8-12 | 세계 선박해체량 추이(2000~2009)

(단위: 백만dwt)

연도	2000	2001	2002	2003	2004	2005	2006	2007	2008	2009
합계	23.04	28.92	29.36	28.02	10.93	6.11	6.97	6.39	14.63	34.03
벌크선	4.59	8.18	6.09	4.18	0.36	0.96	1.76	0.54	5.56	10.60
탱커	13.99	15.91	17.29	19.68	8.27	4.31	3.17	3.63	4.27	8.56
컨테이너선	0.30	0.63	1.20	0.49	0.17	0.04	0.40	0.37	1.70	6.03
일반화물선	2.12	2.21	1.70	1.73	0.98	0.25	0.66	0.52	0.46	1.69
기타	2.04	1.99	3.08	1.94	1.15	0.55	0.98	1.33	2.64	7.15

출처: Clarkson Shipping Review Database, Spring 2018.
    (해사통계집, 2019, 한국선주협회, p.620에서 재인용)

환급보증(RG)을 획득하지 못하는 경우 취소되는 사례가 크게 증가하였다.

　　이러한 상황변화를 예의 주시하던 우리나라 정부는 건설 및 조선산업의 구조조정에 착수한 이후 2009년 들어서는 해운산업의 구조조정을 검토하기 시작하여 2009년 4월에 '해운업 구조조정과 경쟁력 강화방안'을 마련하였다.

제 2 절 해운업 구조조정과 경쟁력 강화방안(2009년)

　　동 방안은 세계적인 경기침체로 해운경기 회복에 약 4~5년 소요된다는 국제 해운전문기관들이 진단을 바탕으로 당면한 위기를 조기에 극복하고 지속적인 성장기반을 확충하는 기회로 삼고자 하였다. 당면한 위기극복 대책으로는 대외신인도 등 해운업의 특성을 감안하여 개별기업 방식의 구조조정을 통하여 유동성 확보를 지원하되 이 과정에서 국적선의 헐값 해외매각을 방지하는 데 주력하고자 하였다.

　　우선 구조조정의 방식으로는 채권금융기관 주도로 신용위험평가를 통한 상시 구조조정을 추진하기로 하였다. 이는 선가급락 및 복잡한 용대선 계약 등으로 일부 해운사의 부실이 해운산업 전반으로 확산하여 경쟁력 저하로 이어질 우려가 있고 대외신인도와 해외영업 등에 부정적 영향을 미칠 우려가 있는 등 해운산업의 특성을 감안한 조치였다. 구조조정 방식에 대하여 해운업계에서는 정부 주도의 구조조정 방식을 강력히 희망한 것으로 조사[1]되었으나 우리나라 해운정책의 기조가 1990년대를 기점으로 해운사업자의 자율과 책임을 중심으로 한 해운자유주의 정책을 취해 왔고 1980년대 해운산업합리화의 법적 근거가 되었던 해운산업육성법도 이미 폐지된 상태이었으므로 1980년대와 같은 정부주도의 강력한 구조조정정책을 채택하기 어려웠다. 이에 따라 주채권은행이

---

1) 한국해운산업 구조조정 및 경쟁력 제고정책에 대한 분석, 2009. 9, 최기영·박용안, KMI 해운 물류연구 제25권 제3호(통권 62호), pp. 487~507.

실시 중이던 38개 대규모 업체(신용공여 500억원 이상 등)에 대한 신용위험평가를 2009년 4월 말까지 마무리하여 평가결과를 바탕으로 업체별 구조조정 및 지원방안 등을 수립하고 소규모 업체(약 140개)에 대해서도 유동성에 어려움이 있는 업체를 중심으로 2009년 6월 말까지 추가 평가를 실시하기로 하였다.

둘째로 공공부문, 민간투자자 및 채권금융기관 공동의 선박 매입 및 채무조정을 통해 해운사의 원활한 구조조정을 지원하기로 하고 주채권은행의 신용위험평가 결과 등에 따라 구조조정 및 재무개선을 추진하는 해운선사에 적용함으로써 실효성을 제고하도록 하였다. 이에 따라 구조조정기금 등 공공부문, 해운업계 등 민간투자 및 금융기관 채무조정을 통해 운항 중인 선박을 매입할 것을 계획하였다. 이는 두 가지 측면이 고려된 것으로 과거 해운불황기에 구조조정 과정에서 선박을 헐값으로 해외에 매각했던 과오를 최소화하고자 하는 측면과 선박매입을 통해 국적선사들의 유동성 확보를 지원하고자 한 것이다. 다만 손실분담 및 자기책임 원칙을 견지하는 차원에서 선박을 시가로 매입하고 채무조정도 동시에 추진하기로 하였다. 이러한 계획에 따라 한국자산관리공사(KAMCO)가 구조조정 선박펀드를 설치2)하여 선박매입에 착수하였으며 1차로 2009년 7월에 총 17척의 국적선사 소유선박을 '매각 후 재용선'(S&LB)하는 방식으로 매입하였다. 한편, 일정 공정률 이상 건조가 진행된 선박의 경우 한국수출입은행의 제작금융(2009년 3.7조원 규모) 및 선박금융(2009년 1조원 내외) 등을 적극 활용하기로 하였다.

셋째로 공공부문에 의한 구조조정펀드의 출범 외에도 민간차원의 구조조정펀드 활성화를 위하여 구조조정 과정에서 매각되는 선박에 투자하는 선박펀드의 설립요건을 완화하여 당시 선박투자회사법에 의한 3년 이상의 선박투자회사 존립의무(제6조), 2년 이상의 대선의무(제26조), 현물출자 제한(제10조), 주식 추가발행 금지(제15조) 및 자금 차입 제한(제25조) 규정의 적용을 면제하기로 하였다. 이에 따라 정부는 2009년 5월에 개정된 선박투자회사법(제55조의3)에서 총자산의 100분의 70 이상이 채권금융기관에 대한 부채 등 채무를 상환하기 위하여 매각되는 선박 등에 투자하는 선박펀드에 대하여 위와 같은 완화된 설립요건을

2) 2009년 7월 캠코선박운용(주) 설립인가.

2015년 말까지 한시적으로 적용하기로 하였다. 한편 금융위원회는 은행과 보험사 등 금융기관이 선박투자회사에 지분 15% 이상 투자할 수 있도록 관련 규정을 개정하기로 하였다.

넷째로 정부는 해운호황기 형성된 다단계 용·대선(charter chain)의 해소가 구조조정의 관건이라고 보고 해운업 구조조정과 연계하여 부실가능성이 있는 용·대선을 해당 해운사업자의 책임 하에 조기 정리하도록 유도하기로 하였다. 이와 아울러 과도한 용선 위주의 영업을 억제하기 위하여 용·대선 비중이 과도할 경우 톤세의 혜택이 배제되도록 적용요건을 강화하기로 하였다.

한편 지속적인 성장기반을 확충하기 위하여 선박투자 전문기관의 육성, 해운세제의 안정화, 국적화물의 안정적인 수송기반 확충, 해외시장 개척지원 등의 정책과제를 제시하였다. 우선 선박투자 전문기관을 육성하기 위하여 선박투자회사법에 의한 선박운용회사에 대한 지분 출자제한(30%)을 폐지하여 해운·조선 대기업 또는 금융기관의 투자 참여를 유도함으로써 선박운용회사의 대형화를 추진하기로 하였다. 이는 우리나라 선박운용회사가 독일 등 선진국에 비해 규모가 영세하여 불황기의 적극적인 투자지원에 한계가 있다고 판단했기 때문이다. 둘째로 톤세제도 및 국제선박등록제도 등 선진 해운세제의 일몰 연장을 통해 국내 해운산업의 경쟁력을 제고하기로 하였다. 이는 톤세제도와 국제선박등록제도의 일몰기한이 2009년 말로 도래함에 따라 해운기업의 어려운 사정을 감안하여 톤세제도는 5년, 국제선박등록제도는 3년의 기간을 연장하기로 한 것이다. 셋째로 국적화물 중 원자재(철광석·석탄·LNG·원유 등)가 수출입물동량의 1/3을 차지하여 해운업체에 주요한 영업기반을 제공하고 있으므로 국내 대량화주와 해운사 간 선·화주 협의체(무역협회-선주협회 간)를 활성화하여 안정적인 원자재 운송을 도모하기로 하였다. 넷째로 WTO DDA 서비스 협상 및 FTA 추진을 통해 외국 해운시장의 개방을 적극 추진하여 해외시장 진출 기반을 강화하고 국적선사의 해외 항만 터미널 등 물류거점 확보를 지원하기로 하였다. 아울러 외항화물운송사업 등록기준을 강화[3]하는 한편 해운시황 분석능력 강화를 위해 한국해양수산개발원(KMI)과 한국선주협회 조직 내 해운시황 분석팀을 설치하고

---

3) 보유선박 5천톤 ⇒ 1만톤 이상, 자본금 5억원 ⇒ 10억원 이상.

선박금융 및 해운시황 분석 등 고부가가치 해운인력 양성을 적극 추진하기로 하였다.

　　이러한 대책의 추진은 세계 해운시황의 급속한 악화에 따라 우리나라 해운업의 구조조정과 정책적 지원이 절실하다는 정부의 의지를 보여주었을 뿐만 아니라 앞으로 나아갈 방향을 제시하였다는 점에서 큰 의의가 있었다. 그러나 해운시황의 악화로 대두된 국적선사의 유동성 및 수익성의 악화와 당시 발주되어있던 선박에 대한 처리문제를 해결하기에는 미흡할 수밖에 없었다. 이는 채권단 주도의 구조조정방식에서 오는 보수적 접근방식과 우리나라 해운업의 해운호황기 과도한 투자와 용·대선 영업으로 초래된 문제가 해결하기 쉽지 않은 상황이었기 때문이라고 할 수 있다. 먼저 운임수입이 급감하면서 국내외 주요 선사들의 유동성 상황이 크게 악화되었는데 국내 대형선사의 경우 회사채 발행 및 선박매각 등을 통해 자금을 확보하여 당장의 위기에 적극 대처하고 있었으나 자금확보 수단이 미흡한 중소선사의 경우 호황기 고가 선박투자 부담 등으로 유동성이 크게 악화되어 사실상 폐업하거나 기업회생절차를 신청하는 업체가 속출하였다. 한편 발주 중인 선박에 대하여는 선가가 크게 하락하면서 금융선이 추가담보를 요구하거나 중도금 등의 지원을 꺼리는 경우도 있어 선사의 자금부담이 가중되는 상황이었다.

　　이에 따라 정부는 기히 발표되었던 추진대책에 대한 추진상황을 점검하고 이를 보완하기 위한 추가적인 대책을 마련하였다. 2009년 11월에 '해운산업 동향 및 대응방안'이라는 제하에 발표된 대응책에서는 신속한 구조조정 촉진, 위축된 선박금융 완화 및 관련 산업 간 협력체제 구축이라는 3대 추진전략을 제시하였다. 이에 대한 실행방안으로 첫째, 상시 구조조정 추진과 병행하여 유동성 위기의 극복을 지원하기로 하였다. 2009년 4월과 6월에 91개사에 대한 신용위험평가 결과 구조조정 대상으로 지목된 10개사 중에서 C등급 2개사는 경영정상화계획(MOU) 확정 등 워크아웃을 추진 중이었고 C등급 1개 및 D등급 7개사는 경매 등 채권회수절차를 진행 중에 있었다. 그러나 용·대선 관련 상사채권 조정의 어려움 등으로 채권단 중심의 워크아웃을 통한 경영정상화 추진에는 한계가 있다고 판단하고 업체별 유동성 상황 등에 대한 점검을 강화하고 기업규모별 특수성 등을 감안하여 상시 구조조정을 추진하기로 하였다. 유동성 우려가 있는 일부 대형업체는 재무구조개선약정[4] 등을 통해 자율적 구조조정과 자금확보를 유도하고 일시적 유동성 애로를 겪고 있는 회생가능 중소업체에 대해서는 Fast Track[5] 등을 활용하여 구조조정과 지원을 병행 추진하되 업체의 자금조달 상황 등에 따라서는 채권단 공동의 워크아웃 방식의 구조조정도 고려하기로 하였다.

둘째로 구조조정 선박펀드의 운영을 개선하여 선박펀드 활용도를 제고함으로써 선사 구조조정을 적극 지원하기로 하였다. 당시 구조조정 지원과 국적선박의 헐값 해외매각 방지 등을 위해 선박펀드(총 4조원, 기금 1조원)를 조성하여 자산관리공사가 이 펀드를 통해 2009년 7월에 국적선사로부터 컨테이너선을 중심으로 17척(총 4,800억원), 2009년 11월 1척을 매입하였으며 추가로 12척에 내해서 매입협의를 진행 중에 있었다. 다만 자산관리공사의 출자한도가 40%로 제한되고 건조중인 선박은 제외되는 구조조정 선박펀드의 특성과 민간 선박금융이 극도로 위축되는 등의 영향으로 실적이 예상보다 저조하여 그 개선이 요구되었다. 또한, 2009년 7월 출범한 한국산업은행 주관의 KDB shipping program도 자산관리공사의 구조조정 선박펀드와 유사한 성격으로 유동성 확보가 절실한 국적선사에게 또 다른 기회를 제공하였다. 이 프로그램은 한국산업은행과 국내 선사, 조선소 및 보험사가 공동으로 조성한 1조원 규모의 펀드와 국내외 대주단으로부터 유치한 1조원 규모의 자금으로 해운사로부터 신조 중인 선박과 중고선박을 매입한 후, 해당 선사에 대선하거나 우량 선사에 용선 임대해 투자기간 동안 소정의 용선료를 수취하고, 펀드 만기 시에 해당 선사로 하여금 재매입토록 하거나 시장에 매각해 투자자금을 회수하는 구조이다.[6] 이에 따라

---

4) 계열사 정리, 유상증자, 선박매각 등의 자구계획 수립·이행 포함.

5) 일시적으로 자금난을 겪고 있는 중소기업을 살리기 위한 유동성 지원 프로그램. 중소기업이 은행에 유동성 지원을 신청하면 은행은 해당 기업의 재무상태 등을 고려해 A(정상), B(일시적 유동성 부족), C(워크아웃), D(법정관리)등급으로 구분한다. 부실징후는 없지만 일시적으로 자금난을 겪는 A, B등급에 속한 중소기업은 유동성 지원을 받지만 부실 징후가 있는 C등급은 '워크아웃'에 들어가며 부실 징후가 명백한 D등급은 지원대상에서 제외된다[네이버 지식백과](시사경제용어사전, 2017. 11, 기획재정부).

6) 한국산업은행 2조원 규모의 kdb shipping program 출범, 2009. 7, 한국선주협회 해운월보, p. 9.

한국자산관리공사의 구조조정펀드를 활성화하기 위하여 선순위 금융의 확보가 제한적일 경우 구조조정기금이 최대 60%까지 참여할 수 있도록 탄력성을 부여하고 채권 금융기관들도 선박펀드에 적극 참여하도록 유도하기로 하였다. 또한, '운항 중 선박'으로 제한되어 있는 구조조정 선박펀드의 매입대상을 '건조 중 선박'까지 대상에 포함하되 공정이 상당히 진행된 선박에 대해 약정을 체결하고 선박 인도 후 대금을 지급하는 방식으로 지원하기로 하였다. 또한, 필요시 구조조정 선박매입을 위한 구조조정기금 한도를 확대하는 방안을 검토하고 선사의 프로그램 참여 및 해운 유관기관의 펀드 투자를 유도하기로 하였다.

셋째로 건조 중 선박에 대하여 한국수출입은행의 선박금융(1조원 내외 원화 또는 외화대출)을 통하여 지원하기로 하였으나 2009년 10월 말까지 2척(1,700억원)을 건조 지원하는 등 실적이 저조하였다. 이는 선가하락에 따라 금융선에서 추가 담보를 요구하고 있으나, 담보여력이 부족한 선사에게 부담으로 작용하고 있는 반면 외국 선사가 국내 조선소에서 신조선 건조 시 수출보험공사의 대출보증이 가능하여 국적선사에 대한 역차별의 문제가 제기되었다. 이에 대해 건조중 선박의 원만한 건조 진행이 이루어지도록 지원하기 위하여 신조선(기 발주 선박 중 금융 미확보 선박 포함)에 대하여 한국수출입은행의 선박금융을 지속 공급하되 국내 조선소의 신조선 건조시 외화가득 효과가 높은 국적 외항선사에 대한 수출보험공사의 대출보증 지원을 추진하고 선가가 하락할 경우 수출입은행의 LTV 요건 완화 및 수출보험공사의 보험적용 확대를 추진하기로 하였다.

넷째로 '화주·해운·조선업계 협의체'를 구성하여 상생 발전방안을 강구하기로 하였다. 그간 국내 대량화물 화주와 해운사간 선·화주 협의체를 활성화하여 안정적인 원자재의 운송을 도모하여 왔으나 해운-조선이 연계된 위기상황에서 선·화주만의 협의체 운영만으로는 그 효과가 제한적이라고 판단했기 때문이다. 이에 따라 화주-해운-조선의 협력체제 구축을 통해 불황기 유연탄·철광석·가스 등 수입 시 전용선을 확대하도록 유도하여 해운·조선업의 안정적 경영체제 구축을 지원하되 계약만기 갱신물량과 신규 증가물량에 대하여 우선적으로 추진하기로 하였다.

제 3 절 해운불황의 장기화와 구조조정

2008년 9월 이후 크게 악화되었던 해운시황은 2009년 들어 회복세를 보이기 시작한 후 2010년에는 중국의 경기부양책 등에 힘입어 해운경기가 다소 반등하였다. 그러나 이러한 회복세는 해운호황기에 발주되었던 선박들이 해운시장에 투입되기 시작하면서 2011년 이후 해운시황은 다시 악화되기 시작하였다. 이러한 상황에서 국적선사의 유동성은 더욱 고갈되었으며 일부 벌크선사들이 영업을 중단하거나 기업회생절차를 신청하게 되었다. 2009년에는 여러 부정기 해운업체가 기업회생절차를 신청하였는데 이러한 선사들은 해운호황기에 과도하게 용·대선 영업에 의존하였거나 공격적인 선박투자로 인하여 2008년 10월 해운시황이 급속 악화된 이후에는 운임수입으로 선박운항 경비, 용선료 및 선박건조비용 등 소요자금을 충당하기 어려웠기 때문이다. 이러한 기업회생절차는 법적 구조조정 절차를 거쳐 기업이 안고 있는 채무를 적법하게 감면시켜줌으로써 기업의 정상화를 도모하기 위한 것으로 이 과정에서 주주 및 채권자 등 이해관계자에게 큰 경제적 손실을 가져오기 마련이다. 한편 2011년에는 대형 벌크선사 중 하나인 대한해운(주)이 기업회생절차에 돌입하였고 우리나라 최대 벌크선사였던 STX팬오션도 2013년 들어 해운시황 악화에 따른 자금부담으로 인하여 기업회생절차를 신청함으로써 우리나라 양대 벌크선사가 모두 법적 절차를 거쳐 정상화되었다. 이러한 과정을 거치게 되면 기업의 재무구조 개선을 위하여 필연적으로 부채규모와 선박 등 영업용 자산의 축소가 수반되므로 영업활동이 위축될 수밖에 없다. 양 사의 기업회생절차 전후의 재무상태를 보면 대한해운(주)의 경우 자산규모가 절반이하로 감소되었으며 부채규모도 크게 축소되어 부채비율이 160%로 크게 낮아졌으며 팬오션의 경우에도 자산규모가 40% 이상 축소되고 부채가 대폭 감소함으로써 부채비율이 69%로 낮아졌는데 이러한 자산의 감소로 인해 두 회사 모두 매출액은 절반 이하로 감소하였다.[7]

---

7) 해운산업 구조조정 평가와 우리나라 해운산업 발전방향, 2016. 10. 19, KMI, p. 12.

채권단 주도의 구조조정 하에서 해운업계에 대한 유동성 공급은 기존 채무에 대한 상환기일 연장을 중심으로 이루어지고 신규 유동성의 지원은 해운업체의 자구노력과 병행하여 채권단의 판단하에 이루어졌으며 공적 성격의 자금으로는 한국자산관리공사의 구조조정 선박펀드에 의하여 지원되었다고 볼 수 있다. 한국자산관리공사의 구조조정선박펀드에 의해 2011년까지 총 33척의 선박을 매입하였으며 이를 통해 총 1조 600억원(구조조정기금 4,700억원 포함)의 유동성이 공급되었다. 이러한 구조조정펀드에 의한 선박의 매입은 주로 중고선에 대하여 이루어졌으며 선종별로는 컨테이너선 15척, 벌크선 12척 및 탱커가 6척으로 구성되었으며 대형선사로부터의 매입이 25척을 차지하였다.

한편 해운업계의 자구노력은 유상증자, 회사채의 발행 및 비업무용 또는 영업용 자산의 매각 등을 통해 이루어졌는데 이러한 자구수단 중 회사채의 경우 만기가 도래하면 상환해야 하나 해운불황이 장기화됨에 따라 상환하기 어려운 상황에 처하였다. 특히 해운불황이 지속되면서 대형 벌크선사들이 기업회생절차를 신청한 이후 2013년에는 해운업체의 회사채 상환을 연기하기 위한 차환발행은 더욱 어려워졌다. 이러한 애로를 해소하기 위해 정부는 2013년 7월 회사채시장 정상화 방안을 마련하였다. 이는 2014년 12월까지 만기가 도래하는 회사채를 차환 발행하면 한국산업은행이 80%를 인수하고 이 중 60%를 신용보증기금이 보증하는 프라이머리 유동화증권(P-CBO)[8]에 편입하여 회사채의 차환을 지원하는 방식이다. 이와 같은 방식을 통해 당시 우리나라 원양 컨테이너선사들에게 지원된 규모는 총 1조 8,819억원에 달하였다.[9] 이와 아울러 시장안정 P-CBO제도를 통하여 신용도가 낮아 회사채 발행이 어려운 중견 및 중소형 선사의 회사채에 대하여 신용보증기금의 보증을 통하여 회사채의 발행을 지원하도록 하였다. 특히 회사채 중에서도 장기간 이자만을 상환하는 영구채의 발행이 추진되었는데 이는 기업의 회계처리에 있어 자본으로 처리되어 기업의 재무구조를 악화시키는 것을 막으면서 유동성을 확보할 수 있는 장점이 있는바

---

8) Primary-Collateralized Bond Obligation 신규로 발행되는 채권을 기초자산으로 하여 발행하는 자산담보부 증권.

9) 산업별 구조조정 추진현황과 향후 계획, 2015. 12. 30, 금융위원회 보도자료(KMI 동향분석 Vol. 005, 2016. 12에서 재인용).

대형선사를 중심으로 이 제도가 활용되었다.

한편 불황기에도 안정적으로 자금을 조달할 수 있도록 해운기업에 대한 공적보증기능을 강화하는 방안이 추진되었는데 이를 통해 불황기에 해운분야 민간금융 규모가 필요 이상 위축되는 문제를 완화하여 해운위기에 대한 근본적 대응시스템을 구축한다는 취지에서 출발하였다. 이러한 보증기능은 적은 규모로도 사업규모를 크게 확대할 수 있는 반면에 보증채무가 부실화될 경우 이를 이행해야 하는 부담이 발생하기 때문에 그동안 재정당국은 공적보증제도의 도입에 대하여 부정적 입장을 견지해 왔다. 미국에서는 오래전부터 이러한 보증제도를 활용하여 선박확보를 지원해 왔으며 금번 해운불황으로 일부 보증채무가 부실화되는 사례도 발생한 것으로 알려졌다. 그러나 해운불황기에 이러한 제도를 도입하여 시행하면 위축된 선박금융시장에서 선박금융을 조달하기가 훨씬 용이해지고 선박을 저렴한 가격으로 확보함으로써 더욱 경쟁력 있는 선대를 구축할 수 있다는 점에서 해운불황기에 선박확보를 하는 데 매우 유용한 제도라고 할 수 있다. 그러나 이러한 공적보증제도의 부실화로 인한 재정부담을 우려한 재정당국의 강력한 반대에 부딪혀 절충안으로서 주식회사 형태의 선박보증회사의 설립을 추진하게 되었다. 이에 따라 2015년 8월 한국해양보증보험(주)이 출범하게 되었는데 총 자본금은 5,500억원으로 공공부문에서 2,700억원, 민간부문에서 2,800억원을 조달하기로 하였으며 이는 20년간 총 744척(선가 44.7조원, 연평균 2.2조원 규모)의 선박확보를 지원할 수 있는 규모이다. 한국선주협회에서도 민간부문 재원조달에 적극 협력하기 위하여 국적선사들의 톤세 절감액의 약 10%를 매년 출자하기로 계획하였으며 2015년에는 250억원을 출자하였다.

또한, 선박펀드를 활성화하기 위한 노력도 지속되었는데 2013년 선박투자회사법의 개정을 통하여 전문투자자에 의한 선박펀드에 대하여 대선(貸船) 의무기간을 단축하고 펀드 운용사의 겸업 금지를 완화하는 등의 조치가 이루어졌다. 이러한 영향으로 2012년부터 2015년까지 민간 차원의 선박펀드가 총 47개 출범하였는바 이를 통해 총 103척의 선박이 이에 편입되었다. 한편 한국자산관리공사는 2015년부터 캠코선박펀드의 운용을 통하여 선박은행 기능을 수행하기 위하여 매년 약 1,000억원을 투입하여 매입선가 기준으로 총 1조원 규모를 조성하기로 함에 따라 2015년부터 2020년까지 총 80척의 선박을 S & LB방식으로 매입하였다.

　　이와 별개로 한국수출입은행은 기존의 신조선 선박금융, 중고선 구매자금 및 포괄 수출금융 외에 2013년 4월에 수익기반 운영자금 대출을 실시하였으며 2014년 5월에는 해운산업 지원확대방안을 마련하였다. 그 주요 내용을 보면 첫째, GSL(Global Shipping Leader)육성 프로그램으로 이는 컨테이너선, 벌크선, 탱커선 등 선종별 선박량 세계 20위 이내의 선사를 육성하기 위해 국내 중견 해운선사에 대해 지원하는 맞춤형 금융 프로그램이다. 둘째는 에코십펀드로서 국내 해운사의 고연비 에코십 적기발주를 지원하기 위해 연기금 및 한국수출입은행이 출자하여 약 1조원 규모의 선박펀드를 조성하는 것이다. 셋째는 '프로젝트 법인 앞 출자'로서 선박투자회사의 자본금 조성시 한국수출입은행이 15% 범위 내에서 지분투자를 하여 시중은행의 선순위 참여 및 연기금 등 기관투자자의 선박투자를 유도하기 위한 것이다.

제 4 절 한진해운(주)의 파산과 그 영향

　　위와 같은 다양한 형태의 지원에도 불구하고 우리나라 양대 컨테이너선사인 한진해운(주)과 현대상선(주)의 경영상태는 크게 개선되지 않았다. 2011년 이후 머스크 등 세계적인 컨테이너선사들이 원가절감을 도모하기 위해 경쟁적으로 18,000TEU급의 초대형 컨테이너선을 발주, 투입하면서 정기선시장의 운임수준이 크게 하락하였다. 이에 반해 우리나라 양대 컨테이너선사는 해운호황기 대규모 선박발주 또는 장기용선 등으로 원가경쟁력 면에서 떨어지는 반면에 해운업 운임수입이 크게 줄어들면서 정기선 영업을 영위하는 데 소요되는 자금을 충당하기에는 크게 부족한 상황에 있었다. 특히 해운호황기에 건조한 BBC/HP 방식이나 장기용선한 선박에 대하여 지불하여야 하는 용선료는 양 선사에게 지속적인 자금압박으로 작용하였다.

　　이에 따라 우리나라 양대 컨테이너선사는 정부 차원의 지원책인 구조조정 선박펀드, P-CBO 및 영구채 등을 적극 활용함과 아울러 다양한 형태의 자구노력을 전개하였다. 한진해운(주)의 주요 자구내용을 보면 첫째, 벌크선 전용사업부(1조 6,516억원) 및 H-Line 지분 매각(1,203억원), 둘째, 부산신항, 스페인 Algeciras 항 및 평택항 컨테이너 터미널 지분매각(2,800억원), 셋째, 선박 및 컨테이너 박스 매각(1,408억원), 넷째, 유상증자, 영구채 발행 및 사재출연 등(6,400억원)으로 총 2조 8,300억원 규모에 달한다. 현대상선(주)의 경우에도 대규모의 자구계획을 시행하였는데 첫째, LNG사업부(9,613억원) 및 벌크선전용사업부(4,204억원) 매각, 둘째, 현대로지스틱스 및 현대증권 매각(1조 8,500억원), 셋째, 부산신항 터미널 지분매각 등(3,300억원), 넷째, 무보증 전환사채 발행 및 사재출연(2,300억원)으로 총 3조 7,900억원에 달하였다.10)

　　이러한 자구노력에도 불구하고 2016년에 이르러 양 선사의 경영상황은 더욱 악화되었는데 이는 정기선 해운시장에 초대형 컨테이너선의 투입확대로 공급과잉이 지속되면서 세계적인 컨테이너선사들이 대부분 적자를 실현할 만큼 운임수준이 하락하였기 때문이다. 이러한 상황에서 채권단은 양 컨테이너선사에 대하여 보다 강도 높은 자구계획을 요구하였는바 그 주된 내용은 기존 장기 용선 선박에 대해 협상을 통한 용선료의 인하, 일정 수준 이상의 추가적인 자금 투입 및 생존을 위한 조건으로 정기선사 간 얼라이언스 가입 등의 요구조건을 제시하였다. 그러나 2016년 8월 한진해운(주)이 제시한 자구계획에 대하여 채권단은 미흡하다는 이유로 한진해운(주)에 대한 지원중단을 결정함으로써 한진해운(주)은 동년 8월 31일 기업회생절차를 신청하게 되었다. 물론 양 컨테이너 선사 중에서 어느 쪽이 더 경쟁력이 있는지에 대하여는 논란의 여지가 있었으나 한진해운(주)이 기업회생절차를 신청함으로써 그러한 논의는 더 이상 무의미하게 되었다.

　　한진해운(주)의 기업회생절차 돌입은 국내외적으로 많은 파장을 불러왔는데 우선 문제가 된 것은 한진해운(주)의 컨테이너선에 선적되어 운송 중이던

---

10) 해운산업 구조조정 평가와 우리나라 해운산업 발전방향, 2016. 10. 19, KMI, pp. 13~14.

화물이 제때 운송되지 못함으로 인한 물류대란이다. 한진해운(주)의 컨테이너 선은 세계 주요 항만에서 입항이 거부되거나 압류의 표적이 되었으며 정부는 이를 해결하기 위해 세계 주요 컨테이너항만이 소재하는 국가의 법원으로부터 압류금지명령(Stay Order)을 발부받는 등 다양한 조치를 취하였다. 세계에서 7번째 규모로 컨테이너선 선박량을 보유했던 한진해운은 기업회생절차 개시신청 시 지배선단 196척 중 대한민국 국기를 게양한 국적선은 단 5척에 불과하였다.[11] 많은 선박이 편의치적 국기를 게양하고 있는 BBC/HP 선박이거나 용선 선박이어서 이들 선박에게도 압류금지명령(Stay Order)이 적용될 수 있는 것인지 논란이 제기되었다. BBC/HP 선박은 한진해운(주)의 소유선박이 아니라고 하여 압류를 허용한 국가가 있는 반면에 싱가포르와 같이 압류금지명령(Stay Order)을 포괄적으로 해석하여 이러한 선박도 압류를 금지시키는 조치를 취하기도 하였다. 이러한 조치에도 불구하고 한진해운(주)의 컨테이너선에 적재하여 운송 중이던 화물은 정시에 배송되기 어려웠으며 이로 인한 해당 화주들의 손실은 물론이고 한국경제의 국제적 신뢰도 또한 크게 하락할 수밖에 없었다.

둘째는 한국의 정기선해운의 위상이 크게 약화되었는데 이는 한진해운(주)의 컨테이너 선대 중 일부가 국적선사에 의해 인수되었으나 대부분 해외로 매각되거나 반선됨으로써 국적선에 의한 수출입 컨테이너화물의 운송능력이 크게 축소된 데 따른 것이다. 특히 국적선사들의 주력항로 중 하나였던 북미항로에서의 점유율은 한진해운과 현대상선이 차지했던 수준의 거의 절반으로 떨어짐으로써 원양 국적선사의 영향력이 크게 약화되었고 이와 같이 축소된 운송능력은 대부분 머스크 등 외국적선사에게 넘어갔다. 이에 따라 국내 수출입 화주들은 외국 정기선사에 대한 의존도가 크게 높아졌으며 운임협상력도 약화되어 장기적으로 과점화되어 가고 있는 정기선 해운시장에서 상대적으로 높은 운임을 부담할 가능성이 크다고 할 수 있다. 셋째로 국제 정기선 해운시장에 미친 영향을 보면 단기적으로 정기선 해운시장의 수급불균형으로 해상운임이 급등하였으나 점진적으로 안정세를 되찾았다. 정기선사 간의 M&A도 가속화되었는데

---

11) 한국선박의 국적유치 확대를 위한 제도 개선방안 연구, 2017. 12. 29, 신장현, 해양정책연구 제 32권 제2호, p. 210.

2016년 11월에는 Maersk사가 독일의 Hamburg Süd를, 2017년 5월에는 Hapag-Lloyd가 아랍의 UASC를, 2017년 6월에는 중국의 CCSG(COSCO와 CSCL의 합병체)가 홍콩의 OOCL을 각각 M&A하였으며 2018년 4월에는 일본의 3대 정기 선사가 컨테이너 해상운송사업 부문을 하나로 통합하여 ONE이라는 명칭으로 출범하였다.

한편 한진해운(주)의 기업회생절차를 담당했던 서울중앙지방법원 제6파산 부는 2017년 2월 2일 한진해운(주)의 회생절차 폐지결정을 공고하였는데 이는 당시 한진해운(주)의 청산가치는 1조 7,890억원인 반면, 계속기업의 가능성이 불확실하여 계속기업가치는 산정할 수 없는 것으로 보고한 조사보고서에 근거 하였다. 이에 따라 "동 조사보고서에서 그 조사방법이나 평가에 있어 합리성을 결여하였다거나 부적정한 점이 발견되지 않았고 채무자 회사의 사업의 주요 부 분은 이미 양도되어 장래에 사업을 계속할 개연성을 보이지 않으므로 법원은 한진해운의 청산가치가 계속기업가치보다 큰 것으로 판단하였고 채무자 회생 및 파산에 관한 법률 제286조 제2항에서 정한 폐지사유 발생으로 더 이상 회생 절차를 진행하는 것이 적절하지 아니하므로 회생절차 폐지를 결정"하였다.[12] 이어 한진해운 관리인은 동년 2월 3일 파산선고신청서를 법원에 제출하였고 그 2주 후인 2월 17일 법원은 한진해운(주)의 파산을 선고함으로써 파산절차를 진행하게 되었다.

제 5 절   해운산업 경쟁력강화 방안(2016년 10월)

정부는 한진해운(주)의 기업회생절차 신청을 계기로 제기된 비판적 여론 과 함께 해운산업의 위기를 재차 인식하고 해운산업의 기반을 강화하기 위한

---

12) 한진해운 회생절차 폐지결정 공고, 2017. 2. 2.

방안을 마련하였다. 동 방안에서는 3가지 주요 추진방향을 제시하였는데 첫째는
원가절감 및 대형·고효율 선박확보로 선박경쟁력을 확보하고 둘째로 국내 및 다
국적 화물을 적극 유치하여 안정적 영업기반을 마련하며 셋째, 시황변동에 대
한 국내 해운업의 대응력을 강화하기 위한 인프라를 구축하는 것이다.

　　우선 경쟁력 있는 선박의 확보를 지원하기 위해 선사의 신규선박 발주를
지원하기 위한 체계를 확립하고 원가절감 및 재무구조 개선을 위한 금융지원도
확대해 나가기로 했다. 이를 위해 첫째로 초대형·고효율 컨테이너선 확보 등 선
대규모 확충을 위해 자금지원 규모를 기존의 12억 달러(1.3조원)에서 24억 달러
(2.6조원)로 2배 확대하고 수혜대상 선대는 초대형·고효율 컨테이너선 신조를 중
점적으로 지원하되 벌크선·탱커 등 신조 수요가 있는 기타 선박도 지원하며
터미널 등 경쟁력 확보를 위해 필요한 자산의 구매도 지원하기로 하였다. 둘째
로 민간선박펀드의 활성화를 위해 선박투자회사법을 개정하여 선박운용회사의
겸업 제한을 완화(자문업 허용 등)하여 업무영역을 확대하고 사모펀드의 판매사 경유
의무를 면제하여 비용 효율성을 제고함과 아울러 과도한 재무건전성 요건(선박운
용회사 주요 주주의 자본 요건 등)을 일부 완화하여 선박운용회사의 경영 부담을 경감하며
재간접펀드 및 우선주를 허용하여 안정적인 수익제공 등 투자구조를 다변화하
여 투자선호가 다른 투자군(연기금 등)의 수요를 충족할 수 있도록 하였다. 셋째로
한국해양보증보험을 통한 선박금융 후순위대출의 보증 활성화를 위해 적격담
보 인정기관을 확대하고 해운업계의 어려운 여건을 감안하여 일부 신용등급
이 없거나 낮은 중소선사 등을 위한 신규보증보험 상품을 개발하기로 하였으
며 민간자금 유치 등 자본금 확충을 통해 보증여력을 확보하고 보증배수를 점
진적으로 확대하여 운용하기로 하였다. 넷째로 한국산업은행 등 정책금융기관
등이 가칭 '한국선박회사'를 설립[13]하여 선사 소유선박을 시장가격으로 인수
하되 이를 선사가 재용선하고 장부가와 시장가의 차이는 선사의 재무상황을
고려하여 유상증자 등을 통하여 자본을 공급함으로써 선사의 원가경쟁력 확
보와 재무구조 개선을 지원하기로 하였다. 가칭 '한국선박회사'의 자본금은 초
기 1조원 규모로 추진하되 수요를 보아가며 점진적으로 규모의 확대를 검토하

---

13) 한국선박해양(주)라는 명칭으로 2017년 1월 출범.

고 인수대상 선박은 투자위원회에서 결정하되 경쟁력이 취약한 원양선사 컨테이너선을 우선 인수하기로 하였다. 다섯째 한국자산관리공사의 선박펀드를 통하여 중고선박 매입 후 재임대(S&LB)하는 규모를 2017년에서 2019년까지 매년 5,000억원씩 총 1.9조원 규모로 확대하여 선사에 대한 유동성을 지원하되 지원대상도 기존 벌크선에서 컨테이너선 및 탱커까지 확대하기로 하였다. 여섯째, 선사가 터미널, 항만장비 등 자산매입 시 안정적 경영활동을 지원하기 위하여 한국수출입은행 등 정책금융기관이 글로벌 해양펀드를 결성하고, 사모펀드·연기금 등 여타 투자자도 모집하여 프로젝트별 지원규모를 확대하기로 하였다. 일곱째, 노후선박의 조기 폐선을 유도하고 친환경·고효율 선박을 신규로 건조하여 선대 개편에 활용하기 위하여 친환경선박 R&D 확대를 통해 에너지효율화 기술을 개발하고 한국수출입은행의 에코쉽 펀드(1조원)를 활용하여 신조를 확대하기로 하였다.

또한, 선사의 자생력 강화를 위해 운송 물동량을 안정적으로 확보하고 선원 및 해운전문인력 등 경쟁력 있는 인력수급을 위한 기반을 확충하기로 하였다. 첫째로 화물 적취율 제고를 위해 무역협회·선주협회 주관으로 선·화주 경쟁력강화협의체를 구성하여 화주와 선사간 협력을 유도하고 합리적 운임과 운송서비스의 정시성을 보장하는 상생협약의 체결을 유도하기로 하였다. 둘째로 대량 벌크화물에 대한 기존 장기운송계약은 재연장하고 신규계약도 확대하도록 유도함과 아울러 석탄 등 국가전략물자 운송에 대한 입찰참여 자격기준을 강화하고 물자의 안정적 수송과 적정운임 보장을 위해 현행 최저가 낙찰제를 보완하여 종합적격심사제를 도입하기로 하였다. 셋째, 선사와 대량화물 화주가 공동으로 선박을 발주하고 화물을 수송하는 수송합작회사(JVC) 모델을 확산해 나가기로 하였다. 넷째, 해외투자시 공동참여 및 틈새시장 개척 등을 통해 다국적 화물을 유치하기 위하여 제조업체 등의 해외 현지진출 시 선사와 연계하여 관련 기자재 운송에 참여할 수 있도록 사전에 적정기업 매칭과 컨설팅 등을 통해 화주·물류기업의 해외시장 동반진출을 지원하기로 하였다. 또한, 플랜트 운송시장 및 북극해 시장 등 틈새시장에 진입할 수 있도록 특수선박 확보를 지원하고 중동, 인도 등 신흥시장 물량도 적극 확보해 나가기로 하였다. 다섯째, 선

원 재취업을 지원하기 위하여 구조조정 과정에서 퇴직하는 인력의 선사 재취업
을 위한 교육프로그램을 한국해양수산연수원을 통하여 운영하고 퇴직인력 재
취업정보를 수집하여 선사 및 해운 관련기관에 맞춤형으로 인력정보를 제공하
여 1 : 1 매칭을 지원하기로 하였다. 아울러 해양대학교 승선학과 정원확대 및
오션폴리텍과정 활성화를 통해 우수해기사를 공급하고 선원퇴직연금제도 도입
검토, 원격의료 확대지원 등 선원복지 강화를 통해 지속가능한 선원 수급기반
을 조성해 나가기로 하였다. 여섯째, 해운서비스 전문인력을 양성하기 위하여
선박금융 전문교육 프로그램을 강화하고, 해사분쟁 지원을 위한 해사법률 전문
가양성 프로그램을 신규로 운영하기로 하였다. 또한 해운중개업과 선박관리업
전문인력을 양성하여 단순 화물거래 및 선원관리를 넘어 선박매매 및 보험관리
등 고부가가치 창출을 위해 전문자격증 제도를 도입하고 선박관리업의 보험관
리 제한을 완화하기로 하였다.

한편 해운경기 변동에 따른 리스크 확대를 방지하기 위해 기업·시장 모니
터링 체계를 강화하고 시장 안전장치를 확대하는 등 해운산업 리스크 관리체계
를 구축하기로 하였다. 첫째로 선사별 수송실적, 용대선 및 운항선박, 재무상태
등을 DB화하여 해운경영관리 시스템을 내실화하고 모니터링 결과 위기가 감
지되는 선사에 대해 경영컨설팅을 지원하되 개선 여지가 없는 선사는 채권단을
통해 구조조정을 적극 유도하기로 하였다. 둘째로 신용위험평가[14] 시 채권은행
의 신용공여액이 50억원 이상인 해운기업의 재무건전성에 대한 세부평가를 추
진하고 정상화 가능성이 있는 기업은 워크아웃 등을 통해 적시에 지원하고 부
실기업은 법정관리 등을 통해 조속히 정리하기로 하였다. 셋째로 과도한 운임
인하 등 비정상적 해상운송시장의 거래질서를 확립하기 위해 운임공표대상 항
만을 확대(기존 10개 항로, 35개 항만 → 항로별 대표항만 130개)하고 공표된 운임의 준수 여부에
대한 모니터링을 강화하여 위반 시 엄중 조치하는 등 운임공표제를 실효적으로
운영하기로 하였다. 넷째, 해상운임 변동에 따른 선사들의 리스크 부담을 완화
하기 위해 신규 개발되는 운임지수를 토대로 운임선도거래 시장을 조성하되

14) 「기업구조조정촉진법」에 따라 매년 신용공여 500억원 이상 대기업 및 신용공여 500억원 미만
중소기업에 대해 실시.

1단계로 기존 운임지수(BDI, CCFI)와 차별화되는 아시아 시장 중심의 운임지수를 개발, 선사들에게 제공하여 시장거래에 활용하고 2단계로 개발된 운임지수를 기초자산으로 하는 운임선도거래 시장을 조성하기로 하였다. 아울러 선박 가치 평가 및 선박도입의 경제성분석 서비스를 실시하여 선사의 선박투자 의사결정을 지원할 계획이다. 다섯째, 기업 난립방지를 위해 외항운송사업 등록기준을 상향 조정하고 용선선박 신고대상을 2년 이상 용선에서 1년 이상 용선선박으로 확대하고, 용선료까지 신고하도록 법제화하는 등 용선관리를 강화하기로 하였다. 여섯째, 선사 리스크 관리강화를 위해 한국선주상호보험조합(KP&I)의 재보험 상품 취급을 허용하되 KP&I가 해외 P&I조합과 공동으로 보험을 인수할 수 있도록 하여 KP&I의 경쟁력을 확보하고 선사의 경영관리를 안정적으로 지원하기로 하였다. 일곱째, 해운산업의 국제경쟁력 강화를 위해 관련부처가 참여하는 해운산업발전위원회를 구성·운영하여 해운업 육성을 위한 각종 지원제도 및 업계 애로사항을 상시적으로 점검하고, 대응책을 논의하는 협력시스템을 구축하기로 하였다.

이러한 방안 중에서 선박신조지원 프로그램을 실행하기 위해 2016년 3월에 한국산업은행 등 5개 정책금융기관[15] 간에 체결했던 협약[16]을 2016년 12월 갱신하여 당초 협약에서 요구되었던 '부채비율 400% 이하'의 요건을 일부 완화하여 장기운송계약이 체결된 전용선 등 안정적인 현금흐름이 확보된 경우에는 부채비율 400% 이상인 선사에게도 예외적으로 지원이 가능하도록 하였다. 이 프로그램의 지원으로 2017년 현대상선(주)이 VLCC 5척의 신조에 착수하였는 바, 일반 금융기관의 선순위 대출 60%, 선박신조지원 프로그램에 의한 후순위 투자 30%와 현대상선(주)의 10% 투자로 이루어졌다. 또한 선박은행(Tonnage Bank)으로서 역할을 하기 위한 한국선박해양(주)이 2017년 1월 출범하였는데 자본금은 1조원 규모로서 한국산업은행이 50%, 한국수출입은행이 40%, 한국자산관리공사가 10%를 각각 투자하였다. 한국선박해양(주)의 출범 후 첫 번째 사업은 현대상선(주)의 컨테이너선 10척을 S&LB방식으로 매입하고 장부가액과 시장가

---

15) 한국산업은행, 한국수출입은행, 한국무역보험공사, 자산관리공사, 산은캐피탈.

16) 선박 신조지원 프로그램 추진을 위한 양해각서.

액의 차액을 유상증자와 영구채 인수를 통해 지원[17]하였다. 한편 한국자산관리
공사는 선박펀드 투입자금을 확대함에 따라 2016년 11월에 5척, 2017년에는 27
척, 2018년에는 8척의 선박을 매입하여 국적선사의 유동성 확보를 지원하였다.
한국수출입은행은 글로벌 해양펀드를 조성하여 부산항의 한진해운신항만(주)
터미널 지분의 일부를 인수하는 사업을 진행하였는데 외국계 지분 인수대금
(3,650억원) 중 약 54.8%를 투자하였으며 나머지 소요액은 (주)한진과 부산항만공
사가 부담하였다.

제 6 절 해운재건 5개년계획(2018년 4월)

정부는 한국해양진흥공사의 설립추진을 계기로 더욱 해운산업 지원에 박
차를 가하였으며 이를 뒷받침하기 위해 2018년 4월에 해운재건을 통해 '공생적
산업생태계'를 구축한다는 목표 하에 해운재건 5개년계획을 발표하였다. 그 3대
추진방향을 보면 첫째, 경쟁력 있는 서비스·운임에 기반한 안정적 화물확보,
둘째, 저비용·고효율 선박확충을 통한 해운경쟁력 복원, 셋째, 선사 간 협력강
화 등 지속적 해운혁신을 통한 경영안정을 추구한다는 것이다.

안정적 화물확보를 위하여 우선 국내화물의 국적선사 운송확대 및 선·화
주 공동이익을 바탕으로 수출입 경쟁력을 높이는 해상운송시스템을 구축한다
는 것이다. 이를 위해 대한상공회의소-무역협회-한국선주협회가 참여하는
'해상 수출입 경쟁력강화 상생위원회' 운영을 통해 국적선 수송 확대를 추진하
고 둘째로 선사의 차별화된 서비스 제공과 함께 선박신조 시 화주의 참여를 유
도하기 위하여 상생협력 우수 선·화주 인증제도를 도입하여 통관 및 부두 이
용 관련 혜택을 부여한다는 것이다. 셋째로 컨테이너화물에 대한 주요 선-화

---

17) 장부가액 8,547억원-시장가액 1,504억원＝유상증자 1,043억원＋영구CB 6,000억원.

주 간 장기운송계약 모델을 개발하고 시범사업을 통하여 안정적인 물량확보를 지원한다는 것이다. 또한, 선주·화주·조선소가 공동으로 선박투자에 참여하여 선박 신조에 따른 이익을 공유·연계하는 상생펀드를 설립한다. 이는 화주·조선사가 펀드에 직접 투자하고 선박이용에 따른 수익을 투자자에게 직접 배당하는 구조로서 화주·조선사의 참여를 촉진하기 위한 인센티브로 이들이 선순위로 투자하고 이에 대해 한국해양진흥공사가 보증을 제공하며 동 화주에게는 펀드지원을 받은 선사가 차별적 서비스를 제공한다는 것이다. 넷째로 선사의 화물확보와 안정적인 전략물자 운송서비스를 위해 국적선사의 운송률 제고를 추진하기 위하여 대량화물 화주와 국적선사 간 기존 장기운송계약을 재연장하도록 유도한다는 것이다. 또한, 공공기관을 중심으로 기존 최저가 낙찰제를 시범사업을 거쳐 종합심사낙찰제로 전환하도록 추진하는 것이다. 이와 함께 전략물자의 운송에 국적선사를 우선 이용하도록 하는 한국형 화물우선적취방안을 마련하기 위하여 해외사례의 분석 등을 통하여 관계법령에 근거를 마련하도록 추진하기로 하였다.

다음으로 경쟁력 있는 선박확충을 위하여 선박신조지원 프로그램 및 한국해양진흥공사의 투자·보증 등을 활용하여 저비용·고효율 선박의 신조를 지원한다. 또한, 장기운송계약 미보유 등의 이유로 기존 금융프로그램의 이용이 어려운 견실한 중소선사에 대해 한국해양진흥공사를 통해 금융지원을 확대하고 중고선박, 선박평형수 처리시설, 컨테이너 기기 등도 지원대상에 포함하며 중장기적으로 다양한 선종에 대한 투자 방안도 강구한다는 것이다. 둘째로 선령 20년 이상, 에너지효율(EVDI)등급이 평균 이하인 노후선박을 친환경선박으로 교체하는 경우 보조금을 지급(신조선가 10% 수준)하여 2022년까지 50척의 선박건조를 지원하고 중장기적으로 기존 선박의 친환경선박으로의 개조와 노후 연안선박의 대체 건조 등까지 지원대상을 확대하기로 하였다. 셋째로 유사시를 대비한 최소한의 해상운송 능력을 확보할 수 있도록 '국가필수 해운제도'를 도입하고 전시뿐만 아니라, 선사 파산 등의 경우에도 필수화물 수송이 이루어질 수 있도록 국가필수선박제도를 확대해 나가기로 하였다. 또한, 항만에서의 화물하역 등에도 문제가 없도록 항만별 10% 수준의 항만서비스업종 관계회사를 필수 항만운영사업체로 지정하여 지원하기로 하였다. 이를 위해 2019년 1월 '비상사태 등에 대비하기 위한 해운 및 항만기능 유지에 관한 법률'을 제정하고 2020년 1월 16일부터 시행에 들어갔다.

국적선사의 경영안정 지원을 위하여 첫째로 캠코펀드 및 한국해양진흥공사의 중고선박 매입 후 재용선(S&LB) 프로그램 등을 통해 경쟁력 있는 선사의 부채비율 완화 등 재무건전성 제고를 지원하고 구조조정 과정에서 중고선박의 시장가 매각에 따른 매각손실 보전이 불가피할 경우 한국해양진흥공사의 유상증자 등을 통한 자본확충 지원도 제한적인 조건과 규모로 시행하는 방안을 검토하기로 하였다. 둘째로 한국해운연합(KSP: Korea Shipping Partnership)의 유휴선복 교환부터 항로 구조조정, 신규항로 개설 및 터미널 공동 사용 등 다각적 협력에 기반한 해운 경영혁신을 통하여 항로 구조개선을 추진하여 '운임덤핑식 출혈경쟁'에서 '항로 다변화 및 서비스 제고'로의 변화를 모색하는 것이다. 둘째로 한국해양진흥공사를 통해 우리 해운에 맞는 시황 정보와 정확한 선박투자를 위한 선박 컨설팅 제공 등 해운거래 모니터링을 강화하기로 하였다. 또한, 아시아 역내항로 등 국적선사 주요 항로에 초점을 맞춘 해상운임지수를 개발하고 운임공표를 상시 모니터링하며 중장기적으로 해상운임지수를 활용하여 운임선도거래[18]시장을 조성하기로 하였다. 셋째로 선사 등 물류기업, 공사 등이 참여하는 K–GTO[19]를 육성하여 해외 주요 항만의 컨테이너터미널 등을 물류거점으로 확보하기로 하였다. 이를 위해 국적선사 기항지, 물동량 증가율, 경제성장률, 항만개발계획, 항만운영 형태 등을 고려하여 대상항만을 선정하고 인수를 추진하되 1단계로 부산 신항의 컨테이너터미널과 기히 운영 중인 주요 해외터미널의 인수를 추진하고 중장기적으로 대상항만을 확대하며 물류센터 등으로 사업을 다각화하기로 하였다.

---

18) FFA(Freight Forward Agreement) 해운실물시장의 위험을 분산하기 위해 운임지수를 기반으로 거래하는 파생상품.

19) GTO(Global Terminal Operators): 복수 국가에서 컨테이너 터미널을 운영하는 기업.

제 7 절 한국해양진흥공사의 출범과 사업

    정부는 2017년 8월 한국해양진흥공사 설립방안을 경제관계장관회의에 상정하여 의결하고 같은 날 한국해양진흥공사법안이 의원입법으로 국회에 발의되었다. 동 설립방안에 의하면 장기 해운불황과 한진해운(주) 파산의 영향으로 해운선사 매출액이 급감하고 국가 물류 네트워크 축소로 안정적인 수출입화물 수송에 애로가 있어 해운거래 지원, 선사 경영개선 및 산업간 상생지원 등 금융지원과 함께 해운산업 전반에 대한 종합적 지원을 위해 한국해양진흥공사의 설립이 필요함을 적시하고 있다.

    이와 같은 형태의 공사설립빙안은 이미 오래전부터 그 논의가 있어 왔으며 2009년 이후 해운불황대책의 일환으로 추진되었으나 재정당국의 강한 반대에 부딪혀 쉽게 진전되지 않았다. 2013년에는 국회에서 의원입법의 형태로 한국해양금융공사법안이 발의되었는데 선박과 항만시설, 해양플랜트 및 해양 R&D 등 해양산업의 육성과 발전에 필요한 해양금융자금을 공급하는 것을 주목적으로 하였다. 동 법안은 공청회 등을 거쳐 논의가 이루어졌으나 재정당국의 반대에 부딪혀 국회를 통과하지 못하였으며 결국 2015년 한국해양보증보험(주) 및 2017년 한국선박해양(주)이 각각 주식회사 형태로 설립되어 해운업의 위기극복을 지원하는 역할을 맡게 되었다. 그러나 이와 같은 형태로는 해운업의 위기극복을 지원하기 위한 역할에 크게 부족함에 따라 이러한 기능을 종합한 공사형태의 조직을 설립하는 방안이 대통령 공약사항으로 채택되는 등 탄력을 받게 되었다. 이에 따라 2017년 8월에 이르러 정부는 이러한 기능을 통합하고 선사의 경영 지원, 국가필수 해운제도 등 다양한 기능을 구비한 한국해양진흥공사의 설립을 추진하게 되었다. 2017년 8월 국회에서 발의된 한국해양진흥공사법안은 국회의 심의과정을 거쳐 2017년 말에 정부로 이송되어 2018년 1월 6일 법률로서 공포되었으며 2018년 7월 1일 시행에 들어가게 됨으로써 한국해양진흥공사가 특수법인으로 탄생하게 되었다.

동 법 제1조에서는 "한국해양진흥공사의 설립을 통하여 해운기업의 안정적인 선박도입과 유동성 확보를 지원하고 해운산업의 성장에 필요한 서비스를 제공하는 등 우리나라 해운경쟁력을 강화함으로써 국가경제발전에 이바지함을 목적으로 한다"고 규정함으로써 공사의 명칭에도 불구하고 해운산업의 육성을 주된 임무로 하고 있음을 분명히 하고 있다. 공사의 법정자본금은 5조원으로 규정하고 있으며 초기 납입자본금은 3.1조원으로 계획하였는데 이는 한국선박해양(주)의 자본금 1조원, 한국해양보증보험(주)의 자본금 0.55조원 및 정부 출자 1.55조원으로 구성되었다. 한국해양진흥공사법 제11조에서는 공사의 업무에 대하여 규정하고 있는데 그 업무범위는 다음에서 보는 바와 같이 매우 광범위하다고 할 수 있다.

한국해양진흥공사법 제11조(업무) ① 공사는 다음 각 호의 업무를 한다.
 1. 선박, 항만터미널 등 해운항만업 관련 자산에 대한 투자
 2. 선박, 항만터미널 등 해운항만업 관련 자산의 취득을 위하여 해운항만사업자가 차입하는 자금에 대한 채무보증
 2의2. 해운항만사업자가 선박, 항만터미널 등 해운항만업 관련 자산을 담보로 차입하는 자금에 대한 채무보증
 2의3. 긴급한 경제적·사회적 위기 대응 등 대통령령으로 정하는 바에 따라 해운항만업에 대한 지원이 필요한 경우로서 해운항만사업자가 「신용보증기금법」 제2조 제3호에 따른 금융회사등으로부터 차입하는 자금에 대한 채무보증
 2의4. 해운항만사업자가 체결하는 화물운송계약과 관련한 입찰보증 및 계약이행보증
 3. 해운항만업 관련 채권·주식의 매입 및 중개
 4. 선박, 항만터미널 등 해운항만업 관련 자산의 취득·관리 및 처분의 수탁
 5. 해운법 제40조의2제2항에 따른 해운산업지원 전문기관의 업무
 6. 운임선도거래 시장 운영
 7. 해운항만물류 관련 전문인력의 양성
 8. 해운항만사업자의 해외 물류시장 투자 등에 대한 컨설팅
 9. 제1호, 제2호, 제2호의2부터 제2호의4까지 및 제3호부터 제8호까지의 업무와 관련된 조사 및 연구

10. 국가, 지방자치단체, 공공기관 등이 위탁하는 업무
11. 정부시책으로 추진하는 해운항만사업자에 대한 보조금 지원
12. 그 밖에 해운항만 시장의 건전한 거래질서 확립과 산업 발전을 위하여 대통령령으로 정하는 업무

한국해양진흥공사는 사업의 수행을 위하여 외부자금을 차입하거나 사채를 발행할 수 있는데 사채의 발행액은 공사의 자본금과 적립금을 합한 금액의 4배 범위 내에서 가능하며 사채발행 시에는 해양수산부장관의 승인을 받아야 한다. 이러한 자금조달 수단은 해운불황기에 선박확보자금의 조달이 어려운 해운기업의 지원을 위해 매우 중요한 수단이라고 할 수 있으며 국가는 한국해양진흥공사의 이러한 자금조달을 원활하게 하기 위하여 공사의 차입금과 사채의 원리금 상환을 보증할 수 있도록 하고 있다(법 제15조). 공사의 업무수행에 대하여는 해양수산부장관이 감독하고 경영건전성 확보를 위해 필요한 명령을 할 수 있는 반면, 이를 위해 금융위원회가 필요한 검사를 할 수 있도록 하고 있다.

한국해양진흥공사는 그 업무를 크게 투자지원, 보증지원, 정책지원 및 경영지원으로 구분[20]하는데 투자지원은 선주사업, 선박구매 지원사업 및 항만터미널 투자사업을 말하며 보증지원은 선박 등 해운항만관련 자산의 취득 등을 위한 자금의 차입에 대하여 보증하는 사업을 말한다. 한편 정책지원은 친환경 선박 전환 지원사업, 컨테이너박스 리스사업, 국가필수 해운제도, 운임공표제 모니터링, 해운항만물류 전문인력양성 등 국가업무의 대행 성격을 띠는 사업을 말하며 경영지원사업은 시장분석정보 제공, 선박투자관리 지원, 해운조기경보망 운영, 해운지수 개발 및 운영업무를 포괄한다.

투자지원사업 중 선주사업은 해운사가 보유하고 있는 중고선박을 대상으로 시장가액의 적정 투자비율을 적용한 금액으로 선박을 매입 후 재용선하고 향후 적정한 가격으로 재매각하는 S&LB프로그램으로서 한국선박해양(주)이 시행하던 사업을 승계한 것이며 공사는 2020년까지 26개 선사 31척에 대하여 3,757억원을 투자하였다. 투자지원사업 중 선박구매 지원사업은 해운사의 신조선 확보를 원활하게 하기 위해 한국해양진흥공사가 후순위 등 형태로 참여하여

---

20) https://www.kobc.or.kr 참고.

신조선 확보를 지원하는 사업으로 공사는 이 사업을 통해 대형 컨테이너선 20 척의 건조를 지원한 바 있다. 투자지원사업 중 항만터미널 투자사업은 터미널 운영권을 포함하여 국내 항만터미널 등의 물류시설 등에 대한 자산투자에 참여 하는 사업으로 한국해양진흥공사는 설립 후 부산신항의 현대부산신항만터미널 (HPNT)에 500억원을 출자한 바 있다.

보증지원사업은 한국해양진흥공사가 한국해양보증보험(주)을 흡수합병하면 서 승계한 사업으로 공사는 국제해사기구(IMO)의 환경규제에 대응하기 위해 특별 보증 프로그램을 추진하여 2020년 말 기준으로 국내 29개 해운사를 대상으로 황 산화물(SOx) 저감장치인 스크러버(scrubber) 및 선박평형수 처리설비(BWMS) 설치를 위해 보증을 지원하였으며 보증 대출규모는 총 4,468억원에 이르고 있다. 한편 이러한 친환경설비 설치 소요자금(자기부담 20% 제외)에 대한 금융기관 대출이자의 일 부(2%p)를 정부가 보조하는 사업을 한국해양진흥공사가 수탁·시행하고 있다.

정책지원사업 중 친환경선박 전환 지원사업도 실시하고 있는데 환경규제 대응 및 국적선대 경쟁력 강화를 위해 노후선박을 조기 폐선 후 친환경·고효 율선박으로 신조·대체 시에 보조금을 지급하는 사업으로 2020년까지 17개사 21척에 대하여 465억원을 지원하였다. 또한 국적선사의 컨테이너박스 적기 확 보를 지원하기 위한 리스사업에 약 5,500억원을 투자하였다. 한편 정부 정책에 대한 지원사업으로서 수출입화물의 안정적인 수송체계 구축을 위해 '비상사태 등에 대비하기 위한 해운 및 항만 기능 유지에 관한 법률'에 도입된 국가필수 해운제도의 운영·관리를 지원하고 국내선사 간 과당경쟁에 따른 지나친 해상 운임 인하를 예방하고 시장질서를 유지하기 위하여 정기선사들이 해운법에 따 라 공표한 운임을 모니터링하는 사업을 시행하고 있으며 해운·항만분야의 물 류 전문인력을 양성하는 사업을 시행하여 그동안 부족했던 해운·항만분야의 전문인력을 확충해 나갈 계획이다.

경영지원사업 중 시장분석정보 제공사업은 시장거래기반 정보제공을 통하 여 해운산업 경쟁력을 강화하기 위한 것으로 시황리포트의 발간, 시황정보망 구 축 및 해외 리서치 전문기관과의 협력을 추진하고 있다. 경영지원사업 중 선박 투자관리 지원사업은 선박의 미래수익, 시장가격 및 잔존가치 등을 고려하여 선 박가치를 분석·제공하고 선박의 경제성 분석을 체계화하여 제공하기 위한 것이다. 또한, 해운조기경보망 운영사업을 통하여 해운환경의 변화를 사전에 파악하여 해운업 경영의 위기를 미리 알리고 해운지수 개발 및 운영사업은 벌크선 및 컨테이너선에 대한 아시아 중심의 해상운임지수를 개발하고 운임선도거래 시장 인프라를 조성하여 해운파생상품 거래시장의 생태계를 창출하기 위한 것이다.

　　이와 아울러 한국해양진흥공사는 코로나-19 사태 이후 매출액 감소 등으로 어려움을 겪고 있는 국적 외항선사의 회사채를 인수하거나 매입함으로써 유동성과 긴급경영자금의 확보를 지원하고 있다.

제 8 절　2009년 이후 해운업 구조조정정책의 공과

　　2009년 이후 해운업 구조조정은 1980년대 해운불황기의 해운업 구조조정과 그 양상이 크게 다르다. 1980년대 해운업 구조조정이 정부주도의 구조조정이었던 반면, 2008년 이후 구조조정은 채권단 중심의 구조조정이었다. 이와 같이 서로 다른 방식의 구조조정이 이루어진 것은 1980년대에는 해운보호주의 정책기조 하에서 정부의 강력한 선박량 증강정책이 실시되었기 때문에 구조조정도 정부주도 하에 이루어진 반면, 2000년대에는 해운자유주의 정책기조 하에서 해운기업의 자율적인 책임경영이 강조되었던 시기로 1980년대와 같은 정부주도의 구조조정 방식 대신 채권단 주도의 구조조정 방식을 채택한 것이다. 두 시기에서의 국적선사들이 겪었던 가장 큰 어려움은 유동성 확보문제였는데 선가의 10~20%만을 선사가 부담하고 나머지를 장기간 분할상환하는 선박금융구조 하에서 필연적인 것이었으며, 특히 두 시기 모두 직전 호황기에 대대적인 선박투자가 이루어졌던 영향으로 그 부담은 더욱 컸다고 할 수 있다. 이러한 유동성을 해결하기 위한 정책적 지원수단에서 가장 기본적인 것은 은행차입금의 상환기간 연장이었다. 1980년대에는 해운산업합리화 조치를 통하여 1984년부터 1990년까지 신규융자(3,789억원), 지급보증(1,879억원) 및 채무면제(4,015억원) 등 다양한 지원이 이루어졌던 반면 2008년 이후 구조조정과정에서 이러한 금융지원에 대한 정확한 규모는 파악되지 않았으나 정부 차원의 유동성 확보지원 수단으로는 구조조정 선박펀드를 통한 S&LB방식의 선박매입, P-CBO를 통한 회사채 차환발행 및 보증 지원, 영구채 발행 지원 등을 들 수 있을 것이다.

양 구조조정 기간에 정부가 취한 국적선대 관리정책도 확연한 차이를 보였다. 1980년대에는 선박가격의 하락으로 노후 비경제선으로 전락한 선박을 해외에 매각하고 중고선 도입을 금지하였으며 신규 선박은 계획조선 및 BBC/HP에 의한 신조 선박으로 확충하였다. 반면에 2009년 이후 구조조정기에는 국적선대가 해외로 헐값에 매각되는 것을 막기 위한 장치로 구조조정 선박펀드를 설치하여 국적선대의 감소를 최소화하고자 하였으며 신규 선박을 확보하기 위한 수단에는 제한을 두지 않았으나 민간 선박금융의 위축으로 선박확보 자체가 매우 제한적으로 이루어졌다. 정부가 신규 선박의 확보를 지원하기 위해 나선 것은 2015년 말 선박신조지원 프로그램을 도입하기로 결정한 이후라고 볼 수 있으며 까다로운 금융조건으로 인하여 본격적인 지원이 이루어진 것은 2017년 이후의 일이었다. 동 프로그램에 의하여 이루어진 가장 큰 성과는 한국해양진흥공사를 통해 현대상선(주)의 대형 컨테이너선(24천 TEU급 12척, 16천 TEU급 8척)의 발주를 지원한 것이라고 할 수 있다.

다만, 양 시기에 있어서 구조조정의 성격은 1980년대와 2009년 이후 해운 불황기 구조조정 모두 산업정책적 측면보다 금융정책적 측면의 구조조정으로서 성격이 강하였다는 비판이 제기되었으나 2016년 8월 한진해운(주)의 기업회생절차 돌입을 계기로 정부의 정책기조가 종전보다 산업정책적 측면을 더 중시하는 방향으로 전환하였다고 판단된다. 2018년 한국해양진흥공사의 설립과 이를 통한 선박확보 및 유동성 지원 등 다양한 정책적 지원이 이루어지고 있는 것이 그 대표적인 예라고 할 수 있다.

2009년 이후 우리나라의 해운업 구조조정 방식을 살펴본다면 대형 벌크선사들의 경우 시장기능에 의한 구조조정(기업회생)이 불가피했다 하더라도 양대 컨테이너선사에 대한 구조조정 방식에 대하여는 많은 비판이 제기되었다. 당시 양대 컨테이너선사에 대한 구조조정 방식으로 검토 가능했던 대안으로는 첫째는 두 회사가 각각 정상화를 추진하는 방안, 둘째는 두 회사가 M&A를 추진하는 방안, 셋째로 두 회사 중 1개 회사만을 선택적으로 정상화하는 방안 등을 상정할 수 있었을 것이다. 첫째 방안은 양사가 모두 생존 가능하다면 상호 경쟁을 통하여 화주들에게 보다 나은 서비스를 제공할 수 있겠으나 해운불황이 장기화되고 있는 가운데 자력으로 정상화가 어려운 상태로서 국가적 차원의 획기적 지원이 있어야만 한다. 정상화를 단순히 정기 컨테이너선사로서 존속하는 것뿐만 아니라 그동안 투자부진 등으로 떨어졌던 경쟁력을 끌어올리는 것까지 포함하는 것으로 정의할 때 당시 어느 정도의 지원이 있어야 양사 모두의 정상화가 가능한지 가늠하기 어려운 상황이었다고 본다. 둘째 방안의 경우 양사를 하나의 선사로 M&A하되 이의 정상화를 위해 국가적 차원에서 대대적인 지원을 하는 방안으로서 국가적 차원의 물류망을 그대로 유지할 수 있다는 점이 가장 큰 장점이라고 할 수 있다. 반면에 양사가 통합으로 기대할 수 있는 시너지 효과가 미약하다는 주장과 부실한 양 선사를 통합했을 때 더 큰 부실을 불러온다는 주장도 있었다. 그러나 이러한 주상은 일본의 3대 컨테이너선사가 하나로 통합하고 중국의 컨테이너선사들이 COSCO를 중심으로 통합했다는 점을 감안하면 설득력이 떨어진다고 본다. 다만 이러한 통합은 양사가 합의에 이르러야 하고 M&A 후에는 강력한 구조조정을 통하여 우려되는 문제점들이 최소화되도록 하여야 한다. 셋째 방안은 양사 중에서 경쟁력이 뛰어난 선사를 선택하여 집중적으로 지원하는 방안으로서 두 회사를 모두 정상화하기에는 국가적 차원에서 부담이 너무 큰 경우에 채택할 수 있을 것이다. 이 경우에는 어느 선사를 선택하느냐 불문하고 그동안 쌓아온 한국경제의 물류망이 크게 훼손될 수밖에 없고 그에 따른 혼란을 감수해야만 한다. 따라서 세 가지 방안 중에서 무역의 존도가 높은 우리나라 입장에서 국가기간물류망의 일부로서 정기선해운을 유지해야 한다는 산업정책적 측면을 고려했다면 양사를 하나로 통합하는 방안이 가장 바람직하였을 것으로 본다.

끝으로 한진해운의 파산 이후 정부는 현대상선(주)에 대한 대형 컨테이너선 확보, 자본투자 및 컨테이너박스 확보 등 대대적인 지원을 실시하여 왔으나 코로나-19 확산 이후 태평양항로를 중심으로 급증하는 컨테이너 물동량에 대처하는 데는 한계를 드러낼 수밖에 없었다.

제9편

전문인력 양성정책

제1장
개 요

　해운관련 분야를 전체적으로 보면 〈표 9-1〉에서와 같이 해운산업의 전·
후방산업이라고 할 수 있는 무역업, 항만산업, 조선업 및 정부기관, 해운관련
단체 및 국제기구를 모두 포괄할 수 있다.

　다만 여기서 해운전문인력이라고 함은 해운산업과 함께 이와 직접 관련되
는 분야에 근무하는 인력으로 한정하고자 한다. 이에는 선원을 포함한 해운선
사에 근무하는 인력과 해운관련 산업분야라고 할 수 있는 선박관리업, 해운중
개업, 선박대여업, 해운대리점업 등에 종사하는 인력뿐만 아니라 선박금융업,
해상보험업 및 해사법률서비스 등까지 포함하여야 할 것이다.

　해운분야 인력양성이 중요한 이유는 우선 특수분야로서 전문성이 확보되어
야만 경쟁력을 확보할 수 있기 때문이다. 해운업을 영위하기 위해서 선박을 운항
하는 경우 선박에 승선하여 이를 안전하게 항해할 수 있도록 자질 있는 선원을
확보하여야 하며 화물을 확보하기 위한 영업활동과 함께 선박투자 등 해운경영
을 위한 의사결정능력이 있어야 한다. 특히 선박투자에 대한 의사결정은 선박을
보유하는 동안 지속적으로 경영성과와 자금관리에 영향을 미치므로 해운업 경영
에 있어 가장 핵심적 요소라고 할 수 있다. 둘째로 해운업의 성공적 경영은 국가

표 9-1 │ 해운관련 분야 분류

분야별	세부분야
해운분야	• 해상운송사업: 외항(화물/여객), 내항(화물/여객) • 관련 사업: 선박관리업, 해운중개업, 선박대여업, 해운대리점업
전·후방산업	• 무역업, 국제복합운송업, 선박금융업, 해상보험업, 해사법률서비스, 조선업
항만분야	• 항만운송사업: 하역, 검수·검량, 감정업 • 관련사업: 항만용역업, 물품공급업, 선박급유업, 컨테이너수리업 • 도선사, 예선업
기관·단체	• 정부기관: 해양수산부, 해양경찰청 • 관련단체: 한국해양진흥공사, 한국해운협회, 한국해운조합, 선박관리업협회, 해운중개업협회, 국제해운대리점협회, 한국선주상호보험조합, 한국해양수산연수원, 선원복지고용센터, 한국선급, 한국해양교통안전공단, 한국국제물류협회(KIFFA), 항만공사(4개), 한국항만협회 등 • 연구기관: 한국해양수산개발원, 해양수산과학기술진흥원
국제기구	• IMO, UNCTAD, ILO, OECD, CSG • ICS(국제해운회의소), ISF(국제해운연맹), ASA(아시아해운협회), FIATA(국제운송주선업협회연맹), IACS(국제선급연합회) • IAPH(국제항만협회)

물류비 절감 및 국제수지 개선 등 국가경제에 중요한 버팀목 역할을 할 수 있는 반면에 해운산업의 부실화는 국가경제에 큰 부담을 초래할 수도 있기 때문이다.

우리나라 해운전문인력 양성체계는 크게 선원 양성체계와 그 외 전문인력 양성체계로 나누어 볼 수 있다. 선원인력의 경우 화물 및 선박과 함께 해운업 경영에서 필수 불가결한 요소로서 선박운항의 중추적 역할을 하며 각종 국제조약에 의하여 그 자격을 갖출 것을 요구하기도 한다. 이에 따라 우리나라에서는 선원인력 양성에 중점을 두어왔으며 국가교육기관에서 교육을 담당하고 이를 위해 각종 비용을 지원하고 있다. 반면에 선원을 제외한 해운전문인력의 양성은 전적으로 대학교 등 교육기관과 해운관련 협회 등 단체 주도로 실시하여 왔으며 정부가 해운전문인력 양성의 중요성을 인식하고 국가주도의 전문인력 양성사업을 시작한 것은 2005년부터이다. 이하에서는 우리나라의 선원정책과 그 외 전문인력 양성정책으로 나누어 살펴보고자 한다.

제2장
우리나라 선원정책

제1절 선원수급동향 추이

경제개발이 본격화되고 육상의 일자리가 부족했던 1970년대까지 우리나라 선원인력은 공급초과 상태였다. 이는 1946년 한국해양대학교의 전신인 진해해양대학이 설립되면서 본격적으로 해기사를 양성하기 시작하였으나 우리나라 상선대 규모는 1970년대 들어서기까지 그 세력이 미약하였다. 특히 육상의 일자리가 부족한 상태에서 선원들의 급여수준은 육상근로자에 비하여 현저히 높아 보통선원으로 승선하려는 구직등록자들도 공급초과 상태였다. 이러한 상황에서 1960년대부터 우리나라 선원의 해외취업이 이루어지기 시작하여 선원인력의 공급초과상태를 조금이나마 완화할 수 있었다. 이와 같은 선원의 해외취업추세는 우리나라 선원의 우수성이 널리 알려지고 세계적으로 편의치적선대가 증가하면서 1980년대 후반까지 지속적으로 증가하였다. 이와 같은 해외취업선원의 급격한 증가추세는 1987년 47,747명을 정점으로 하여 1988년 이후 감소

추세로 전환(⟨표 9-2⟩ 참고)하였는데 이는 국내 경제발전에 힘입어 육상근로자의 임금 상승으로 해상−육상 근로자 간의 임금격차가 축소되었고 필리핀 등 동남아시아 저임금 선원들이 국제선원노동시장에 대거 진출하면서 우리나라 선원에 대한 선호도가 상대적으로 떨어졌기 때문이다. 이와 같이 우리나라 선원들의 해외취업은 지속적으로 감소추세를 보였으나 현재도 고임금을 지급하는 특수선을 중심으로 약 2,500명에 이르고 있으며 이들의 2020년 외화가득액은 615백만 달러에 이르고 있다.

이와 같이 우리나라 선원들의 해외취업은 여러 측면에서 국가경제에 기여하였는데 첫째는 1970년대에서 1980년대까지 선원공급 과잉시기에 선원들에게 일자리를 제공함으로써 고용확대에 기여하였다. 둘째는 우리나라에서 운항경험이 부족했던 케미컬 탱커, 가스운반선 및 자동차운반선 등 특수선박에 대한 운항경험을 습득함으로써 우리나라가 이러한 특수선 분야 선대를 확충하여 운항하는 데 큰 도움을 주었다고 본다. 셋째는 이들이 벌어들인 외화가득액은 상당한 규모였으며 이를 통해 국제수지 개선에 기여함은 물론 외국선박에 승선하여 우리나라 선원들의 우수성과 근면성을 보여줌으로써 국위선양에도 크게 기여하였다고 평가할 수 있다.

표 9-2 ❘ 우리나라 선원 해외취업 현황

연도	해외취업 선박(척)	해외취업 선원 수			외화가득액 (천 U.S. $)
		계	해기사	보통선원	
1970	144	3,437	1,008	2,429	7,365
1980	998	20,885	6,622	14,263	166,705
1987	2,534	47,747	17,494	30,253	468,906
1990	2,229	36,443	13,380	23,063	535,446
2000	1,384	6,375	4,381	1,994	311,373
2010	1,159	3,788	3,213	575	633,340
2020	999	2,530	2,315	215	615,266

자료: 한국선원통계연보, 각 연도, 해양수산부.

이와 같이 편의치적선에 저임금국 선원들이 대거 승선하면서 우리나라 선대의 경쟁력이 오히려 떨어지고 부원 선원의 부족현상이 발생함에 따라 1990년대 들어서면서부터 우리나라 선박에도 외국인 선원의 고용을 허용해야 한다는 주장이 제기되었다. 이에 따라 1991년에 우리나라 외항상선에 처음으로 중국선원 106명이 취업하게 되었으며 1990년대 하반기부터 외국인 선원 고용 규모도 증가하면서 필리핀, 인도네시아 및 미얀마 선원 등으로 외국인 선원 출신지역도 다양화되었다. 특히 1998년 들어 국제선박등록법이 시행되면서 노사합의를 통한 외국인 선원 고용이 점진적으로 늘어나기 시작하였으며 국적선대가 급격히 증가하기 시작한 2008년부터 국적선원의 수급난이 더욱 심화되었고 이에 따라 외국인 선원의 고용규모도 크게 증가하였다. 2020년 말 현재 우리나라 외항선대에 승선한 외국인 선원은 총 12,196명으로 국적별로는 필리핀, 미얀마, 인도네시아 순이며 이 중 해기사는 총 2,850명에 이른다(〈표 9-3〉 참고).

표 9-3 | 주요 연도별 국적 외항선대 외국인 선원 승선현황

연도	총 인원 (명)	국적별			
		필리핀	미얀마	인도네시아	기타*
1991	106	–	–	–	106
1995	457	23	–	–	434
2000	1,913	934	204	227	548
2005	2,376	784	501	304	787
2010	7,899	3,201	2,724	1,194	780
2015	12,136	5,783	3,978	1,994	381
2018	11,860	5,199	3,600	2,443	618
2019	11,507	5,034	3,484	2,407	582
2020	12,196	4,967	3,530	3,209	490

주) 기타 국가는 중국, 베트남 등임.
자료: 한국선원통계연보, 각 연도, 해양수산부.

제 2 절 선원인력 확보정책

우리나라의 외항상선 선원인력의 양성은 해양대학교, 해사고등학교 및 한
국해양수산연수원 등 3대 주요 교육기관에서 그 업무를 담당하고 있다. 우리나
라는 선원인력 양성을 위한 교육기관을 모두 국가 주도로 설립하였으며 그 운
영을 정부예산으로 지원하고 있다. 특히 해양대학교의 항해학과 및 기관학과 재
학생들에게 학비를 전액 면제하고 있으며 해사고등학교 재학생에게도 수업료
면제와 함께 기숙사 시설의 제공 등 학업을 위한 각종 편의를 제공하고 있다.

해양대학교는 부산의 한국해양대학교와 목포의 목포해양대학교가 있으며
두 교육기관 모두 4년제 교육기관으로서 3급 해기사를 양성하기 위한 교육과
정을 실시하고 있으며 4년 중 1년은 승선실습을 실시하고 있다. 해사고등학교
는 부산과 인천에 각각 설치되어 있으며 3년제 교육기관으로 4급 해기사를 양
성하고 있으며 3년 중 1년은 승선실습기간으로 하고 있다. 정부는 우리나라 외
항선대가 2010년 이후 크게 증가함에 따라 양 해양대학교의 해사대학 정원을
2013년 750명 수준에서 약 250명을 증원하여 총 1,003명(한국해양대학교 478명, 목포해양
대학교 525명)으로 확대하였다. 해사고등학교의 경우 항해과 및 기관과 각 140명의
정원으로 운영하고 있어 총 280명(부산 160명, 인천 120명)을 매년 양성하고 있다.

한국해양수산연수원에서는 단기간의 교육을 거쳐 3급 해기사를 양성하는
오션폴리텍과정[1]을 운영하고 있는바, 9개월간의 교육(이론교육 6개월, 승선실습 3개월)을
거쳐 9개월 간의 승선근무를 마치면 해기사면허를 부여하도록 하고 있다. 한국
해양수산연수원은 본래 1983년 한국해기연수원으로 설립되어 STCW협약에 따
른 선원 재교육기관으로 탄생하였으나 해양수산부 창설 이후 1998년 현재의
한국해양수산연수원으로 확대 개편되었다. 한편 한국해양수산연수원에서 운영
하는 오션폴리텍과정은 부족한 해기사를 단기적으로 양성하여 보충하는 역할

---

1) 한국해양수산연수원에서는 2010년부터 '단기 해기사양성 교육과정'의 명칭을 오션폴리텍과정
   으로 변경하였음.

을 하고 있는데 이에 따라 매년 해기사 수급 상황을 고려하여 양성인원을 신축적으로 결정하고 있다. 이러한 과정을 통하여 배출된 인원은 1997년부터 매년 50~80명을 배출하다가 2009년 이후 100명 이상으로 증원하였고 2011년 및 2012년은 각각 200명을 양성하였으나 최근 몇 년 동안 국적선대 규모가 정체상태를 보이고 한진해운(주)의 파산 영향으로 그 배출인원이 점차 줄어들다가 2017년 이후에는 대폭 축소되었다(2017년 95명, 2018년 62명, 2019년 54명, 2020년 58명). 한국해양수산연수원은 오션폴리텍과정 이외에도 다양한 교육과정을 운영하고 있는바, 첫째는 안전 및 직무교육과정으로 기초안전교육, 선박보안교육, 원양선원 직무교육, 탱커직무교육 등을 실시하며 둘째는 양성 및 자격취득교육과정으로 의료관리자 교육, 선박조리사 교육, GMDSS 직무인정교육 등을 수행하며 셋째는 수탁교육과정으로 시뮬레이터교육, 선박조종능력 향상교육, ISM교육, 해상교통관제사 자격인증교육 등을 실시하며 넷째로 해양플랜트 전문교육과정으로 OPITO[2] 인증과정, STCW과정 등을 포함하고 있다.

다음으로 비상시에 대비한 해기사 인력의 확보를 지원하기 위해 도입된 제도로서 승선근무예비역 제도를 들 수 있으며 병역법(제2조)에서는 승선근무예비역을 "선박직원법에 의한 항해사 또는 기관사로서 비상대비자원관리법 또는 국제선박등록법(2020년부터 '비상사태등에 대비하기 위한 해운 및 항만 기능 유지에 관한 법률'로 변경)에 따라 전시·사변 또는 이에 준하는 비상시에 국민경제에 긴요한 물자와 군수물자를 수송하기 위한 업무 또는 이와 관련된 업무의 지원을 위하여 소집되어 승선근무하는 사람"이라고 정의하고 있다. 이 제도는 승선근무예비역으로 편입되어 항해사·기관사로서 3년간 승선근무하는 경우에는 현역의 복무를 마친 것으로 인정하는 제도로서 2007년 7월 병역법이 개정되어 도입되었다. 이는 종전에 적용되어오던 산업기능요원제도를 2012년부터 폐지하도록 추진함에 따라 이를 대체하기 위하여 도입된 것이다. 승선근무예비역으로 지원하기 위해서는 고등학교 이상의 학교에 설치된 학생군사교육단 사관후보생 또는 부사관후보생 과정(해군만 해당)을 마치고 현역의 장교 또는 부사관의 병적에 편입되지 아니한 사람이거나 현역병 입영대상자로서 선박직원법의 관련 규정에 따라 해양수산부장

---

2) Offshore Petroleum Industry Training Organization 영국에 있는 해상석유개발훈련기구.

관이 지정하는 교육기관에서 정규교육과정을 마친 사람으로서 선박직원법에
의한 항해사 또는 기관사 면허를 소지하여야 한다(병역법 제21조의2). 승선근무예비
역으로 편입되면 유조선, 컨테이너선, 액화천연가스(LNG)선, 원양어선, 그 밖에
병무청장이 전시·사변 또는 이에 준하는 비상시에 동원할 수 있다고 정하는
병력이나 전략물자 등을 수송할 수 있는 선박에 승선하게 된다. 매 연도 병무
청장은 총톤수 500톤 이상의 선박을 보유하거나 관리하고 있는 해상화물운송
사업 및 외항 선박관리업을 경영하는 업체 및 총톤수 100톤 이상의 선박을 보
유하거나 관리하고 원양어업이나 근해어업을 경영하는 업체의 장의 신청을 받
아 국방부장관이 정한 군 필요인원의 충원에 지장을 주지 아니하는 범위에서
해양수산부장관과 협의하여 다음 해의 승선근무예비역의 규모를 결정한다(병역법
시행령 제40조의2). 2009년 이후 동 제도를 통해 매년 1,000명 규모의 승선근무예비
역을 선발하여 외항상선 등에 승선하게 함으로써 비상시에 대비하여 해기사 인
력을 확보하는 데 큰 기여를 하고 있다.

이와 함께 도선사 선발제도는 우수한 해기사의 장기승선근무를 유도하는
중요한 장치가 되어왔다. 현행 도선법(제5조)에 따르면 도선사 면허를 받기 위해
서는 우선 총톤수 6천톤 이상인 선박의 선장으로 3년 이상 승무한 경력(도선수습생
전형시험일 전 5년 이내에 1년 이상 승무한 경력을 포함하여야 한다)을 갖추어야 한다. 이와 아울러 도
선수습생 전형시험에 합격하고 해양수산부령으로 정하는 바에 따라 도선업무
를 하려는 도선구에서 도선수습생으로서 실무수습을 하여야 하며 최종적으로
도선사 시험과 신체검사에 합격하여야만 도선사가 되는 것이다. 이러한 도선사
선발제도는 우수한 해기사들이 도선사가 되고자 하는 일념으로 장기간 승선근
무하도록 유도하는 데 큰 기여를 하여왔다는 평가를 받고 있다. 현재 도선구가
설치된 전국의 12개 항만에서 약 250여 명의 도선사가 근무하고 있는데 이들은
모두 이와 같은 장기간의 해상근무를 거쳐 도선사로서의 자격을 취득하게 된
것이다.

마지막으로 우리나라가 해운업을 성공적으로 영위하기 위해서는 외국인
선원을 안정적으로 확보하는 것도 중요한 과제 중의 하나라고 할 수 있다.
2020년 말 현재 우리나라 외항선원은 총 20,341명에 달하는데 이 중 외국인 선

원이 60%인 12,196명이며 해기사 9,609명 중에서 외국인이 29.7%인 2,850명에 이르고 부원 10,732명 중 외국인이 87%인 9,346명에 이른다. 결국 국가필수선대의 경우 외국인의 승선범위가 부원 6명으로 제한되고 있는 점을 감안하면 사실상 부원 선원은 거의 외국인으로 채워지고 있다고 볼 수 있으며 앞으로 해기사 중에서 외국인의 비중이 더 높아질 것으로 예상된다. 이에 따라 자질 있는 외국인 선원을 확보하는 시스템을 구축하는 것이 무엇보다 중요한데 우리나라의 경우 ODA[3]사업을 통해 미얀마 등 선원공급국에 선원양성사업을 지원하고 있는바, 민간차원의 협력도 중요하다.

제 3 절 선원법령과 근로기준

선원의 해상근로의 특수성[4]으로 인해 육상근로자와는 차별화된 정책을 통해 선원들의 근로조건과 복지수준을 향상시키려는 노력이 필요하다. 더욱이 우리나라에서는 과거 1970~1980년대와 달리 선원이라는 직업의 매력도가 크게 떨어진 상황이어서 이들의 해상근로의 애로를 해소시키기 위한 정책이 중요하다고 할 수 있다.

우리나라에서는 이러한 해상근로의 특수성을 감안하여 육상근로자에 대해 적용하는 근로기준법에 대한 특별법으로 선원법을 제정하여 시행하고 있다. 선원법은 크게 두 부문으로 나뉘는데 첫째는 선내 근무에 관한 사항, 둘째는 선원의 근로기준에 관한 사항을 다루고 있다. 이와 같이 이질적인 성격의 규정들이 하나의 법령에 혼재함으로써 선원의 근로기준과 복지향상을 위한 법령으로

---

3) Official Development Assistance 공적개발원조.

4) 선박이라는 한정된 공간에서 생활하는 고립성, 육상생활과의 격리성, 다양한 해상 위험에 노출되는 위험성, 해상을 이동하는 선박 내에서 근무해야 하는 이동성, 이질적인 선원들의 혼승의 일반화에 따른 국제성 등.

서의 성격이 퇴색되는 측면도 있어 이를 두 개의 법령으로 분리해야 한다는 주장도 제기되고 있다. 이를 두 법령으로 분리할 경우 두 법령의 성격이 보다 분명해질 수 있을 뿐만 아니라 구체적 규정을 통하여 보다 전문성이 높아질 것으로 본다.

　　우선 선원법에서는 선원들이 해상에서 이동하는 선박이라는 고립된 공간에서 근무하면서 안전한 운송이라고 하는 고유의 임무를 달성할 수 있도록 선장에게 강력한 권한을 부여하는 한편 선박에서의 최고책임자로서 직무수행 시 준수해야 할 사항들을 규정하고 있다. 선장의 권한으로는 ① 해원을 지휘·감독하며, 선내에 있는 사람에게 선장의 직무를 수행하기 위하여 필요한 명령을 할 수 있는 지휘명령권(법 제6조), ② 비위가 있는 선원에 대한 훈계, 상륙금지 및 하선 등 징계권(법 제22조), ③ 선박에 적재된 흉기, 폭발하거나 불붙기 쉬운 물건, 화학물질관리법에 따른 유독물질과 그 밖의 위험한 물건의 폐기결정권(법 제23조) 등을 들 수 있다. 반면에 선장이 직무수행과 관련하여 지켜야 할 사항으로는 ① 출항 전의 감항성 및 화물의 적재상태 등 검사·보고의무(법 제7조), ② 정해진 항로에 따라 항해해야 하는 의무(법 제8조), ③ 항만, 좁은 수로 및 선박의 충돌·침몰 등 해양사고가 빈발하는 해역을 통과할 때 선박조종을 직접 지휘할 의무(법 제9조), ④ 직무대행자를 지정한 경우를 제외하고 화물을 싣거나 여객이 타기 시작할 때부터 화물을 모두 부리거나 여객이 다 내릴 때까지 재선(在船)할 의무(법 제10조), ⑤ 선박 위험시 또는 선박 충돌 시 인명 및 선박 등을 구조하는 데 최선을 다할 의무(법 제11조 및 제12조), ⑥ 자기 선박이 급박한 위험에 처한 경우를 제외하고 다른 선박 또는 항공기의 조난을 알았을 때에는 인명을 구조하는 데 필요한 조치를 다할 의무(법 제13조), ⑦ 항해에 위험을 줄 우려가 있는 기상이상 등의 통보의무(법 제14조), ⑧ 비상시 선원들의 임무를 정한 비상배치표의 선내 비치 및 비상대비 훈련 실시의무(법 제15조), ⑨ 항해 중 선박에 있는 사람이 사망한 경우 시신이 유가족 등에게 인도될 수 있도록 조치할 의무(법 제17조), ⑩ 선박국적증서 등 서류의 선내 비치의무(법 제20조), ⑪ 해양사고, 조난 및 인명구조 등 선박 운항에 관한 보고의무(법 제21조) 등을 규정하고 있다.

　　선원법에서 규정하고 있는 선원 근로기준에 관한 사항으로 선원근로계약,

임금, 근로시간 및 승무정원, 유급휴가, 선내 급식과 안전 및 보건, 재해보상, 복지와 직업안정 및 교육훈련 등에 관한 사항이 있다. 먼저 선원법은 선원의 근로기준과 관련하여 "이 법에서 정한 기준에 미치지 못하는 근로조건을 정한 선원근로계약은 그 부분만 무효로 한다. 이 경우 그 무효 부분은 이 법에서 정한 기준에 따른다"고 규정하여 선원에 관한 근로기준법으로서의 성격을 명확히 하고 있다(법 제26조). 선원근로계약을 체결할 때 선박소유자는 임금 등 근로조건을 구체적으로 밝혀야 하며 동 계약내용이 사실과 다를 때 선원은 그 계약을 해지하고 손해배상을 청구할 수 있다(법 제27~28조). 선박소유자가 선원근로계약을 체결할 때 그 계약 불이행에 따른 위약금 등을 예정하거나 강제저축 및 전차금(前借金) 상계 등을 금지시키고 있다(법 제29~31조). 선박소유자는 정당한 사유 없이 선원근로계약을 해지하거나 휴직, 정직, 감봉 및 그 밖의 징벌을 하지 못하며 선원근로계약을 해지하려면 정당한 사유가 없는 한 30일 이상의 예고기간을 두고 서면으로 그 선원에게 알려야 하며, 알리지 아니하였을 때에는 30일분 이상의 통상임금을 지급하여야 한다(법 제32~33조). 또한, 선박소유자가 선원에게 책임을 돌릴 사유가 없음에도 불구하고 선원근로계약을 해지하거나 선원근로계약에서 정한 근로조건이 사실과 달라 선원이 선원근로계약을 해지한 경우 선박소유자는 통상임금의 2개월분에 상당하는 금액을 실업수당으로 지급하여야 한다(법 제37조). 선원은 해상을 통해 운항하는 선박에서 근무하므로 당초 근로계약을 체결했던 장소가 아닌 다른 장소에서 계약이 종료되는 경우가 발생할 수 있는바, 이 경우 당초 계약체결지로 이동하는 송환(送還)의 문제가 제기된다. 선박소유자는 선원이 거주지 또는 선원근로계약의 체결지가 아닌 항구에서 하선하는 경우에는 선박소유자의 비용과 책임으로 선원의 거주지 또는 선원근로계약의 체결지 중 선원이 원하는 곳까지 지체 없이 송환하거나 선원의 요청에 의하여 송환에 필요한 비용을 선원에게 지급하여야 한다(법 제38조). 다만 선원의 정당한 사유가 없는 임의 하선이나 징계에 의한 하선의 경우 선원에게 그 비용을 청구할 수 있으나 승선기간이 6개월을 넘은 경우 50% 한도 내에서 선원부담으로 할 수 있다(법 제38조). 선박소유자가 이러한 의무를 이행하지 않아 선원이 해양수산부장관에게 송환을 요청하는 경우 국가가 송환의무를 진다(법 제42조). 선원법은 선박소유자의 파산 등에 대비하여 유기구제(遺棄救濟)보험제도를 두고 있는데 선박소유자가 선원의 송환의무를 이행하지 않는 경우 송환비용 등을 지급하기 위한 것이며 이를 위해 선박소유자는 선원을 피보험자로 하는 유기구제보험을 가입하여야 한다(법 제42의2). 한편 선원법상 근로계약은 1984년 9월 선원법 개정을 통하여 일반계약(승무할 선박을 특정하지 아니한 선원근로계약)과 특정계약(승무할 선박을 특정한 선원근로계약)으로 구분하여 특정계약에 대하여는 선박소유자는 선원의 동의를 얻어 승무할 기간을 월수로 정하거나 승무할 항해를 정하여 체결할 수 있도록 하였다. 이러한 제도가 도입되기 이전의 선원근로계약 형태는 선원법에 명확한 규정은 없더라도 실제 두 가지 계약형태가 병존하고 있었는바, 선원법상 선원근로계약은 승선계약이라는 명칭으로 기간고용계약을 할 수 있는 형태였다. 특정근로계약 형태는 통상 선원들이 외국선박에 승선계약을 체결할 때 많이 사용되는 방식으로 계약기간 만료 후 선박소유자는 그 선원을 재고용하지 않는 한 계약을 종료할 수 있는 것이다. 정부는 1990년 8월 선박의 특정 여부 및 계약기간의 유무를 기준으로 일반계약과 특정계약으로 구분하던 제도를 폐지하고 선원근로계약을 일반근로계약제도로 전환하도록 선원법을 개정하였다. 이러한 조치는 1990년대 들어 경제수준의 향상으로 선원확보의 어려움이 가속화되면서 선원의 근로조건을 개선하고 장기근무를 유도하기 위한 조치로 볼 수 있다. 그럼에도 불구하고 단기근로계약의 관행은 그대로 존재하였다고 보는데 이는 선박 운항 측면에서 필요한 경우, 예를 들어 급박한 선원의 질병 등으로 단기적인 대체인력을 고용해야 하는 경우 등에 필요하기 때문이다.

외항상선 선원들의 임금체계는 육상 근로자의 그것과 대동소이하다고 볼 수 있으나 선원법에서는 선박소유자의 도산 등으로 임금이 지급되지 못하는 경우에 대비하여 임금채권보장보험 등에 가입하거나 기금을 조성하여 운용하도록 하고 있다(법 제56). 이는 지급사유가 발생한 경우 최소한 4개월의 임금과 4년분의 퇴직금이 지급가능하도록 하기 위한 것으로 우리나라 외항상선에 대해서는 한국해운협회 주관으로 임금채권보장기금을 조성하여 운영하고 있다. 동 기금 운용현황을 보면 2020년까지 총 51.4억원을 조성하였고 이 중 대지급 등을 위한 지출 25.2억원 및 회수 20.4억원이 이루어짐으로써 2020년 말 현재 46.6억원의 기금을 보유하고 있으며 총 983척, 약 19천명의 선원이 가입되어 있다. 한편 선원의 최저임금은 육상근로자의 그것과 별개로 운용하고 있는데 해상근로의 특수성 등과 해상－육상근로자 간의 임금격차 등을 반영한 것으로 볼 수 있다. 이에 따라 2021년 선원의 최저임금은 월 2,249,500원으로 육상근로자의 최저임금 1,822,480원보다 23% 높은 수준에서 책정되었다.

선원의 근로시간은 해상에서 선박이 운항하는 동안 상시 항해당직을 해야 하는 점을 고려하여 육상근로자에 비하여 더 많은 시간외근로가 가능하도록 규정하고 있다. 즉 육상근로자는 주 12시간까지 연장근로가 가능하도록 하고 있으나 선원은 주 16시간의 시간외근로가 가능하고 선박소유자는 항해당직자에게 1주 16시간, 그 외 선원은 1주 4시간의 범위에서 시간외근로를 명할 수 있다(법 제60조). 또한, 선박에는 일정 자격요건을 갖춘 선원을 승무시키도록 하고 있는데 항해당직부원, 유조선 등 위험물 적재선박의 승무원, 구명정 자격증을 가진 선원 및 선박조리사 등이 이에 해당한다. 선박소유자는 이러한 선원의 근로시간과 일정 자격요건을 갖춘 선원의 승무기준을 고려하여 선박의 승무정원을 정하여 승무정원증서를 발급받아야 하고 항시 이를 준수하여야 한다(법 제64~65조).

선박소유자는 보유하고 있는 선박이 3척 이하인 경우 등 예외적인 경우를 제외하고 그가 고용하고 있는 총 승선선원 수의 10% 이상의 예비원을 확보하여야 한다. 이는 선박소유자가 8개월 이상 계속 승선한 선원에 대하여 1개월당 6일의 유급휴가를 부여하도록 하고 있어 이러한 선원 등의 대체수요를 감안한 것이다. 선박소유자는 유급휴가 중인 선원에게 통상임금을 유급휴가급으로 지급하여야 하며 선원이 유급휴가의 전부 또는 일부를 사용하지 아니하였을 때에는 사용하지 아니한 유급휴가 일수에 대하여 통상임금에 상당하는 금액을 임금 외에 따로 지급하여야 한다(법 제73조).

원양구역을 항해구역으로 하는 총톤수 5천톤 이상의 선박에는 의료관리자 자격증을 가진 선원이 승무하여야 하고 연해구역 이상을 항해구역으로 하는 선박에는 응급처치 담당자가 승무하여야 한다(법 제85~86조). 한편 선박에 승무하는 여성선원이 늘어남에 따라 이들의 보호를 위하여 선원법에서는 여성선원에게 임신·출산에 해롭거나 위험한 작업에 종사시켜서는 아니 된다고 규정하고 이러한 작업으로 ① 부식성물질, 독물 또는 유해성물질을 제거하기 위한 화물창 또는 탱크 인의 청소작업, ② 유해성의 도료 또는 용제를 사용하는 작업 ③ 30킬로그램 이상의 물건을 다루는 작업, ④ 알파선·베타선·중성자선 기타 유해한 방사선에 노출될 우려가 있는 작업, ⑤ 인체에 유해한 가스를 검지하는 작업을 들고 있다. 또한 선박소유자는 여성선원이 청구하면 월 1일의 생리휴식을 주어야 한다(법 제93조). 선원의 재해보상의 경우 요양보상, 상병보상, 장해보상, 유족보상 및 장제비 등으로 구성되어 있어 근로기준법에 의한 체계와 유사하나 그 보상기준에 있어서는 해상근로의 위험성을 감안하여 육상근로자에 비하여 높은 수준으로 책정하고 있다.

한편 정부는 국제노동기구(ILO)의 해사노동협약(MLC: Maritime Labor Convention)이 채택됨에 따라 동 협약의 내용을 국내 선원법에 반영하였는바, 그 중에서 중요한 사항 중의 하나가 해사노동적합증서를 발급받아 이를 선내에 비치하도록 하는 것이다. 동 제도는 총톤수 500톤 이상의 국제항해에 종사하는 항해선 등에 적용되며 선원의 근로기준, 거주설비, 복지후생, 선내안전, 건강 및 급식 등이 선원법과 해사노동협약의 기준을 충족하는지를 검사하여 인증하는 제도이다. 이러한 검사는 최초인증검사, 갱신인증검사 및 중간인증검사로 나누어지며 정부 소속 인증검사관 또는 정부대행 인증검사기관에 의하여 수행되어 기준을 충족하는 경우 해사노동적합증서를 발급하게 된다. 이와는 별개로 선박소유자는 해사노동협약을 이행하는 국내기준을 수록하고 그 기준을 준수하기 위하여 선박소유자가 채택한 조치사항을 수록한 해사노동적합선언서를 작성하여 선원법과 해사노동협약의 인증기준에 적합하다는 것을 국가기관(지방해양수산청장)으로부터 승인을 받아 선내 비치하여야 한다. 한편 국내 항만에 입항한 외국선박에 대하여도 승무정원증명서와 그 증명서에 따른 선원의 승선 여부, 항해당직의 시행 여부, 선원자격증명서 소지 여부, 해사노동협약에 따른 선원의 근로기준 및 생활기준의 준수 여부 등을 항만당국이 점검하도록 규정하고 있다(선원법 제132조).

제 4 절 선원복지정책

　선원직을 매력화하기 위해서는 선원의 근로조건 개선과 함께 선원의 복지를 향상시키기 위한 노력도 중요하다. 선원직은 가족 및 육상생활로부터 격리됨에 따라 육상근로자에 비하여 이직률이 매우 높게 나타나고 있으므로 이를 낮추려는 다양한 노력이 필요하다.

　첫째로 정부(해양수산부)는 육상에 비해 노후대비가 취약한 선원의 노후생활 안정을 위해 '선원퇴직연금제도'의 도입을 추진하고 있다. 선원법에 따라 선박소유자는 계속근로기간이 1년 이상인 선원이 퇴직하는 경우에는 계속근로기간 1년에 대하여 승선평균임금의 30일분에 상당하는 금액을 퇴직금으로 지급하여야 한다(법 제55조). 그러나 퇴직금의 경우 중간정산제도에 의하여 조기에 인출하여 사용하는 경우가 많아 선원들이 실제 퇴직 후에는 경제적인 어려움을 겪기 쉽다. 이에 따라 퇴직금을 일시금으로 수령할 수 있는 제도 대신에 연금 방식으로 장기간 분할하여 지급받을 수 있는 제도를 도입함으로써 선원의 장기근무를 유도하고 퇴직 후 노후생활의 안정화를 도모하기 위한 것이다. 이를 도입하기 위해 2016년 9월 의원입법 방식으로 국회에 선원법개정법률안이 발의되었으나 정부의 재정부담 등을 이유로 통과되지 못하였다. 한편 정부는 2019년 1월 제1차 선원정책기본계획(2019~2023)을 수립하였는데 선원퇴직연금제도의 도입을 재천명하였다. 이를 위해서는 2005년 12월부터 시행되고 있는 근로자퇴직급여보장법에 의한 퇴직급여제도와의 관계설정이 중요한데 선원법이 근로기준법에 대한 특별법으로서 역할을 하는 바와 같이 선원퇴직연금제도가 근로자퇴직급여보장법에 의한 퇴직급여제도에 대한 특례로서 인정되어야 한다.

　둘째는 선상생활 여건이 개선되어야 한다. 선상생활은 선박이라는 고립된 환경 속에서 정해진 일정에 따라 바다를 항해해야 하고 때로는 황천항해를 하고 테러위험지역이나 전쟁위험지역을 운항해야 하는 경우도 있다. 더구나 혼승(混乘)의 일반화로 선원 간의 의사소통도 원활하지 못할 뿐만 아니라 문화와 종교 등이 갈등의 요소가 되기도 한다. 먼 거리 항해를 하는 원양선박의 경우 가족과 오랫동안 떨어져 지내야 하며 질병이나 상해를 입는 경우 신속한 처방과 치료가 어렵다. 다국적화(多國籍化)된 선박조직이 생산성을 높이기 위해서는 서로 간의 의사소통이 용이하도록 언어능력 향상과 서로 다른 문화에 대한 이해와 존중이 필요하다. 아울러 IT기술의 발달과 함께 육상과의 소통기술이 크게 향상된 만큼 선원들이 이러한 기술을 이용하여 가족 등과 쉽게 소통할 수 있도록 지원하고 원격진료기술의 확대를 통하여 선원들의 질병과 상해에 대해 보다 신속하게 대처할 수 있도록 지원해야 할 것이다.

　　셋째로 선원복지고용센터가 보다 활성화되도록 개선되어야 한다. 선원복지고용센터는 선원의 복지 증진과 고용 촉진 및 직업안정을 위하여 선원법에 근거하여 국가주도로 설립된 특수법인으로서 선원의 구인·구직활동 지원을 통하여 선원인력의 원활한 수급(需給)과 선원의 복지향상을 위해 꾸준히 노력해 왔다. 선원법에 명시된 센터의 주요 사업으로는 ① 선원복지시설의 설치·운영, ② 국내외 선원의 취업 동향과 고용 정보의 수집·분석 및 제공, ③ 선원의 구직 및 구인 등록, ④ 국가로부터 위탁받은 선원의 직업안정업무, ⑤ 국가, 지방자치단체, 그 밖의 공공단체 또는 민간단체로부터 위탁받은 선원 관련 사업 등이다. 현재 선원복지시설로는 무역항에 주로 설치된 선원복지회관 23개소(센터 운영 7개소, 선원노조 운영 16개소) 및 선원들의 교통편의를 위해 제공되는 차량이 운영되고 있다. 이외에도 선원 자녀 장학금 지급 등 다양한 선원 복지사업을 시행하고 선원인력의 수급동향 등 다양한 정보와 통계를 작성하여 제공하고 있다. 앞으로 선원복지고용센터가 보다 본래의 설립목적에 기여하기 위해서는 선원의 구직·구인활동이 보다 용이하도록 원격 통합서비스를 제공할 수 있는 시스템을 구축하고 다양화되어 있는 선원복지사업을 선택과 집중을 통해 사업의 효용성을 높여나가야 할 것이다. 아울러 주로 국가예산에 의존하는 수입구조를 개선하여 수익사업을 확대하고 조직운영의 투명성을 높여나가야 할 것이다.

　　넷째 선원의 육상근로전환을 적극 지원하여야 한다. 선원이 조기에 이직하는 이유 중 가장 큰 것이 육상과의 격리를 들 수 있는데 특히 승선생활이 길어질수록 결혼 및 육상에서의 구직이 어려워진다고 생각하기 때문으로 볼 수 있다. 승선생활이 길어질 경우 육상에서 그 나이에 맞는 일자리와 직책을 찾기가 힘들어질 가능성이 크기 때문에 장기 승선근무자를 위한 육상근로전환을 적극 지원할 필요가 있다. 이러한 사업은 정부 차원에서 적극 추진할 필요가 있는데 선원의 복지증진 및 고용안정 차원에서 선원복지고용센터에서 맡거나 선원 직업전환교육 차원에서 이미 교육시설을 확보하고 있는 한국해양수산연수원에서 수행할 필요가 있을 것이다. 즉 승선근무 후 하선하는 선원이 육상에서 취업가능한 일자리를 발굴하고 이에 맞는 맞춤형 직업전환교육 프로그램을 개발하여 교육 후 관련 사업자에게 이를 알선하는 것이다. 이 중에서 가장 적합한 것은 해운분야 육상 일자리를 찾아주는 것인데 선원복지고용센터가 이러한 정보제공과 알선역할을 하여야 한다.

다섯째, 선원들에 대한 세제혜택을 확대하여야 한다. 선원들에 대한 세제혜택은 국외근로에 대한 면세의 일환으로 1969년 7월에 소득세법에 '외항선박에 승선하는 승무원이 그 외국을 항행하는 기간 중에 받는 급여'가 면세소득으로 포함되면서 시작되었다. 당시 외항선원의 급여 전액을 면세소득으로 인정하였는데 1973년에 이르러 월 25만원 이하에 상당하는 보수를 받는 자의 급여만을 면세소득으로 인정하도록 개정되었으며 1977년부터는 외항선원들이 받는 보수 중 월 50만원에 상당하는 급여에 대하여 비과세 소득으로 인정하였다. 이러한 비과세 소득의 범위는 경제발전에 따라 1996년 월 100만원, 2000년에는 월 150만원, 2012년에 월 300만원으로 상향조정된 후 현재에 이르고 있다. 따라서 그간의 경제수준 향상 등을 감안하여 적정한 수준으로 비과세 범위를 확대해야 한다고 본다.

제3장

해운관련 산업육성과 전문인력 양성

제1절 해운관련 산업의 육성

〈표 9−1〉에서 보는 바와 같이 해운분야의 전문인력은 선원과 같이 직접 해운업에 사용되는 영업용 자산인 선박을 운항하는 인력 외에도 이러한 선박을 매개로 하여 벌어지는 다양한 영업활동에 종사하고 있다. 우선 선박을 직접 사용하여 사람이나 화물을 운송하는 해상운송사업이 있으며 선박의 매매나 용대선 및 화물운송을 중개하는 해운중개업자(broker), 선박을 직접 소유하고 있으나 이를 대선(貸船)하는 것을 업으로 하는 선박대여업자, 해상운송사업자나 선박대여업자 등이 소유 또는 운항하는 선박 및 선원의 관리를 위탁받아서 수행하는 선박관리업자 등 해운관련업이 있다. 또한, 선박을 건조하거나 매입할 때 자금조달을 지원하는 선박금융업자 및 선박운용회사, 해상운송사업에서 선박, 화물 및 운송사업자 등에게 발생할 수 있는 각종 위험을 담보하기 위한 해상보험업자, 해사관련 각종 법률적 분쟁을 맡아 처리하는 해사법률서비스 등은 해운업

에 대한 후방관련 서비스산업으로서의 성격을 지니고 있다. 또한 해상화물 운송수단과 타 화물 운송수단, 또는 해상화물 운송수단 간의 연결점 역할을 하는 항만에서의 하역업 등 각종 사업도 해상운송사업에 대한 후방산업으로 넓게는 해운산업의 범주에 포함할 수 있으나 여기서는 논외로 하기로 한다.

우리나라에서 1990년대 말 이후 정부가 가장 육성의지를 들어낸 분야는 해상보험 분야로서 우선 국적선대가 크게 증가하면서 영국에 주로 의존하였던 해상보험 분야 중에서 해상오염사고 등으로 인한 사고를 담보하는 선주상호보험(P&I)에 관심이 집중되었다. 해상보험업은 고가의 선박과 적재한 화물이 폭풍, 좌초, 침몰 등 해상고유의 위험과 전쟁, 해적, 해양오염사고 등 다양한 해상위험에 직면하는 고위험 사업인 해운업에 있어 매우 중요한 분야이나 우리나라 해상보험이 해외에 크게 의존함에 따라 매년 대규모의 보험료가 해외로 유출되고 고율의 보험료 부과로 인한 국적선대의 경쟁력 저하의 요인 중의 하나로 지목되었기 때문이다. 자국 선대를 지속적으로 육성해온 일본 및 중국 등에서는 이미 오래전부터 자국의 독자적인 P&I보험 제도를 도입(일본 1950년, 중국 1984년)함으로써 자국 선대를 지원하여왔다. 이에 따라 1998년부터 정부, 학계 및 업계를 대표로 설립준비위원회를 구성하였으며 1999년 선주상호보험조합법이 제정됨에 따라 한국선주상호보험조합(Korea P&I)을 설립하기 위한 기획단을 발족하였다. 이를 설립하기 위한 작업은 신속하게 이루어져 2000년 1월에 해양수산부의 설립인가를 거쳐 사업개시에 착수하였다. 정부는 설립 초기 한국선주상호보험조합의 재정 건전성 확보를 위하여 매년 10억원씩 10년 동안 총 100억원의 재정을 지원함으로써 동 조합이 성공적으로 자립하는 데 기여하였다. 초기에는 일부 국적선사의 가입 기피 등으로 어려움을 겪기도 하였으나 재정적 안정성이 확보되면서 가입규모가 확대되기 시작하여 가입 톤수가 2005년에 100만G/T, 2007년에 300만G/T가 넘었으며 2010년에는 800만G/T로 크게 확대되었다. 수입보험료 기준으로는 2008년에 1천만 달러, 2010년에 2,600만 달러에 이르렀으며 가입 척수 기준으로는 2010년에 800척, 2015년에 1천척을 돌파하였다. 이와 같이 한국선주상호보험조합이 성공적으로 정착함으로써 국적선사들의 보험료 절감과 아울러 국제수지 개선에도 기여하였다고 평가할 수 있다.

그 다음으로 정부가 중점을 둔 분야로는 선박관리업을 들 수 있는데 이는 선박관리업이 해상운송사업으로부터 분화된 사업으로 해운업의 경쟁력에 직접적인 영향을 미치는 점을 고려한 것으로 볼 수 있다. 선박관리업[1]은 크게 선원관리와 선박관리로 나눌 수 있는데 선원관리는 선원의 고용, 승선, 보수지급 등을 관리하는 반면 선박관리는 선박의 기술적 관리와 상업적 관리[2]를 포함한다. 이와 같이 선박관리업은 초기의 선원관리 위주의 사업에서 사업범위가 확장되어 선박관리는 물론 보험 및 재무회계까지도 포함하는 종합적 서비스 개념으로 발전하였다. 우리나라에서의 선박관리는 1960년대 말부터 우리나라의 선원을 외국선박에 송출하는 선원관리사업으로부터 출발하였다. 당시의 선원관리업은 정부의 육성 대상이라기보다는 선원임금 및 재해보상 처리 등 선원보호 차원에서 정부의 규제 대상이었으며 민간 차원의 자생적인 영업활동을 통하여 성장하였다. 그러나 우리나라 선원의 해외취업도 1990년대 들어서면서 축소되기 시작하여 선원관리업도 위축될 수밖에 없었는데 대신에 2000년대 들어 우리나라 일부 대형 선사들이 선원 및 선박관리의 전문화를 위해 분사화(outsourcing)를 추진[3]하면서 이에 대한 관심이 높아졌다. 국제적으로는 이러한 분사화가 1970~1980년대 해운불황기에 편의치적에 따른 선원관리를 외주화(外注化)하여 전문화하고 금융기관 등 비전문가들이 도산업체의 선박을 인수하여 이를 전문적인 선박관리업체에 맡기면서 활성화되기 시작하였는데 우리나라에서는 그 시기가 매우 늦었다고 할 수 있다. 우리나라 정부는 2010년대 들어 선박관리업의 육성 필요성을 인식하고 2012년 2월에 선박관리산업발전법을 제정하였는바 동 법률(제1조)에 의하면 "선박관리산업의 선진화·세계화를 도모하고 일자리 창출 및 국민경제의 발전에 이바지함을 목적으로 한다"고 규정하고 있다. 이를 위해 해양수산부장관은 선박관리산업 육성정책의 기본방향을 설정하는 10년 단위의 선박관리산업육성 기본계획을 수립하여야 하며 선박관리산업의 육성을 위하여

---

1) 세계적인 선박관리업체로는 V.SHIPS(Isle of Man), Berhard Schulte(Germany), Anglo Eastern (Hong Kong), Wallem(Hong Kong), Columbia Ship Management(Cyprus)를 들 수 있다.

2) 선박의 용선계약, 화물운송계약 및 선박의 S&P 등의 관리 업무를 수행.

3) 이와 같이 국적외항선사의 분사화를 통해 설립된 자회사는 2017년 현재 총 14개사로 관리선박은 484척에 이른다.

선박관리산업 관련 종합정보시스템 구축 및 제공, 해외수주 및 금융 활동 등의 지원, 기술적·상업적 선박관리 역량 제고를 위한 지원 및 선박관리 전문인력의 육성을 위하여 필요한 교육비 지원 등 다양한 사업을 시행할 수 있다. 이러한 법적 뒷받침에도 불구하고 우리나라 선박관리업의 수준은 선진화·세계화에 크게 미흡한 수준이라고 할 수 있다. 이는 장기간 노하우를 축적한 해외 선박 관리 전문업체에 비하여 그 경험도 일천할 뿐만 아니라 대형 선사의 자회사를 제외하면 대부분이 영세한 규모이며 해외시장 중에서 일본에 대한 의존도가 매우 높기 때문이다.

　　그 외 해운중개업, 선박대여업 등에 대한 정부의 지원은 거의 이루어지지 않고 있으며 대부분 영세한 규모로 운영되고 있는 실정이다. 해운중개업은 분야 별로 선박매매 중개(Ship broker), 용선 중개(Chartering broker), 선적 중개(Shipping broker) 로 구분할 수 있는바 해운중개업을 영위하기 위해서는 해운일반에 대한 전문지 식은 물론 세계 해운의 수요와 공급, 해상물동량, 해상운임 등 전반적 동향을 파 악하는 능력이 중요하다. 세계적인 해운중개업자인 Clarksons나 Fearney 등이 해운정보제공업을 겸하고 있는 것에서 볼 수 있듯이 해운중개업은 그 업무의 특성상 많은 해운정보를 수집할 수 있어 매우 중요한 사업분야임에도 이를 활 용하기 위한 체계적인 노력은 이루어지지 못하고 있다. 선박대여업은 선박을 확보하여 직접 해상운송사업에 종사하지 않고 이를 해운사업자에게 대여하는 사업이므로 해운사업자가 해상수요의 변화에 따라 선대를 탄력적으로 운용할 수 있도록 지원하는 역할을 할 수 있다. 선박대여업 또한 선박확보를 위한 자 금축적이 부족한 국적선사에게는 부족한 선대를 확충하는 데 많은 도움이 될 수 있음에도 이를 육성하기 위한 대책이 미흡하다. 선박대여업과 같은 민간 차 원의 인프라가 부족하기 때문에 현재와 같은 장기적인 해운불황 속에서 한국해 양진흥공사가 선박은행(Tonnage Bank)의 역할을 맡고 있으나 이마저도 자금 부족 으로 제대로 수행되지 못하고 있다. 선박금융업은 대규모 자본이 소요되는 선 박확보에서 필수불가결한 요소인바 선박금융이 원활히 이루어질 수 있어야 해 운사업자가 판단하는 적기에 선박투자가 이루어질 수 있다. 일반적으로 해운호 황기에는 선박금융이 원활한 반면, 해운불황기에는 위축되어 선박확보가 쉽지

않다. 특히 우리나라와 같이 선박금융에 대한 전문성이 부족한 경우에는 해운
경기가 좋을 때 선박금융을 권장하여 고가에 선박을 건조함으로써 결국 해운불
황기에 큰 어려움을 겪거나 이를 헐값에 해외에 매각하여야 하는 실패를 반복
하는 사례를 쉽게 볼 수 있다. 이러한 금융기관의 선박금융 실패는 우리나라
해운기업의 경영실패와도 직결되는 만큼 선박금융의 전문화를 위한 전문인력
의 양성은 무엇보다 중요하다고 할 수 있다. 또한, 외항 해운업은 국제적 비즈
니스의 성격상 해상운송, 선박투자 및 해양사고의 법적책임 문제 등 다양한 법
률관계에 노출되고 적용법령도 국제협약, 선진 해운국의 법령(MIA[4]) 등), 당사국
법령 등 복잡하여 전문적인 해사법률서비스의 중요성은 아무리 강조해도 지나
치지 않다.

제 2 절   해운관련 산업의 전문인력 양성

이와 같이 해운산업은 다양한 관련 사업과 함께 균형적으로 성장하는 것
이 바람직하므로 이러한 분야에서의 전문가 양성이 매우 중요하다고 할 수 있
다. 자칫 해운산업의 중요성만 강조하다 보면 이러한 관련 사업들에 대하여 소
홀히 하기 쉬우므로 적극적인 관심을 가질 필요가 있는 것이다.

선원 이외 해운전문인력 양성기관은 일부 대학교에서 해운관련 학과를 개
설하여 운영하고 있으며 대형선사의 경우 직원 채용 후 자체적인 직무교육과정
을 통하여 실무능력을 배양하고 있다. 선박관리업협회, 해운중개업협회, 국제
물류협회(KIFFA) 등 협회에서는 자체적인 교육과정을 개설하여 관련 분야의 전문
인력을 양성하고 있으며 한국선주상호보험조합(KP&I)은 선사의 보험담당자, 보
험회사 실무자 등을 대상으로 해상보험 관련 교육을 실시하고 있다. 국가주도

---

4) Marine Insurance Act 영국의 해상보험법.

에 의한 선원 이외의 해운전문인력 양성사업은 2005년부터 해운항만물류 분야 재직자 및 대학(원)생을 중심으로 한 '해운항만물류 전문인력 양성사업'으로 국제물류시장에 부응하는 인력양성을 위해 매 5년 단위로 계획을 수립하여 시행하고 있다.

정부가 시행하는 해운물류 전문인력 양성사업의 수행은 정부가 프로그램을 설계하고 예산을 확보하여 이를 대학이나 전문기관에 위탁하여 시행하는 방식으로 이루어지고 있다. 5개년계획의 형식으로 이루어진 '해운항만물류 전문인력 양성사업'은 해운·항만 물류분야 종사자, 대학원생 등을 대상으로 관련분야의 전문지식 교육 및 인턴십 운영을 통해 현장·실무 중심의 교육 지원을 목표로 하고 있다. 제1차 계획사업(2005~2009)은 기존의 교육과정보다 심화된 재직자 중심의 교육을 위하여 장기교육과정으로 해운·항만분야 대학원(석사) 과정을 신설하였고 실무 중심의 단기교육과정(2주~3개월)도 운영하였다. 또한, 해외 선진 전문교육기관과의 인적교류를 실시하고 공동 교육과정을 운영하는 등 국제교류협력 프로그램을 진행하였고 해운항만물류 전문영역별 교재도 발간하였다. 동 기간 중 장기과정 이수자는 총 258명, 단기과정 이수자는 916명이었으며 국제교류협력사업 참가자는 총 785명이었다. 제2차 계획사업(2010~2014)은 기존의 장기교육과정 운영 및 단기교육과정과 국제교류사업을 지속 추진하되 석사학위 취득자에 대한 심화 교육수요 충족을 위해 2011년부터 박사과정 개설 지원사업을 추가하였다. 또한, 2013년부터 기업 수요를 반영한 이론교육과 실무적응을 위한 인턴십을 실시하는 '산학연계 지원사업'을 추진하고 해운항만물류 인력의 지속적 관리를 위한 DB 및 전용사이트를 구축하기 위해 '네트워크 구축사업'을 신규로 추진하였다. 동 기간 중 장기과정 549명, 단기과정 1,202명, 국제교류협력 3,037명 및 산학연계 지원사업 145명 등의 실적을 거두었다.

제3차 계획사업(2015~2019)은 제2차 계획기간 중 추진사업을 지속하되 산학연계 지원사업을 확대하여 해운항만물류 기업에 연간 200명 규모의 인턴십 실시를 통해 취업연계기능을 강화하기로 하였다. 또한 국제물류시장의 동향분석 및 예측을 담당할 전문가양성을 위해 Full-time 석·박사 학위과정을 지원하는 고급 전문인력 양성사업을 2015년부터 신규로 개설하였다. 제3차 계획기간 중

표 9-4 | 연도별 해운항만물류 전문인력 양성사업실적

구분	합계	제1차 (2005~2009)	제2차 (2010~2014)	제3차 (2015~2019)	제4차 (2020)
합계(명)	14,931	1,959	4,933	6,975	1,064
장기과정	1,885	258	549	1,078	-
단기과정	3,056	916	1,202	938	-
국제협력	7,729	785	3,037	3,907	-
산학연계	1,316	-	145	938	233
고급과정	284	-	-	114	170
실무교육	661	-	-	-	661

자료: 해양수산부.

에는 총 6,975명을 양성하였는데 이 중 장기과정 1,078명, 단기과정 938명, 국제협력 3,907명, 산학연계사업 938명, 고급과정 114명의 성과를 거두었다. 제4차 계획기간(2020~2024)에는 기존의 과정을 개편하여 산학연계사업, 고급과정 및 실무교육에 집중하도록 계획하였다. 2005년에서 2020년까지 해운항만물류 전문인력 양성사업을 통해 거둔 실적을 종합해 보면 〈표 9-4〉와 같다.

제4장
해운전문인력 양성정책의 공과

　해운전문인력의 양성은 해운업 인력과 함께 해운업과 연계된 인력을 균형 있게 육성하는 정책이 중요한데 이를 통해 해운업의 관련 부문이 모두 고르게 성장함으로써 해운업의 견실한 성장을 뒷받침할 수 있기 때문이다. 즉 선원인 력은 선박의 안전운항과 운항경비를 절감하는 데 기여하는 반면, 선사의 육상 인력이나 관련 분야의 인력은 수익 창출활동과 함께 위기관리능력이 중요하므 로 두 인력분야의 양성에 균형있는 접근이 필요하다는 것이다. 그러나 우리나 라는 이와 같은 균형성장정책을 취하지 못하였고 선대확충에 따른 선원인력양 성에 집중한 결과 선원 이외의 인력양성에는 소홀할 수밖에 없었다. 이에 따라 우수한 선원 인력확보에는 성공적이었으나 그 외의 해운업 및 관련 분야의 경 영인력은 학교에서의 이론교육(그마저도 해운분야 전문교육과정을 가진 학교 졸업자는 많지 않음)과 취업 후 자체 실무교육 등을 통하여 전문지식을 습득하는 과정을 거치므로 단 기간에 깊이 있고 체계적인 전문성을 확보하기는 어렵다고 할 수 있다. 이와 같이 해운분야 육상근로자의 전문성 부족은 우리나라 대형 선사들의 해운업 경 영실패와 무관하지 않을 것이다.

　우선 1945년 이후 우리나라 선원 양성정책은 매우 적극적이었으며 승선할 선박이 충분하지 않은 상태에서 공급 위주의 정책이었다고 볼 수 있는데 이러한 정책은 1960년대 이후 우리나라의 선대확충정책에 따라 증가하는 국적선대에 우수한 선원을 공급함은 물론 1970년대 이후 편의치적된 외국선대에 대규모 선원인력을 송출할 수 있는 계기가 되었다. 이러한 해외취업인력은 가스운반선 및 케미컬탱커 등 특수선 분야에서 많은 경험을 축적함으로써 우리나라가 LNG, LPG 및 석유화학제품 운반선 등 전용선대를 도입, 운항하는 데 기여하였음은 물론 우리나라 선원들의 우수성과 성실성을 보여줌으로써 국위선양에도 기여하였음은 분명하다. 이와 같이 우수한 선원을 양성할 수 있는 기반에는 교육시설 및 교육비에 대한 국가예산 지원과 해기사에 대한 병역특례제도가 큰 역할을 했음은 물론이다. 그러나 병역자원 부족을 이유로 승선근무예비역 인원을 2026년부터 매년 1,000명에서 800명으로 축소하기로 한 것은 국적 외항선대가 계속 증가추세에 있고 비상시 대비하여 국가필수선대를 운용하고 있다는 점과 배치되는 것으로 재고되어야 한다고 본다.

　　한편 정부가 2005년부터 시행하고 있는 해운항만물류 전문인력 양성사업은 시기적으로 다소 늦기는 하였으나 해운관련 분야 육상근무인력의 전문성을 높이기 위한 조치로 꼭 필요한 사업이라고 본다. 동 사업이 시행된 후 16년이 지났으므로 사업의 효과가 서서히 나타나고 있어 해운관련 분야 전문인력의 저변확대에 기여하고 있을 것으로 보인다. 다만 동 사업이 다양하게 확대되고 있는 만큼 여러 사업에 대한 효과를 엄정히 평가하여 효율성이 낮은 사업은 축소하거나 폐지하고 보다 효율성이 높은 사업에 집중할 필요가 있다. 또한, 학위취득 위주의 사업보다는 현장학습 위주의 교육을 강화함으로써 그리스 등 전통 해운국의 해운업 경영 노하우를 취득하게 하여 우리나라의 선박투자에 대한 실패가 반복되지 않도록 하는 것이 중요하다고 할 것이다. 제3차 계획사업에 새로이 반영된 사업으로 국제물류시장의 동향분석과 예측을 담당할 전문인력 양성사업은 해운경기의 변화를 예측하는 데 매우 중요한 사업인바, 그 시행시기를 앞당기고 사업규모도 확대하여 보다 많은 인력을 확보할 필요가 있다고 본다.

　　끝으로 정부의 조직 측면에서도 이러한 전문인력 양성사업을 적극 지원하기 위하여 기존 부서(선원정책과)를 확대개편하거나 새로운 전문부서를 설치하는 것도 검토해볼 필요가 있다고 본다.

제10편

연안해운정책

제1장

연안해운 육성정책

제1절 Cabotage 정책

이미 언급[1]한 것과 같이 Cabotage는 특정국 내에서 두 지점 간의 화물 또는 여객의 운송을 의미하는데 대부분의 연안국가에서 자국 선박에 대하여만 Cabotage를 허용하고 있다. 우리나라에서도 아래 선박법 제6조의 규정과 같이 한국선박이 아니면 국내 항간에서 여객 또는 화물의 운송을 할 수 없도록 하되 다만 몇 가지 예외를 두고 있다.

> 선박법 제6조(불개항장에의 기항과 국내 각 항간에서의 운송금지) 한국선박이 아니면 불개항장(不開港場)에 기항(寄港)하거나, 국내 각 항간(港間)에서 여객 또는 화물의 운송을 할 수 없다. 다만, 법률 또는 조약에 다른 규정이 있거나, 해양사고 또는 포획(捕獲)을 피하려는 경우 또는 해양수산부장관의 허가를 받은 경우에는 그러하지 아니하다.

---

1) 제3편 제1장 제4절 참고.

따라서 선박법상 예외조항에 근거하여 ① 한국-중국 간 해운협력에 의하여 양 당사국 해운선사는 상대국의 개항 간 빈(空) 컨테이너의 운송을 허용하고 있으며 ② 지방해양수산청장의 허가를 받아 부산/광양항 또는 인천/광양항 간 컨테이너 운송에 대하여는 국적 여부를 불문하고 자가화물에 한하여 빈 컨테이너 또는 수출입 컨테이너의 운송을 허용하고 ③ 외국적 자동차운반선에 의한 국내 항만 간 자동차 운송을 허용하고 있다. 이러한 화물들은 국내 항간 환적(換積)을 위하여 운송하는 경우가 자주 발생하기 때문에 이를 용이하게 할 수 있도록 지원하기 위한 것이다. 한편 내항화물운송사업자는 국적취득조건부 나용선(BBC/HP) 선박, 원유선 및 지방해양수산청장의 허가를 받은 외국적선박에 한하여 용선하여 국내 항간의 운송을 할 수 있도록 제한하고 있다.[2] 이와 같이 지방해양수산청장이 외국적선박의 용선 투입을 허가하고자 하는 경우에는 외국적선박 용선적합성 심의위원회(해양수산부에 설치)의 사전 심의를 거쳐 운송하고자 하는 화물의 수송에 적합한 내항 국적선이 없다고 인정되어야 하는 등 그 요건을 엄격히 제한하고 있다.[3]

그러면 우리나라의 경우 남북이 분단된 상황 하에서 어느 범위까지를 Cabotage의 범주로 볼 것인가의 문제가 제기된다. 장기적으로 보면 통일한국에 대비하여 남-북한 간 운송을 남·북한의 운송업체만이 참여할 수 있도록 제한하는 것이 바람직하다. 이러한 측면에서 2005년 8월 발효된 남북해운합의서 전문에서도 남-북한 간의 경제교류와 협력이 나라와 나라 사이가 아닌 우리 민족내부의 사업으로 인정하고 있어 남-북한 간의 해상운송도 같은 맥락에서 민족내부항로로 규정할 수 있다. 우리나라는 다른 나라와의 자유무역협정(FTA)을 체결할 때 남-북한 간의 운송을 Cabotage의 범주로 규정하려고 노력하였는바, 이를 반영한 대표적인 사례가 한-EU 간 자유무역협정이다. 동 자유무역협정에 반영된 내용을 보면 다음과 같은데, 한반도와 그 부속도서의 한 항만(지점)에서 다른 항만(지점) 간의 운송을 Cabotage로 규정하고 이를 FTA 적용대상에서 제외하고 있다.[4]

---

2) 내항화물운송사업자의 외국적선박 용선제한에 관한 고시 제2조, 2015. 8. 24, 해양수산부.
3) 앞의 고시, 제3조 및 제4조.

Without prejudice to the scope of activities which may be considered as cab-otage under the relevant national legislation, this Schedule does not include national cabotage services, which are assumed to cover transportation of passengers or goods between a port or point located <u>in the entire Korean peninsula</u> and(or) any adjacent Korean islands and another port or point located <u>in the entire Korean peninsula</u> and(or) any adjacent Korean islands, including on its con-tinental shelf as provided in the UN Convention on the Law of the Sea, and traffic originating and terminating in the same port or point located <u>in the entire Korean peninsula</u> and any adjacent Korean islands.

제2절 Modal Shift 정책

Modal Shift 정책이란 온실가스를 감축하기 위해 도로운송보다 탄소배출량이 적은 철도운송, 연안해운 및 내륙수운으로 전환하도록 유도하는 전환운송정책을 말한다. 이러한 정책은 기후변화로 인하여 지구온난화가 가속화되고 있는 상황에서 운송부문에서의 온실가스 배출 감축을 위한 노력의 일환으로 볼 수 있다. 운송수단별 대기오염물질 배출량을 비교하면 〈표 10-1〉과 같다. 온실가스를 대표하는 CO_2의 배출량을 톤-km 기준으로 비교하면 철도운송은 도로운송의 약 28.6%, 해운은 도로운송의 약 15.3%에 불과함을 보여준다. 도로운송으로 발생하는 사회적비용(social cost)은 단지 대기오염뿐만 아니라 교통사고, 소음 및 교통혼잡, 도로파손에 따른 유지보수비용 등 그 규모가 철도운송 및 해운에 비하여 매우 크다고 할 수 있다.

이에 따라 도로운송을 감축하고 철도, 해운 및 내륙수운을 이용하면 온실가스의 배출을 크게 감축할 수 있으나 현실적으로 도로운송이 선호되는 이유는

---

4) 한-EU자유무역협정 Annex 7-A-4 Korea (11. A. Maritime Transport Services).

표 10-1 | 운송수단별 대기오염물질 배출량

(단위: g/톤 - km)

오염물질	도로운송	철도운송	해운
CO	0.5	0.2	0.04
CO_2	98	28	15
HC	0.2	0.1	0.01
NO_x	1	0.5	0.3
SO_2	0.03	0.04	0.3

자료: 국가 친환경 물류체계 구축을 위한 Modal Shift 활성화 방안, 2008. 12, KMI, p. 19.

도로운송이 신속하고 Door - to - Door 운송이 가능하기 때문이다. 반면 철도운송이나 해운은 대부분의 경우 독자적인 완결성이 부족하여 철도 뜨는 해운으로 운송 후 노로운송의 도움을 받아 완결하게 된다. 이에 더하여 철도나 해운의 경우 도로운송에 비하여 운송수단과 수송인프라 구축에 막대한 투자가 요구되는 점도 장애물로 작용한다. 이에 따라 Modal shift를 위해서는 정부의 초기투자 지원과 함께 이러한 마인드가 정착될 때까지 정부의 정책적 지원이 필요하다.

Modal Shift를 위한 정책수단은 크게 규제수단, 재정·금융정책수단, 조세정책수단으로 구분할 수 있다. 규제수단은 정부의 재정적 부담 없이 시행할 수 있는 수단으로 도로운송에 있어 트럭의 속도 또는 중량을 규제하는 방법이 그 중 하나로 엄격히 시행할 경우 도로운송비용의 증가와 교통사고 및 도로파손 등의 사회적비용의 감소를 가져올 수 있다. 또한, 배출권 거래제도를 통하여 도로운송수단에 대하여 배출한도를 엄격히 규제하고 이를 초과하는 경우 경제적 부담을 부과함으로써 사회적비용을 사적비용(private cost)화하는 방법이 있다. 재정·금융정책수단으로는 화주 또는 운송인에게 시설·장비 등 인프라에 대해 지원을 하거나 전환운송에 따른 운송비 또는 인건비 등 비용이나 온실가스배출권 관련 비용을 보조하는 방법을 들 수 있다. 끝으로 조세정책으로는 각종 시설·장비 등 인프라 투자에 대해 세액공제를 하거나 선박 및 철도 등의 전환운송수단에 대한 면세유 공급 등을 들 수 있다.

우리나라에서는 2009년 2월 '지속가능 교통물류 발전법'을 제정하여 국가 및 지방자치단체는 전환교통촉진을 위하여 환승·환적 시설 및 장비의 설치대책을 마련하도록 하고 있으며 국토교통부장관·해양수산부장관·특별시장·광역시장·특별자치시장·시장 또는 군수는 교통물류 운영자 및 교통물류 이용자, 화주 등과 전환교통에 관한 협약을 체결하고 예산의 범위에서 보조금 등을 지원할 수 있도록 하였다(동법 제21조). 이를 근거로 해양수산부는 도로운송에서 연안해운으로 전환하거나 신규로 연안해운을 이용하고자 하는 화물에 대하여 전환교통 보조금 지원사업을 실시하고 있는데 이를 한국해운조합에 위탁하여 시행하고 있다. 한국해운조합은 연안해운 선사 또는 그에게 화물수송을 의뢰한 자와 협약을 통하여 보조금을 지급하는데 보조금 단가는 연안해운과 도로운송 운임과의 차액, 연안해운선사의 수지균형을 달성할 수 있는 운임 수준 등을 고려하여 당사자 간 협상을 통하여 결정하고 있다.

제3절 연안선박 확보지원정책

우리나라 연안해운의 경우 다수의 영세업체로 구성되어 있으며 특히 내항화물운송사업자의 경우 자본금 1억원 미만의 업체가 전체의 45.4%를 차지하고 있어 1척의 선박을 보유하고 사업을 영위하는 업체가 많음을 알 수 있다(〈표 10-2〉 참고). 이러한 영세업체들은 선박건조를 위한 자금확보가 어렵기 때문에 주로 중고선 확보에 의존하는 것이 일반적이다.

한편 내항화물선의 약 69.3%(총톤수 기준 44.0%)인 1,365척이 선령 20년 이상 선박으로 구성되어 있어 노후화가 심각한 상황이다(〈표 10-3〉 참고). 이러한 선박의 노후화는 연안해운업체의 영세성과 아울러 연안화물 운송시장의 낮은 수익성에 기인한다고 볼 수 있다. 즉 업체의 영세성으로 자력에 의한 선박의 신조가

표 10-2 │ 자본금 규모별 내항해운업체 현황(2020년 말)

종류별	내항화물운송사업				내항여객운송사업			
자본금 규모	계	1억원 미만	1~10 억원	10억원 이상	계	1억원 미만	1~10 억원	10억원 이상
업체수(개)	792	360	300	132	59	–	30	29
비중(%)	100	45.4	37.9	16.7	100	–	50.8	49.2

자료: 2021 내항화물운송사업등록업체 현황 및 연안여객선업체 현황, 한국해운조합.

어려울뿐더러 선박을 신조 투입하여 수익성을 확보하는 것도 용이하지 않다는 것이다. 한편 우리나라의 서남해안을 중심으로 많은 도서가 산재하고 있어 육지와 도서를 연결하는 교통수단으로 전국에서 162척의 연안여객선이 운항 중에 있는데 이 중에서 약 15.4%(25척)가 신령 20년이 넘는 선박으로 구성되어 있다. 이는 원칙적으로 선령 20년을 초과하는 여객선의 운항을 금지하는 정부의 정책에 따른 것이며 선령 20년을 초과하는 경우에는 해양수산부장관이 정하는 기준에 적합한 경우에 한하여 예외적으로 운항이 허용된다(해운법 시행규칙 제5조 제3항 및 제4항 참고). 다만 이러한 예외적 허용도 선종에 따라 달리 적용하고 있는데 강화플라스틱(FRP) 재질의 여객선과 차량 및 여객운송을 겸하는 여객선은 선령이 20년을 초과하는 경우 선령 25년 범위 내에서 1년 단위로 운항의 연장을 허용한다. 그 외의 여객선에 대하여는 선령이 20년을 초과하는 경우 선령 30년의 범위 내에서 1년 단위로 운항의 연장여부가 결정된다.

표 10-3 │ 선령별 내항선박 현황(2020년 말)

종류별	내항화물선				내항여객선			
선령 구분	계	10년 미만	10~ 20년	20년 이상	계	10년 이하	10~ 20년	20년 초과
선박수(척)	1,970	255	350	1,365	162	85	52	25
비중(%)	100	12.9	17.8	69.3	100	52.5	32.1	15.4

자료: 2021 내항화물운송사업등록업체 현황 및 연안여객선업체 현황, 한국해운조합.

이러한 상황에서 내항해운업체의 선박확보를 위하여 국가적 차원의 지원이 절실한 상황인바, 우선 정부에서는 연안선박의 현대화를 촉진하기 위하여 연안선박 현대화 이차보전(利差補塡)사업5)을 실시하고 있는데 이는 노후화된 연안선박을 대체하거나 신조하기 위하여 금융기관으로부터 차입을 하는 경우 그 이자의 일부(현재 2.5%p6))를 지원하는 제도이다. 이러한 제도는 선박확보에 따른 금융비용 부담을 줄여줌으로써 내항해운업체의 선박확보를 촉진하는 효과를 가져올 것으로 기대된다. 동 사업의 지원대상에는 국내에서 건조하기로 계약을 체결하거나 친환경선박으로 개량하기 위해 계약을 체결한 모든 선종의 내항선박(국적취득조건부 나용선 포함)과 해외에서 도입예정인 선령 10년 미만의 여객선 중 카페리와 쾌속선이 포함된다. 이와 같이 여객선 중 일부 선종의 여객선을 중고선으로 도입하는 경우에도 지원하는 이유는 우리나라 조선소에서 카페리와 쾌속선의 건조경험이 충분하지 못할 뿐만 아니라 국내 건조수요 부족으로 선가도 비싸기 때문이라고 할 수 있다. 이러한 지원사업은 대출규모에 따라 대출취급 금융기관, 이차보전기간 및 금리가 상이한바 〈표 10-4〉와 같다.

한편 정부는 2014년 세월호 사고를 계기로 투자규모가 커서 주로 해외에

표 10-4 ┃ 연안선박 현대화 이차보전(利差補塡)사업 대출 개요

구분	취급 금융기관	대출 기간	대출 금리	선박 LTV
소액 대출 (50억원 이하)	수협, 농협*은행	15년 (3+12 또는 5+10)	신규코픽스+ 2.11%	70%
고액 대출 (50억원 초과 또는 수협은행 TE한도** 초과)	산업, 기업, 신한, 수협, 농협, 부산, 대구은행	8~10년 (거치기간 3년 이내)	시중금리 적용	50~70%

* 농협은행은 지역농협 신청자가 사업후보자로 선정되었을 경우에 한하여 대출 가능
** 수협은행의 업체별 대출한도(Total Exposure) 초과로 인해 제한될 경우
자료: 2020 연안해운 통계연보, 한국해운조합, p. 177.

---

5) 2020 연안해운 통계연보, 한국해운조합, pp. 176~178.

6) 2.5%p라 함은 대출이자율 중 2.5%에 해당하는 이자를 보조한다는 의미. 예를 들어 은행의 대출이자율이 5%라고 하면 2.5%만을 사업자가 부담하고 2.5%는 정부가 보조한다.

서 중고선 도입에 의존하던 카페리와 초쾌속선의 국내 신조를 지원하기 위하여 연안여객선 현대화펀드를 조성하도록 지원하고 있다. 이러한 펀드의 구조는 기본적으로 선박펀드와 유사한 구조를 갖추고 있는데 동 펀드에는 정부가 50%를 출자하고 나머지 50%는 선사의 자기부담 10~20%, 금융기관 대출 30~40%로 이루어진다. 이러한 펀드를 활용하여 건조된 여객선은 15년간 해당 선사에 대선하고 동 기간 동안 용선료를 지불함으로써 선가를 상환한 후 선박의 소유권을 취득하게 된다. 이러한 연안여객선 현대화펀드의 운용구조를 보면 〈그림 10-1〉과 같다. 동 구조를 보면 현대화펀드는 선박별로 해외에 자회사(SPC)를 설립하여 운용하게 되고 이러한 자회사가 선박대여회사로서의 역할을 하게 되며 펀드의 운용은 펀드관리기관이 대행하는 형태이다.

이외에도 정부는 연안여객항로 중에서 수익성이 부족한 항로에 대하여 정부가 그 결손금을 보조하는 국가보조항로를 운영하고 있는데 이러한 항로에 운항할 선박확보가 어려운 경우 선박을 국가에서 직접 건조하여 사업자에게 대여하여 운항하기도 한다. 이와 같은 목적으로 국가에서 건조한 여객선은 1978년

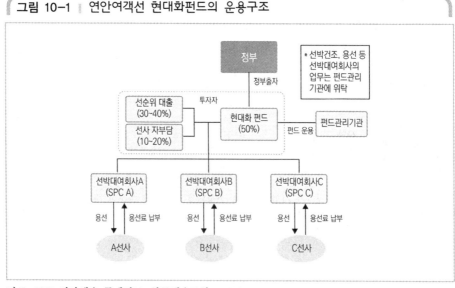

그림 10-1 ᅵ 연안여객선 현대화펀드의 운용구조

자료: 2020 연안해운 통계연보, 한국해운조합, p. 179

이후 총 73척에 이르고 있으며 현재 27개 국가보조항로에서 운항하고 있는 26척의 선박은 모두 국가예산으로 건조하여 사업자에게 임대하는 방식으로 운항하고 있다. 정부에서는 2014년 이후 노후화되거나 항로여건에 부적합한 여객선을 대체건조하기 위하여 2019년까지 6년간 약 283억원을 투입한 바 있다.

제4절 그 외의 지원정책

연안해운 분야에서는 Modal Shift 및 선박확보를 위한 재정·금융정책 외에도 여러 가지 형태의 보조금 지급 및 조세감면 정책 등이 행하여지고 있다.

우선 국가에서는 연안해운의 원가절감을 통한 경영지원, 나아가서는 이용자의 부담을 완화하기 위하여 연안해운 선박에 공급되는 연료유에 대해 지원조치를 취하고 있다. 연안여객선에 대하여는 외항선박과 같이 면세유를 공급하고 있으며 연안화물선에 대하여는 보조금을 지급하는 방식을 취하고 있다. 이와 같이 연안여객선과 화물선을 달리 취급하게 된 배경은 연안여객선은 도서민의 교통비 부담을 완화하는 측면에서 도입된 반면, 연안화물선의 경우 2001년 7월 이후 휘발유와 경유 간의 가격 차를 축소하려는 정부의 정책에 따라 선박에 사용되는 연료유 중 경유에 대한 세액의 인상분을 보조금의 형태로 지급하게 됨으로써 생겨난 것이다. 이에 따라 연안화물선에 대한 면세유 공급 주장도 오랜 기간 계속되어 왔고 해운당국에서도 지속적으로 관계부처와 협의해 왔으나 관철되지 않았다.

한편 국가에서는 도서민의 교통편의증진을 위하여 채산성이 부족하여 사업자가 운항을 기피하는 여객선 항로에 대하여 국가보조항로로 지정하여 사업자에게 당해 항로 운항에 따른 결손금을 보전하고 있다. 앞서 언급한 것과 같이 국가보조항로는 전국적으로 27개 항로가 있는데 목포 등 서남해안에 집중되어 있으며 이러한 항로를 운항하는 사업자에 대한 연간 보조금 지급액은 2019년 기준 125억 15백만원에 이른다. 정부에서는 국가보조항로의 사업자 선정의 공정성을 확보하고 예산절감을 도모하기 위하여 매 3년마다 사업자 선정을 위한 경쟁입찰을 실시하고 있다. 이와는 별개로 해운법 제44조에서는 도서지역의 교통편의증진을 위하여 국가 또는 지방자치단체가 예산의 범위 내에서 여객선 이용자에 대하여 운임과 요금의 일부를 지원할 수 있는 근거를 마련하고 있으며 2018년 12월에는 도서민이 사용할 유류, 가스, 연탄 등 생필품 해상운송비의 일부를 지원할 수 있는 근거도 새로이 도입하였다.

또한 연안해운 사업자의 영세성을 감안하여 항만시설사용료를 대폭 감면해주고 있다. 연안화물선에 대한 입출항료를 감면하고 접안 및 정박료도 70%를 감면하고 있다. 특히 육상으로 운송되는 컨테이너의 해상운송 전환지원을 위하여 연안 컨테이너전용선에 대하여는 입출항료, 접안료 및 정박료, 화물입출항료 등 모든 항만시설사용료를 면제하고 있다.

한편 연안선박의 경우 근거리 항로임에도 대부분 선박이 열악한 작업환경과 해상근무의 위험성으로 인하여 선원확보에 어려움이 있는바, 이를 감안하여 제한적으로 외국인 선원의 고용을 허용하고 있다. 내항상선에 승선할 수 있는 외국인 선원은 해기사를 제외한 부원에 한정하고 그 규모는 노사합의에 따라 2013년 이후 총 1,000명으로 제한하고 있으며 척당 총 승선 선원 수에 따라 외국인 선원 1~8명의 혼승을 허용하고 있다. 내항상선에 승선하는 외국인 선원에 대하여는 우리나라 선원과 동일하게 선원법이 적용되고 있으나 외국인 선원의 임금수준은 외국인 선원 단체협약에 따라 결정된다. 2020년 말 현재 내항상선에 승선한 외국인 선원은 총 937명으로 이 중 미얀마 선원이 754명으로 대다수를 차지하고 있으며 나머지 183명의 선원은 인도네시아 국적으로 구성되어 있다(〈표 10-5〉 참고).

표 10-5 | 내항상선 외국인 선원 고용현황(2020년 말)

합계	미얀마	인도네시아	기타
937명	754	183	–

자료: 선원통계연보, 2021, 해양수산부.

제 5 절 한국해운조합

　　한국해운조합은 1949년 한국해운조합연합회로 출범하여 1961년 한국해운
조합법이 제정되면서 특수법인으로 출범하였다. 한국해운조합법에 의하여 해
운사업자의 협동조직으로 출범하였으나 실상은 외항해운사업자들은 별도로 한
국선주협회(현 한국해운협회)를 결성하여 운영하고 있어 내항해운사업자들의 협동조
직으로 역할을 하여왔다. 2019년 말 현재 한국해운조합의 조합원수(준조합원[7] 포함)
는 2,266개사로서 화물선 380개사, 유조선 102개사, 여객선 65개사 및 기타선
1,719개사로 구성되어 있는데 기타선 조합원 수가 많은 것은 예·부선에 의한
운송사업자와 함께 준조합원이 포함되어 있기 때문이다. 준조합원은 한국해운
조합법에 의하여 조합의 사업과 공동시설을 이용할 수 있는데 주로 조합에서
수행하고 있는 공제사업이 그 이용대상이 되고 있다.

　　한국해운조합의 주요 사업으로는 조합원의 사업을 위한 공동이용시설의
설치 및 이용사업, 조합원의 사업을 위한 자재의 공동구입, 조합원의 경제적 이
익을 도모하기 위한 단체적 교섭 및 계약의 체결, 조합원의 사업수행 중 발생
하는 재해에 대비한 공제사업, 조합원에 대한 사업자금의 대여와 금융기관으로
부터의 융자 주선, 조합원의 사업에 관한 경영지도·조사·연구·교육 및 정보제
공, 국가 또는 지방자치단체가 보조하거나 위탁하는 사업 등을 들 수 있다. 한
국해운조합에서는 석유류, 선박의 윤활유, 선박용 페인트 및 로프 등 조합원들
의 사업을 위한 자재의 공동 구입사업을 시행하고 있는데 전술한 바와 같이 연
안여객선의 면세유 및 내항화물선의 과세유가 주된 대상이 되고 있다. 이는 선
박의 연료유 등을 정유사와의 협상을 통해 저렴한 가격으로 공급할 수 있도록
계약을 체결하여 전문 용역업체를 통해 조합원에게 공급하고 있다.

　　한편 한국해운조합의 사업 중에서 활발하게 시행되고 있는 사업 중의 하

---

7) 한국해운조합법 제15조의2에 의하여 해운중개업자, 선박대여업자 및 해양수산부장관이 지정하
　는 해운관련업을 경영하는 자는 준조합원으로 가입할 수 있다.

나는 공제사업을 들 수 있다. 공제사업이란 보험의 일종으로서 조합원끼리 사업상의 위험에 공동으로 대처하기 위하여 보험료(공제료)를 납부하고 사고발생시 보험금(공제금)을 지급하는 상호부조(扶助)사업을 말한다. 한국해운조합은 대한해운조합연합회 시절인 1958년부터 선박공제사업을 개시한 바 있어 오랜 경험을 바탕으로 현재는 선박공제뿐만 아니라 선주배상책임공제(P&I), 선원공제, 여객에 대한 선주배상책임공제, 선박건조공제 및 수상레저공제 등 다양한 공제사업을 시행하고 있다. 2019년 말 현재 공제사업 가입 척수를 보면 선박공제에 2,320척, 선원공제 2,377척, 선주배상책임공제에 1,198척 및 여객공제에 518척이 가입하고 있다. 2019년 공제료 수입은 636억원 규모이며 공제금으로 478억원이 지급되었으며 2019년 말 현재 약 1,175억원 규모의 책임준비금을 적립하고 있다. 한국해운조합의 공제사업은 우리나라 각종 공제사업 중 성공적으로 운영되고 있는 사업 중 하나라고 할 수 있는바, 앞으로도 그 건전성을 유지하기 위하여 다각석인 노력이 필요하다고 본다. 정부에서는 한국해운조합 공제사업의 공공성을 감안하여 공제사업을 수행하기 위한 공제규정을 사전에 해양수산부장관의 승인을 받도록 하고 있으며 아울러 결산기마다 책임준비금 및 비상위험준비금을 계상하고 적립하도록 규정하고 있다(한국해운조합법 제6조의2).

제2장

남북해운협력

제 1 절　남북해운합의서 추진배경과 의미

　　앞에서 언급한 바와 같이 우리나라에서는 남－북한 간 해상운송을 Cabotage
로 취급하여 남한과 북한의 해상운송사업자에 한하여 허용하고 있다. 과거에는
남－북한 간의 물자수송은 제3국을 경유하는 방식으로 이루어졌으나 남－북한
이 2004년 남북해운합의서에 서명하고 2005년 8월 1일 공식적으로 발효되면서
남－북한 간 직교역의 길이 열렸다.

　　남북해운합의서의 구체적인 체결 경과를 보면 다음과 같다.

- 남－북한 간 해운에 관한 공식의제 채택(2001. 9)
- 남북해운합의서 체결합의(2002. 10)
- 남북 당국자 간 실무접촉(2002. 11~2004. 2)
- 남북해운합의서 가서명(2002. 12)
- 남북해운합의서 서명(2004. 6)

• 남-북한 발효절차 진행: 남한에서는 대통령 재가(2004. 9) 및 국회 본회의
  의결(2004. 12)
• 남북해운합의서 발효(2005. 8)

남북해운합의서 체결의 역사적 의미는 첫째로 반세기 동안 중단되었던 남-
북한 간 해상항로를 복원하였다는 점, 둘째로 남-북한 7개 항만 간 공식항로
를 개설함으로써 민간 차원의 비공식 항로를 정부 차원의 공식항로로 격상하였
다는 점, 셋째로 남-북한 간 운송의 연안운송(Cabotage)으로서의 성격을 명확하
게 하기 위하여 민족내부항로로 규정하였다는 점을 들 수 있다.

제 2 절 남북해운합의서의 주요 내용

남북해운합의서는 전문과 15개의 조문으로 이루어져 있으며 이를 구체적
으로 실행하기 위한 '남북해운합의서의 이행과 준수를 위한 부속합의서'로 구
성되어 있다. 전문(前文)에서는 "남과 북은 2000년 6월 15일에 발표된 역사적인
남북공동선언에 따라 진행되는 경제교류와 협력이 나라와 나라 사이가 아닌 우
리 민족내부의 사업이라고 인정하면서 남과 북사이의 해상운송 및 항만분야의
발전과 상호협력을 도모하기 위하여 다음과 같이 합의한다"고 천명하여 남-
북한 간의 해상항로가 민족내부항로임을 천명하였다. 본문 제1조 정의에서는
선박 중 어선, 군 전용선박 및 비상업용 선박은 제외하도록 함으로써 적용대상
을 상선으로 제한하였다. 제2조 적용범위에서는 남과 북의 선박이 동 합의서에
서 지정된 항구 간을 직접 운항하거나 제3국을 경유하여 남과 북 사이의 항구
간을 운항하는 경우에 적용하도록 하였다. 제3조에서는 남-북한 간 해상운송
에서의 기본원칙을 천명한 것으로 남과 북은 자기 측이 승인하고 상대 측의 허
가를 받은 선박에 대하여 운항을 보장하고 통관수속 등 관련 절차를 신속하고

간소하게 처리하며 쌍방 해역을 운항하면서 통항분리체계를 준수하고 자기 측 항구 간을 항행하는 도중에 상대측 해역을 통과하는 항로를 이용할 경우에는 상대 측 당국에 사전 통보하도록 규정하였다. 제4조에서는 남한과 북한의 7개 항만(남한: 인천·군산·여수·부산·울산·포항·속초항, 북한: 남포·해주·고성·원산·흥남·청진·나진항) 간 항로를 개설하도록 하고 해상항로가 개설되지 아니한 상대 측의 항만에 기항하고자 할 경우 사전 상대 측 해사당국의 허가를 받도록 하였다. 제5조에서는 항만 내에서 상대방의 선박에 대하여 자기 측의 선박과 동등한 대우를 부여하도록 하고 제6조에서는 선적증명 증서, 톤수증서 및 선원 신분증명서 등 행정증서의 상호 인정에 관하여 규정하고 있다. 제7조에서는 해양사고 시 등의 경우 긴급 피난 등을 보장하고 필요시 공동으로 구조·구난 및 해양오염방제를 실시하는 등 해양사고 시 등의 상호협력에 대하여 규정하였다. 제8조에서는 선원 및 여객의 상륙 등의 문제를 규정하고 있는데 상대 측 항구에 체류하는 동안 선원 및 여객은 상대 측 당국의 허가를 받아 상륙할 수 있되 불허 시 그 이유를 상대 측 해사당국에 통보하도록 하였다. 또한 선원과 여객의 신변안전과 무사귀환을 보장하고 선원교체가 필요한 경우 새로이 승선하는 선원이 당해선박에 신속한 승선을 보장하도록 규정하고 있다. 제9조에서는 선박의 통신에 관한 사항으로 상대 측 해역에서 자기 해상운송회사나 그 대리점 및 쌍방 당국 등에 필요한 통신을 할 수 있도록 보장하고 해양사고나 긴급환자가 발생된 때에 선박 및 쌍방 당국 간에 신속하고 원활한 통신을 할 수 있는 긴급통신수단을 보장하도록 하고 있다. 제10조는 상대방의 해상운송회사가 자기 측의 영역에서 얻은 해운용역 수익금을 국제교환통화로 자유롭게 송금 및 결제할 수 있도록 보장하도록 규정하고 제11조에서는 정보교환 및 기술교류, 제12조는 국제협약 및 국제관행의 준용, 제13조에서는 해사당국 간 협의기구 구성·운영에 대하여 규정하고 있다. 제14조는 분쟁해결에 관한 사항으로 당사자 사이의 협의에 의한 해결을 원칙으로 하되 해결되지 않을 경우 남북 해사당국 간 협의기구를 통해 해결하도록 규정하고 있다. 제15조는 효력 발생 및 수정·보충에 관한 사항을 규정하고 본 합의서에 대한 세부사항은 부속합의서를 채택하여 적용할 수 있도록 하였다. 이에 근거하여 '남북해운합의서 이행과 준수를 위한 부속합의서'가 체

그림 10-2 | 남-북한 간 해상항로대

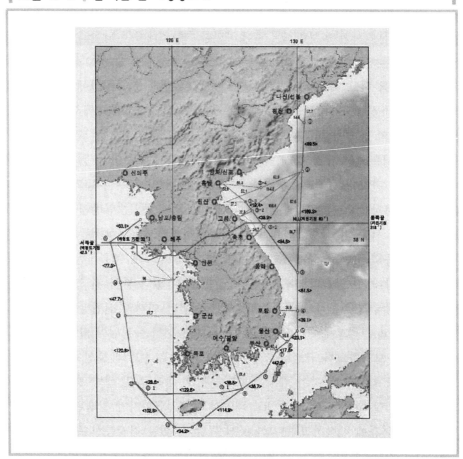

결되었는데 그 주요 골자를 보면 제1조 남북 간 선박운항 허가, 제2조 해상항
로대의 지정 및 항행, 제3조 항만 입·출항 및 운항선박 대우, 제4조 해양사고
시 협력, 제5조 통신, 제6조 남북 해사당국 간 협의기구 구성 및 운영, 제7조
효력 및 수정·보충에 대하여 규정하고 있다. 이에 따라 설정된 남−북한 간의
해상항로대는 〈그림 10−2〉와 같다.

제 3 절 남-북 해운협력 실적

　이와 같은 남북해운합의서의 시행과 2006년 개성공단의 가동이 본격 개시되면서 남-북한 간의 교역은 크게 활성화되었으나 2011년 남북관계가 악화되면서 남-북 간의 해상운송을 통한 상업적 교역은 사실상 중단(《표 10-6》 참고)되었으며 2016년 들어 개성공단의 가동도 멈춤으로써 남북교역은 전면 중단되었다(《그림 10-3》 참고).

표 10-6　남-북한간 선박운항 및 수송실적

연도별	선박운항(회)	수송량(천톤)		
		계	반출	반입
2005	4,497	6,795	947	5,848
2006	8,401	16,036	885	15,421
2007	11,891	25,111	1,347	23,764
2008	7,435	15,060	144	14,916
2009	2,577	1,909	65	1,844
2010	1,432	1,068	34	1,034
2011	142	2	2	-
2012	228	0.5	0.4	0.1
2013	31	0.5	-	0.5
2014	1	40.5	-	40.5
2015	10	254.5	-	-
2016~	실적 미미			

주) 2015년 수송량 세부내역은 확인 불가
자료: 2019 연안해운통계연보, 한국해운조합, p. 107.

그림 10-3 │ 남-북한 간 교역실적

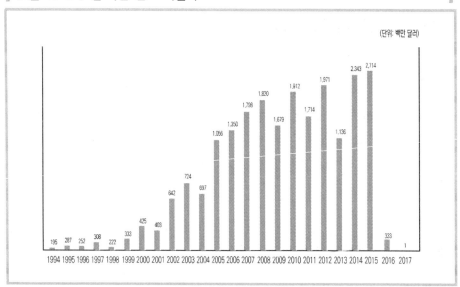

(단위: 백만 달러)

자료: 통일부 홈페이지(http://www.unikorea.go.kr), 주요사업통계.

제3장
연안해운정책의 공과

    우리나라의 연안해운정책 전반에 대하여 살펴본 바와 같이 정부에서 연안해운 육성을 위해 다양한 정책을 펼치고 있다. 그러나 이러한 정부의 노력에도 불구하고 연안해운의 위상과 역할은 크게 변하지 않고 있다.

    우선 연안화물선의 노후도가 심각함에도 크게 개선되지 않고 있다는 점은 정부의 개선 노력이 크게 부족함을 보여준다. 앞서 언급한 바와 같이 연안해운 사업자의 영세성으로 인하여 대부분의 사업자가 노후화된 선박을 자력으로 대체하기 힘들기 때문에 정부차원에서 적극적인 유인책이 마련되어야 한다. 현재 실시되고 있는 연안선박 현대화 이차보전사업은 중요한 정책수단임에 틀림없으나 매년 정부의 예산에 반영되어야 하므로 예산확보에 한계가 있을 수밖에 없다. 따라서 예산의 대폭적인 증액을 통해 노후화된 연안선박의 대체를 촉진할 필요가 있으며 현재 외항선에 대해 시행하고 있는 지급보증제도를 내항선에도 확대할 필요가 있다고 본다. 이와 아울러 친환경선박으로 대체하는 경우 선박건조비의 일부를 보조금으로 지급하는 방안과 선박공유(共有)방식에 의하여 노후 선박을 대체건조한 후 선가를 장기간에 걸쳐 분할 상환할 수 있는 시스템이 도입되어야 한다.

기후변화에 대처하기 위한 방책의 하나로 시행하고 있는 전환운송(Modal Shift) 정책은 분명한 성과가 있음에도 불구하고 예산배정 규모가 너무 작아 그 효과를 확산하는 데 극히 제한적이라고 생각된다. 따라서 철강제품 등 중량화물의 해상운송 전환을 적극 유도하기 위하여 예산배정규모를 확대하고 수출입 컨테이너 및 공 컨테이너의 국내이송 시 연안해운을 이용할 수 있도록 다각적인 지원책을 마련하여야 한다. 수도권에서 발생하는 컨테이너가 도로운송을 이용하는 데에는 운송시간의 단축과 단일 수단에 의한 수송의 완결성에 기인하므로 해상운송으로 전환을 유도하기 위해서는 이러한 단점을 보완할 수 있는 획기적인 보완책과 비용지원대책이 강구되어야 한다.

한편 2018년에 설립된 한국해양진흥공사가 연안해운의 과제 해결을 위해서도 적극적 역할을 해야 할 것이다. 무엇보다도 연안해운의 체질개선을 위하여 한국해양진흥공사가 연안선박 현대화펀드에 투자함은 물론 노후화된 연안선박을 친환경 선박으로 대체하는 사업도 적극 지원할 필요가 있다고 본다.

제11편

해사안전정책

제1장

선박운항 안전정책

선박운항과 관련하여 안전을 확보하기 위해서는 선박 자체의 안전성이 담보되어야 함은 물론 이를 운항하는 데 있어 안전을 확보할 수 있어야 한다. 선박의 안전운항을 위해서 감항성(堪航性) 확보가 중요한데 이를 위해서는 선박이 열악한 해상여건 속에서도 견뎌낼 수 있어야 하고 선박에 적재한 화물들을 안전하게 운송할 수 있는 설비를 갖추어야 하며 선박을 안전하게 운항할 수 있는 자질 있는 선원들이 승선하여야 한다.

제1절 선박검사제도

선박에 대하여는 국가기관 또는 전문기관에 의한 선박검사를 받고 이에 합격해야 선박을 운항할 수 있는바 선박검사제도는 선박시설 결함으로 인한 해양사고를 방지하는 한편 해양사고로부터 인명·선박·화물의 안전을 확보하기 위하여 선박의 주요시설에 대한 기준 적합여부를 확인하는 절차라고 할 수 있다.

우리나라 선박안전법에서는 다양한 종류의 선박검사를 실시하고 있는데 선박을 건조하고자 하는 자는 선박에 설치되는 선박시설에 대하여 선박건조를 위하여 미리 승인받은 도면 등을 제출하여 선박건조검사를 받아야 한다. 또한, 선박소유자는 선박을 최초로 항해에 사용하는 때(미리 선박건조검사를 받은 선박은 제외) 또는 선박검사증서의 유효기간이 만료된 때에는 선박시설과 만재흘수선에 대하여 정기검사를 받아야 하고 정기검사와 정기검사 사이에는 중간검사를 받아야 한다. 특별한 사안이 발생할 때에는 임시검사를 받아야 하는데 선박시설의 개조 또는 수리, 선박검사증서상의 기재사항 변경(경미한 사항 제외), 선박의 용도변경, 선박 무선설비의 설치 또는 변경, 해양사고 등으로 선박의 감항성 또는 인명안전의 유지에 영향을 미칠 우려가 있는 선박시설의 변경 및 만재흘수선의 변경 등이 이에 해당한다. 정기검사를 받기 전에 임시로 선박을 항해에 사용하고자 하는 때 또는 국내의 조선소에서 건조된 외국선박의 시운전을 하고자 하는 경우에는 선박소유자 또는 선박의 건조자는 해당 선박에 요구되는 항해능력이 있는지에 대하여 임시항해검사를 받아야 하고 국제항해에 취항하는 선박의 소유자는 선박의 감항성 및 인명안전과 관련하여 국제적으로 발효된 국제협약에 따른 국제협약검사를 받아야 한다. 이와 같은 검사에 합격한 경우에는 선박검사증서를 발급받게 되는데 정기검사증서의 유효기간은 5년이며 임시항해검사증서를 발급받은 경우 유효기간은 그 검사증서에 기재된 유효기간으로 하고 국제협약검사증서에 대하여는 여객선의 경우 1년, 그 외의 선박의 경우 5년을 유효기간으로 한다.

선박검사에서 적용하는 선박의 설비기준 등은 해양수산부고시로 규정하고 있는데 〈표 11−1〉과 같다.

우리나라의 선박검사에 관한 업무는 해양수산부장관과의 협정을 체결한 후 한국해양교통안전공단이나 선급업무를 담당하는 국내외 선급법인(해당 선급에 등록거나 등록하려는 선박에 한함)이 대행할 수 있다. 한국해양교통안전공단은 종전 선박안전기술공단을 모태로 하여 설립된 특수법인으로 선박검사 대행업무 외에도 연

표 11-1 선박시설의 기준 등에 관한 고시 현황

분야별	주요 고시
선체구조에 관한 기준	• 강선의 구조기준 • 강화플라스틱(FRP)선의 구조기준 • 목선의 구조기준 • 알루미늄선의 구조기준 • 선박구획기준 • 선박방화구조기준
선박의 설비에 관한 기준	• 선박설비기준 • 선박기관기준 • 선박구명설비기준 • 선박방화구조기준 • 선박소방설비기준 • 선박전기설비기준
특수선의 구조설비에 관한 기준	• 가스연료 추진선박기준 • 고속선기준 • 공기부양정의 구조 및 설비기준 • 극지해역 운항선박 기준 • 범선의 구조 및 설비 등에 관한 기준 • 부선의 구조 및 설비 등에 관한 기준 • 부유식 해상구조물의 구조 및 설비 등에 관한 기준 • 소형선박의 구조 및 설비 등에 관한 기준 • 수면비행선박기준 • 원자력선기준 • 잠수선기준 • 카페리선박의 구조 및 설비 등에 관한 기준 • 플레져보트검사기준
복원성 등에 관한 기준	• 선박복원성기준 • 선박만재흘수선기준

안여객선 안전관리업무 및 해상교통안전과 관련한 다양한 사업을 담당하고 있다. 한편 선급법인 중의 하나인 한국선급(KR)은 1960년 민법에 근거하여 해무청의 허가를 받아 사단법인 한국선급협회로 설립되었다. 1987년에는 사단법인 한국선급으로 사명을 변경하였으며 1988년에는 국제선급연합회(IACS) 정회원으로 가입하였다.

제 2 절 선원에 대한 자격증명과 훈련

　　해양사고의 원인 중 대다수(2018년의 경우 71.9%)가 인적과실에 기인한 것으로 판명되는 등 해양사고의 예방 및 관리에 있어 선박을 운항하는 선원에 대한 관리가 매우 중요하다고 할 수 있다. 이에 따라 IMO의 핵심협약 중 하나인 선원의 훈련, 자격증명 및 당직기준에 관한 협약(STCW)을 국내에 수용하여 우리나라 선박직원법에서는 선박종류와 규모별로 승무해야 할 해기사의 종류와 인원 등 기준을 규정하고 있다. 동 법에서 우리나라의 해기사는 1~6급의 항해사와 기관사, 전자기관사, 1~4급의 통신사와 운항사, 수면비행선박조종사 및 소형선박조종사로 구분하여 면허하고 있다(법 제4조). 운항사는 항해사 또는 기관사를 겸할 수 있는 면허로 전문분야별로 해당 등급과 같은 등급의 항해사 또는 기관사로 보며, 소형선박 조종사는 6급 항해사 또는 6급 기관사의 하위등급의 해기사로 본다. 해기사면허를 받기 위해서는 ① 해양수산부장관(한국해양수산연수원장에게 위탁)이 시행하는 해기사 시험에 합격하고, 그 합격한 날부터 3년이 지나지 아니할 것, ② 등급별 면허에 필요한 승무경력이 있을 것, ③ 선원법에 따라 승무에 적당한 건강상태가 확인될 것, ④ 등급별 면허에 필요한 교육·훈련을 이수할 것 등 요건을 갖추어야 하고 통신사 면허의 경우에는 전파법에 따른 무선종사자의 자격이 있어야 한다(법 제5조). 이러한 면허의 유효기간은 5년으로 한정되며 유효기간이 도래하기 전에 일정 요건을 갖추어 면허를 갱신하여야 하며 유효기간이 경과하면 면허의 효력은 정지된다. 면허갱신 신청을 위한 요건으로는 면허갱신 신청일 전부터 5년 이내에 선박직원으로 1년 이상 승무한 경력이 있거나 면허의 유효기간이 지나지 아니하고 면허갱신 신청일 직전 6개월 이내에 선박직원으로 3개월 이상 승무한 경력이 있어야 하며 이러한 요건을 갖추지 못하면 별도로 면허갱신을 위한 교육을 이수하여야만 한다.

　　이미 언급한 바와 같이 선원법에서는 선원의 과로를 방지하기 위해 최장 근로시간을 제한하고 특정 자격기준을 갖춘 선원의 승무를 의무화하고 있으며 이러한 요건을 충족할 수 있는 승무정원을 정하여 국가기관의 인증을 받도록 하고 있다. 선박직원법에 의한 해기사 승무기준과 선원법에 의한 승무정원증서 상의 승무인원은 모두 최소 기준으로서 반드시 지켜야 하며 예기치 못하게 결원이 발생한 경우에 선박소유자는 지체 없이 그 결원을 보충하여야 한다. 또한, 선원의 교육훈련과 관련하여 선원법에서는 특정 선원에 대하여 기초 및 상급 안전교육, 부원교육(당직부원, 유능부원 및 전자기관 부원), 탱커 기초 및 보수교육, 의료관리자교육, 선박조리사교육 및 선박보안교육, 여객선 및 국제항해에 종사하는 고속선 선원교육 등을 이수하도록 의무화하고 있으며 이러한 훈련은 한국해양수산연수원에 위탁 시행된다. 한편 선박의 비상시에 평소 훈련한 대로 신속히 대처하는 것이 중요한데 선장은 비상배치표를 작성하여 각 선원별로 임무를 부여하고 실제 상황에서와 같이 주기적으로 훈련을 실시하여야 한다.

제 3 절 해상교통 안전관리체계

한편 선박의 안전운항을 위한 안전관리체계를 확립하여 선박항행과 관련된 모든 위험과 장해를 제거함으로써 해사안전 증진과 선박의 원활한 교통에 이바지함을 목적으로 해사안전법을 제정·시행하고 있다. 동 법에 따라 해양수산부장관은 매 5년마다 국가해사안전기본계획을 수립하고 매년 해사안전시행계획을 수립·시행하고 있다. 이를 근거로 해양수산부장관은 2017년에 제2차 해사안전기본계획(2017~2021년)을 수립하여 시행하고 있는데 해사안전 여건 및 전망, 해양사고 현황 및 원인분석을 통하여 시사점을 도출하고 동 기본계획의 비전을 '대형 해양사고 없는 보다 안전하고 친근한 바다이용'으로 설정하였다. 이를 구현하기 위해 5대 핵심과제로서 ① 바다에서의 4차 산업혁명을 통한 차세대 안전관리체계 도입, ② 해사안전정책의 패러다임 전환(규제 → 지원), ③ 민간주도의 범(汎)바다 안전문화 확산 기반 마련, ④ 취약선박 등 관리강화로 안전사각

지대 해소, ⑤ IMSAS[1]의 성공적인 수감(受監)으로 해사안전의 국제적 신뢰성 회복 등을 설정하였다. 한편 이에 대한 실행전략으로는 ① 선박안전 신뢰성 제고 및 맞춤형 안전관리, ② 자율적 안전관리 기반확대 및 해사안전관리체계 고도화, ③ 범(汎)바다 안전의식의 획기적 전환 유도, ④ 해상 종사자 역량 제고와 고품질 복지 제공, ⑤ ICT기반 첨단 해상교통 안전관리체계 구축, ⑥ 해사안전산업 글로벌 선도국가 입지 구축 등 6개 전략을 제시하였다.

우리나라 항행수역에서의 안전관리를 위해 해양시설 부근 해역에서 선박의 안전항행과 해양시설의 보호를 위한 보호수역을 설정할 수 있도록 하고 해상교통량이 아주 많거나 거대선(巨大船), 위험물운반선, 고속여객선 등의 통항이 잦은 해역으로서 대형 해양사고가 발생할 우려가 있는 해역을 교통안전특정해역으로 설정하여 운영할 수 있는데 이를 근거로 인천, 부산, 울산, 포항 및 여수구역을 교통안전특정해역으로 설정하였다. 관할 해양경찰서장은 농 해역을 항행하는 거대선 등에 속력의 제한 등 항행안전 확보를 위한 조치를 명할 수 있고 어망 또는 그 밖에 선박의 통항에 영향을 주는 어구 등을 설치해서는 아니 되며 해저전선이나 해저 파이프라인의 부설, 준설, 측량, 침몰선 인양작업, 선박의 항행에 지장을 줄 우려가 있는 공사나 작업을 하려는 자는 해양경찰청장의 허가를 받아야 한다. 또한, 국제해사기구가 채택하여 통항분리제도가 적용되는 수역과 해상교통량이 아주 많아 충돌사고 발생의 위험성이 있어 통항분리제도를 적용할 필요성이 있는 수역으로서 해양수산부령으로 정하는 수역[2]을 통항분리수역으로 하여 선박이 항행 시 준수해야 할 사항을 정하고 있다. 이 외에도 석유류 또는 유해액체물질을 대규모로 운송하는 선박의 통항을 금지하는 유조선통항금지해역과 충돌 등 해양사고를 방지하기 위하여 시운전금지해역도 설정·운영하고 있다.

둘째로 해상교통안전진단제도를 도입하여 해상교통에 영향을 주는 사업에 대하여 사전에 안전진단을 실시하여 그 결과를 동 사업계획에 반영하도록 하고

---

1) IMO Member State Audit Scheme & Implementation Support IMO에 의해 2016년부터 시행되고 있는 회원국 감사제도.

2) 홍도항로, 보길도항로, 거문도항로 등 3개 항로.

있다. 해상교통에 영향을 주는 항행장애물이 발생한 경우 이를 발생시킨 선장 등 제거책임자는 이를 지체 없이 그 위치와 위험성을 보고하고 다른 선박의 항행안전을 저해할 우려가 있는 경우에는 지체 없이 항행장애물에 위험성을 나타내는 표시를 하거나 다른 선박에게 알리기 위한 조치를 해야 하며 이를 제거해야 할 책임을 진다.

셋째로 해양수산부장관은 항해 안전관리를 위하여 선박이 통항하는 수역의 지형·조류, 그 밖에 자연적 조건 또는 선박 교통량 등으로 해양사고가 일어날 우려가 있다고 인정하면 관계 행정기관의 장의 의견을 들어 그 수역의 범위, 선박의 항로 및 속력 등 선박의 안전에 필요한 사항을 고시할 수 있다. 누구든지 항로에서 선박의 방치, 어망 등 어구의 설치나 투기를 할 수 없으며 항만수역 또는 그 외곽 10킬로미터 이내의 수역에서 선박 등을 이용하여 항만수역이나 항로를 점거하거나 차단하는 행위를 함으로써 선박 통항을 방해하여서는 아니 된다. 한편 해사안전법에서는 선박이 항행을 하면서 기본적으로 지켜야할 항법 등을 모든 시계(視界), 제한된 시계 및 특수한 상황 등으로 구분하여 구체적으로 규정하고 있는데 이는 육상에서 도로교통법과 같은 기능을 한다고 볼 수 있다.

넷째로 해양수산부장관은 해상에 대하여 기상특보가 발표되거나 제한된 시계 등으로 선박의 안전운항에 지장을 줄 우려가 있다고 판단할 경우에는 선박소유자나 선장에게 선박의 출항통제를 명할 수 있다. 내항여객선의 경우 관할 해양경찰서장이 출항통제 여부를 결정하고 내항여객선 외의 선박에 대하여는 지방해양수산청장이 출항통제 여부를 결정하도록 이원화되어 운영되고 있는바 그 기준은 해양수산부령(해사안전법시행규칙)이 정하는 '기상상태별 출항통제선박 및 출항통제절차'에 따르도록 하고 있다.

다섯째, 해양사고는 선원에 대한 훈련부족이나 과로 등으로 발생할 수도 있지만 음주 등 근무태만에 의한 경우도 있는바, 정부는 2014년 11월 종전 혈중알코올농도 0.05% 이상이었던 선박운항자의 음주운항 금지기준을 항공기나 철도와 같은 수준인 혈중알코올농도 0.03% 이상으로 강화하였다. 이를 위반하여 음주운항 금지기준 이상으로 술에 취한 상태에 있는 사람이 선박 조타기를 조작하거나 조작을 지시한 경우 또는 음주측정을 거부한 경우에는 최고 5년 이하의 징역 또는 3,000만원 이하의 벌금에 처한다.

여섯째, 선박을 운항하는 선박소유자는 선박과 그 사업장에 대하여 선박의 안전운항을 위한 안전관리체제를 수립하여 시행하여야 한다. 이는 IMO에서 채택한 ISM Code3)(국제안전관리규약)를 국내법에 수용한 것으로 선박소유자 및 선장의 책임과 권한에 관한 사항, 선박 충돌사고 등 발생 시 비상대책의 수립에 관한 사항 및 선박의 정비에 관한 사항 등 선박의 안전관리 전반을 정한 것이다. 선박소유자는 이를 작성하여 해양수산부장관 또는 대행기관의 인증을 받고 선박안전관리증서를 발급받아 선내에 비치하여야 하며 이를 시행하기 위해서 안전관리책임자와 안전관리자를 두어야 한다.

제4절 선박교통관제와 e-Navigation

해양경찰청장은 선박교통의 안전을 도모하기 위하여 해양수산부령으로 정하는 구역에 대하여 선박교통관제를 시행하여야 하며 동 구역을 출입·통항하는 선박의 선장은 이를 따르지 않을 명백한 사유가 없는 한 선박교통관제에 따라야 한다(해사안전법 제36조). 선박교통관제란 선박교통의 안전 및 효율성을 증진하고 해양환경과 해양시설을 보호하기 위하여 선박의 위치를 탐지하고 선박과 통신할 수 있는 설비를 설치·운영함으로써 선박의 동정을 관찰하며 선박에 대하여 안전에 관한 정보를 제공하는 것을 말한다. 이러한 업무를 시행하기 위하여 해양경찰청에는 연안교통관제센터(진도, 통영, 여수 등 5개소)와 항만교통관제센터(부산항, 인천항, 울산항 등 15개소)를 설치·운영하고 있다.

VTS(Vessel Traffic Service)라고 불리는 이러한 관제센터에는 레이더, VHF(초단파

---

3) International Safety Management Code.

무선통신장비), AIS(선박자동식별장치) 등 첨단과학장비가 설치되어 있다. AIS(Automatic ID System)는 선박안전 및 보안강화를 위해 IMO가 2002년부터 도입한 장비로서 선명, 제원 등의 선박명세와 선박위치, 속력, 방위 등의 운항정보, 흘수, 도착정보, 안전메시지 등 항행정보를 무선데이터통신을 통하여 선박 대 선박 간 제공함으로써 상호 식별을 통해 충돌사고를 예방할 수 있고 선박 대 육상 간 실시간 자동으로 송수신함으로써 관제당국에서는 해당 선박을 식별하여 적절한 운항지침과 정보제공을 가능하게 하는 시스템이다. 또한, VTS 운영콘솔(VTS Operator Console)이 설치되어 전자해도에 구현되는 정보(레이더 영상, AIS 정보, 기상, 방향탐지 등)와 경보통합장치의 통합정보를 화면에 전시하여 해상교통관제사가 관제구역에서 선박의 이동상황을 감시 및 통제할 수 있게 하고 있다. 동 시스템은 레이다 추적, 다중센서 융합, 기록 및 재생, VTS 운용 및 통합정보 등 5개 주요 시스템으로 구성된다.[4]

　　관제구역을 출입하려는 선박의 선장은 해당 관제구역을 관할하는 선박교통관제센터에 신고하여야 하며 무선설비를 갖추고 선박교통관제사와의 상호 호출응답용 관제통신을 항상 청취·응답하여야 하며 선장은 선박교통관제에도 불구하고 그 선박의 안전운항에 대한 책임을 면제받지 아니한다. 선박교통관제사는 관제구역에서 운항하는 선박에 대한 관찰확인·안전정보제공·조언 및 지시, 기상특보의 발표나 혼잡한 교통상황의 발생을 예방하기 위한 정보의 제공, 관제업무 관련 법규 준수 여부 감시·적발 및 감시·적발 지원, 관제구역 내 해양사고 발생 접수 시 관할 기관 등에 사고 발생사실 전파 등의 업무를 수행한다(해사안전법 제36조의2).

　　한편 IMO는 첨단 ICT를 활용, 육지–선박 간 각종 해양안전정보를 실시간으로 공유하고 활용할 수 있는 차세대 해양안전 종합관리체계인 e–Navigation 사업을 추진하고 있다. 이러한 개념은 2005년 IMO의 해사안전위원회(MSC)에서 노르웨이, 영국 등을 포함한 7개국에 의해 현대화된 정보통신기술을 이용하여 보다 신뢰할 수 있는 선박운항을 도모하기 위하여 제안되었다. 이러한 시스템이 도입되면 선박과 육상 간 양방향 통신을 통하여 선박의 안전운항을 제고할

---

4) 선박교통관제(VTS) 운영효율화 방안 연구, 2017. 6, 한국해양수산개발원, p. 27.

수 있고 해상사고를 감소시킴으로써 선원, 선박소유자 및 화주뿐만 아니라 기국 및 연안국 등 모든 이해관계자에게 큰 도움을 줄 것으로 기대된다.

한편 우리나라는 우리나라 실정에 맞도록 한국형 e-Navigation사업을 시행 중에 있는데 이는 IMO가 기준으로 삼은 국제항해선박뿐만 아니라 우리나라 연안을 항해하는 어선과 소형선박 등에도 특화된 서비스를 제공하기 위한 것이다. 이와 같은 한국형 e-Navigation 서비스를 위해서는 연안 100km 해역까지 통신 가능한 해상 LTE망과 운영시스템을 구축하여야 한다. 이를 위해 e-Navigation 서비스(해양 안전정보 등) 및 정보 송·수신을 위해 해안 기지국 약 600개소 및 망 관리체계 등 인프라를 구축하고 육상통신(LTE) 기술의 해상 적용을 위한 초고속 해상무선통신(LTE-M) 기술 및 국제표준 개발을 추진하였으며 이러한 초고속 해상무선통신망을 통해 e-Navigation 서비스를 제공받게 될 선박용 단말기 기술표준과 스마트폰 애플리케이션 등 소프트웨어도 개발하였다. 정부는 이러한 사업을 통해 해양사고를 줄일 수 있을 것으로 기대하는데 이는 첫째로 실시간 위치정보 기반에 상황인식 기술을 적용하여 충돌, 좌초 등 항해위험도를 평가하고 경보를 제공함으로써 종합상황인식 및 대응이 가능하고 둘째로 여객선, 위험물운반선 등의 화재, 침수 등 이상상황을 센서를 통해 감지하는 사고취약 선박의 선내 모니터링과 위기대응 지원이 가능하며 셋째, 예정항로의 기

그림 11-1 ｜ LTE-M망 연안 커버리지 및 구축일정

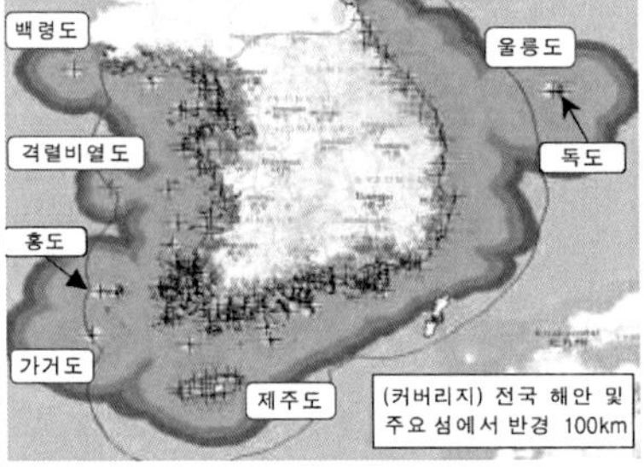

구분	추진 일정	예산
'17년	• 시험망(16개소), 성능검증	48억원
'18-'19년	• 기지국 600개(전 해역) • 중앙 제어시스템 • LTE-M망 운영 센터 등	293억원
'20년	• 전국망 통합 서비스고도화	57억원
합계	• 기지국 600개	398억원

자료: 해양수산부.

상, 조류, 교통상황 등을 종합적으로 고려하여 최적항로를 추천하는 서비스가 가능하기 때문이다.5) 정부의 LTE-M망 연안 커버리지 및 구축일정을 보면 〈그림 11-1〉과 같다.

제5절 여객선 안전관리

우리나라 남서해안에는 많은 도서(島嶼)들이 위치하고 어로활동과 함께 상업용 선박의 운항이 지속적으로 증가하고 있어 선박의 안전운항은 아무리 강조해도 지나치지 않다. 그 중에서도 다중이 이용하는 여객선과 유조선 등 위험물을 운송하는 선박의 안전은 귀중한 인명의 안전과 해양환경의 보호 측면에서 특히 중요하다고 할 수 있다.

우리나라 여객선의 안전관리제도의 변화는 크게 3단계로 구분할 수 있는데 1972년 12월 운항관리자제도가 도입되기 이전 여객선사업자 주도의 안전관리 시기, 1972년 12월 한국해운조합 소속의 운항관리자제도 도입에 의한 여객선 안전관리 시기와 2015년 1월 이후 운항관리자를 선박안전기술공단 소속으로 변경하고 해사안전감독관제도를 도입하는 등 여객선 안전관리를 강화한 시기가 그것이다. 1970년 12월 화객선인 남영호의 침몰사고를 계기로 운항관리자제도를 도입하였는데 일본의 경우와 같이 개별사업자 소속으로 두지 않고 사업자단체인 한국해운조합 소속으로 하였다. 이러한 조치는 일본과 같이 개별사업자에게 운항관리자를 고용하도록 하기에는 대다수 여객선업체가 영세하였기 때문에 정부는 운항관리자를 한국해운조합 소속으로 하면서 여객선사업자들이 그 비용을 공동으로 분담하도록 하였다. 1973년에 11개 지역에 운항관리자 17명을 배치하였고 1993년에는 총 59명의 운항관리자가 근무하였으나 서해훼리

---

5) 해양수산부 네이버블로그 e-Navigation 설명자료.

호 사고가 발생한 이후 기항지에 배치할 운항관리자를 추가로 충원하는 등 총 88명으로 증원하였다. 이러한 운항관리자는 2000년 91명까지 증가된 이후 점차 감소하였는데 사업자단체인 한국해운조합은 여객선 운항관리에 따른 비용을 국가가 지원해줄 것을 건의하였는바, 정부는 이를 수용하여 2012년 6월 해운법 개정을 통하여 운항관리비용의 일부를 국가가 지원할 수 있도록 하였다.

2014년 4월 발생한 카페리 세월호 침몰사고는 여객선 안전관리체제가 제대로 작동되지 않으면서 발생한 사고로서 가장 핵심적인 사고의 원인은 선주의 안전마인드 부족에 기인했다고 본다. 세월호 사고 조사과정에서 제기된 사고원인으로는 근본적으로 선박을 개조하는 과정에서 복원력 등 감항성을 충분히 확보하지 못하였고 선박에 화물을 과적하였을 뿐만 아니라 시간부족 등을 이유로 적재된 차량 등에 대한 고박(固縛)을 제대로 하지 않은 것이 핵심으로 지적되고 있는바 사업자의 안전 불감증을 잘 엿볼 수 있다.

여객선의 안전관리는 선원 – 선사(경영진) – 운항관리자 – 감독기관이라는 여러 단계의 검증과정을 거치기 때문에 이러한 단계가 제대로 작동되지 않았을 때 안전사고가 발생한다. 1차적으로는 선장을 포함한 선원들이 그 선박의 결함을 발견하고 이를 선주 또는 감독기관에 알림으로써 사전에 차단할 수 있다. 만약 선주가 안전운항을 중시하는 사업자라면 이러한 보고에 유의하여 선박에 대해 필요한 점검을 하는 등 조치를 취할 것이나 선주가 이를 경시했을 경우 사고의 위험성은 매우 커진다. 또한, 선원들이 이러한 사실을 감독기관에 신고하기 위해서는 상당한 용기가 필요한데 감독기관에서 이를 적극 권장하고 비밀을 보장하지 않는 한 쉽지 않을 것이다. 이러한 감독기관에 대한 결함신고제도는 선박안전법(제74조)에서 규정하고 있는데 그 내용을 보면 누구든지 선박의 감항성 및 안전설비의 결함을 발견한 때에는 그 내용을 해양수산부장관에게 신고하여야 하고 해양수산부장관은 이러한 신고를 받은 때에는 소속 공무원으로 하여금 지체 없이 그 사실을 확인하게 하여야 한다. 또한, 해양수산부장관은 확인결과 결함의 내용이 중대하여 해당 선박을 항해에 계속하여 사용하는 것이 당해 선박 및 승선자에게 위험을 초래할 우려가 있다고 인정되는 경우에는 해당 결함이 시정될 때까지 출항정지를 명할 수 있다. 그러나 이 조항은 '누구든지'

그러한 결함사실을 발견한 때에는 신고를 의무화하고 이를 이행하지 않았을 경우 벌칙(1년 이하의 징역 또는 1천만원 이하의 벌금)만을 정하고 있을 뿐 장려하는 성격의 제도는 아니다. 다음으로 여객선의 안전운항에 관한 관리업무를 맡고 있는 운항관리자인데 운항관리자는 여객선 안전운항과 관련된 각종 정보를 수집하고 현장에서 여객선의 운항상황을 종합적으로 통제하여야 한다. 또한, 기상악화 등으로 인해 여객선의 출항통제기준에 해당된다고 판단되면 적극적으로 그 결정권자에게 이를 진언할 수 있어야 한다. 이와 같이 운항관리자가 본연의 임무를 다하기 위해서는 본인의 사명감과 아울러 그 소속기관 및 감독기관이 운항관리자가 매뉴얼에 충실할 수 있도록 적극적인 독려와 감독이 있어야만 가능할 것이다. 이러한 일련의 과정들이 제대로 이루어지지 않을 때 안전사고가 발생할 수 있는데 그중에서 가장 중요한 것은 여객선사업자의 안전운항에 대한 마인드이다. 여객선사업자가 안전운항에 대하여 관심을 가지고 선원들을 독려한다면 선원들은 안전운항에 더욱 열성을 가질 것이며 가장 1차적인 단계에서 사고의 위험성은 크게 줄어들 것으로 본다. 또한, 안전사고의 위험성을 줄이기 위해서는 감독당국에 선박의 결함신고를 하는 선원에 대하여 포상제도를 마련하는 등 이를 권장하는 제도적 개선이 필요하다고 본다.

세월호 사고를 계기로 정부는 여객선 안전관리를 대폭 강화[6]하였는데 우선 여객선의 안전운항을 관리하는 운항관리자의 소속을 한국해운조합에서 선박안전기술공단(현 한국해양교통안전공단)으로 변경하였는바, 이는 운항관리자를 사업자단체로부터 독립시켜 보다 적극적인 업무수행이 가능하도록 하기 위한 조치였다. 또한, 연안여객선사에 자체 안전관리 전담인력의 배치를 의무화하고 이를 대신하여 안전관리 전문회사에 위탁할 수 있도록 하는 등 선사의 안전관리 책임을 강화하였으며 전문성을 보유한 우수 인력을 해사안전감독관으로 채용, 국가기관에 배치하여 선사 및 운항관리자의 안전관리 이행실태를 직접 지도 감독하도록 하였다. 둘째로 노후선의 안전성 문제를 고려하여 취약성이 확인된 카페리 등의 선령은 20년을 원칙으로 하되 매년 엄격한 선령연장검사를 받는 것을 전제로 최대 5년까지만 연장할 수 있게 하였으며 해외에서 중고선 도입 시

---

6) 연안여객선 안전관리 혁신대책, 2014. 8. 31, 해양수산부.

선박 상태(선체 강도, 기관상태 등) 및 잔여 내구연한 등을 정밀 검증하는 CAP제도[7]를 도입하기로 하였다. 이와 아울러 선박 도입, 개조, 검사, 정비이력 등 관련 정보를 체계적으로 관리할 수 있는 여객선 이력관리제도를 도입하여 관계기관 간 공유하고 이를 공시하도록 하였다. 셋째로 내항여객운송사업자가 작성·제출하도록 하고 있는 운항관리규정을 국제안전관리규약(ISM Code)에 의한 안전관리체제 수준으로 대폭 수정·보완하고 운항관리규정 이행 여부에 대한 철저한 확인을 위해 운항관리자 및 해사안전감독관 업무매뉴얼을 마련하기로 하였다. 넷째, 화물량에 대한 정확하고 신속한 파악을 위해 차량과 화물의 전산발권제도를 전면 도입하고 출항전 안전점검의 철저한 이행을 위해 화물적재·고박 완료시간을 카페리의 경우 출항 10분 전에서 출항 30분 전으로 강화하기로 하였다. 다섯째, 5천톤 이상의 대형 여객선에 대하여 선장의 승무기준을 상향(2급 → 1급 항해사)하고 적성심사를 강화하여 부적격자의 승선을 제한하기로 하였으며 휴식, 교육 및 비상사태 대비를 위해 선원 최소승무정원을 현실화하고 연안여객선사의 예비원 확보 의무도 확대하기로 하였다. 여섯째, 선사의 열악한 경영여건에 따른 안전관리상 근본적 문제[8] 해소를 위해 보조항로 등 적자·생활항로에 공영제를 도입하는 방안을 검토하고 그간 신규 사업자에게 진입장벽으로 작용해온 수송수요 기준[9]을 폐지하고 면허기준에 안전, 서비스, 신용평가(자본금 등) 등 사업자 경영능력에 대한 기준을 도입하여 우수 사업자의 운송시장 진입을 촉진하도록 하였다.

위와 같은 여객선안전 강화대책은 선원-선사의 안전관리자(또는 대행사업자) - 운항관리자-해사안전감독관으로 이어지는 시스템이 구축되어 여객선 안전관리를 크게 강화하면서도 기존의 운항관리자를 중심으로 한 공동 안전관리체계의 골격은 그대로 유지하였다. 이러한 시스템은 사업자들의 무리한 운항을 견

---

7) Condition Assessment Program 최초 건조 시처럼 강화된 기준으로 검증하는 제도로서 해외 현지에서 국내·외 선급의 CAP 평가를 통해 선박 도입 여부 결정.

8) 선사의 영세성, 사업 수익성 부족으로 인한 선박 노후화, 안전관리 소홀 및 투자 미흡, 선원 고령화·자질 저하 등.

9) 신규선박 투입 시 수송수요 대비 총 수송능력이 일정비율 이상인 경우에만 새로운 면허를 발급하는 제도로 기존 사업자의 수익성 보장을 위한 것이다.

제하려는 측면에서는 타당성이 있으나 여객선사업자와 운항관리자 사이에 선
박운항과 관련한 갈등이 발생할 소지가 크므로 이러한 요소를 잘 해소해 나가
는 것이 중요하다고 본다.

제 6 절 위험물운반선 안전관리

위험물이란 '선박의 입항 및 출항 등에 관한 법률' 제2조에서 '화재·폭발
등의 위험이 있거나 인체 또는 해양환경에 해를 끼치는 물질로서 해양수산부
령으로 정하는 것'이라고 정의하고 있으며 '해양수산부령으로 정하는 것'에는
'위험물 선박운송 및 저장규칙'에 따른 위험물과 산적 액체위험물이 포함된다.
동 규칙에 의한 위험물은 IMO의 국제해상위험물규칙(IMDG Code[10])에 의한 제1
급(Class 1)~제9급(Class 9)의 위험물과 같은 것으로서 화약류, 고압가스, 인화성 액
체류, 가연성 물질류, 산화성 물질류, 독물류, 방사성 물질, 부식성 물질, 유해
성 물질을 말한다.

이러한 위험물의 운송과 관련해서 1974 SOLAS 제7장 및 해양오염방지협
약(MARPOL 73/78) 제3부속서에서 규정하고 있는데 1974 SOLAS 제7장 Part A에서
는 포장된 형태 또는 산적 고체형태의 위험물의 운송에 대하여 규정하고 있는
바, 이에 대한 구체적 규정을 국제해상위험물규칙(IMDG Code)으로 정하고 있다.
Part B에서는 산적 위험액체화학물질 운반선의 건조와 설비에 대하여 규정하고
있는데 그 구체적 규정은 IBC Code로 정하고 있다. 이 코드는 1986년 7월 1일
이후에 건조되는 케미컬 탱커에 대하여 적용되며 케미컬 탱커는 위험에 견딜
수 있는 강도에 따라 Type 1, 2, 3로 나눈다. Part C에서는 산적 액화가스 운반
선의 건조와 설비에 대하여 규정하고 그 구체적 내용을 IGC Code로 정하고 있

---

10) International Maritime Dangerous Goods Code.

는데 이 코드는 1986년 7월 1일 이후에 건조되는 산적 액화가스운반선에 대하여 적용된다. 우리나라는 이러한 규정을 선박안전법에 근거를 두고 세부적인 사항은 '위험물운송 및 저장규칙'(해양수산부령)으로 정하고 있다. 한편 해양오염방지협약(MARPOL 73/78) 제3부속서는 포장된 형태로 또는 화물 컨테이너 등에 의하여 수송되는 유해물질에 의한 오염방지규칙을 정하고 있다.

국제해상위험물규칙(IMDG Code)은 1965년부터 IMO의 권고사항으로 시행되어 오다가 2004년부터 1974 SOLAS에 수용됨으로써 강제성을 띠게 되었는데 위에서 언급한 9가지 위험물에 대한 포장, 적재, 고박, 용기, 표시, 표찰 등의 방법을 규정하고 있다. IMO의 해사안전위원회(MSC)는 1998년 5월 제69차 회의에서 이러한 포장 위험물에 대한 위험물 컨테이너 점검제도(CIP: Container Inspection Program)의 시행을 강력히 권고하였다. 이 점검제도는 해상운송으로 수입되거나 환적되는 컨테이너에 적입된 위험물에 대하여 국제해상위험물규칙(IMDG Code)에 따라 포장, 표시 및 표찰이 되었는지 여부와 컨테이너에의 적재방법 및 선적서류 등을 현장에서 점검하고 위반사항에 대하여 시정조치하도록 하여 위험물 해상운송으로 인한 해양안전사고를 예방하고자 하는 것이다. 우리나라에서는 수출위험물 컨테이너에 대하여는 1989년부터 한국해사위험물검사소에서 검사를 실시하여 왔으며 수입위험물 컨테이너에 대한 검사는 2002년부터 지방해양수산청에서 시행하고 있다. 수입위험물 컨테이너에 대하여는 우선 외관상 검사를 실시한 후 필요한 경우 개방검사를 실시하여 위험물의 포장 및 적재상태 등을 점검하고 위반사항에 대하여는 시정조치를 하게 된다.

한편 위험물운반선의 입항·출항과 위험물의 하역에 대하여는 '선박의 입항 및 출항 등에 관한 법률'에 의하여 특별히 관리되고 있다. 위험물을 무역항에 반입하려는 경우 미리 지방해양수산청장에게 신고하여야 하고 신고를 받은 지방해양수산청장은 그 내용을 검토하여 동 법령에 적합하면 신고를 수리하여야 하되 안전, 오염방지 및 저장능력을 고려하여 들여올 수 있는 위험물의 종류 및 수량을 제한하거나 안전에 필요한 조치를 할 것을 명할 수 있다. 위험물운송선박은 지정한 장소가 아닌 곳에 정박하거나 정류하여서는 아니 되며 위험물을 하역하려는 자는 자체안전관리계획을 수립하여 지방해양수산청장의 승인을 받아야 한다. 지방해양수산청장은 이러한 승인을 받은 자에 대하여 기상악화 등 불가피한 사유로 무역항의 수상구역 등에서 위험물을 하역하는 것이 부적당 하다고 인정하는 경우에는 그 하역을 금지 또는 중지하게 하거나 무역항의 수 상구역 외의 장소를 지정하여 하역하게 할 수 있다. 무역항에서 위험물취급자(위험 물 운송선박의 선장 및 위험물을 취급하는 사람)는 위험물 안전관리자의 확보 및 배치(또는 대행 전문 업체의 지정), 위험물 운송선박의 부두 이안·접안 시 위험물 안전관리자의 현장 배 치, 위험물의 특성에 맞는 소화장비의 비치, 위험표지 및 출입통제시설의 설치, 선박과 육상 간의 통신수단 확보 등 필요한 안전조치를 하여야 한다(동 법 제35조).

제 7 절　한국해양교통안전공단

　한국해양교통안전공단은 한국해양교통안전공단법에 의거, 2019년 7월에 설립된 특수법인으로서 해양교통사고 예방을 위한 사업 및 해양교통체계 운 영·관리 지원을 위한 사업을 수행하게 함으로써 해양교통 안전을 확보하여 국 민의 생명·신체 및 재산 보호에 기여함을 목적으로 한다. 한국해양교통안전공 단은 선박의 검사업무와 여객선 안전관리를 주 업무로 하는 선박안전기술공단 이 모태가 되어 설립되었으며 선박안전기술공단에 속하는 모든 재산과 권리· 의무를 한국해양교통안전공단의 설립과 동시에 포괄승계하였다.

　공단의 주요 사업(한국해양교통안전공단법 제9조)은 다음과 같으며 종전 선박안전기 술공단의 사업범위에 해상교통안전과 관련된 업무가 대폭 확충되었고 해상교 통안전진단과 선박에 의한 온실가스 및 대기오염물질 배출 관리에 관한 업무 등이 추가되었다.

　1. 해양교통안전에 관한 교육·계몽·방송 및 홍보
　2. 해양교통안전에 관한 기술의 개발·보급·지원 및 외국 기술의 도입

3. 해양교통안전에 관한 자료의 수집, 조사·연구 및 국제협력

4. 선박검사업무 등 법령 등에 따라 국가 또는 지방자치단체가 대행하게 하거나 위탁하는 업무

5. 해양교통안전에 관한 연구 용역의 수탁

6. 해양교통 안전진단 및 해양교통체계 개선에 관한 사업

7. 선박의 감항성 확보와 해상에서의 인명의 안전 확보를 위한 조사·시험·연구 및 이와 관련한 기술의 개발과 보급

8. 선박안전에 관한 국제협약에 따른 기술기준 및 선박 검사 제도의 연구

9. 선박 및 선박용 물건의 성능인증 및 친환경선박 등 신기술의 개발에 관한 사업

10. 선박에 의한 온실가스 및 대기오염물질 배출 관리에 관한 업무

11. 선박의 설계·건조감리 등 용역의 수탁업무

12. 해운법에 따른 여객선 안전운항 관리

13. 해양교통 및 선박 정보시스템 운영과 정보 제공에 관한 사업

14. 그 밖에 공단의 설립 목적에 적합한 사업으로서 해양수산부장관이 지정하거나 승인하는 사업

15. 제1호부터 제13호까지의 사업에 수반된 사업

한국해양교통안전공단은 해양수산부장관의 감독을 받으며 매 사업연도의 사업계획서 및 예산안을 작성하여 해양수산부장관의 승인을 받아야 하고 자금을 차입하고자 하는 경우에도 해양수산부장관의 승인을 받아야 한다. 한국해양교통안전공단의 운영 및 사업에 소요되는 자금은 ① 정부 및 지방자치단체 또는 그 밖의 자의 출연금 또는 보조금 ② 사업에서 발생하는 수익금 ③ 기부금·융자금 또는 차입금(외국으로부터 차입한 자금과 도입한 물자를 포함한다) ④ 자산운용 수익금 ⑤ 그 밖의 수입금 등으로 조달한다(법 제9조).

제2장

해상보안대책

해상보안(Security)이라 함은 선박에 대해 인위적으로 위해를 가하려는 세력으로부터 선박을 보호하기 위한 활동이라고 할 수 있다. 따라서 해상보안은 해상에서 의도되지 않은 사고 또는 자연재해로부터 선박을 보호하고자 하는 활동인 선박안전(Safety)과는 구별되는 개념이다. 해상보안을 위와 같이 정의할 때 선박이나 선박에 적재한 화물을 탈취하기 위한 해상테러 활동으로부터 선박을 보호하는 활동도 해상보안의 개념에 포함할 수 있을 것이다.

제 1 절 911테러와 해상보안

미국은 미국의 항공기를 납치하여 미국의 심장부에 있는 세계무역센터빌딩과 미국 국방부 건물을 공격한 911테러 이후 미국을 테러로부터 보호하기 위해 다양한 조치를 취하였다. 정부조직으로 국토안보부(Department of Homeland Security)를 창설하고 그 휘하에 미국 해안경비대(US Coast Guard)와 관세국경보호청 (US Customs and Border Protection)을 포함하였다. 항공보안을 강화하여 항공보안업무를 연방정부의 임무로 전환하고 교통보안청(TSA; Transportation Security Administration)을 신설하였으며 항공기에 항공보안요원(Sky Marshals)의 탑승을 의무화하였다.

한편 해상에서는 컨테이너보안(CSI; Container Security Initiative) 프로그램을 도입하여 선박을 통한 대량살상무기(WMD)가 미국으로 반입되는 것을 차단하기 위한 제도를 시행하였다. 미국 관세국경보호청이 이와 같은 CSI 프로그램을 도입한 데에는 세계교역의 약 90%가 컨테이너에 의해 이루어지고 있고 미국으로 수입되는 화물의 약 50%(금액기준)가 컨테이너에 적입되어 선박으로 운송되고 있다는 사실에 입각한 것이다. 동 프로그램은 미국으로 수출되는 컨테이너에 대하여 안전성을 확보하기 위해 미국의 관세국경보호청 직원을 세계 주요 항만에 파견하여 사선에 검사하는 제도이다. 이를 위해 미국은 주요 교역상대국과 CSI협정을 체결하고 이 프로그램을 시행하고 있는바, 우리나라는 2003년 1월에 미국과 컨테이너안전협정을 체결함에 따라 대미(對美) 수출컨테이너에 대해 선적 전 검사를 시행하고 있다.

미국은 이러한 검사를 원활하게 수행하기 위하여 선적 24시간 전에 선적정보를 전자적 수단을 이용하여 제출하도록 요구하고 있다. 미국 관세국경보호청은 제출된 자료와 사전에 입수된 정보를 바탕으로 고위험 컨테이너를 자동으로 추출하는 ATS(Automated Targeting System)를 가동하고 있으며 컨테이너의 물류에 지장이 없도록 빠른 시간 내에 검사를 시행하기 위하여 X-ray 및 감마선 장비 등이 이용되고 있다. CSI는 현재 북미, 유럽, 아시아, 아프리카, 중동 및 중남미 등 전 세계 58개 주요 항만에서 적용되고 있으며 미국으로 들어오는 컨테이너의 약 80%가 사전 검사되고 있다.[1]

---

1) https://www.cbp.gov/border-security/ports-entry/cargo-security/csi/csi-brief

제 2 절 IMO의 ISPS Code[2] 도입

　ISPS Code(선박 및 항만시설 보안규칙)는 IMO가 미국의 911테러 발생 이후 선박과 항만에서의 보안을 강화하기 위하여 SOLAS협약을 근거로 제정한 규칙이다. 동 규칙은 2002년에 SOLAS협약에 마련된 근거조항을 바탕으로 제정되어 2004년 7월에 발효되었다. 우리나라는 동 규칙을 국내에 수용하여 2007년 8월에 '국제항해선박 및 항만시설의 보안에 관한 법률'을 제정하였고 2008년 2월부터 시행하고 있다.

　동 법률은 대한민국 국적의 국제항해선박인 모든 여객선, 총톤수 500톤 이상의 화물선, 이동식 해상구조물(천연가스 등 해저자원의 탐사·발굴 또는 채취 등에 사용되는 것) 및 이러한 국제항해선박과 선박항만 연계활동이 가능한 항만시설에 대하여 적용한다. 해양수산부장관은 국제항해선박 및 항만시설의 보안에 관한 업무를 효율적으로 수행하기 위하여 10년마다 국가항만보안계획을 수립·시행하여야 한다. 지방해양수산청장은 동 계획에 근거하여 관할구역의 항만에 대해 해양수산부장관의 승인을 거쳐 지역항만보안계획을 수립하여야 한다. 해양수산부장관은 국제항해선박 및 항만시설에 대하여 보안사건을 일으킬 수 있는 위험에 관한 정보의 구체성, 긴급성 및 신뢰성, 보안사건이 일어날 때 예상되는 피해 정도를 고려하여 보안등급[3]을 설정하여야 하며 보안사건의 발생 위험의 정도가 변경되는 때에는 그 보안등급을 조정하여야 한다.

　국제항해선박 소유자는 그가 소유하거나 관리·운영하는 전체 국제항해선박의 보안업무를 총괄적으로 수행하게 하기 위하여 소속 선원 외의 자 중에서 전문지식 등 자격요건을 갖춘 자를 총괄보안책임자로 지정하여 선박보안평가, 선박보안계획서의 작성 및 승인신청과 내부보안심사 등의 업무를 수행하게 하여야 한다. 또한, 국제항해선박 소유자는 그가 소유하거나 관리·운영하는 개별

---

2) International Code for the Security of Ships and of Port Facilities.
3) 제1등급(평상수준), 제2등급(경계수준), 제3등급(비상수준)으로 구분.

국제항해선박마다 선박보안책임자를 지정하여야 하고 선박보안계획서의 변경 및 그 시행에 대한 감독, 보안상의 부적정한 사항을 총괄보안책임자에게 보고 및 해당 국제항해선박에 대한 보안점검 등의 업무를 수행하게 하여야 한다.

국제항해선박 소유자는 그가 소유하거나 관리·운영하는 개별 국제항해선박에 대하여 보안과 관련한 시설·장비·인력 등에 대한 선박보안평가를 실시하여야 하며 그 결과를 반영하여 보안취약요소에 대한 개선방안과 보안등급별 조치사항 등을 정한 선박보안계획서를 작성하여 해당 선박에 비치하고 동 계획서에 따른 조치 등을 시행하여야 한다. 선박보안계획서에는 보안사고와 같은 보안상의 위협으로부터 선원·승객·화물·선용품 및 선박 등을 보호하는 데 필요한 보안조치 사항이 포함되어야 하며 동 선박보안계획서를 작성하였을 때에는 해양수산부장관의 승인을 받아야 한다. 해양수산부장관은 국제항해선박 소유자가 소유하거나 관리·운영하는 개별 국제항해선박에 대하여 승인받은 선박보안계획서에 따른 조치 등을 적정하게 시행하고 있는지 여부를 확인받기 위하여 선박보안심사를 실시하는데 그 시기에 따라 최초, 갱신, 중간, 임시 및 특별보안심사[4]로 구분된다.

해양수산부장관은 최초 또는 갱신보안심사에 합격한 선박에 대하여 국제선박보안증서(유효기간 5년)를 교부하여야 하고 중간 또는 특별보안심사에 합격한 경우에는 이를 기 발급된 국제선박보안증서에 기록하며 임시선박보안심사에 합격한 경우에는 임시국제선박보안증서(유효기간 6개월)를 교부한다. 국제선박보안증서는 해당 개별 국제항해선박의 선내에 비치하여야 하며 국제항해선박 소유자는 개별 국제항해선박에 대하여 보안에 관한 위협 및 조치사항 등을 기록한 선박보안기록부를 작성하고 이를 해당 선박에 비치하여야 한다. 국제항해선박 소유자는 개별 국제항해선박에 대하여 선박에서의 보안이 침해되었거나 침해될 위험에 처한 경우 그 상황을 표시하는 선박보안경보장치 등을 설치하거나 구비하여야 하며 해양수산부장관은 선박보안경보장치에서 발신하는 보안경보신호를 수신할 수 있는 시설 또는 장비를 갖추어야 한다. 국제항해선박 소유자

---

4) 국제항해선박에서 보안사건이 발생하는 등 특별한 사유가 있는 때 그 국제항해선박에 대하여 선박보안계획서의 작성·시행 등에 관한 이행 여부를 확인하는 보안심사.

는 개별 국제항해선박에 대하여 그 선박의 선명, 선박식별번호, 소유자 및 선적지 등이 기재된 선박이력기록부를 해양수산부장관으로부터 교부받아 선박에 비치하여야 하며 총톤수 100톤 이상의 여객선과 총톤수 300톤 이상의 화물선인 국제항해선박은 개별 선박의 식별이 가능하도록 부여된 선박식별번호를 표시하여야 한다.

제 3 절 AEO[5] 제도

AEO제도는 미국의 911테러 발생 이후 무역안전의 중요성이 강조됨에 따라 세계관세기구(WCO: World Customs Organization) 주도하에 국제무역의 안전과 원활화 간의 조화를 위하여 도입된 제도로서 이를 위해 WCO는 2002년에 '무역공급망 안전과 원활화결의서'를 채택하였고 2005년 6월에는 SAFE Framework[6]을 채택하였다. SAFE Framework은 사전 전자 화물정보 요구사항의 일치, 참여국가의 일관된 위험관리기법의 채택에 대한 확약, 고위험 화물에 대한 X레이 등 비파괴(NII: Non-Intrusive Inspection) 검색장비를 활용한 검사, 표준준수 및 모범업체에 대한 세관의 혜택부여, 다른 기관과의 협력 촉진 등 5대 원칙을 기반으로 세관－세관 간 네트워크, 세관－민간 간 파트너십, 세관－다른 정부기관 간 협력 등 3개 분야로 구성되어 있다. 이 중 AEO제도는 세관－민간 간 파트너십에 해당하는 것으로 저위험 화물의 신속한 통관, 보안수준의 향상 및 보안 효율성 제고를 통하여 물류비용을 최적화할 수 있을 뿐만 아니라 세관검사의 간소화 혜택을 받을 수 있다.[7]

우리나라는 2005년 6월 WCO에 SAFE Framework 이행의향서를 제출하였

---

5) Authorized Economic Operator.

6) 정식명칭은 SAFE Framework of Standards to Secure and Facilitate Global Trade.

7) SAFE Framework of Standards 2018 edition, WCO.

고 관세법(제255조의2)에 동 제도를 수용하여 2008년 AEO제도 시범사업을 실시한 후 2010년부터 본격적으로 시행하고 있다. 관세청장은 수출입물품의 제조·운송·보관 또는 통관 등 무역과 관련된 자가 시설, 서류 관리, 직원 교육 등에서 관세법 또는 '자유무역협정의 이행을 위한 관세법의 특례에 관한 법률' 등 수출입에 관련된 법령에 따른 의무 또는 절차와 재무건전성 등 안전관리 기준을 충족하는 경우 수출입 안전관리 우수업체(AEO)로 공인할 수 있도록 하고 있다. 이러한 공인을 받을 수 있는 업종은 수출업체, 수입업체, 관세사, 화물운송주선업자, 보세운송업자, 보세구역운영인, 선박회사, 항공사, 하역업자 등 9개 업종이며 공인기준은 크게 법규준수도, 재무건전성, 내부통제시스템, 안전관리 등 4개 분야로 나누어져 있다. 법규준수도는 관세법, 자유무역협정의 이행을 위한 관세법의 특례에 관한 법률, 대외무역법 등 수출입에 관련된 법령을 성실하게 준수하였는지 여부, 재무건전성은 관세 등 영업활동과 관련한 세금을 체납하지 않는 능 재무건전성을 갖추었는지 여부를 심사한다. 또한, 내부통제시스템은 수출입물품의 안전한 관리를 확보할 수 있는 운영시스템, 거래업체, 운송수단 및 직원교육체계 등을 갖추었는지 여부를, 안전관리는 세계관세기구에서 정한 수출입 안전관리에 관한 표준 등을 반영하여 관세청장이 정하는 기준(안전관리 계획 수립, 안전관리 실행 및 운영, 안전관리 운영상황 점검 및 개선 등 안전관리 활동을 체계적으로 수행하고 있는지 여부에 대한 기준)을 갖추었는지 여부를 심사한다. 한편 관세청장은 심사를 할 때 '국제항해선박 및 항만시설의 보안에 관한 법률'에 따른 국제선박보안증서를 교부받은 국제항해선박 소유자 또는 항만시설적합확인서를 교부받은 항만시설 소유자에 대하여는 안전관리 기준 중 일부에 대하여 심사를 생략할 수 있다.

이러한 심사는 관세청장이 직접 또는 비영리법인으로서 안전관리기준의 심사에 필요한 전문인력 및 전산설비를 갖춘 기관이나 단체에 위탁하여 수행하게 할 수 있다. 이러한 심사를 거쳐 안전관리기준을 충족하는 수출입 안전관리 우수업체(AEO)에 대하여 공인증서를 교부하여야 하며 그 유효기간은 5년이며 갱신할 수 있다. 안전관리 우수업체(AEO)에 대하여 관세청장이 정하는 바에 따라 통관절차 상의 혜택을 제공할 수 있는데 인증등급(A, AA, AAA 3등급)에 따라 차등적용하고 있다. 한편 AEO제도를 도입한 국가 간에는 AEO 상호인정협정

(MRA; Mutual Recognition Arrangement)을 체결하여 상대방 국가에서 AEO 인증을 받은 경우에도 자국에서 인증을 받은 업체와 동등한 통관절차 간소화 등 혜택을 부여하고 있는데 우리나라의 경우 캐나다. 싱가포르, 미국, 중국, 인도 등 총 22개국8)과 상호인정협정(MRA)을 체결·시행함으로써 수출기업의 통관 간소화와 물류비 절감을 지원하고 있다.

제 4 절 해적피해 방지대책

역사적으로 볼 때 해적은 인류가 해상교역을 시작하면서부터 발생하였다고 볼 수 있을 만큼 오랜 역사를 지니고 있으며 고려 말과 조선시대에 약탈을 일삼던 왜구도 해적의 일종이라고 볼 수 있다. 현대에 와서 선박이 대형화·고속화되어 해적행위가 어려울 것으로 생각하기 쉬우나 중무장한 해적들이 선박을 납치하여 선원을 억류하고 화물을 탈취하여 이에 대한 대가를 요구하기도 한다. 이러한 해적행위는 국제교역에 중대한 장애물이 되어왔으며 특히 2000년대 중반 이후 선대규모가 크게 증가한 우리나라 외항선대에게는 해적을 퇴치하고 해적으로부터의 피해를 예방하는 것은 중요한 과제 중 하나라고 아니 할 수 없다.

우리나라 '국제항해선박 등에 대한 해적행위 피해예방에 관한 법률'에서는 해적행위를 '민간선박의 선원이나 승객이 사적 목적으로 공해상 또는 어느 국가 관할권에도 속하지 아니하는 곳에 있는 다른 선박이나 그 선박 내의 사람이나 재산에 대하여 범하는 불법적 폭력행위, 억류 또는 약탈행위 또는 어느 선박이 해적선이 되는 활동을 하고 있다는 사실을 알고서도 자발적으로 그러한

---

8) 캐나다, 싱가포르, 미국, 일본, 뉴질랜드, 중국, 홍콩, 멕시코, 터키, 이스라엘, 도미니카공화국, 인도, 대만, 태국, 호주, 아랍에미리트, 말레이시아, 페루, 우루과이, 카자흐스탄, 몽골, 인도네시아

활동에 참여하는 행위'라고 정의하고 있어 1982년 채택된 해양법에 관한 국제
연합 협약(UNCLOS; United Nations Convention on the Law of the Sea)에 의한 해적행위의 정
의 중에서 '위와 같은 행위를 교사하거나 고의적으로 방조하는 모든 행위'를 제
외하고는 그대로 수용한 것으로 볼 수 있다. 따라서 선박에 승무하고 있는 선
원 또는 승객에 의하여 당해 선박 자체 또는 선박 내의 사람 또는 재물에 대해
행하여진 행위는 설사 당해 선박을 강탈하려는 의도라 하더라도 해적행위로 간
주할 수 없다고 본다.

우리나라 정부는 그간 해적퇴치를 위한 다양한 대응활동을 전개해 왔는데
우선 국제해사기구(IMO)의 지원으로 아시아해역에서의 해적퇴치 및 유사시 긴
급대응 협력을 위해 2004년 11월 채택되고 2006년 9월 발효된 아시아해적퇴치
협정(ReCAAP)9)에 가입하여 적극적인 활동을 하였다. 동 협정은 체약국 간 해적
정보 공유, 연안국의 해적위험해역 순찰강화, 타 당사국 영해로 도주한 해적 및
무장강도의 추격, 체포협력 및 관할권 당사국의 범죄인 인도 협력요청 등을 주
요 내용으로 하고 있다. 이러한 협력을 위해 각 체약국은 전담연락창구(Focal
Point)를 설치 운영하여 상시 협력체계를 구축하고 있다. 또한, 동 협정의 원활한
이행을 위한 기구로서 정보공유센터(Information Sharing Centre)를 2006년 11월부터
구축 운영하고 있다. 동 센터는 기구의 사무국 기능을 수행하며, 체약국 간 정
보공유체계 유지 및 해적피해방지 역량 강화, 해적피해 대응 방안연구, 해적관
련 사고접수·전파, 정보교환, 해적사고 발생 시 연안국에 구조요청 등의 기능
을 수행하고 있다.10) 우리나라는 동 센터에 인력 및 재정적 지원('08~'12년 매년 1억
원, '13~'21년 매년 1.5억원)을 하고 있으며 2018년 11월에는 우리나라에서 ReCAAP 관
리자 회의를 개최하기도 하였다.

둘째로 소말리아의 무정부상태가 장기화되면서 2000년대 하반기 이후 소
말리아해역에서 해적활동이 크게 증가함에 따라 2008년 6월 UN 안보리에서
소말리아 해적 소탕을 위한 결의안(제1816호)이 처음으로 채택되어 해적퇴치를 위

---

9) Regional Cooperation Agreement on Combating Piracy and Armed Robbery against Ships
   in Asia.

10) 소말리아 해적피해 예방대책, 2011. 6, 국토해양부 김영소, 한국해양수산개발원 해운과 경영
    제24호, p. 30.

해 외국정부 선박의 소말리아 영해 진입을 일정기간 동안 허용하도록 하였다. 이어서 2008년 10월에는 소말리아 인근 공해에 군함 등의 파견을 요청하는 결의문(제1838호)이 채택되었는바, 우리나라도 국적선대의 안전항해를 위해 군함의 파견을 적극 추진하였다. 이는 2006~2008년까지 우리나라 선박이 5척이나 소말리아해역에서 해적에게 피랍되어 큰 피해를 입었고 이후에도 우리나라 선박의 동 해역 운항에 있어 안전문제가 크게 우려되었기 때문이다. 이에 따라 정부는 2009년 3월 국회의 동의를 얻어 우리나라 해군함정의 소말리아해역 파병을 결정하였고 청해부대가 창설되어 4,500톤급 문무대왕함을 처음으로 파견하였다. 그 이후 정부는 매 6개월마다 새로운 함정을 파견하여 왔으며 2021년 6월에는 제35진 충무공이순신함이 현지로 파견되었다. 이러한 국적 함대의 파견은 우리나라 선박의 안전항해에 큰 도움이 되었음은 물론 국제적 공조를 통해 소말리아 해적의 퇴치에 크게 기여하였다. 실제로 2011년 1월에는 피랍된 국적 상선 선원들을 구출한 바 있으며 2011년 4월에는 해적에게 공격을 받아 선박 내 선원대피처(citadel)에 대피해 있던 한진해운(주)의 컨테이너선 선원들을 구조하는 성과를 거두기도 하였다.

한편 UN 안보리 결의 제1851호에 근거하여 소말리아 해적퇴치를 위한 공동접촉 창구로 「소말리아 해적퇴치 연락그룹」(CGPCS: the Contact Group on Piracy off the Coast of Somalia)이 2009년 1월 설립되었다. 창립 회원국은 우리나라, 미국, 영국, 프랑스 등 해적퇴치 국제공조에 주도적인 기여국가와 주요 당사국 등 총 22개국으로 구성되어 해적 관련 정보 공유와 해적 처벌을 위한 사법 공조체제 구축 등 해적 퇴치를 위한 핵심 조치에 대해 협조하여왔다.[11] CGPCS는 해적퇴치를 위해 30여 개국으로부터 파견된 함정들의 상호협력을 촉진함으로써 통항 선박들의 안전확보에 기여하였고 소말리아와 인근 국가들이 스스로 해적에 대항할 수 있는 능력을 강화하였다고 평가되고 있으며 최근 소말리아해역에서의 해적활동이 크게 줄어들었다는 것이 이를 방증하고 있다.

셋째로 소말리아해역에서의 해적활동이 지속되자 정부는 2011년 2월에 선박설비기준(해양수산부고시)을 개정하여 동 해역을 통항하는 선박에 선원대피처(citadel)

---

11) 앞의 책, p. 24.

의 설치를 의무화하는 조치를 취하였다. 동 대피처는 선원 외의 자가 쉽게 식별하기 어려운 장소에 설치되어야 하며 외부에서 쉽게 열 수 없는 내부 잠금장치를 설치하고 양방향 초단파대 무선전화장치 및 위성통신설비를 구비하여야 하며 구난식량 및 음료수, 응급의료구, 비상전등, 소화기, 간이화장실 등도 구비하도록 하였다. 한편 2017년 12월 '국제항해선박 등에 대한 해적행위 피해예방에 관한 법률'이 시행되면서 선원대피처의 설치 의무가 동 법률에 반영되었으며 해양수산부장관은 선원대피처를 설치하지 아니하거나 시설기준에 적합하지 않은 국제항해선박에 대하여는 위험해역 등에의 진입을 제한할 수 있다(법 제12조).

넷째로 정부는 해적활동에 대하여 체계적으로 대응하기 위하여 '국제항해선박 등에 대한 해적행위 피해예방에 관한 법률'에 따라 해적피해 예방대책을 수립하고 선박소유자등은 종합대책에 따라 자체 해적행위 피해예방대책을 수립하여 해양수산부장관에게 제출하여야 한다. 이에 따라 정부는 2018년 4월 해양수산부, 외교부 및 국가정보원 등 관계부처 합동으로 해적행위 피해예방 종합대책을 수립하여 발표하였다. 해적행위 피해예방을 위한 조치로 해양수산부장관은 위험해역 등에서 해적행위가 발생하였거나 발생할 우려가 상당하다고 인정하는 경우에는 해적행위와 관련한 정보 수집 및 상황의 전파, 피해예방활동의 전개 및 종합상황실의 설치·운영 등 필요한 조치를 취해야 한다. 또한, 해양수산부장관은 국제항해선박 등이 해적행위 등으로부터 안전을 확보하고 피해예방 능력을 향상시킬 수 있도록 필요한 교육훈련계획을 수립하여야 하며 선박소유자 등은 소속 직원 및 선원에 대하여 교육훈련을 실시하여야 한다. 선박소유자 등은 위험해역 등을 통항하려는 국제항해선박 등과 선원 등을 보호하기 위하여 '국제항해선박 및 항만시설의 보안에 관한 법률' 등 관계 법률에 따른 보안책임자 외에 무기를 휴대한 해상특수경비원을 승선하게 할 수 있으며 해상특수경비업을 하고자 하는 자는 해양수산부장관의 허가를 받아야 한다. 해상특수경비업을 하려는 자는 1억원 이상의 자본금을 보유하고 동 법에서 정한 자격기준을 갖춘 10명 이상의 해상특수경비원을 고용하여야 하며 해상특수경비원의 교육시설을 포함하여 법정 시설과 장비를 보유하여야 한다. 선장은 해상특수경비원의 무기사용에 대한 최종 결정권을 가지며, 이 법과 국제법 등에 따라 다른 방법으로는 해적행위등의 위협으로부터 피할 수 없는 급박하고 불가피한 경우에만 무기를 사용하도록 하여야 하며 해상특수경비원은 선장 등의 허락 없이 국제항해선박 내의 제한구역 등에 출입하거나 무기를 사용하는 등 국제항해선박의 안전운항을 저해하거나 저해할 우려가 있는 행위를 하여서는 아니 된다.

다섯째, 해양수산부는 2003년 해양안전종합정보시스템(GICOMS)를 구축하여 해적동향 및 선박 등에 관한 통합 DB 정보를 활용하여 선박모니터링을 실시하고 선박보안경보시스템(SSAS)을 가동하였다. 또한, SOLAS 협약에 근거하여 2009년 1월부터 장거리위치추적제도(LRIT; Long-Range Identification and Tracking)가 시행됨에 따라 우리나라 국적선 등의 24시간 추적관리를 위해 국가데이터센터(NDC: National Data Center)를 구축하여 운영 중에 있다. 해양수산부는 선박 자동식별장치(AIS) 및 장거리위치추적제도(LRIT) 등을 통한 선박위치정보와 선박보안경보시스템(SSAS) 등을 연계한 선박모니터링시스템(VMS)의 기능을 개선하고 선박검사·선원정보 등 관련 시스템과의 연계를 확대하기 위하여 해양안전종합정보시스템(GICOMS) 확대구축사업을 시행하여 왔다. 해양수산부는 이러한 선박모니터링 정보를 종합적으로 관리하기 위하여 종합상황실을 설치하여 24시간 운영하고 있다.

끝으로 지난 20여 년간 전 세계적으로 해적피해 발생동향을 살펴보면 〈표 11-2〉와 같다. 지난 20여 년간 총 발생건수는 6,718건으로 매년 평균 305건이 발생하였는데 아프리카와 동남아에서 발생한 건수가 각각 약 36%를 점유하고 있다. 그러나 그 추이를 보면 동남아에서는 1999~2003년까지 연평균 176건을 기록한 후 2004년 이후에는 연평균 약 91건으로 크게 줄어들었는데 이는 2006년부터 활동을 개시한 아시아해적퇴치협정(ReCAAP)의 영향이라고 볼 수 있다. 한편 소말리아해역을 포함하는 아프리카 해역의 경우 2007년부터 크게 증가하기 시작하여 2012년까지 지속되었으며 2009~2013년까지 연평균 209건을 기록하여 가장 높았다. 2014년 이후 아프리카에서의 해적활동은 연평균 72건으로 크게 줄었으나 이는 소말리아 해적활동이 UN의 적극적 대응과 소말리아 해적퇴치 연락그룹(CGPCS)의 활동에 따른 것이라고 볼 수 있다. 다만 2014년 이후 기니만 등 서아프리카 해역에서의 해적활동이 증가추세에 있어 그 추세를 예의 주시할 필요가 있다.

연도	1999 ~2003	2004 ~2008	2009 ~2013	2014 ~2018	2019 ~2020	합 계
총 건수	1,919	1,400	1,855	1,177	367	6,718
동남아	879	467	428	527	117	2,418
아프리카	379	523	1,047	339	166	2,454
기타	661	410	380	311	84	1,846

표 11-2 | 세계 해적피해 발생추이

자료: IMB Piracy Reporting Centre 및 GICOMS 자료를 근거로 작성.

제5절 해상 사이버보안

선박운항이 자동화되어감에 따라 선박에서 사용하는 각종 자동화시스템에 대한 보안이 중요한 문제로 대두되고 있다. 최근의 자동화된 선박에서는 선박의 엔진가동을 선교(bridge)에서 원격 통제하고 전자해도(ECDIS)[12]의 도입으로 이를 바탕으로 선박의 항해가 이루어지고 있으며 인공위성기술을 이용하여 선박의 위치를 측정하는 GPS 및 선박 자동식별장치(AIS) 등은 모두 첨단 ICT기술을 이용한 것으로 선교를 중심으로 네트워크화되어 있다. 또한, 선박-육상 간의 통신기술 발달에 따라 최신 선박에서는 선원복지 차원에서 선원들이 이러한 통신망을 이용하여 가족 등 육상과의 교신을 지원하고 있다. 최근에는 첨단 ICT 기술의 발달로 4차 산업혁명 기술을 이용한 자율운항선박(MASS; Maritime Autonomous Surface Ship)의 도입이 추진되고 있으며 e-Navigation의 도입 등 사이버테러에 노출될 위험성이 더욱 높아지고 있다. 이러한 사이버테러의 위험성은 선박이 ICT기술을 이용하여 개방된 네트워크에의 접속이 증가하면서 필연적으로 발생하는 것이다.

반면에 선박에의 사이버테러를 차단하기 위한 시스템은 크게 취약한 것으

---

12) Electronic Chart Display Information System.

로 알려지고 있다. 선박이 e－Navigation의 도입 등으로 점점 개방형 네트워크에 노출될 수밖에 없으나 이에 대한 보안시스템은 제대로 구축되어 있지 않은 상황이다. 선박에 설치된 각종 네트워크 프로그램을 체계적으로 관리할 수 있는 체제도 미흡하고 이러한 프로그램의 업데이트가 제대로 이루어지지 않을 뿐만 아니라 선박이 항만에 입항했을 때 또는 수리목적으로 입거했을 때 CD 등 이동식 저장장치를 이용하여 업데이트함으로써 보안관리에 허점이 발생할 수 있다.13) 선박에서의 사이버테러의 발생은 선박의 안전을 크게 위협할 수 있음은 물론 여객 및 화물운송의 지연 등 선박의 본연의 임무에 지장을 초래할 수 있으므로 선원들의 사이버테러에 대한 의식도 개선되어야 할 것이다.

이와 같이 선박에 대한 사이버테러의 우려가 높아지면서 IMO는 2017년 6월 제98차 해사안전위원회(MSC) 회의에서 '안전관리체제에서 해상 사이버 리스크 관리(Maritime Cyber Risk Management in Safety Management Systems)'에 관한 결의문을 채택하고 2021년 이후 인증하는 사업자의 안전관리체제에 이를 포함할 것을 권고하였다. 한편 글로벌 해사이슈 모니터 2018 보고서에 의하면 해사분야 총 17개의 이슈 중에서 3대 이슈는 사이버보안, 에너지가격의 변동성 및 교역패턴의 변화를 꼽았는데 향후 10년간 '사이버보안과 데이터 도난'이 가장 중요한 이슈가 될 것으로 예측하였으며 이 중 가장 준비가 되지 않은 분야로 사이버 보안, 글로벌 경제 위기 및 지정학적 긴장을 들었다.14)

우리나라에서는 한국형 e－Navigation을 구축하여 초고속해상통신망(LTE-M)을 이용하여 해상－육상 간 실시간으로 선박안전운항에 관한 정보를 제공하는 서비스를 개시하였으며 자율운항선박을 개발하기 위한 연구에도 박차를 가하여 시제선(試製船)을 제작하여 연안에서의 시험운항을 추진하고 있다. 이러한 상황에서 해상 사이버보안체제의 개발도 병행함으로써 우리나라 해상물류망에 장애가 발생하지 않도록 함은 물론 e－Navigation과 자율운항선박 개발사업의 추진에도 차질이 없어야 할 것이다.

---

13) 선박 사이버보안에 대한 기술적 분석, 2018. 7, 강남선, 한국마린엔지니어링학회지 제42권 제6호, pp. 464~465.

14) 향후 10년간 가장 중요한 해사 이슈는 사이버 보안, 2019. 1. 7, KMI 주간해운시장포커스 413호, p. 2.

제3장
해양오염방지정책

　　선박에 의한 해양오염사고는 주로 유조선에서 비롯되었는데 편의치적이 증가하면서 유조선에 의한 대량의 유류 유출사고가 발생하였는바, 선박에 의한 해양오염방지를 위하여 IMO 주도로 1973년에 해양오염방지협약(MARPOL)이 채택되었다. 동 협약은 선박의 통상적인 운항과정에서 배출되는 오염물질에 의한 해양오염을 방지하는 것이 주목적이었으며 1978년 동 협약의 내용을 일부 수정하는 의정서를 채택하면서 MARPOL 73/78이라고 부르게 되었다. 이와 같이 동 협약이 통상적으로 선박으로부터 배출되는 유류 등 오염물질의 규제에 초점을 맞춘 것은 대량 유류유출 사고로 인한 환경파괴도 심각하지만 선박으로부터 일상적인 오염물질의 배출로 인한 피해가 훨씬 더 심각하다고 보았기 때문이다. 동 협약은 1983년에 발효되었으며 20개의 조문과 부속서의 체계로 구성되어 있는데 현재 제1부속서가 기름에 의한 오염방지를 위한 규칙, 제2부속서가 산적된 유해액체물질에 의한 오염규제를 위한 규칙, 제3부속서가 포장된 형태로 또는 화물 컨테이너, 이동식 탱크, 도로·철도용 탱크차에 의하여 수송되는 유해물질에 의한 오염방지를 위한 규칙, 제4부속서가 선박으로부터의 하수에 의한 오염방지를 위한 규칙, 제5부속서가 선박으로부터의 폐기물에 의한 오염방지를 위한 규칙, 제6부속서가 선박으로부터의 대기오염물질에 의한 오염방지를 위한 규칙이다. 제1부속서에서는 선박으로부터의 유류유출의 방법과 선박의 구조 등에 대하여 규정하고 있는데 선박이 항해 중에 유조선은 육지로부터 50해리, 유조선 이외의 선박의 경우 육지로부터 12해리 밖에서 유류를 배출할 수 있다. 또한, 동 협약에서 정한 특별해역(지중해해역, 발틱해해역, 흑해해역, 홍해해역 및 걸프해역) 내에서는 유류의 배출을 할 수 없다. 제2부속서에서는 특정 유해액체물질이나 이를 함유한 밸러스트수, 탱크세정수, 기타의 잔류물 또는 이들 혼합물은 해양에 배출을 금지하되 일정한 요건과 방법에 한하여 배출할 수 있도록 하고 있다. 제3부속서에서는 포장 또는 화물 컨테이너 등에 의한 유해화학물질의 운송은 그 내용물을 고려하여 해양환경에의 위험을 최소화하기 적절하여야 하고 그 포장에는 정확한 기술적 명칭과 함께 내용물이 위험하다는 명확한 표시를 하여야 하며 필요시 적재량을 제한할 수 있다. 제4부속서에서는 선박에서 발생하는 하수를 하수처리장치로 분쇄한 경우는 육지로부터 4해리, 분쇄하지 않거나 소독하지 않은 경우에는 12해리 밖에서 특정한 방법으로 배출할 수 있도록 규정하고 있다. 제5부속서에서는 모든 플라스틱에 대한 해양에의 배출을 금지하고 음식물 찌꺼기 등 폐기물은 일정 요건을 충족하는 경우에 육지로부터 12해리 밖의 해역에서 배출할 수 있으나 특정해역에서는 일체의 배출이 제한된다. 제6부속서에서는 총톤수 400톤 이상의 선박은 대기오염방지와 관련된 장비 및 시스템 등이 일정한 기준에 부합하는지 여부를 검사받아야 하며 황산화물(SOx), 질소산화물(NOx) 등 특정 물질의 경우 그 배출기준과 배출방법 등을 규제하고 있으며 특정해역에서는 배출이 금지되거나 그 기준이 강화된다.

우리나라에서는 해양오염방지협약에서 규정하고 있는 사항을 해양환경관리법에 수용하고 있는데 동 법은 해양환경 전반에 관하여 다루는 매우 포괄적인 법령이라고 할 수 있다. 동 법은 제12장 133개의 조문으로 구성되어 있으며

제2장은 해양환경의 보전·관리를 위한 조치로서 해양환경 조사 및 정도관리 등, 환경관리해역의 지정, 해양환경개선부담금에 대하여 규정하고 있다. 제3장은 해양오염방지를 위한 규제로서 선박 및 해양시설에서의 해양오염방지, 배출된 오염물질의 수거 및 처리, 잔류성 유기오염물질의 조사 등에 대하여 규정하고 있으며 제4장에서는 해양에서의 대기오염방지를 위한 규제, 제5장에서는 해양오염방지를 위한 선박의 검사에 대하여 규정하고 있다. 이 외에도 제6장 해양오염방제를 위한 조치, 제7장 해양환경관리업[1] 등, 제8장 해양오염영향조사, 제9장 해역이용협의 및 제10장 해양환경공단 등에 관하여 규정하고 있다. 한편 해양환경관리법과 동 시행령에서 위임된 사항을 규정하기 위하여 '선박에서의 오염방지에 관한 규칙'을 시행하고 있다.

한편 1989년 3월에 미국 알래스카 연안에서 발생한 엑슨 발데즈(Exxon Valdez)호 원유유출 사고[2]를 계기로 미국에서는 유조선의 이중선체화를 법제화하였으며 IMO에서도 그 영향으로 해양오염방지협약을 개정하여 유조선의 이중선체화를 추진하였다. IMO는 2001년 해양오염방지협약을 개정하여 단일선체 유조선의 단계적 퇴출일정을 정하였으나 2002년 11월에는 스페인 연안에서 프레스티지(Prestige)호가 침몰하여 다량의 중유를 유출함으로써 유조선의 이중선체화 작업을 앞당겨 실시하는 계기가 되었다. IMO에서는 단일선체 유조선을 협약상의 신조선에 대한 요건 충족 여부, 운송하는 화물의 종류 및 적재중량톤수를 기준으로 각각 카테고리 1, 2, 3으로 구분하고 선박의 인도일을 기준으로 각각의 퇴역일을 정하였다. 예를 들어 카테고리 1에 해당하면서 선박 인도일이 1982년 4월 4일 이전인 경우 퇴역일을 2005년 4월 5일로, 카테고리 2 또는 3에 해당하면서 1977년 4월 4일 이전에 인도된 선박은 퇴역일이 2005년 4월 5일로 결정되었다(〈표 11-3〉 및 〈표 11-4〉 참고). 이러한 일정에도 불구하고 미국은 엑슨 발데즈호 사고를 계기로 이미 1995년부터 단일선체 유조선의 입항을 금지하였으며

---

1) 폐기물해양배출업, 해양오염방제업, 유창청소업, 폐기물해양수거업, 퇴적오염물질수거업으로 구분.
2) 1989년 3월 초대형 유조선(VLCC)인 엑슨 발데즈호는 미국 국적의 선박으로 알래스카산 원유를 싣고 알래스카 연안을 항해하던 중 암초에 부딪쳐 26만 배럴의 기름을 바다에 유출하여 약 1,100마일에 달하는 알래스카 연안이 기름으로 오염된 대형 유류유출 사고였다.

표 11-3 ▎ 단일선체 유조선의 카테고리 구분

유형	선박의 형태
카테고리1	MARPOL 협약 부속서 1의 제1(26)규칙에 정의된 신조선에 대한 요건을 만족하지 않는 선박으로, 화물로서 원유, 연료유, 중유 또는 윤활유를 운송하는 2만DWT 이상의 유조선 및 상기 이외의 기름을 운송하는 3만DWT 이상의 유조선
카테고리2	MARPOL 협약 부속서 1의 제1(26)규칙에 정의된 신조선에 대한 요건을 만족하는 선박으로, 화물로서 원유, 연료유, 중유 또는 윤활유를 운송하는 2만DWT 이상의 유조선 및 상기 이외의 기름을 운송하는 3만DWT 이상의 유조선
카테고리3	5천DWT 이상의 선박으로 카테고리1 및 2에 명시된 재화중량톤 미만의 단일선체 유조선

자료: 선박해양오염방지협약 부속서 1 규칙 13G(3).

EU 또한 2003년부터 역내 단일선체 유조선의 입항을 금지하였다. 우리나라의 경우 2007년 충청남도 태안 앞바다에서 허베이 스피리트 사고 이후 단일선체 유조선의 운항을 지속적으로 축소해왔으며 2011년 이후에는 5,000dwt 이상의 단일선체 유조선의 국내항 입항을 금지시켰다. 이러한 단일선체 유조선의 운항

표 11-4 ▎ 단일선체 유조선 운항금지 연도

유조선의 유형	인도일	퇴역일
카테고리1	1982년 4월 4일 이전	2005년 4월 5일
	1982년 4월 4일 이후	2005년
카테고리2&3	1977년 4월 4일 이전	2005년 4월 5일
	1977년 4월 4일 이후 – 1978년 1월 1일 이전	2005년
	1978년 및 1979년	2006년
	1980년 및 1981년	2007년
	1982년	2008년
	1983년	2009년
	1984년 이후	2010년

주) 퇴역연도만 있는 경우 해당연도의 선박 인도일과 같은 날의 다음날.
자료: 선박해양오염방지협약 부속서 1 규칙 13G(4).

금지로 2000년대 초부터 이중선체 유조선의 건조가 본격화되었으며 2007년경에 최고조를 이루었는바, 마침 이때가 세계 해운경기가 초호황으로 치닫던 시점이어서 일부에서는 퇴역하는 단일선체 VLCC를 대형 벌크선으로 개조하여 사용하기도 하였다.

제 2 절 선박으로 인한 대기오염방지

선박으로부터 배출되는 가스로 인하여 발생하는 문제는 크게 대기오염과 온실가스로 나눌 수 있다. 선박으로부터 배출되는 대기오염물질은 황산화물(SOx), 질소산화물(NOx) 및 미세먼지를 들 수 있는바, 생물이나 물질에 악영향을 미친다. 선박은 도로운송에 비하여 운송화물의 톤·km 단위당 이산화탄소 등 온실가스 배출량이 매우 낮아 친환경 운송수단으로 분류되고 있지만 총량을 기준으로 할 때 전 세계 온실가스 배출량의 상당 부분을 차지한다. 온실가스의 배출규제는 전 세계적인 기후변화에 대응하는 차원에서 다루어지고 있는 문제이다.

선박으로부터 대기오염물질의 배출규제는 IMO 주도 하에서 이루어졌으며 해양오염방지협약(MARPOL) 부속서 Ⅵ에서 선박으로부터 황산화물 및 질소산화물 등의 배출을 줄이기 위해 단계적으로 그 기준을 강화하여 적용하도록 규정하고 있다. 선박의 황산화물질 배출 감축을 위해 선박 연료유의 황산화물(SOx) 함유량을 2012년부터 4.5%에서 3.5%로 강화하고 2020년부터는 3.5%에서 0.5%로 크게 강화하였다. 엔진에서 배출되는 질소산화물질 감축을 위해서 2016년 1월 이후 건조되는 선박에 대해 질소산화물질 배출량이 3.4g/kwh 이하인 'TIRE-Ⅲ' 엔진의 장착을 의무화하도록 하여 'TIRE-Ⅱ' 엔진의 14.4g/kwh보다 그 기준이 크게 강화되었다. 또한, 황산화물과 질소산화물의 배출규제를 강화할 필요가 있는 해역에 대하여는 특별히 배출규제해역(ECA: Emission Control Area)을 설정하여 그 기준을 강화하여 적용하고 있다. 해양오염방지협약(MARPOL)에 의해 지정된 배출규제해역은 Baltic Sea, North Sea, North America 및 US Caribbean Sea가 설정되어 있으며 연료 중 황함유량이 0.1%로 매우 높은 기준을 적용하고 있으며 아시아에서는 중국, 홍콩, 대만이 배출규제해역을 설정하여 연료 중 황함유량을 0.5% 이하로 규제하고 있다.

한편 IMO는 선박으로부터의 온실가스 배출 감축도 주도적으로 추진하고 있는데 2050년까지 선박에서 배출되는 온실가스 배출량을 50% 줄이는 것을 목표로 몇 가지 온실가스 감축방안을 마련하여 추진하고 있다. 첫째는 신조선 에너지효율설계지수(EEDI)[3]로 자동차 카탈로그상의 연비에 해당되는 지표를 적용하는 것이며 둘째는 현존 선박의 에너지효율운항지수와 선박 에너지효율 관리계획서(SEEMP)[4]를 선박에 비치하여 선박에너지 효율성을 극대화하도록 유도하고 셋째는 에너지효율지수(EEOI)[5]를 이용해 중고선 거래 시 선박에 대한 연비, 동일 선형에 대한 평균 연비 등을 제시하여 참고자료로 활용하도록 하는 방안이 그것이다. IMO는 이러한 가이드라인을 해양오염방지협약 부속서 Ⅵ에 반영하여 신조선 및 기존 운항선박의 CO_2 배출량을 25~75% 감축하도록 추진해 왔으며 선종별로도 단계적 감축기준을 정해 추진 중에 있다.[6]

현재 국제항해에 종사하는 선박에 적용되는 환경규제 강화 중 가장 큰 변화는 황산화물 배출규제로서 2020년부터 시행하고 있어 선사 입장에서는 다양한 방식으로 이에 대응하고 있다. 첫째 방식은 기존 선박이나 신조 선박에 탈황장치(scrubber)를 설치하여 선박에서 배기가스를 배출하기 전에 이 장치를 통하여 황산화물의 배출량을 줄이기 위한 장치이다. 이러한 장치는 선박 1척당 약 3백만~5백만 달러의 설치비용을 부담하여야 하므로 선사 입장에서는 큰 재정적 부담이 된다. 둘째는 현재의 고유황 연료유 대신에 저유황 연료유로 대체하는 방식으로 이는 더 비싼 고급 연료유를 사용하는 것이기 때문에 연료비 부

---

3) Energy Efficiency Design Index 1톤의 화물을 1마일 운송하는 데 배출되는 CO_2량.

4) Ship Energy Efficiency Management Plan 선박의 CO_2 배출량을 줄이기 위해 선박의 감속운항, 최적항로 운항 및 선박 유지보수의 적기 실행 등의 관리계획서.

5) Energy Efficiency Operational Indicator 일정 기간 동안 화물 1톤을 싣고 1마일을 운항하는 선박의 이산화탄소 배출량을 측정하는 지표.

6) 해운산업 환경규제 강화에 따른 주요국 대응방안과 시사점, 2017. 7, 김대진, 산은조사월보 제 740호.

담이 더 커질 수밖에 없다. 또한 정유사들이 저유황유 공급을 늘리기 위해서는 탈황설비 투자가 선행되어야 하므로 수급 불균형에 따른 가격상승 가능성도 배제할 수 없는 상황이다. 셋째로는 기존 선박을 개조하거나 선박 신조 시에 LNG를 연료로 사용하는 방식으로 전환하는 것이다. 이는 LNG 연료의 경우 기존 연료에 비하여 황산화물(SOx)이나 질소산화물(NOx)의 배출을 크게 감소시킬 수 있고 이산화탄소의 배출량도 상대적으로 적기 때문이다. 이에 따라 최근 LNG 연료시설을 장착한 선박이 크게 증가하고 있으나 가장 문제가 되는 것은 항만에서 LNG 연료를 공급할 수 있는 시설이 마련되어야 한다는 점이다. 이와 같이 크게 세 가지의 선택 가능한 방식은 모두 나름의 장단점을 가지고 있으므로 선사 입장에서는 면밀한 검토가 선행되어야 한다.

　우리나라에서는 이와 같은 IMO의 규제를 해양환경관리법에 수용하여 시행하고 있으며 오존층 파괴물질, 질소산화물 및 황산화물 등의 배출규제 등에 대하여 규정하고 있다. 선박의 소유자는 그 선박에 대기오염물질의 배출을 방지하거나 감축하기 위한 대기오염방지설비를 설치하여야 하며(법 제41조) 선박건조 시 등에는 선박에너지효율설계지수가 법정 허용치 이하가 되도록 하여야 한다(법 제41조의2). 국제항해에 사용되는 총톤수 400톤 이상의 선박 중 국제대기오염방지증서를 발급받은 선박의 소유자는 선박에너지효율을 향상시키기 위한 계획의 수립·시행·감시·평가 및 개선 등에 관한 절차 및 방법을 기술한 선박에너지효율관리계획서를 작성하여 선박에 비치하여야 한다(법 제41조의3). 누구든지 선박으로부터 오존층파괴물질을 배출하여서는 아니 되며 오존층파괴물질이 포함된 설비를 선박에 설치하여서는 아니 된다(법 제42조). 선박의 소유자는 디젤기관을 질소산화물의 배출허용기준을 초과하여 작동하여서는 아니 되며(법 제43조) 황산화물 배출규제해역에서 황함유량 기준을 초과하는 연료유를 사용하여서는 아니 된다. 다만, 법정 기준에 적합한 배기가스 정화장치를 설치하여 황산화물 배출제한 기준량 이하로 황산화물 배출량을 감축하는 경우에는 그러하지 아니하다(법 제44조). 아울러 정부는 2020년부터 시행된 황산화물의 배출규제 강화에 대응하기 위하여 선박의 배기가스 정화장치인 스크러버 등을 설치하는 데 소요되는 비용을 적기에 조달할 수 있도록 한국해양진흥공사를 통하여 지급보증을 하는 등 지원을 하고 있다.

제 3 절 선박평형수 배출규제

선박평형수(Ballast Water)는 선박에 화물이 적재되지 않은 공선(空船) 상태로 운항 시 등 선박의 균형을 유지하기 위해 선박 내 탱크에 싣고 다니는 물을 말한다. IMO의 BWM협약에서는 이를 '선박의 종경사, 횡경사, 흘수, 복원성 또는 선체응력을 제어하기 위하여 선박에 적재된 부유물질이 포함된 물'이라고 정의하고 있다. 평형수는 화물의 적재량에 따라 선박에서 배출하기도 하고 추가로 바닷물을 끌어들이는 등 조절을 하게 되는데 국제항해선박의 경우 세계 도처를 운항하므로 선박평형수를 적재하거나 배출하는 해역이 다른 경우가 많다. 이러한 평형수를 적재하기 위하여 바닷물을 끌어들일 때 그 해역에서 서식하는 해양생물들이 유입되어 다른 해역에서 배출할 때 유출됨으로써 생태계의 교란을 초래할 수 있다.

1988년 처음으로 캐나다와 호주가 이 문제를 IMO 해양환경보호위원회(MEPC)에 제기하면서부터 논의가 시작되었으며 1992년에는 유엔환경개발회의(UNCED; United Nations Conference on Environment and Development)에서 이 문제를 IMO에 검토하도록 요청하였다. 1993년 IMO는 '선박의 평형수 및 침전물의 배출로부터 원하지 아니하는 유기체 및 병원체의 유입방지를 위한 지침'을 채택하였고 1997년에는 '유해한 수중 생물체 및 병원체의 이송을 최소화하기 위하여 선박평형수의 통제 및 관리를 위한 지침'을 채택하였다. 2004년에는 선박평형수관리협약(BWM협약; International Convention for the Control and Management of Ships' Ballast Water and Sediments, 2004)이 채택되었고 그 발효요건[7]을 충족하여 2017년 9월 8일 발효되

---

7) 30개국이상 가입 및 선복량의 35% 이상 도달 시 발효.

었다. 동 협약에 따라 2017년 9월 8일 이후 신조선박은 밸러스트수 처리장치를 설치하여 해양생물체 및 병원균을 전기, 약품 등을 이용해 살생 및 살균 후 배출하여야 한다. 2017년 9월 8일 이전 건조선박은 가능한 시기에 가장 가까운 육지로부터 최소 200해리 이상, 수심 200미터 이상인 해역에서 IMO가 개발한 지침을 고려하여 평형수 교환을 시행하거나 이를 시행하기 어려운 경우 육지로부터 50마일, 수심 200미터 이상 해역에서 교환하여야 하며 평형수 교환을 수행하는 선박은 적어도 용적으로 95% 이상의 평형수 교환 효율이 이루어지도록 행하여야 한다. 2017년 9월 8일 이전 건조선박은 늦어도 2024년 9월 8일까지는 의무적으로 밸러스트수 처리장치를 설치하여야 한다. 선박에는 평형수관리계획서를 비치하여 이를 이행하고 평형수기록부를 작성하여야 하며 총톤수 400톤 이상의 선박은 협약을 준수하는지 검사를 받고 국제평형수관리증서를 교부받아 선내에 비치하여야 한다.

　　우리나라에서는 동 협약을 국내에 수용하기 위하여 선박평형수관리법을 제정하여 2014년 9월부터 시행하고 있다. 동 법률은 제1장 총칙, 제2장 선박평형수의 배출 금지 및 특별수역의 지정 등, 제3장 선박평형수관리를 위한 선박의 검사 등, 제4장 선박평형수 관리를 위한 형식승인 및 검정 등, 제5장 선박평형수처리업, 제6장 부적합 선박에 대한 조치 등, 제7장 보칙 및 제8장 벌칙의 체계로 이루어져 있다. 동 법에서는 선박의 소유자(선박을 임차한 경우에는 선박임차인)는 우리나라 관할수역(영해, 내수 및 EEZ)에서 선박평형수 또는 침전물을 배출하여서는 아니 된다고 규정(법 제6조)하고 다음의 경우는 예외적으로 그 배출을 인정하고 있다. 즉 첫째, 선박평형수의 교환을 위한 설비를 설치한 선박이 법정 수역에서 정해진 방법으로 선박평형수를 교환 또는 주입한 후 이를 배출하는 경우(선박평형수처리시설을 설치해야하는 날의 전날까지만 허용), 둘째로 선박평형수 또는 침전물에 포함된 유해수중생물을 법정 기준에 맞게 처리한 경우, 셋째, 선박평형수 또는 침전물을 선박평형수처리업자의 처리시설 또는 국제협약 당사국인 외국정부가 지정한 처리시설에 배출하는 경우, 넷째로 선박의 선장이 거친 날씨, 설비의 고장 등의 부득이한 사유로 선박평형수를 교환하는 것이 선박의 안전에 위협이 된다고 판단하여 교환하지 아니한 선박평형수를 해양수산부장관이 고시하는 방법으로 배출하는 경우, 다섯째, 첫째 또는 둘째의 경우를 제외하고 관련 국제기구가 승인한 방법 및 해양수산부령으로 정하는 방법으로 배출하는 경우 등이다. 선박소유자는 해양수산부령으로 정하는 기한까지 선박평형수처리설비(BWMS) 또는 선박평형수교환설비를 선박에 설치하여야 하는데 위의 예외 중 셋째 또는 다섯째의 경우에는 그 설치를 면제하고 있다.

   이와 같이 선박평형수관리협약의 핵심은 선박평형수처리설비를 설치하는 것으로서 2017년 9월 8일 이전 건조선박은 늦어도 2024년 9월 8일까지는 의무적으로 이를 설치하여야 하므로 이를 개발하기 위한 경쟁이 치열하다. 우리나라도 2008년에 IMO에서 선박평형수처리설비에 대한 승인을 받음으로써 국제적으로 우수한 기술력을 인정받고 있으며 2021년 기준 약 600척의 국적 외항선에 이미 선박평형수처리설비를 설치한 것으로 알려지고 있다.

제4장

항만국통제제도

항만국통제(PSC: Port State Control)란 자국 항만에 입항하는 외국적선박이 선체, 설비, 선원 등 국제협약에서 정한 각종 안전기준의 준수 여부를 점검하고 이러한 국제기준에 미달할 경우 선박의 출항정지 등 필요한 조치를 취함으로써 해양에서의 선박에 의한 오염사고를 미연에 방지하고 해상에서의 인명과 재산의 보호를 도모하기 위한 것이다. 항만국통제는 자국선박이 아닌 외국적선박에 대한 통제라는 측면에서 기국(Flag State)이 자국선박에 대하여 행하는 점검과는 확연히 다르다고 할 수 있으나 항만국통제나 기국통제 모두 해상에서의 안전을 도모하기 위한 것이라는 점에서 상호 보완적 관계라고 할 수 있다.

전통적으로 선박은 그 선박이 등록된 기국만이 모든 것을 통제할 수 있었다. 그러나 제2차 세계대전이 끝나면서 미국을 중심으로 전시 물자수송을 위해 건조되었던 선박들이 조세부담과 정부의 통제를 피하기 위해 편의치적 제공국에 선박을 등록하기 시작했다. 국제해운이 세계적으로 완전경쟁에 노출되어 있기 때문에 운송원가의 절감을 위하여 이러한 편의치적은 급격히 증가하기 시작했다. 이와 같이 외국선박을 자국에 등록하도록 허용하고 낮은 수준의 세금이나 수수료를 받는 편의치적 제공국가들은 자국에 편의치적한 선박들에 대한 각종 안전기준의 준수를 강제할 능력이 부족하였다. 이에 따라 선박의 선체, 기관, 설비 또는 승선 선원의 자질이 국제적 기준에 미달하는 이른바 기준미달선(Sub-standard Vessel)이 크게 증가하게 되었고 이는 곧 해상에서의 안전사고의 증가를 초래하였다. 1967년 발생한 토리 캐년(Torrey Canyon)호의 좌초사고는 그동안 전 세계적으로 인정되어 오던 기국통제(FSC; Flag State Control)의 실효성에 대해 의문을 제기하는 계기가 되었다. 1967년 영국의 서남부 플리머스해안에서 좌초된 토리 캐년호에서 대량의 원유가 유출되었는데, 약 3주에 걸쳐 영국 서남부해안과 프랑스 브리타니 해안가까지 덮쳐 10만 마리가 넘는 바닷새가 죽는 등 영국해협 일대 해양생태계를 크게 파괴하였다.

이러한 대형 오염사고를 계기로 1972년 호주가 처음으로 항만국통제를 시행하였고 IMO에서도 1973년 MARPOL 협약, 1974년 SOLAS 협약 등에서 자국 항만에 입항하는 외국선박에 대한 항만국의 통제권한을 부여하였다. 또한, 선원의 자격에 대한 국제적인 통일기준이 필요하다는 인식이 확산되어 IMO가 주축이 되어 국제협약을 마련하게 되었으며, 그 결과 1978년 7월 7일에 「선원의 훈련, 자격증명 및 당직근무의 기준에 관한 국제협약」(STCW 1978)이 체결되기에 이르렀다. 이후에도 1970년대에는 1976년 Argo Merchant호 사고, 1978년 Amoco Cadiz호 사고 등 대형 오염사고가 계속되었는데 이러한 최악의 사고는 전 세계에 오염방지를 위한 강력한 제도의 필요성을 확실히 인식시켜주었고, 많은 나라들이 MARPOL 73/78을 조기에 비준하여 1983년 발효되는 것을 가능하게 하였다.

제2절 항만국통제제도의 시행

이러한 영향으로 미국은 1978년 Port & Tanker Safety Act을 제정하여 항
만국통제를 시행하였고 유럽 14개국은 1982년 "항만국통제에 대한 양해각
서"(Paris Memorandum of Understanding on Port State Control)를 체결하여 동년 7월부터 시
행함으로써 기준미달선에 대한 통제를 본격화하였다. 이는 세계 최초로 지역협
력을 통한 항만국통제제도의 도입을 의미하며 아시아·태평양 지역국가들도
1993년 12월 항만국 통제와 관련된 양해각서(Tokyo MOU)를 채택하여 1994년 4월
부터 시행하고 있으며 현재 한국을 비롯한 호주, 캐나다, 중국, 일본 등 20개국
이 회원국으로 참여하고 있다. 이 외에도 이러한 지역모델을 기반으로 중남미,
인도양, 서아프리카, 흑해 및 페르시아만 등에서 항만국통제를 위한 양해각서
를 체결하여 시행하고 있다.

IMO에서 채택한 협약 중 항만국통제를 허용한 최초의 협약은 SOLAS
74/78(해상인명안전협약, Protocol of 1978 relating to the international convention for the Safety of Life at
Sea 1974)인데 동 협약은 해상에서 인명의 안전을 증진하고 선박의 구조, 설비
및 운항에 관한 최저기준을 정함으로써 선박의 안전 확보를 목적으로 한 것으
로 1974년 11월 1일에 채택되어 1980년 5월 25일에 발효되었다. 동 협약상 항
만국은 선박에서 소지하고 있는 협약증서의 유효 여부를 확인하여 협약증서가
유효하지 않거나 선박의 상태가 협약기준에 적합하지 않다는 명백한 근거가 있
는 경우에는 선박의 출항을 정지시키고 적절한 수리장소로 항해할 수 있도록
조치를 취하여야 한다. 동 협약에서는 선박에 대해서뿐만 아니라 선원이 선박
의 안전에 관한 필수적 조치를 숙지하고 있는지 여부까지 점검할 수 있도록 규
정하고 있다.

또한 해양오염방지협약으로 불리는 MARPOL 73/78은 운항 중인 모든 선
박으로부터 기름, 유해물질 및 하수 등 오염물질의 배출로 인한 해양오염을 방
지하기 위한 포괄적인 국제협약이다. 동 협약은 1973년에 채택되었으나 1978

년 의정서(Protocol)에 의하여 수정된 부속서를 포함하여 MARPOL 73/78이라는 명칭으로 1983. 10월 발효되었으며 2018. 1월 현재 세계 156개국, 세계 선박량의 99.42%가 가입되어 있다. 동 협약에서도 제5조(Certificates and special rules on inspection of ships)와 제6조(Detention of Violations and enforcement of Convention)에서 SOLAS 74/78에서 규정하고 있는 항만국통제와 유사한 규정을 하고 있다. IMO에 의하여 채택된 1978 STCW(선원의 훈련, 자격증명 및 당직기준에 관한 협약)에서는 선원들이 유효한 자격증명을 보유하고 있는지에 대해 항만국이 통제할 수 있도록 제10조(Control)와 규칙 1/4(Control Procedures)에서 이를 규정하고 있는데 일반적인 절차는 SOLAS에서 정한 절차와 유사하다. 이외에도 만재흘수선협약(LL 1966; International Load Line Convention 1966) 및 선박 톤수측정에 관한 국제협약(Tonnage Convention 1969)에서도 항만국통제에 관한 근거 규정을 포함하고 있다.

국제노동기구(ILO)는 2006년 그동안 채택되었던 상선선원을 위한 각종 협약과 권고를 통합한 해사노동협약(Maritime Labour Convention 2006)을 채택하여 2013년 8월에 발효되었다. 이러한 노력은 우선 기존 협약에 대한 비준율이 낮아 국제협약으로서의 기능이 미약하고 다양한 시기에 채택됨에 따라 협약이 복잡하거나 중복되어 일관성이 결여되었으며 국제협약에 대한 강제이행수단도 결여된 데 따른 것이다. 동 협약은 기국, 항만국 및 선원공급국의 역할과 책임을 명확히 하고 항만국은 자국에 기항하는 선박에 대하여 협약상의 기준에의 합치 여부를 검사할 수 있도록 하고 기준에 미달할 경우 시정명령 또는 선박운항금지를 할 수 있도록 하는 등 강력한 실행력을 부여하고 동 협약을 비준하지 않은 국가에 대하여도 동 협약을 준수토록 하는 비차별 조항을 도입하였다.

제 3 절 우리나라 항만국통제제도의 시행

실제로 우리나라가 외국적선박에 대하여 항만국통제를 시행하게 된 것은

1986년 7월 11일 세부적인 항만국통제 절차인 IMO 총회결의서 466(12)호, 481(12)호와 542(13)호의 내용을 참고하여 제정한 해운항만청고시 외국선박감독요령(제86-14호)이 시행되면서부터였다.[1] 그러나 그 후 우리나라는 IMO와 ILO에서 정한 국제협약의 회원국으로서 우리나라가 가입한 협약의 이행차원에서 이러한 협약의 규정을 국내법령에 수용하게 되었는데 그 협약과 관련된 선박안전법(제68조), 해사안전법(제55조), 선원법(제132~134조), 선박직원법(제17조), 해양환경관리법(제59조), 선박평형수관리법(제28조), 국제항해선박 및 항만시설의 보안에 관한 법률(제19조) 등 개별법령에서 각각 규정하고 있다. 이와 아울러 실무적인 사항을 규정하기 위하여 해양수산부훈령으로서 '항만국통제 및 기국통제 실시요령'(제523호, 2020. 3. 25)을 정하여 운용하고 있다.

선박안전법상 항만국통제에 관한 규정은 우리나라의 항만국통제와 관련하여 가장 근간을 이루는 법령으로 동법 제68조에서는 외국적선박에 대한 항만국통제에 대하여 규정하고 제69조는 우리나라 국적선박의 외국항만에서의 항만국통제에 따른 조치사항에 대하여 규정하고 있다. 동법 제68조 제1항에서는 "해양수산부장관은 외국선박의 구조·시설 및 선원의 선박운항지식 등이 대통령령이 정하는 선박안전에 관한 국제협약에 적합한지 여부를 확인하고 그에 필요한 조치를 할 수 있다"고 항만국통제의 근거를 규정하여 있으며 동 시행령 제16조에서는 선박안전에 관한 국제협약으로 해상에서의 인명안전을 위한 국제협약, 만재흘수선에 관한 국제협약, 국제 해상충돌 예방규칙 협약, 선박톤수 측정에 관한 국제협약, 상선의 최저기준에 관한 국제협약, 선박으로부터의 오염방지를 위한 국제협약, 선원의 훈련·자격증명 및 당직근무에 관한 국제협약 등 7개를 정하여 그 점검대상 국제협약을 명확히 하고 있다. 동법 제68조 제2항에서는 해양수산부 소속 공무원으로 하여금 외국선박에 직접 승선하여 행할 수 있도록 하되 당해선박의 항해가 부당하게 지체되지 않도록 하여야 한다고 규정하여 항만국통제 권한이 남용되지 않도록 해야 함을 명시하고 있다. 또한, 동법 제68조 제3항과 제4항은 항만국통제의 결과에 대한 조치사항으로 외국선

---

1) 우리나라 항만국통제제도에 대한 개선방안 연구, 2006. 3, 이윤철·김진권·전해동, 해사법학회, 해사법연구 제18권 제1호, p. 98.

박의 구조·설비 및 선원의 선박운항지식 등이 위 7개 국제협약의 기준에 미달
되는 것으로 인정되는 때에는 해당 선박에 대하여 수리 등 필요한 시정조치를
명할 수 있고 선박의 구조·설비 및 선원의 선박운항지식 등과 관련된 결함으
로 인하여 당해 선박 및 승선자에게 현저한 위험을 초래할 우려가 있다고 판단
되는 때에는 출항정지를 명할 수도 있다. 동법 제68조 제5항 내지 제8항에서는
시정조치 또는 출항정지 명령에 대한 외국선박 소유자의 이의신청 절차를 규정
하고 있다. 그 외 항만국통제를 규정하고 있는 법령에서도 관련되는 국제협약
의 준수 여부를 점검하고 이를 이행하지 않은 것이 확인되는 경우에는 출항정
지 등의 조치를 취할 수 있도록 하고 있다.

　우리나라의 항만국통제 점검은 1994년 아시아·태평양지역에서 항만국통
제와 관련된 양해각서(Tokyo MOU) 시행 이후 인력부족 등으로 매우 낮은 점검률
을 보였으나 1997년 들어 10% 수준을 넘어섰으며 2005년에는 37.5%에 이르는
등 빠른 속도로 높아졌으나 세월호 사고 이후 지원업무 등에 인력이 투입됨에
따라 2014년 26.4%로 크게 낮아졌다. 2018년에는 29.4%로 회복되었으나 2020
년 19.5%로 다시 낮아졌는데 이는 코로나-19로 인해 원활한 승선점검이 어려
웠기 때문이다. 한편, 외국선박에 대한 항만국통제 점검결과 출항정지율은 지
속적으로 낮아지는 추세(〈표 11-5〉 참고)로 항만국통제에 대비하여 결함사항을 사전
에 자체적으로 시정하는 등 동 제도가 효과를 발휘하고 있는 것으로 볼 수 있
다.

표 11-5 ┃ 우리나라 항만국통제 점검 실적

(단위: %, 척)

	1999	2005	2010	2012	2014	2016	2018	2020
점검률	23.1	37.5	35.1	34.8	26.4	27.4	29.4	19.5
점검 척수(A)	1,846	3,526	3,045	2,921	2,542	2,769	2,922	2,043
출항정지 척수(B)	92	129	216	123	73	73	67	63
출항정지율(B/A)	5.0	3.7	7.1	4.2	2.9	2.6	2.3	3.1

자료: 해양수산부.

제5장

해사안전정책의 공과

그동안 우리나라 해사안전정책은 국제적인 환경변화에 순응하고 우리나라의 선박량 증가와 함께 국적선대의 안전운항을 확보함으로써 우리나라 해운업 발전에 기여하여 왔다. 국제해사기구(IMO)의 지속적인 안전 및 환경기준 강화 추세에 적극적으로 대처함으로써 각종 국제적 기준을 국내에 적기에 수용하여 시행하여 왔고 우리나라의 선박량 증가에 따라 IMO의 (a)그룹 이사국으로서 입지를 강화하였으며, 우리나라 출신 인사의 IMO 사무총장 진출로 IMO 운영에서 중추적 역할을 하고 있다. 또한 우리나라 수출입 화물량이 지속적으로 증가하면서 이를 안정적으로 수송하기 위해 국적 외항선박의 안전관리와 해적대응 등 보안관리는 물론 외국항만에서의 항만국통제에 대비하도록 하였다. 특히 수출입화물 중에서 유류 및 가스류 등 위험물의 비중이 증가하면서 위험물운반선의 안전점검을 강화하고 위험물 컨테이너점검제도(CIP)를 도입하는 등 안전관리체제를 확립하여 왔으나 우리나라 연안에서는 각종 해양활동과 선박 통항이 지속 증가하고 있어 위험물운반선에 대한 안전관리는 아무리 강조해도 지나치지 않다.

그러나 여객선 안전관리에 있어서는 여러 차례 대형 인명사고가 발생하는 등 어려움을 겪어왔는데 이는 사업자의 영세성을 이유로 사업자 중심의 안전관리체제를 확립하지 못하였기 때문이며 근본적으로는 사업자의 안전관리 마인드 부족 등에 주로 기인하는 것으로 판단된다. 1970년대 들어 한국해운조합 소속의 운항관리자를 중심으로 한 사업자 공동의 안전관리체제를 도입하였으나 성공적으로 정착하지 못하였는데 운항관리자가 독립적인 업무수행을 할 수 있는 환경을 조성하지 못하였기 때문이라고 본다. 해운법(제22조 제7항)에 의하여 여객선 사업자가 운항관리비용을 부담하고 있다 하더라도 운항관리자가 사업자들과 협력관계를 구축하면서도 독자적으로 업무수행을 할 수 있어야 한다. 운항관리자가 이와 같이 업무수행을 할 수 있는 환경을 조성하는 것이 소속기관(현 한국해양교통안전공단)과 감독기관의 주요한 임무 중의 하나라고 할 것이다.

　　한편 선박으로부터의 오염물질 배출금지를 강화하려는 국제적 움직임에 대하여 우리나라는 적극적으로 대응하여 왔는데 최근의 가장 관심의 대상이 되는 황산화물(SOx) 배출규제와 관련해서 한국해양진흥공사를 중심으로 금융지원을 실시하고 있는바, 장기간 해운불황으로 어려움을 겪어온 국적 외항선사들이 탈황장치 설치 등 대기오염물질 배출규제에 대응할 수 있도록 적극 지원하여야 한다. 또한 선박평형수(平衡水) 배출규제와 관련해서는 우리나라에서 관련 처리시설을 개발하는 데 적극적인 투자를 해온 만큼 기술적으로는 문제가 없지만 탈황장치와 마찬가지로 선박평형수 처리시설을 설치하는 데 대규모 자금이 소요되므로 이에 대한 금융지원도 적극적으로 이루어져야 할 것이다.

제12편

미래 한국해운 정책방향

제1장
국제 해운환경의 변화

　　1966년 국제 정기항로에 컨테이너선이 처음으로 투입되어 운항된 후 50여 년 동안 가히 컨테이너혁명이라고 부를 만큼 컨테이너 물동량은 크게 증가하였다. 세계 컨테이너 해상물동량은 1980년 102백만 톤에서 2020년 1,851백만 톤으로 증가하여 동 기간 중 약 18배의 증가를 보였는바, 이는 세계 전체 해상물동량이 1980년 3,704백만 톤에서 2020년 11,506백만 톤으로 약 3.1배 증가한 것을 감안하면 비약적인 증가라고 할 수 있다〈표 12-1〉 참고).

　　이와 같이 컨테이너 해상물동량이 크게 증가한 것은 컨테이너 해상운송에 적합한 화물의 증가와 아울러 그동안 산화물 형태로 운송되던 화물이 컨테이너 운송으로 전환됨에 따른 것이라고 할 수 있다. 지속적으로 증가하는 컨테이너 화물의 운송을 위하여 정기선 해운선사들은 컨테이너선대를 확충함은 물론 컨테이너선을 지속적으로 대형화시켜왔다. 1984년에는 4,000TEU급 이상의 컨테

표 12-1 세계 해상물동량 증가 추이

(단위: 백만톤)

	1980(A)	1990	2000	2010	2020(B)	%(B/A)
합 계	3,704	4,008	5,984	8,409	11,506	311
컨테이너	102	234	598	1,291	1,851	1,815
주요 벌크*	608	988	1,295	2,259	3,182	523
타 건화물	1,123	1,031	1,928	2,087	2,878	256
유류&가스	1,871	1,755	2,163	2,752	3,595	192

* 주요 벌크화물: 철광석, 석탄 및 곡물
자료: Review of Maritime Transport 2018, UNCTAD, p. 5.
2020년은 Clarkson Shipping Review & Outlook, 2021. 3(2021 해사통계에서 재인용)

이너선이 출현하였으며 1990년대 중반에는 6,000TEU급 이상의 컨테이너선이, 2000년대 들어서는 8,000TEU급의 컨테이너선이 각각 투입되었다. 2005년에는 10,000TEU급이, 2013년에는 소위 Tripple E–Class[1]라고 하는 18,000TEU급의 초대형 컨테이너선이 각각 Maersk에 의해 투입되었다. 이와 같은 컨테이너선의 대형화 경쟁은 세계 정기선 해운시장에서 해운동맹의 기능이 약화됨에 따라 경쟁에서 살아남기 위하여 그간의 '수입극대화 전략'에서 '비용최소화 전략'으로 전환됨에 따라 가속화되었다. Drewry의 분석에 의하면 소석률[2] 85%를 기준으로 할 때 18천TEU급의 TEU당 단위비용은 8천TEU급의 26%, 13천TEU급의 40.9% 수준에 불과한 것으로 분석되고 있다.[3]

이와 함께 정기선사들의 규모의 경제를 통한 비용절감 전략은 정기선사 간 M&A 가속화에서도 잘 들어나고 있다. 정기선사 간의 M&A는 1990년대부터 본격화되었는데 규모의 경제를 통한 비용절감과 단기간 내 선박확보를 통한 시장지배력 확대 등이 주목적이라고 할 수 있다. 1990년대 이후 정기선사 간의 주요 M&A 사례를 보면 〈표 12–2〉와 같다.

---

1) Economy of scale, Energy efficient, Environmentally improved를 의미.
2) 선박의 컨테이너 적재능력 대비 실제 적재된 컨테이너의 비율.
3) 컨테이너 해운시장 경쟁 구도 변화와 대응 방향, 2019. 1. 10, KMI, p. 19.

연도	M&A 주체	M&A 대상	비고
1997	Nedlloyd(네덜란드)	P&O(영)	합병
1997	NOL(싱가포르)	APL(미)	
2000	Maersk(덴마크)	Sea-Land(미)	
2005	Maersk(덴마크)	P&O Nedlloyd(네)	
2005	Hapag Lloyd(독)	CP Ships(캐나다)	
2014	Hapag Lloyd(독)	CSAV(칠레)	
2015	CMA CGM(프)	APL(싱가포르)	
2015	COSCO(중)	CSCL(중)	
2016	Maersk(덴마크)	Hamburg Süd(독)	
2017	Hapag Lloyd(독)	UASC(아랍)	
2017	CCSG(중)	OOCL(홍콩)	
2018	합병선사 명: ONE	NYK, MOL, K-Line	일본

표 12-2 주요 정기선사 간의 M&A 사례

현재 세계 1위의 컨테이너선사로 등극한 Maersk는 한편으로는 선대를 대형화하고 다른 한편으로는 M&A를 통하여 규모의 경제를 추구하는 양축(兩軸) 전략을 구사하여 왔다. 이와 같이 M&A의 가속화로 세계 컨테이너 운송시장의 과점화가 더욱 심화되고 있는데 세계 10대 컨테이너선사(Mega Carrier)의 선박량 비중이 2000년 38.9%, 2010년 58.9%에서 2020년에는 84.3%로 크게 높아졌다는 것이 이를 입증하고 있다.

비용절감과 서비스 개선을 위해 등장한 또 하나의 현상이 정기선사들 간의 전략적 제휴(Strategic Alliance)였는데 2017년 4월부터는 4개의 전략적 제휴그룹이 3개의 그룹으로 재편되면서 그 영향력이 더욱 커지게 되었다(〈그림 12-1〉 참고). 이러한 얼라이언스의 선박량 비중은 2014년 이전의 30~55% 수준에서 80% 이상으로 높아졌으며 특히 동-서항로에서 얼라이언스의 점유율은 95% 수준에 이른다.

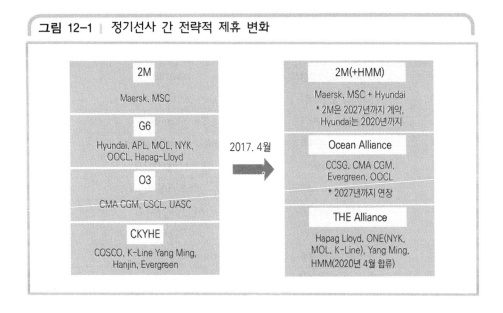

그림 12-1 │ 정기선사 간 전략적 제휴 변화

정기선 해운시장은 코로나-19 발생 이후 세계경제의 침체 등으로 그동안의 선박량 과잉에서 쉽게 벗어나지 못할 것으로 예견되었으나 코로나-19 사태의 장기화에 따른 재고비축 수요의 증가와 함께 각국의 금융완화정책에 영향을 받아 소비증가가 더해지면서 살아나기 시작했다. 또한, 선박량 공급 측면에서도 항만에서의 적체와 빈 컨테이너의 회수지연 등으로 정기선 해운시장은 빠르게 호황국면으로 진입하면서 운임이 크게 치솟았다. 이는 정기선 해운시장에서 해운동맹체제가 무력화되면서 공동운임의 설정기능이 상실되어 정기선 해운시장에서의 운임결정 구조가 부정기선 시장에서의 그것과 유사한 성격으로 변해가고 있기 때문이다. 물론 대형 컨테이너선사들이 과점에 따른 초과이윤을 획득하게 되면 EU를 중심으로 컨소시엄과 전략적 제휴행위를 정당한 것으로 계속 인정할 것인지 여부에 대하여 재검토할 가능성도 배제할 수 없다.

제2절 부정기선 해운시장

　지난 2007~2008년 상반기 부정기선 해운시장의 초호황기 이후 2008년 하반기부터 10년 이상의 선박량 수급 조정이 이루어져 왔다. 당시 초호황기에 이루어졌던 대량의 신조선 발주는 일부 발주가 취소되거나 대부분 투입시기를 미루어오다가 2010년에서 2015년 사이에 시장에 대거 투입되었다(〈표 12-3〉 참고). 반면 2009년 이후 선박의 해체량이 크게 증가하였으나 2018년 초 수주잔량을 보면 2008년과 2009년의 최고치에 비해 벌크선은 약 76% 감소하였고 유조선은 약 66% 감소한 수준4)에 불과하여 2008년 이후 추가적인 신조발주는 대폭 감소하였음을 알 수 있다. 따라서 컨테이너선의 대형화가 지속되어 선박량이 증가하는 정기선해운시장과는 달리 부정기선 해운시장에서는 선박량 과잉요소가 많지 않다고 볼 수 있으며 이제 선박량 수급의 균형점을 찾아가고 있는 것으로 볼 수 있다.

표 12-3　주요 부정기선 해체량 및 선박량 투입 추이

(단위: 백만dwt)

		2009	2010	2011	2012	2013	2014	2015	2016	2017	2018	2019	2020
벌크선	해체	11.4	6.5	25.4	35.4	23.6	16.4	30.8	29.4	15.0	4.8	8.1	15.4
	투입*	39.8	50.3	106.7	114.9	87.9	55.3	62.3	46.5	31.5	27.6	31.7	48.7
	선박량	427.2	471.0	552.3	631.8	696.1	735.0	766.5	783.6	800.1	822.9	846.5	879.8
탱커	해체	9.3	13.8	10.4	12.1	11.4	8.1	2.8	3.0	11.6	21.5	3.9	4.5
	투입*	29.6	45.6	27.9	38.8	30.4	18.1	10.2	19.0	43.1	48.3	11.4	39.1
	선박량	420.0	451.8	469.3	496.0	515.0	525.0	532.4	548.4	579.9	606.7	614.2	648.8

* 투입량은 당해 연도 선박량－전 연도 선박량＋해체량으로 산출
자료: Clarkson Shipping Review & Outlook, Spring 2021(2021 해사통계집, 한국해운협회, p.39 & p.54에서 재인용).

4) Review of Matitime Transport, 2018, UNCTAD, p.38.

또한 IMO의 황산화물(SOx) 및 선박평형수 배출규제 강화에 따라 기존 선박에 대하여도 이러한 배기가스 배출 저감장치(scrubber) 및 선박평형수 처리설비(BWMS)를 설치하여야 하는바, 이러한 부담을 감내하기 힘든 선박은 폐선될 것으로 예상되며 저감장치 및 설비 설치를 위한 개조기간 중 선박운항이 중단되어야 하므로 부정기선해운 시황도 상당한 영향을 받을 것으로 보인다.

한편 코로나-19로 인한 원료 비축수요 증가 및 항만 적체 등에 영향을 받아 부정기선 시황이 크게 개선되었으나 장기적으로는 기후변화에 대응하기 위한 화석연료의 사용 감소 등과 해운시장 외적(外的) 요인으로는 중국경제의 둔화 가능성 등 불안 요소가 상존하고 있어 그 불확실성이 높다고 할 수 있다.

제3절 북극해항로 이용 확대

북극해항로(NSR: Northern Sea Route)를 통한 수송은 크게 북극해항로를 단순히 통과항로로 이용하는 통과 항해(transit voyage)와 북극해 내의 특정항만을 선적항 또는 양하항으로 하는 목적지 항해(destination voyage)로 구분할 수 있다. 2015년부터 2018년까지 북극해항로 운항실적을 보면 두 가지 방식 모두 운항실적이 증가한 것으로 나타났으며 2018년에는 통과 항해가 30건, 목적지 항해가 29건이었다(〈표 12-4〉참고). 한편 2020년의 통과 항해(transit voyage)는 총 64항차로서 약 128만톤의 화물이 수송되었다.

중국 COSCO해운특수운송(COSCO SHIPPING Specialized Carriers)은 2013년에서 2020년까지 총 42회에 걸쳐 총 138만톤의 화물을 수송하였으며 다양한 방식의 운항경험을 통하여 향후 북극해 운항을 위한 많은 데이터를 축적한 것으로 알려졌다. 또한, 세계 최대 컨테이너선사인 Maersk사는 2018년 9월 컨테이너선을 북극해항로에 투입하여 쇄빙선의 선도 하에 시험운항을 실시하였다. 우리나라의 경우 2010년 이후 매년 쇄빙선 아라온호를 투입, 북극해를 탐사하여 해저자

표 12-4 │ 북극해항로 운항실적(2015~2018)

(단위: 척)

구분		2015년	2016년	2017년	2018년
합계		27	63	49	59
항해별	통과 항해	17	19	29	30
	목적지 항해	10	44	20	29
선종별	화물선	19	40	32	48
	여객선	1	2	3	1
	중량물선	3	15	8	0
	기타(터그 등)	4	6	6	10

자료: 일본 국토교통성(북극항로 통항선박 상승일로, 2019. 4. 4., 코리아쉬핑가제트에서 재인용).

원과 해양환경 등을 조사한 바 있고 2013년에 우리나라 선사가 처음으로 북극해항로를 시험운항한 후 여러 차례 상업적 운항을 실시하기도 하였다. 이를 지원하기 위해 한국해양수산연수원에서는 극지해역 운항인력 양성을 위하여 Ice Navigation교육과정을 2015년부터 개설하여 운영하고 있다. 이와 같이 각국은 국가적 차원에서 또는 개별선사 차원에서 북극해항로의 운항경험을 축적함으로써 북극해항로를 통한 선박운항의 확대에 대비하고 있다.

북극해항로를 이용할 경우 단축할 수 있는 항로거리와 시간은 어느 항만을 기점·종점으로 하느냐와 운항속도 및 쇄빙선 사용여부 등에 따라 차이가 발생할 수 있다. 부산과 로테르담 간을 운항한다고 할 경우 북극해항로를 이용하면 7,697마일을 23.2일 만에 운항 가능하여 수에즈운하를 통과하여 갈 때(10,754마일, 32.5일)보다 거리상으로는 3,057마일(28.4%), 운항소요시간으로는 9.3일(28.6%) 단축할 수 있을 것으로 분석되고 있다.[5] 그러나 현실적으로 가장 큰 걸림돌로 작용하는 것은 쇄빙 능력이 없는 선박의 경우 안전을 위하여 러시아의 쇄빙선(ice-breaker) 선도 하에 운항하게 되면 상당한 비용이 추가되어 경제성이 크게 떨어지며 현재까지는 하절기에만 운항이 가능할 뿐만 아니라 북극의 환경

5) 러시아 Rosatomflot의 분석.

보전을 위해 사용연료를 제한하는 등 제약요인을 들 수 있다. 다만 북극해항로를 이용하는 선박이 증가하면서 쇄빙선 사용에 따른 비용부담이 다소 완화되고 운항여건이 개선되고 있어 북극해 통항이 점진적으로 일반화되어 가고 있는 추세라고 할 수 있다.

한편 IMO에서는 극지운항선박의 안전과 환경보호를 위해 극지해역 운항코드(Polar Code)를 제정하고 강행력을 부여하기 위하여 SOLAS협약과 MARPOL 73/78협약에 이를 반영하고 2017년부터 시행하였다. 우리나라는 이를 국내법에 수용하여 '극지해역 운항선박 기준'을 제정, 고시하였는데 극지해역을 운항하고자 하는 국적선은 극지환경에 적합한 구조와 안전설비 등을 갖추어 검사를 받고 극지선박증서(PSC: Polar Ship Certificate)를 발급받아 선내에 비치하여야 하며 선박의 운항능력 및 제한조건 등에 관한 충분한 정보가 포함된 극지운항매뉴얼을 작성하여 선박에 비치하고 이를 준수하여야 한다.

제4절 4차 산업혁명과 해운

4차 산업혁명이 진전됨에 따라 이와 관련된 기술을 실제 산업에 접목시킴으로써 다양한 변화가 일어나고 있는데 해운분야에서도 자율운항선박의 개발과 사물인터넷(IoT), 빅데이터 및 블록체인 등을 활용하는 것이 구체화되고 있다. 흔히 4차 산업혁명의 기술로는 정보통신기술(ICT)과 함께 인공지능(AI), 빅데이터, IoT, 로봇기술(RT), 블록체인(block chain) 및 3D printing 등이 거론된다. 이러한 4차 산업혁명 기술의 특징으로 초연결성, 초지능성, 예측가능성을 들고 있는데 초연결성(Hyper-Connected)은 IoT 등 첨단기능을 통해 사물들이 상호 간 또는 인간과 거미줄처럼 연결되어 상호 정보를 주고받을 수 있는 상태를 말한다. 초지능성(Hyper-Intelligent)은 AI가 초연결성을 통하여 얻은 빅데이터를 분석하여 최적의 판단을 하고 자율제어 기능을 수행하며 일정한 패턴을 파악하고 이를 통해 새

로운 가치를 창출할 수 있는 상태를 말하며 예측가능성은 수집된 데이터 등을
바탕으로 인간의 행동을 예측할 가능성을 말하는 것으로 초연결성 및 초지능성
과 연계하여 예측가능성이 높아진다고 할 수 있다.

　4차 산업혁명 기술이 해운분야에서 가장 큰 영향을 줄 수 있는 것이 자율
운항선박이라고 할 수 있는데 2010년대 들어 자율주행차량과 함께 많은 연구
가 이루어져 왔다. 이와 같이 자율운항선박에 대하여 관심이 고조되고 있는 이
유는 해운분야에 큰 변화를 가져올 수 있기 때문인데 자율운항선박의 종국적인
목표는 무인(Unmanned) 상태로 선박을 운항하는 것이다. 이에 따라 선원의 구인
난을 해결할 수 있고 선원 인건비의 절감과 함께 각종 해양사고로 인한 인명피
해를 줄일 수 있다. 또한, 선박의 해양안전사고의 주요 원인 중의 하나가 인적
요인에 기인하는데 선박으로부터 제공되는 각종 정보를 통하여 육상에서 그 운
항을 통제함으로써 사고를 크게 저감할 수 있다. 아울러 최적의 항로를 경제적
으로 운항할 수 있도록 제어함으로써 운항경비의 절감을 통한 원가경쟁력을 높
일 수 있다. 이러한 이유로 자율운항선박에 대하여 국가적 차원에서 또는 개별
기업 차원에서 많은 연구가 진행되고 있는데 노르웨이에서는 이미 자율운항선
박을 건조하여 자국 내 항만 간 운항을 추진하고 있다. 자율운항선박에 대한
관심이 고조되자 IMO에서도 해상자율운항선박(MASS; Maritime Autonomous Surface
Ships)에 대한 정의를 마련하고 이를 운항하는 데 따른 규칙을 마련하는 데 착수
하였다. IMO에서는 선박운항의 자율성의 정도에 따라 MASS를 4가지로 분류하
고 있는데 첫째는 자동화된 진행과정(progress)과 의사결정 지원시스템을 갖춘 선
박으로 선원이 승선하고 일부 운항이 자동화되어 있는 선박이다. 둘째는 선원
이 승선하고 다른 장소에서 선박을 원격 조종할 수 있는 선박이다. 셋째는 선
원이 선박에 승선하지 않고 다른 장소에서 원격으로 조종되는 선박이다. 넷째
는 완전한 형태의 자율운항선박으로 선박의 운항시스템이 의사결정을 할 수 있
고 스스로 취할 행동을 결정하는 선박이다. 반면에 자율운항선박에 대하여는
사이버보안의 취약성으로 인하여 선박의 오작동이나 탈취 등이 발생할 수 있고
무인상태에서 해적 등 외부침입세력에 대하여 어떻게 대처할 것인지 등 다양한
우려가 제기되고 있다.

다음으로 사물인터넷(IoT)과 빅데이터가 해운에서 활용되고 있는데 컨테이너에 대한 추적(tracking)을 통하여 정보를 고객과 공유함으로써 화주들의 체계적인 물류활동을 지원하고 물류비의 절감을 도모할 수 있다. 냉동 컨테이너(Reefer Container)에 대하여는 컨테이너의 내장온도 등을 실시간으로 통제함으로써 신선식품 등 화물의 상태를 최적으로 유지할 수 있다. 또한 선박의 운항 및 기관 등 설비의 가동에 관한 정보를 자동으로 수집하여 분석·활용함으로써 최적화된 항로와 연료를 선택할 수 있게 하는 등 선박운항의 효율성을 제고할 수 있다.

한편 블록체인 기술이 해운분야에서도 활용되기 시작하였다. 블록체인이란 비즈니스 네트워크 참여자들이 모두 거래기록을 볼 수 있도록 해주는 거래기록 공유기술을 말하는 것으로 공급사슬의 전 과정에서 제품 이동과 거래 내용이 각각의 이동과 거래가 발생할 때마다 비즈니스 네트워크 참여자들의 데이터베이스에 자동적으로 기록·보관된다. 이는 각각의 블록에 해쉬(Hash) 값이 주어져 이 값이 일치하는 경우에만 거래가 유효한 것으로 인정되기 때문에 거래의 보안성을 크게 높여주는 기술로 평가받고 있다. 따라서 이러한 방식을 해운거래에 적용함으로써 거래의 신뢰성을 높임은 물론 거래시간과 경비의 절감을 도모할 수 있는 것으로 분석되고 있다.

제2장

한국해운 정책방향에 대한 제언

제 1 절 미래 해운환경 변화에의 대응

　　우리나라 원양 정기선사가 2020년에 초대형 컨테이너선 12척을 인수하여 시장에 투입하였으며 THE Alliance에도 가입하여 활동하고 있는데 일단은 초대형 컨테이너선을 가장 필요로 하는 THE Alliance를 전략적 파트너로 택한 것은 바람직한 결정이었다고 본다. 문제는 24천TEU급의 선박에 실을 화물량을 어느 정도나 확보하느냐가 최대 관건이었다. 때마침 코로나-19의 발생으로 어려운 시기를 맞지 않을까 우려가 제기되었으나 오히려 이로 인한 정기선 해운 시장의 초호황은 재무구조를 개선할 수 있는 좋은 기회를 제공하고 있다. 우리나라 원양 정기선사가 정상화되려면 이러한 기회를 잘 활용하여 저비용 구조로 전환될 때 가능할 것으로 판단된다. 따라서 정부에서는 우리나라 정기선사가 견조한 국가기간물류망으로서 거듭날 수 있도록 경쟁력 있는 선박의 확보 등 다각적인 지원을 하여야 한다.

우리나라 부정기 해운의 경우 2009년 이후 해운불황 속에서 구조조정을 통하여 부실부문을 꾸준히 해소해 왔으며 과거의 실패를 교훈 삼아 새로운 도약의 길을 모색하여 왔다. 부정기선 해운시장은 코로나-19로 인한 시장교란으로 일시적인 호황을 맞고 있으나 장기적으로 부정기선 해운시장은 중국경제의 성장세 둔화 및 기후변화와 환경보호에 대응하기 위해 화석연료의 사용감축 등 불확실성이 존재하고 있어 2000년대와 같은 대호황기를 기대하기 어려운 상황으로 보인다. 따라서 저운임 시장에서도 경쟁력을 갖추는 것이 중요한 만큼 정부에서도 이러한 경쟁력 확보를 적극 지원할 필요가 있다.

북극해를 통한 선박의 통항은 국제기구를 통한 통항규칙이 마련되는 등이미 탐색의 단계를 지나 점점 일반화되어가고 있다. 북극해를 통한 화물의 운송은 화물의 운송거리와 시간을 단축함으로써 선박량의 공급증가를 초래하는 효과가 있다는 면에서 북극해 운항선사는 비용절감 등의 혜택을 누릴 수 있는 빈면 어나 선사에게는 선박량 공급증가로 인하여 부정적 영향을 미치는 효과가 있으므로 충분한 대비가 필요할 것이다. 북극해의 해빙이 가속화되면 이러한 시기가 빨라질 수 있으므로 북극해를 통한 선박운항의 항로, 이용절차 및 통항규칙 등에 대해 충분한 자료의 축적과 함께 실제 운항을 통하여 그 실현가능성을 점검하여야 한다. 또한, 북극해를 통한 컨테이너선의 운항은 단기적으로는 어렵더라도 동아시아와 북유럽 간의 직항 서비스도 가능할 것으로 보이므로 그 활용 가능성에 대하여도 검토할 필요가 있다.

4차 산업혁명 기술이 해운분야에 빠르게 침투함에 따라 이에 대한 대응도 적극적으로 이루어져야 한다. 국적선사들이 해운불황으로 어려움을 겪고 있는 시기이지만 미래에 대한 대비를 하지 않으면 또다시 경쟁에서 뒤쳐질 수밖에 없다. 자율운항선박이 국제적으로 운항 가능하기 위해서는 장기간 소요될 것으로 예상되지만 빠른 시일 내 개발하여 국내운항에 활용함으로써 이로 인한 문제점을 조기에 발굴하여 보완해 나가야 한다. 아울러 IMO에서 전개되고 있는 자율운항선박에 대한 논의에 적극 참여하여 그 동향을 파악하고 우리의 의견을 반영하도록 노력하여야 한다. 사물인터넷, 빅데이터 및 블록체인 기술의 진화에도 관심을 기울이고 이를 적극 활용할 수 있는 기반을 마련하여야 한다. 정부와 한국해양진흥공사는 이러한 기술동향을 예의주시하여 대응책을 마련함으로써 국적선사들이 이에 뒤처지지 않도록 지원해 나가야 할 것이다.

제 2 절   선박확보정책

　앞으로의 선박확보정책은 해운호황기에 선행(先行)하는 선박투자가 이루어지도록 시스템을 바꾸어나가야 할 것이다. 이를 위해서는 선박금융의 조달이 어려운 해운불황기 속에서 선박확보가 이루어져야 하므로 국가적 차원에서 이를 지원할 수 있는 방안을 강구하여야 할 것이다.

　우리나라가 1980년대와 2000년대 선박투자에 실패한 것은 다분히 구조적인 측면이 있는 것이다. 즉 해운호황기가 되어야만 선박금융이 가능하고 대부분 국적취득조건부 나용선(BBC/HP) 방식을 통해 과도한 레버리지를 이용함으로써 해운불황기에 접어들면 자금부족으로 도산의 위기에 처하는 것이다. 이를 바꾸기 위해서는 해운불황기에 선박투자재원을 조달할 수 있는 여건을 조성하는 반면, 해운호황기에는 역으로 무모한 선박투자를 억제할 수 있어야만 한다. 이를 위해 한국해양진흥공사의 역할이 중요한바 해운불황기에는 선박투자가 가능하도록 자금을 지원하고 해운호황기가 도래하면 선박투자를 위한 자금지원 또는 지급보증 등의 활동을 최대한 억제하여야 한다. 나아가 운임상승 등으로 선사들의 자금사정이 호전되면 한국해양진흥공사는 가능한 범위에서 지원하였던 자금을 회수함으로써 호황기에 선사들의 과잉투자를 억제하고 그 이후 도래할 불황기에 선박확보를 지원하는 데 사용할 자금을 비축하여야 한다. 만약 한국해양진흥공사가 해운호황기에 선박금융에 과다하게 노출될 경우 부실화될 가능성을 배제할 수 없으므로 유의하여야 할 것이다. 이는 2000년대 해운호황기에 독일의 KG펀드가 지나치게 선박금융에 노출되어 2009년 이후 해운불황기에 많은 어려움에 직면했었던 사실을 참고할 필요가 있다.

한편 선박에 의한 대기오염 감축을 위해 친환경선박을 건조하거나 노후 비경제선을 친환경선박으로 대체하는 사업자에 대하여 보조금 지급 등 적극적인 지원을 통해 국적선사의 경쟁력 회복을 지원해야 할 것이다. 이와 같은 친환경선박의 건조는 국제적인 기후변화에 대처하려는 노력과 합치되는 것이므로 국가적 차원의 지원 명분이 충분하며 2020년부터 시행된 황산화물 배출규제와 선박평형수 배출규제 등에 따라 관련 설비를 설치하는 데 소요되는 비용에 대해서도 적극적인 지원이 이루어져야 한다.

제3절 화물확보정책

우리나라의 화물확보정책은 기존의 해운자유주의 기조를 유지하는 것이 가장 바람직할 것으로 본다. 첫째는 해운협력을 통해 개도국의 해운시장 개방을 유도함으로써 국적선사가 삼국간 항로에서 화물수송을 확대하도록 지원하고 둘째는 주요 수출입 대량화물에 대하여 선주－화주 간 자율적 협력관계를 바탕으로 장기운송계약의 체결을 통하여 안정적인 화물운송체제를 확립하여야 할 것이다. 선주－화주 간 협력체계는 신뢰를 바탕으로 상호 간에 이익이 되어야만 유지될 수 있다. 즉, 해운호황기에는 선사가 화주들의 적기 선박확보를 지원하고 해운불황기에는 화주들이 선사들의 화물확보를 지원하는 상호부조(扶助)의 체계이므로 상호간 신뢰관계를 유지하는 것이 중요하다. 물론 우리나라에서는 아직까지 선주－화주 간 신뢰관계가 돈독하지 못하다는 평가도 있지만 이는 점진적으로 개선해나가야 할 과제라고 본다. 한편 이러한 과제 중의 하나가 최저가 낙찰제를 적정 운임을 보장하는 종합심사낙찰제로 전환하는 것으로 정부에서는 선주－화주 간 신뢰관계 구축을 위하여 적극적인 지원 역할을 하여야 할 것이다.

한편 차선책으로 우리나라 국가안보와 국민경제에 지대한 영향을 미치는 화물(예컨대 원유, 제철원료, 발전용 석탄 및 액화가스 등)의 운송을 국적선사에게 유보하는 방안이 논의될 수도 있다. 이러한 화물은 부존자원이 빈약한 우리나라의 입장에서 전략물자에 해당한다는 점에서 명분을 찾을 수 있지만 다음과 같은 몇 가지 점들을 고려해야 할 것이다. 첫째, 우리나라는 1990년대 자율·개방화 정책을 추진한 후 해운자유주의 기조를 유지해왔으며 WTO 등 국제협상에서도 보호주의적 해운정책의 폐지를 주장하고 다른 나라의 시장개방을 요구해왔다. 정책이란 가변성을 지니고 있어 때에 따라 바뀔 수도 있지만 이러한 시점에서 우리나라가 해운보호주의 정책수단을 다시 채택한다면 그간 우리의 정책과 배치되어 국제적 비난을 피하기 어려울 것이다. 둘째, 우리나라는 1990년대 OECD에 가입하기 위해 협상을 하면서 화물유보제도의 전면 폐지를 약속하였고 이를 이행하였다. 현재 OECD 회원국 중에서 미국 등 일부 회원국이 화물유보제도(Cargo Preference)를 실시하고 있으나 국내외적으로 강한 비판에 직면하고 있다. 또한, OECD는 기본적으로 해운자유주의 기조를 채택하고 있어 회원국들의 화물유보제도와 같은 보호주의적 장치의 도입에 부정적 입장이다.[1] 그러므로 어떠한 형태로든 화물유보제도를 도입하기 위해서는 그럴만한 사정의 변화가 있어야 하고 OECD와 충분한 협의가 있어야 할 것으로 본다. 셋째, 한반도의 상황은 여전히 남북 분단 상태이기는 하나 우리나라가 화물유보제도를 폐지했을 당시와 비교했을 때 큰 사정의 변화가 생긴 것은 아니며 유사시 대비하여 국가필수선박 제도를 운용하는 측면을 고려한다면 더욱 그러하다고 할 수 있다. 따라서 국적선사의 화물확보 측면에서 화물유보제도의 부활을 추진하는 것은 위와 같은 요소들을 충분히 고려하여 그 해결책을 찾아야 할 것이다.

---

1) Recommendation of the Council concerning Common Principles of Shipping Policy for Member countries, 1987. 2. 13. 채택(2000. 9. 28. 수정), OECD.

제 4 절 국적선사의 자본력 확충

　　그동안 정부의 강력한 화물유보제도와 톤세제도를 통한 지원에도 불구하고 대부분의 국적선사들은 자본력을 축적하는 데 실패했다. 그 연유를 따져보면 1980년대에는 자본축적이 이루어지지 않은 상태에서 대량의 중고선을 국적취득조건부 나용선 방식 등으로 확보하게 되었는데 이어진 불황기에 경쟁력을 상실하게 됨에 따라 이러한 선박들을 노후 비경제선으로 매각함으로써 대규모의 손실을 실현하게 되었고 계속되는 적자로 해운산업합리화 조치가 마무리된 1988년 말에는 자본금이 완전잠식상태에 이르게 되었다. 한편 국적선사들은 2000년대 초까지만 해도 해운경기기 크게 회복되지 못하였을 뿐만 아니라 1997년에 도래한 IMF 외환위기는 재무구조 개선을 위해 선대규모를 축소해야 하는 등 영업활동의 위축으로 자본축적은 크게 이루어지지 못했다. 2000년대 대호황기에는 대규모 흑자 실현과 2005년부터 도입된 톤세제도에 힘입어 대규모 자본축적이 이루어졌으나 해운호황기 선박에 과잉투자함으로써 자본력이 대폭 소진된 상태에서 해운불황기를 맞이하게 되었다. 이러한 상황에서 국적선사들이 해운불황기를 극복하는 데 어려움을 겪을 수밖에 없었으며, 특히 해운호황기 대규모 선박투자를 주도했던 대형선사를 중심으로 자력으로 해운불황을 극복하기 어려운 상태에 처하였다. 결국 일부 부정기선사가 기업회생절차를 거쳐 정상화되었으며 우리나라 최대 컨테이너선사였던 한진해운(주)이 청산절차에 돌입하고 잔존한 원양 정기선사마저 정상화되기까지에는 상당한 시일이 필요해 보인다. 또한 근해 정기항로의 경우에도 원양 정기선의 대형화 과정에서 발생한 잉여선박의 전배(cascading)로 선박량 과잉이 심한 상황에 놓여 있어 경영에 어려움을 겪고 있다.

　　이에 따라 앞으로 국적선사들이 국제경쟁력을 갖추기 위해서는 자본력의 확충이 매우 중요한 과제라고 하지 않을 수 없다. 이를 위해서는 국적선사 간의 M&A, 증자 등을 통한 자본금 확충, 재무적 투자자로부터 자본을 유치하는 방안 및 자본력이 풍부한 새로운 사업자가 기존 해운업체에 투자하는 방안 등 다양한 방안이 강구되어야 한다. 어떤 방식에 의하든지 간에 장기적인 해운불황을 견뎌내고 유리한 조건의 선박투자를 할 수 있는 충분한 자금조달 원천 (cash cow)을 갖추는 것이 중요하다. 특히 원양 정기선 사업의 경우 전략적 제휴, 선박의 대형화 및 인수합병(M&A) 등 자본력을 필수로 하는 경쟁이 지속되고 있어 국적 정기선사가 이러한 경쟁에서 살아남기 위해서는 자본력의 확충이 시급한 과제라고 할 수 있다. 한편 정부는 코로나-19 상황 속에서 일시적으로 해운시황이 호전되었을 때 국적선사들이 자본축적을 통해 재무구조 개선과 자본력 확충의 기회로 삼고 과도한 투자가 이루어지지 않도록 정책을 펼쳐야 할 것으로 본다.

제 5 절 기타 분야

그간 해운전문인력의 양성사업을 2005년 이후 정부주도 하에 추진하여 상당한 성과를 거두었다고 본다. 다만 전문인력 양성사업이 해운경영은 물론 해운중개업, 선박관리업, 선박금융업 등 해운관련 산업 전반에 걸쳐 균형적인 육성정책을 시행할 필요가 있다. 한국해양진흥공사가 탄생하면서 해운전문인력 양성사업이 주요 업무의 하나로 포함된 만큼 앞으로 체계적이고 보다 광범위하게 사업을 펼쳐 나가기를 기대한다. 선원인력 양성정책에서는 승선근무예비역 제도의 존치를 통하여 젊은 해기인력을 지속적으로 양성해나갈 수 있는 기반을 유지해야 할 것이며 선원들이 육상근무로 전환할 경우에 대비한 직업전환교육도 체계적으로 시행해 나가야 할 것이다. 한편 자율운항선박이 현실화될 경우에 대비하여 점진적으로 선원의 양성체계를 어떻게 개편해 나갈 것인지에 대한 구상도 필요하다고 본다.

둘째로 우리나라의 연안해운은 도서(島嶼)지방의 교통수단으로서 뿐만 아니라 국내 물자수송에 크게 기여하여 왔다. 이에 반해 연안해운에 대한 정부의 정책은 매우 빈약한 수준으로서 주로 도서민의 생활편의를 도모하는 데 집중되고 있어 화물수송기능으로서의 연안해운정책을 대폭 강화할 필요가 있다. 연안화물선의 69.3%(척수 기준)가 선령 20년 이상의 노후선박으로서 안전사고의 위험성이 매우 높다고 할 수 있다. 또한, 연안화물선의 친환경 운송수단으로서의 기능은 인정하면서도 Modal Shift에 소요되는 예산은 소규모로 책정되어 큰 효과를 발휘하지 못하고 있다. 정부에서는 연안해운을 활용한 Modal Shift정책을 보다 적극적으로 수행하여야 하는바, 이를 위해 연안화물선에 대한 면세유 공급을 허용해야 한다. 또한 정부의 보조금 지급을 통하여 인천~부산 및 인천~광양 간의 컨테이너 피더선의 운항을 활성화하여 육상으로 운송되는 컨테이너 운송량을 감축하기 위한 노력을 강화하여야 할 것이다.

셋째로 우리나라의 해사안전정책은 국제적인 표준을 국내에 수용하여 시행하는 데에는 매우 성공적이었으나 국내 해역에서의 해양안전사고는 크게 줄어들지 않고 있다. 이는 국내 운항선박의 증가에 따른 영향도 있겠지만 해양안전사고의 주된 요인으로 선원들의 운항과실이 지적되고 있는 만큼 이에 대한 집중적인 대책이 필요하다고 본다. 우리나라의 선원교육 시스템은 학교를 졸업한 이후에는 주로 한국해양수산연수원의 교육에 의존하고 있어 국제협약에 의한 요건을 충족시키는데 집중하고 있는바 앞으로는 실질적으로 해양안전사고를 예방하기 위한 교육을 크게 강화할 필요가 있다고 본다.

제6절 마무리

우리나라 해운산업은 선택적인 것이 아니라 필수불가결한 것이라는 것이 한진해운(주)의 파산정리 과정에서 명백히 들어났다. 원양 컨테이너항로에 취항하는 국적선사 운항선박이 대폭 줄어들면서 우리나라 수출입화주들이 외국적선박을 이용해야 하는 경우가 크게 늘어났으며 선택의 폭이 줄어듦에 따라 운임협상력도 따라서 약화되었다. 이런 점에서 국적선사의 존재가치가 명확해지는 것이며 단순히 국적선사가 없더라도 외국적선사를 이용하면 된다는 논리에는 허점이 있는 것이다. 국적선사가 존재하는 경우에는 수출입화주들이 더욱 싸고 더욱 질 좋은 서비스를 누릴 수 있는 반면 만약 경쟁관계에 있는 국적선사가 없는 경우 그러한 효과는 해운불황기라 할지라도 크게 줄어들 것이다. 더구나 해운호황기에는 선박을 확보하기가 어려워지고 운임이 치솟게 마련인데 국적선이 존재하는 경우 외국적선사들이 무리한 운임을 요구하기 어렵다. 특히 전시 등 비상시에는 외국적선박의 운항기피 또는 높은 운임 요구에 대처하기 어려우며 국적선사의 존재 필요성은 더욱 절실해진다. 더구나 우리 경제는 1960년대 이후 수출주도형 경제성장을 해왔고 지금도 그 기조가 유지되고 있는바, 이러한 수출입화물 운송의 99% 이상이 해운에 의존하고 있다. 이러한 상황을 종합해 볼 때 우리나라 해운산업은 선택적인 것이 아니라 필수불가결한 것이라고 할 수 있다. 이외에도 해운산업이 있음으로 해서 외화유출 방지와 제3국항로에서의 외화가득을 통한 국제수지 개선에 기여함은 물론 조선업 등 전후방 관련 산업의 육성과 일자리 창출효과를 기대할 수 있다.

우리나라는 선진 해운국에서 채택하고 있는 다양한 제도를 도입하여 국적선사를 지원하고 있다. 1998년에 국제선박등록제도를 도입하고 2002년에는 제주선박등록특구제도를 도입하여 외국인 선원의 고용과 조세부담의 경감을 실현하였다. 2002년에는 선박투자회사제도를 도입하여 선박을 확보할 수 있는 수단을 다양화하였으며 2005년에는 톤세제도를 도입하여 해운기업의 법인세 부담을 경감함으로써 선박투자 등을 위한 자본축적의 기회를 제공하였다. 따라서 제도적인 측면에서 해운기업에 대한 지원은 일부 보완사항을 제외하고는 잘 정비되어 있다고 할 수 있다. 2009년 이후에는 구조조정 선박펀드의 설치 및 회사채 발행 지원 등을 통해 유동성 확보를 지원하고 해운보증제도, 글로벌 해양펀드 및 선박신조지원 프로그램 등을 통해 선박 및 터미널의 확보를 지원하였다. 그러나 이러한 지원이 자금규모 면에서 절대적으로 부족하고 시기적으로도 뒤늦게 이루어졌다는 점을 지적하지 않을 수 없다. 특히 국적 원양정기선사의 구조조정을 지원함에 있어서 국가기간물류망으로서 원양 정기항로 서비스망을 온전히 보전하지 못함으로써 이를 복구하는 데에는 상당한 시일이 소요될 수밖에 없어 국가적 차원에서도 큰 손실이라고 할 수 있는 만큼 최대한 빠른 시기에 정상화될 수 있도록 노력하여야 한다.

이제 우리나라 해운은 어려운 시기를 극복하고 다시 새롭게 기반을 다져나가는 계기를 마련해야 한다. 정부에서는 현재 시행되고 있는 각종 선진 해운제도의 실효성을 높이기 위해 이를 보완하고 발전시켜 나가야 한다. 또한 선박확보에 있어 정부에서 해야 할 일은 선사들이 선박을 확보하고자 할 때 이를 적기에 확보할 수 있도록 방법을 다양화하고 자금조달을 지원하는 것이다. 즉 정부가 선사들의 선박량 확충을 권장하는 인위적인 목표를 설정하는 정책을 더 이상 펼쳐서는 안 될 것이며 정부는 선박투자를 위한 제반 여건을 조성해 주고 선박투자의 적기판단은 해운기업에 일임하여 그 결과에 대하여 책임을 지도록 하는 것이 중요하다고 본다. 또한, 이번 해운불황의 경험을 바탕으로 해운기업들은 해운업이 국민경제에 미치는 파급효과를 깊이 인식하여 보다 전문적인 경영체계를 갖추고 해운기업의 주주 및 채권자 등 이해관계자에 대한 사회적 책임을 중시하는 책임경영의 틀을 갖추어 나가기를 기대한다.

2021년에 정부는 '해운산업 리더국가 실현전략'을 통하여 장기적인 비전을 제시하였다. 이는 정부의 해운산업 육성 의지를 잘 보여주는 것으로 이를 실현해야 하는 중심에는 한국해양진흥공사가 있다. 따라서 한국해양진흥공사는 해운산업 지원을 위한 본연의 임무에 충실하면서 재정 건전성을 유지하는 데 특히 유의하여야 할 것으로 본다. 끝으로 한국해운이 과거 해운업의 틀에서 벗어나 민·관협력을 통하여 새로운 패러다임을 구축함으로써 건실한 성장의 기반을 마련해 나갈 수 있기를 기대한다.

영문색인

국문색인

저자소개

박종록(朴鍾祿)

성남고등학교
성균관대학교 경제학사(무역 전공)
University of Oregon 경제학석사(국제경제 전공)
한국해양대학교 박사과정 수료(해양정책학)

제25회 행정고시
해운항만청, 해양수산부, 환경부 근무
국토해양부 해운정책관, 해양정책국장 역임
2012여수세계박람회조직위원회 사무차장
울산항만공사 사장
한국해양대학교 초빙교수 역임

2021 수정판
한국해운과 해운정책

초판발행	2019년 11월 15일
수정판발행	2021년 11월 15일
중판발행	2022년 9월 15일

지은이	박종록
펴낸이	안종만 · 안상준

편 집	전채린
기획/마케팅	박세기
표지디자인	박현정
제 작	고철민 · 조영환

펴낸곳	(주) **박영사**
	서울특별시 금천구 가산디지털2로 53, 210호
	(가산동, 한라시그마밸리)
	등록 1959. 3. 11. 제300-1959-1호(倫)
전 화	02)733-6771
f a x	02)736-4818
e-mail	pys@pybook.co.kr
homepage	www.pybook.co.kr
ISBN	979-11-303-1428-0 93320

copyright©박종록, 2021, Printed in Korea

* 파본은 구입하신 곳에서 교환해 드립니다. 본서의 무단복제행위를 금합니다.

정 가   26,000원